完訳

ブッダチャリタ

梶山雄一　小林信彦
立川武蔵　御牧克己

講談社学術文庫

目次

ブッダチャリタ

凡例

一、本書の前半、第一章―第一四章第三一偈まではサンスクリット本から訳出し、サンスクリット本には欠けている後半、第一四章第三二偈―第二八章はチベット訳から訳出した。但し、〔　〕でくくった一・一―七、一・一八a、一・二四d―四〇cの個所はサンスクリット本に欠落しているので、チベット訳から補ったものである。

一、前半についてはジョンストン校訂のサンスクリット本を底本とし、必要に応じてカウエル校訂本を参照した。後半の訳出には北京、デルゲ、ナルタン、チョネの四版を校訂したチベット訳テキストを用い、ヴェラー校訂本（第一七章第四一偈まで）をも参照した。和訳にさいしてはジョンストン英訳、ヴェラー独訳（第一七章第四一偈まで）、漢訳『仏所行讃』を批判的に参照している。これらの書物について詳しくは巻末の「解説」を参照。

一、本文の内容を理解しやすくするために、（　）内に漢訳の仏教術語、あるいは語句の説明を入れた。またサンスクリット訳では翻訳上補った語句も訳文に織り込んでいるが、チベット訳からの和訳では〔　〕を用いて文意を補っている。

一、固有名詞のカナ表記は、原則としてサンスクリット語によった。

一、＊印は、それのついている語句等に注があることを示している。注は巻末にまとめて付した。

一、チベット訳より訳出した第一四章第三二偈以下の部分に対する注では次の略号を用いている。
　T＝チベット本あるいはチベット語。P＝チベット本北京版、D＝同デルゲ版、N＝同ナルタン版、C＝同チョネ版（たとえばNPはナルタン版と北京版の両テキストを指す）。J＝ジヨンストン校訂サンスクリット本、及び英訳。W＝ヴェラー校訂チベット本、及び独訳。S＝サンスクリット語。P＝パーリ語。その他の略号は次のとおりである。

BHSD＝Edgerton, F. *Buddhist Hybrid Sanskrit Grammar and Dictionary*, Part II, Yale University Press 1953.

ChG＝Chos kyi grag pa, *brDa dag miṅ tshig gsal ba*（西蔵仏教研究会『蔵文辞典』山喜房仏書林、一九七二）

Das＝Das, S. C. A Tibetan-English Dictionary, Calcutta 1902.

MPNS＝Waldschmidt, Das Mahāparinirvāṇasūtra（参考文献参照）

Mvyut＝Sakaki, R. Mahāvyutpatti, Kyoto Imperial University 1916.（榊亮三郎『飜訳名義大集』京都文科大学蔵版）

第一章　王子の誕生

一　（イクシュヴァーク*の末裔で、力ではイクシュヴァークその人に等しく、魅惑的な月のように人々に愛され、行ないの清らかなシュッドーダナ（浄飯《じょうぼん》）という名の王が、無敵のシャーキャ*（釈迦）族にいた。

二　インドラ*神（帝釈天《たいしゃくてん》）に似たこの王に妃があった。彼女の輝かしさは王の力にふさわしく、その美しさは女神シャチー*と女神パドマー*に等しく、大地のように堅実で、比べるものなき女神マーヤー*のごとくだった。それゆえ、マハーマーヤー（大いなる幻）と呼ばれた。

三　人々の守護者である王は妃とともに、あたかも富の神ヴァイシュラヴァナ*（毘沙門天《びしゃもんてん》）の王威を楽しんだかのようだった。やがて、瞑想を伴った知が実を結ぶように、彼女は汚れなく、身ごもった。

四　身ごもる前、妃は夢の中で白い象の王が自分の身体に入ってくるのを見た。けれども妃はそれで痛みを感ずることはなかった。

五　神のような、かの王妃マーヤー（麻耶《まや》）は自分の一族の繁栄を胎内に宿した。疲れ弱ることも、憂いも幻覚もなく、彼女は清らかで汚れのない森に思いをはせた。

六 あらゆる種類の樹木があってチャイトララタ*の庭のように楽しいルンビニーと呼ばれる森の中にある、瞑想に適した人気《ひとけ》のない場所を望み、妃はそこに行ってとどまりたい、と王に頼んだ。

七 妃のしきたりにかなった気高い願いを知って、驚きと喜びに満ちて、王は遊山《ゆさん》のためではなく、妃を喜ばすために幸ある都より出た」。

八 かの栄《はえ》ある森の中、妃は出産の時が訪れたのを知り、幾千人の侍女たちに祝福されて、日除けをひろげた寝台へと進んだ。

九 そして、プシュヤ*星座が吉の相を示したとき、誓願によって心清めた王妃の脇腹より、陣痛も病もなく、世の人々のために男子が生まれた。

一〇 アウルヴァ*は腿から、プリトゥ*は手から、インドラ神のようなマーンダートリ*は頭から、カクシーヴァット*は脇の下から生まれたが、この子の誕生もカクシーヴァットのようであった。

一一 その子が順調な経過を経て胎より出たとき、陰門より生まれることなく、虚空から落ちたようだった。多くの劫*の間、自己を修していたので、知性はすでにそなわり、分別もあった。

一二 輝き、また落ち着いていたために、その子は、大地に降りた若い太陽のようだった。そのようにまばゆく光を放ってはいても、人々から仰ぎ見られ、月のごとく人々の眼を奪った。

一三 というのは、この子は、太陽のように己が身体から燃え上がる輝きによって灯火の光を圧し、さらに、高価な黄金の美しい色合いをたたえて十方を照らしたからだ。

一四 ふらつかず、まっすぐに足を持ち上げ、しっかりと幅広く大地を踏んで、重々しく七歩を、七仙星宿*（大熊座）に似たこの子は歩いた。

一五 「さとりのため、世の利益のために私は生まれた。これが輪廻*における私の最後の誕生であるように」と、ライオンのごとく四方を見わたしつつ、この子は未来の世界に益となる言葉を語った。

一六 月光のごとく白く、天から冷たい水と温かい水の二条《すじ》の強い流れが、この子の美しく優しい頭の上に落ちた。その流れをこの子が身体で触れて快く思うように、と。

一七 輝く天蓋《てんがい》、黄金で光る枠組み、脚は猫目石でできた寝台に横たわる子を取り囲んで、黄金の蓮華を手にしたヤクシャ*（夜叉）の王たちが、その子を崇めつつ立った。

一八 〔眼に見えない〕天の神々も、虚空においてその子の威力に打たれて頭を垂れ、白い天蓋をかざし、さとりを得るようにと最高の祝福の言葉を唱えた。

一九 もろもろの過去仏*に仕えた龍王たちは、すぐれた教えに飢え、帰依の眼差しを送りつつ、扇であおぎ、マンダーラ*の花（曼陀羅華）をまき散らした。

二〇 このような如来*の誕生という福徳に満足した本性の清浄なシュッダーディヴァーサ*神（浄居天《じょうごてん》）たちは、自らは愛欲から離れているとはいえ、苦に沈んだ人々の幸福のために喜んだ。

二一 この子が生まれたとき、大地は山々の王によって釘づけされてはいたが、風に揺れる舟のように、揺れ動いた。雲のない空からは、*栴檀《せんだん》の香りも芳しい、青や赤の睡蓮を含んだ雨が降ってきた。
二二 肌ざわりのよい快い風が神々しい衣を天から降らせて吹いた。太陽はますます輝き、火は炎を乱すことなく、美しい光を放って燃えた。
二三 王宮の庭の東北の一角に、清らかな水の泉がひとりでに湧いた。後宮の女たちは驚き、その泉で霊場におけるように儀礼を行なった。
二四 教えを求める神々しい精霊*の群が、その子にまみえようと森に満ちた。彼らの驚きのために、木々からはその時でもないのに花が〔散った。
二五 生きものを殺して生きるものたちも、その時には共に和して傷つけ合うことがなかった。また、人々のどのような病気も努力することなく癒された。
二六 鳥や鹿は声高に鳴かず、川の水も静かに流れた。四方は輝き、空は澄んで美しく、神々の太鼓は天にこだましました。
二七 人々を救う師が生まれたとき、ひとり愛の神カーマ*のみが喜ばなかったが、一方で混乱のさなかに指導者を得たあとのように、人々の心は安らかとなった。
二八 王は心堅固な人ではあったが、奇蹟的な息子の誕生を見て困惑し、息子の誕生をとても喜んだが、同時に心配した。そして、愛情のあまり王の眼から二条《すじ》の涙が流れた。
二九 息子に人間を超えた力があり、また母の本性として気力が弱かったゆえに、熱い水と冷たい水とがまじった河のように、妃は恐怖と歓喜に満たされた。

三〇 ただただ畏れのみを感じて他のことを顧みるゆとりもなく、老女たちはその奇蹟の意味を見ぬくことができず、かわいい王子の幸福をおもって、儀式を行ない、身を清めて、神に祈った。

三一 品行、学識、雄弁で有名なバラモン*たちは、その子供に現われた兆しのことを聞き、その意味を知って、顔いっぱいに驚きと歓喜の色を浮かべ、喜びながらも恐れている王に言った。

三二「人はこの地上で息子を得る以上のすばらしい幸福を望みません。王よ、それゆえ、あなたはお喜びになり、今お祝いをなさるべきです。あなたのこの灯はご一門の灯火であります。

三三 それゆえ、賢者よ、懸念なくお喜び下さい。ご一族はまちがいなくお栄えになりましょう。このあなたのご子息として生まれた方は、苦しみに押しつぶされた人々の保護者であります。

三四 この上なくすぐれた黄金の輝きがこの最高の方にあり、また灯の輝きにおおわれていますので、この方は真実を知った聖者となられるか、または、王よ、大地*を支配する者（転《てん》輪聖王《りんじょうおう》）となられましょう。

三五 もしもこの方が大地の王たることを望まれるのならば、そのときには、あたかも太陽の光が星の光を打ち負かすように、力と法律によって王中の王となられましょう。

三六 この方がもし解脱へと通じている森へと行かれるならば、そのときには地上において知識と真理によって他のすべての考え方を圧倒し、すべての山のうちで*メール山（須弥山《しゅみせん》）が山の王であるごとく、立たれることでしょう。
三七 黄金がすべての金属の中で最高であり、山の中ではメール山、水あるものの中では海、星の中では月、火あるものの中では太陽が最高であるように、あなたのご子息も人々の中で最もすぐれておられます。
三八 この方の眼はまばたきをせず、澄み、大きく、落ち着きをみせ、非常に長い睫毛《まつげ》があります。そして、燃えて輝いているけれども優しい。この方が一切を見る眼をお持ちでないことがありましょうか」
三九 王はバラモンたちに言った。「気高き方々よ、昔の王たちによって見られなかったものがこの子に見られるという、この特別なことの原因は何でしょうか」。そこでバラモンたちは王に言った。
四〇 「知力、博識、業績と名声において、王よ、時間の後先は決め手とはなりません。もののあり方においてこの世では行為が決定的な原因であります」。この点に関して私たちが事例として申し上げることをお聞き下さい。
四一 家門を興した二人の聖者*ブリグと*アンギラスがつくらなかった帝王学を、彼らの二人の子*シュクラと*ブリハスパティが、王よ、時が経たのちつくりました。
四二 *サラスヴァティーの息子は、失われてそれ以前の人々が見ることがなかった、かの*ヴェーダを再び説き明かしました。*シャクティという息子はいるが、能力《シャクティ》のない*ヴァシシュタのなしえなかったことを、曾孫*ヴィヤーサはなしとげて、ヴェーダを今のように多くの章に分けました。

四三 大聖者*チュヤヴァナがつくりえなかった詩を、*ヴァールミーキは初めて詠みました。*アトリがつくりえなかった医術の書を、のちになって、その子、聖者*アートレーヤが著しました。

四四 *クシカが得ることができなかったバラモンの資格を、その孫、*ガーディンの子は得ました。王よ、イクシュヴァークの子孫たちがかつて定めえなかった海の境界を、この一族の後代の王*サガラが定めたのです。

四五 *ヨーガの道において*二生者《にしょうしゃ》たちの師たること、他のだれにも達しえなかったこのことに、*ジャナカが達しました。*シャウリ、すなわちクリシュナの名高い行為を、その祖*シューラたちはなしえませんでした。

四六 それゆえ、年齢も家柄も基準ではありません。この世では、だれでも、どこでも最高の位に至るのです。以前の者たちによってなされえなかったあれこれのことが、王たちや聖者たちの子によってなされたのですから」

四七 信頼のおけるバラモンたちにこのように勇気づけられ、祝福されたので、王は納得して、忌まわしき懸念を心の奥から絶ち切り、非常な喜びを得たのだった。

四八 そして、満足した王は、かの最高のバラモンたちに尊崇の念をこめて財宝を贈った。

「この子が、おっしゃられたような王となり、年を取ってから森に行くように」と願いながら。

四九　そのとき、もろもろの兆候や自分の苦行の力によって、この王子の出生が、この輪廻の世界には再び生まれてはこない人の出生であると知り、大聖者アシタは、正しい教えに飢えてシャーキャ族の王宮へとやって来た。

五〇　バラモンにそなわる威厳と苦行のもたらす威厳に輝く、そのバラモン中のバラモン、すなわち*ブラフマンの知者を、王の師たる人が、尊敬と礼節とをもって王宮へと招き入れた。

五一　王子の誕生に沸き立つ喜びを覚えた、かのアシタは苦行の力すぐれ、年も取っていたので、後宮の近くに、あたかも森にいる想いで、心堅固に足を踏み入れた。

五二　それから王は、足を洗う水と歓迎の徽《しるし》である水を差し出して、席についた聖者を正しく敬い、あたかも昔*アンティデーヴァがヴァシシュタにしたように、作法にならって申し述べた。

五三　「尊者が私に会いにお越し下さったとは、私は幸せ者でございます。また私の一族の光栄でございます。お言いつけ下さい。何を致しましょう。気高い方よ、私はあなたの弟子です。どうかご信用なさって下さい」

五四　このように、王が作法正しく、あるかぎりの真心をこめて聖者に挨拶したとき、聖者は驚きのため大きく眼を開き、意味深くおごそかな言葉を語った。

五五「あなたの性質、家系、知識、年齢にかなった、あなたのこのような優しい心づかいが私に向けられるとは、客好きで、気前よく、正しい教えを求める偉大なあなたにふさわしいことです。

五六 これこそ、かの王仙*たちがきめ細かな法律に従って財を蓄え、それを正しく分け与え続けて、苦行においては富み、財宝の面では貧しかった、そのあり方です。

五七 ところで、私のやって来たわけを私から聞いて、お喜び下さい。あなたのご子息はさとりのために生まれた、という天の声を太陽の道で私は聞きました。

五八 その言葉を聞いて、心を集中させ、兆しによって事の次第を知ってから、インドラの旗のように高く掲げられているシャーキャ族の旗を見たいと思ってやって来たのです」

五九 このような言葉を聞いて、喜びに足どりも乱れた王は、乳母の膝にいた王子を受け取って、苦行者に見せた。

六〇 すると、かの偉大なる聖者は、足裏に法輪の徽があり、手と足の指の間には網縵《みずかき》*が張られ、両眉の間に捲き毛があり、象のように睾丸が体内に隠れた王子を驚いて見た。

六一 女神デーヴィー*の膝に休む火神アグニの子のような、乳母の膝に休むその子を見て、かの聖者は睫毛の端に涙をふるわせ、ため息をつき、天を見上げた。

六二 一方、王は、眼に涙をたたえたアシタを見て、息子への愛情のために震えた。涙で喉をつまらせ、どもりながら合掌し、おじぎをしてたずねた。

六三「この子の姿は神々にごく近く、その誕生には多くの輝かしい奇蹟があり、将来の目的が最上であるとあなたは言われた。その子を見て、どうして、思慮深いお方、あなたは涙を流されるのでしょうか。

六四 尊者よ、王子は長生きするでしょうか。王子は、私を心配させるために生まれてきたのではないとよいのですが。なんとかして私は死水が得られるでしょうか。死神がこの水を飲もうと近づいていることはないでしょうね。

六五 私の名声の蔵は無尽でありましょうか。私の一族の手にある力は確固たるものでしょうか。あの世で私は幸福を得ましょうか。死の睡りのなかでも片眼を息子に開けていることができるでしょうか。

六六 この生まれたばかりの私の家の新しい芽は、花開かないでしおれてしまうということはないでしょうね。尊者よ、早くお話し下さい。私には心の平安がありませんし、あなたも親たちの息子に対する愛情はおわかりになるでしょうから」

六七 このように不幸がくるかもしれないという想いに王が取り乱したのを知って、聖者は言った。「王よ、み心をわずらわさないでください。私の申したことにはまちがいはありません。

六八 私の心が揺れたのは、この子の不幸ななりゆきを思ったからではありません。そうではなくて、私自身の失われた時間に対しておののいているのです。私の逝く時が近づきましたのに、非常に得がたい、輪廻の止滅を知ることになるこの方が生まれたのです。

六九 と申しますのは、王国を捨て、感官の対象を顧みることなく、きびしい努力によって真理を知って、知恵の太陽であるこの方は、この世で迷妄の闇を払うために輝くことでしょうから。

一〇 病の白いしぶきが散り、老いを波とし、死を恐しいうねりとする苦の海に押し流されて苦しむこの世界を、知の大船によって渡すでありましょう。

一一 さとりの知恵を水の流れとなし、堅固なつつしみ（戒）を堤となし、精神集中（三昧《さんまい》）によって冷たくなり、誓願を水鳥チャクラヴァーカ*となして流れるこの最高の教えの川から、渇きに苦しめられた生きものは水を飲むことでしょう。

一二 と申しますのは、苦によって痛めつけられ、感官の対象によって損われ、輪廻の森の道にいる者たちに解脱の道をこの方は説くでしょうから。あたかも道に迷った旅人に道を説くように。

一三 この世で感官の対象を薪とする愛欲の火に焼かれている人々を、教えの雨によって安堵させることでしょう。あたかも猛暑の終わりに大雲が雨を降らせて人々を喜ばせるように。

一四 渇望を閂《かんぬき》、迷妄の闇を扉とした門から人々が出るために、教えのすぐれた得がたい鍵で開けるでしょう。

一五 自分の迷妄の罠に捕らえられ、苦に圧せられ、依りどころのない人々を、この方は正しい教えの王として、さとりを得たのち、その繫縛《けばく》の状態より解放することでしょう。

一六 ですから、この方に対しては悲しまないで下さい。迷妄、感官の歓び、あるいは傲《おご》りによってこの方の最高の教えを聞かない者こそ、この世において悲しまるべきです。

七七 それゆえ、この功徳より落ちこぼれた私には、瞑想の境地を得ても、最後の目的は達せられていないのです。この方の教えを聞かないので、天において住むことさえ不幸と考えます」

七八 と聞いて、王は、友や妻とともに、嘆くことをやめて喜んだ。「この私の息子はこのような者なのだ」と、王は自分の幸運であるとさえ思った。

七九「しかし、この子は聖者の道を通って行くのであろう」と王の心は不安に駆られた。王は理法を愛さないわけではなかったが、世継ぎの絶えるおそれを見てとったのだ。

八〇 ところで、聖者アシタは、息子のために悲しむ王にその子にまつわる真理を教えて、尊敬をもって仰がれつつ、来たときと同じように風の道を帰っていった。

八一 知恵を完成させたこの尊者は、妹の子と会い、あたかもわが子にするように、その子のためを思って、かの未来の聖者の言葉を聴き、その考え方に従うようこまごまと命じた。

八二 王もまた息子の誕生を喜び、領地にある牢獄を解き放ち、自らは感官の対象からの繋縛を解いた。また息子への愛情から、家柄にふさわしい誕生の祭りを規則に従って行なわせた。

八三 十日が過ぎたとき、心が敬虔になり喜びに満ちた王は、息子の最高の幸福のために、聖典の誦唱、護摩*、吉祥をもたらすための祭式等々の、神への儀礼を行なった。

八四 また王は、息子の幸福のために、角が黄金で塗られ、病なく、力強い仔牛を連れた年盛りの十万の数をも満たす乳牛を、バラモンたちに自ら与えたのだった。
八五 それから王は心を制御し、自分の心を喜ばせる、さまざまな目的をもつ儀礼を行なった
あと、幸多く吉なる日が定められたときに、都に入ろう、と喜んで決心した。
八六 そこで、息子を抱いた妃は、幸運を求めて神々に礼拝し、白いシタの花をつけ、宝石で
輝いている、高価な象牙の輿《こし》にのった。
八七 そして、年配の女たちに伴われ、息子を抱いた王妃を先に都に入れて、王もまた、神々
たちに歓迎され天に入るインドラ神のように、都の人々に歓迎されて進んだ。
八八 そして、シャーキャ王は、六面の王子スカンダ*の誕生を喜ぶシヴァ*神のように、家に入
り、喜びで顔を輝かせながら、繁栄と名声をもたらすための行事をあれこれと命じた。
八九 このようにして、聖仙カピラ*にちなんで名づけられたこの都は、それをとりまく町や村
の人々とともに、王子の誕生という繁栄を喜んだ。それはあたかも、天女アプサラス*に満
ち満ちたクベーラ*（毘沙門天）の町が、ナラクーバラ*の誕生に喜んだようだった。

第二章　宮廷の生活

一 自己に打ち勝ち、生死の輪廻を超えるべき息子が生まれてから、かの王は、あたかも大河が支流をのみこんで大きくなるように、日に日に、財、象、馬、友の数を増やしていった。

二 というのは、そのとき王は、あれやこれやの財や宝石、細工された黄金、あるいは細工のされていない黄金の、多量の宝を得たからである。それらは心の車、すなわち希望さえ重すぎて運べぬようなものであった。

三 この地上ではパドマ*に似た象の王たちさえも円形の訓練場に連れてくることのできないような、発情のため狂暴になったヒマーラヤの象たちが、調教の労もなく、王のもとにかしずいた。

四 いろいろな紋様を綾どった、新しい黄金の鞍をつけ、たてがみを流し、またその他さまざまに飾られた馬たちが、王の都を踏み鳴らした。その馬たちは彼の武力、あるいは友情、あるいは財宝によって得られたものであった。

五 また彼の王国には、よく肥え、満足し、おとなしく、斑点もなく、良質の多くの乳を出す、丈高き仔牛を連れた牝牛が数多くいた。

六 王の敵は中立者となり、中立状態は友好関係となった。友は特に深く結ばれた。王にはこの二つの派があり、他の派はなかった。

七 また王のために、風はそよそよと吹き、雷鳴は遠く、雲は稲妻の環で飾られただけで、隕石が降る、雷が落ちるという災いもなく、時、所を得て雨が降った。

八 そのとき、耕す労なくして穀物は季節ごとに実り、この王のため、あれこれの薬草の汁液や髄は多くなった。

九 合戦において敵味方入り乱れるときにも似た、身の危険を冒すお産の時であっても、女たちは時至って、心安らかに、容易に、病もなく子供を生んだ。

一〇 特別の誓願を守る者たちは別として、人々はたとえ自分の財が乏しくとも、他から求めようとしなかった。だが、乞われれば、自分が貧しくとも心気高き者は、だれも乞う者から顔をそむけようとはしなかった。

一一 そのとき、彼の王国では、*ナフシャ王の子*ヤヤーティの王国におけるように、目上の者を尊敬しない者はなく、喜捨せぬ者なく、誓願なき者も、嘘をつく者も、人を殺害する者もいなかった。

一二 目《ま》のあたりに天界を見てきたかのように、そこでは、天界に生まれるための功徳を愛する者たちが、遊園、神の社《やしろ》、隠者の庵《いおり》、井戸、水飲み場、蓮池そして森をつくった。

一三 人々は、飢餓、危険、病気から解放され、歓喜して、天界にあるように楽しんだ。夫が妻を、妻が夫を互いに背くようなことはなかった。

一四 だれも快楽を得るために愛を求めず、愛を得るために財を守ることはなかった。何人《なんぴと》も財を得るために功徳を積まず、功徳を得るために生きものを殺すことはなかった。
一五 彼の王国は、盗みも外敵もなく、安泰で、外国の支配から自由であり、平和で、穀物は豊かに実り、昔のアナラニヤ*王の国のようだった。
一六 というのは、王子が生まれたその時、太陽の息子マヌ*の王国におけるように、喜びはみなぎり、悪は亡び、世の規範は輝きわたり、汚れは静まったのだから。
一七 王の一族の繁栄とあらゆる目的の成就とがこのような様子であったので、王は自分の息子の名を「サルヴァールタシッダ」（あらゆる目的を果たした人）とつけた。
一八 マーヤー妃は、しかし、神仙*の力にも似たこの子の偉大な力を見て、湧き出づる喜びに耐え切れず、天に住むために昇天してしまった。
一九 それで、母の妹が母と同じ威厳をもって、情と心は母とかわりなく、神の子に似たこの王子をわが子のごとく育てた。
二〇 それから、東の山に昇った朝日のように、風にあおられた焰のように、満ちてゆく半月における月のように、この王子はすくすくと育っていった。
二一、二二 そして、高価な栴檀《せんだん》、くりぬかれた穴に薬草を詰めこんだ宝石の首飾り、鹿に引かせた黄金の小車、年齢にふさわしい装飾、黄金で作られた小さな象や鹿や馬、仔牛に引かせた多くの車、金や銀の色できらびやかな人形などが、友の家々から王子に贈られた。
二三 年齢にふさわしいあれこれの感官のたのしみによってもてなされた王子は、まだ子供ではあったが、沈着、清廉、知恵、威厳に関しては大人のようだった。

二四 幼年時代を過ぎ、時が来たとき入門の儀礼を正しく受けて、王子は多くの年月を要する自分の家門にふさわしい学問を、わずかな日数で身につけた。

二五 しかし、シャーキャ族の王は、大仙アシタよりかねて「この子は将来、出世間の至福を得るだろう」と聞いていたので、「王子が森に行ってしまうかもしれない」と思い、王子が感官のたのしみに執着するようにした。

二六 そこで、王は息子のために、品位を代々保ってきた家系から、徳があり、美貌、廉恥心、礼節をそなえ、ヤショーダラー、すなわち「名高い女」と呼ばれる、美女の、名声ある幸福の女神を迎えたのだった。

二七 最も美しい容姿に輝いた、サナトクマーラ*に似た王子は、シャーキャ族の王の嫁とともにたのしく過ごした。あたかもインドラ神が妃シャチーと共なるように。

二八 王子がその心を乱すような不快なものを何も見ることがないように、と王は考えて、王子には高楼の中に住まわせ、地上を歩くことを許さなかった。

二九 秋の雲のように白く、あらゆる季節にふさわしいたのしみの場、大地に降りたった天の宮殿のような楼閣の中で、王子は女たちの高貴な音楽とともに時を過ごした。

三〇 女の手の先で打たれる韻律のよい、黄金の枠のついた多くの太鼓と、美しい天女*の踊りにも等しいさまざまな踊りによって、その王宮はシヴァ神の住むカイラーサ山のように華麗だった。

三一 やさしい言葉、艶やかな姿態《しな》、ふざけて酔うこと、甘い笑いによって、また時には、眉をしかめ、流し目を送って、女たちは彼をたのしませた。

三二 そして、性愛を補い助けるものに通じており、性のたのしみに疲れを知らない女たちに捕らえられて、王子は宮殿の奥より地上に降りてこなかった。善業を積んだ人が天の宮殿から降りてはこないように。

三三 一方、王はただただ息子の成長を願って、また彼の将来の定めに突き動かされて、平安を好み、悪を断ち、自己を抑制し、善人たちに報酬を与えた。

三四 王は、心の堅固でない男とはちがって、性愛のたのしみに耽ることなく、女性をみだりに愛することもなかった。剛毅心によって王は、感官という動いて止まない馬に打ち勝ち、もろもろの徳によって親族と民を治めた。

三五 王は、他人を苦しめるような呪法を学ばず、為になる知識を学んだ。というのは、彼は自分の一族に対するのと同様、すべての民に対する利益を望んだからだ。

三六 また王は息子の長命を願って、木星アンギラスを主宰神とする輝く星座をしかるべく崇めた。大きな祭火に供物を捧げ、バラモンたちには黄金や牝牛を与えた。

三七 身体と心を清めるため、王は霊場の水と徳の水で沐浴した。同時に、ヴェーダ聖典に定められたソーマ酒と、自分の心におのずと生まれた平安の至福とを飲んだのだった。

三八 王は好意ある言葉を語ったが、真実でないことは言わなかった。また、真実ではあっても不快なことは語らなかった。というのは、聞くに快い非真実、真実だが過酷なことを自分にすら語ることは慎みの心のゆえにできなかったから。

三九 王は、訴えた者が好きだからといって同情を示したり、嫌いだからといって罪を重くするようなことはしなかった。王は裁きの公正さを神聖なものと考えた。なぜなら、それと同じほどには、王は祭式の価値を認めなかったから。

四〇 望みを託してきた者には、王はただちに贈りものという水でその渇きをいやした。また王は敵の高まった驕慢を、正しい行為という斧によって、戦うことなく断った。

四一 王は自己という一を制御し、七つの王国構成要素を守護し、七つの王の悪徳から離れ、五つの外交手段を守った。さらに、三つの人生の目的に達し、三つの王の力を得て、善政と悪政の二つを知り、愛欲と憤怒の二つを捨てた。

四二 罪人たちを死刑に値すると考えても、王は死刑に処することなく、彼らを怒りをもって見ることもなかった。そして、彼らを軽い罰で繋いだ。放免することも悪政と見なされたからである。

四三 王は古仙*が伝えた最も困難な誓願を守り、長い間に積もった怨念を解いた。徳の香り高い名声を得て、心を汚す情欲の塵を払った。

四四 王は不当に多くの租税を集めようとはせず、他人のものをほしいとも思わなかった。また、敵対者たちの違法行為をあばこうともせず、心に怒りをいだこうともしなかった。

四五 かの王の行ないがこのようであったので、家臣や民の行ないもまたそのようであった。あたかもヨーガに入っている者の心が平穏静寂であるとき、感官もまたそのようであるように。

四六 そして、時へて、乳房の愛らしい、名が示す通り名高い*ヤショーダラー妃とシュッドーダナ王の息子との間に、その顔が*ラーフの敵と呼ばれる月かともみまがう、ラーフラという名の息子が生まれた。

四七 そこで、子供を望んでいた王は、一族の繁栄を確信し、息子の誕生のときと全く同様、孫の誕生を喜んだ。

四八「この男の子に対する私の息子の愛情も、私のものとは較べものにならないだろう」と喜んだ息子好きの王は、天界にも昇る思いで、さまざまな儀式をそれぞれの時に行なった。

四九 太古の名高い王仙たちの道に従いながら、王は俗人の着る白衣を捨てこそしなかったが、苦行を行ない、殺生《せっしょう》を伴わない祭式によって儀礼を行なった。

五〇 そして、善行を積んだかの王は、王にそなわる威厳、苦行のもたらす威厳によって輝きわたり、さらにまた、よい家柄、立派な行ない、知恵によって輝いた。千の光を放つ太陽が光輝を放たんとするように。

五一 繁栄を安定させた王は、息子の安寧のため、*自生者《スヴァヤンブー》の讃歌を敬って読誦した。また王は行じがたい苦行も行なった。あたかも太古のとき、生きものを造ろうとした創造神のように。

五二 王は武器を捨てて、学問を思い、寂静《じゃくじょう》を求め、禁戒に耐えた。自己を制御した者のように、どのような感官の対象をもたのしまず、父のようにすべての国土と人々を見まもった。

五三 というのは、彼は息子のため王国を支え、一族のために息子を、名声のために一族を、天界のために名声を、自分の霊魂のために天界を、功徳（法）を積むために自分の存続を望んだのだから。

五四 このように王は、天啓聖典において確立されており、敬虔な人々が従う、種々の儀礼（法）を行なった。「自分の息子の顔を見た今となっては、決して私の子が出家して森に行くことのないように」と心に願いながら。

五五 この世で、王たちは、自らの繁栄を守ろうとして自分の子供たちを守る。世の規範（法）を愛するかの王は、しかし子を感官の対象へと放ちつつ、子を出世間の道（法）から守ったのだ。

五六 しかし、菩薩*たちはすべて比類なき善根を有しているのであって、まず感官の対象の快楽の味を知り、子が生まれた後で森へ行ったのだった。かの王子の善業は積まれ、原因は根を張っていたのだが、正しいさとりを得るまでは感官の快楽を求めたのだった。

第三章　苦　悩

一 あるとき王子は、柔らかな緑におおわれ、樹々の間では雄のコーキラ鳥*が鳴き、蓮の池で美しいあちこちの森が歌謡に歌われているのを聞いた。

二 そののち、女たちが好むという都の森のたのしさを聞くと、王子は外に出たいと思った。家の中に閉じ込められた象のように。

三 そこで、王は、自分の望みそのものが姿を取ったような息子の気持ちを知って、自分の愛情や格式、息子の年齢にふさわしい遊山《ゆさん》の行列を命じた。

四 また、王は、王子の通り道に苦しむ庶民が現われるのを禁じた。「とても繊細な心の王子が心に傷を負うことのないように」と考えて。

五 そして、四肢の不自由な者、感官の傷ついた者、老人、病人や哀れな者たちを、あらゆるところで、非常にやさしく他に移して、行啓《ぎょうけい》の道をとても美しくした。

六 こうして、行啓の道が美しくされたとき、かの栄《はえ》ある王子は訓練のゆきとどいた臣下を伴い、しかるべき時に、宮殿の露台から降り、許しを得て王のもとに近づいた。

七 そのとき、王は涙を浮かべ、息子の頭に接吻をして、長い間見つめていたが、「行きなさい」と命じた。だが、愛しくて心では彼を離さなかった。

八 こうして、彼は、黄金の馬具をつけたおとなしい四頭の馬がひき、男らしく、巧みで、身の清い御者が手綱を握る黄金の馬車に乗った。

九 そして、月が星とともに天空に出るように、彼はふさわしい供のものたちを従えて、燃えるような花が一面に敷かれ、花環が吊るされ、旗のひるがえる道に出た。

一〇 わくわくして大きく見開かれた人々の目という青睡蓮の花弁が敷きつめられた行啓の道を、ゆっくりと、町の人々に四方から見つめられながら、王子は進んだ。

一一 ある人々は、その優美なたたずまいのゆえに王子を讃え、ある人々は輝かしさのゆえに彼を崇め、またある人々は愛らしい姿のゆえに彼の幸せと長寿を願った。

一二 大きな家からは背中の曲がった男たち、山に住む*キラータ族、小さな家からは女たちが出てきて、神体の行列における旗に対するように頭を垂れた。

一三 またそのとき、「王子がお通りらしい」との知らせを召使いから聞いて、女たちは目上の者から許しを得て、王子を見んものと高楼の露台に行った。

一四 眠りから突然覚めた寝ぼけまなこのまま、知らせを聞いてすぐ飾りを身につけたため、弛んだ腰飾りの紐に妨げられ、わくわくとして慎みを失い、彼女らは集まってきた。

一五 高楼の階段を駆け上がる足音、腰帯の音、足飾りの響きによって飼鳥の群を驚かせつつ、互いに「そんなに押さないで」と言い合いながら。

一六 しかし、その美女たちのある者は、急がねばと心せきながらも、車のような広い臀《しり》と豊かな乳房が重いために、動きが鈍くなった。

一七 ある女は、速く行くことはできたが、秘めごとのためにつけた飾りを隠しつつ、恥ずかしさのためにひるみ、足どりを抑え、速くは行かなかった。

一八 そのとき、女たちが互いに押し合ってひしめき合い、彼女らの耳飾りが触れ合い、飾りが音を立てて、あちこちの窓は騒がしかった。

一九 とはいえ、互いに耳飾りを押しつけ合い、窓から突き出された女たちの蓮華そのもののような顔は、高楼にさした一束の蓮の花のようだった。

二〇 このとき、好奇心から窓が開かれ、若い女たちで満たされた数々の高楼によって、この栄ある都は四方に輝いた。ちょうど天空が天女アプサラスのいる天の宮殿によって輝くように。

二一 窓が広くないので、互いの頬に耳飾りを押しつけ合った女たちの顔は、蓮の花の束のようだった。

二二 道を行く王子を見おろしている女たちは、大地に降りたげだった。顔を上げて、彼を見あげている男たちは、天に昇りたいかのようだった。

二三 姿の美しさと威光とに輝きわたるこの王子を見て、女たちは「あの方の奥様は幸せ」と、純な気持ちで、他意は全くなく、低い声で話し合った。

二四 というのは、腕は長く太く、容姿の点では花を徽《しるし》とする愛の神が眼前に現われたかのようなこの方が、末には王家の栄華を捨てて出家されるのだそうだ、と思い出して、その人に彼らは尊敬を払ったからである。

二五 このように、王子は、清潔で地味な衣服をまとった慇懃《いんぎん》な人々の群がる行啓の道を初めて見て喜んだ。自分自身も生まれかわったかのような気もしたのである。
二六 一方、シュッダーディヴァーサ神たちは、その都がまるで天界であるかのごとくたのしげなさまを見て、王子の出家を促すため、一人の老人を創り出した。
二七 すると、王子は、老いに打ち負かされ、人々とは異なった姿となったこの男を見つけ、大いに関心を持ち、眼差しを動かさず、彼をじっと見つめて、御者にたずねた。
二八「御者よ、髪は白く、手で杖にすがり、目は落ち窪んで眉に覆われ、身体はたるみ曲がっているこの男はだれか。この変わりようはもともとなのか、偶然なのか」
二九 このように言われて御者は、かの神たちによって分別をなくされていたため、過ちともわからず、隠すべき事柄ではあったが、王子に告げてしまった。
三〇「美しい姿を奪うものであり、体力を破滅させるもの、悲しみを生み出すもの、快楽の果てるところ、記憶を消すもの、もろもろの感官の敵である老いと呼ばれるものによって、この男は砕かれております。
三一 というのは、あの男も幼児のときは乳をのみ、時へて地をはい、順を追って美しい若者となりましたが、また同じような順を追って年を取ったのですから」
三二 そう言われて、王子はすこし動揺し、御者に「この弱点は、私にもあるのだろうか」とたずねた。すると、御者は彼に言った。
三三「長寿をまっとうされるあなたも、疑いなく時の力によってこのように年を取られます。このように老いが容色を滅ぼすことを知りながらも、人々はそこへ行こうとするのです」

三四 すると、出世間の道（法）に従おうという前世からの意志によって心が清められ、無数の劫の間、善業を積んだ偉大なこの人は、老いのことを聞いておののいた。あたかも雷鳴をすぐ近くで聞いた牛のように。

三五 深くため息をつき首をふりながら、その老いた男をみつめ、また喜んでいる人々を見て、彼はおののいて言った。

三六「このように老いは、だれかれの区別なく、記憶、容色、気力を奪う。人々は眼前にこのような者を見つつもおののかない。

三七 それゆえ、御者よ、馬をもどせ。すみやかに館に帰れ。心に老いの恐怖があるかぎり、どうして庭園を喜ぶことができよう」

三八 そこで御者は王子の命により、馬車を引き返した。そして王子はかの館に入ったが、心は思いわずらい、空家に入ったかのようだった。

三九 だが、そこでもなお彼は、老い、老いと考えめぐらし、心は休まらなかった。それゆえ、前と同じように彼はまた王の許しを得て外出した。

四〇 すると、かの神たちは、身体が病《やまい》に冒されたもう一人の男を創り出した。その男を見つけ、シュッドーダナ王の息子はその男をみつめたまま御者にたずねた。

四一「腹がふくれあがり、息をするたびに身体が上下し、肩と腕がだらりと下がり、肢体は痩せて青白く、他人に寄りかかりながら、『お母さん』と哀れに叫んでいるあの男はだれか」

四二 すると御者は言った。「この男はかつては壮健だったのですが、今は身の自由もきかないようになってしまいました。殿下、それは、体液の不調より生じて力を増した、病という大きな不幸のせいなのです」

四三 王子は憐れみを覚えてその男を見つめながら続けた。「この弱点はこの男にのみ起こったのか。病の恐れは生きものにおしなべてあるのか」

四四 すると御者は「王子様、この弱点は人に共通のものです。このように人々はもろもろの病におしつぶされ苦痛にあえぎつつも、一方でたのしんでいるのです」

四五 そのように真実を聞いて、王子は心沈み、波間に映る月のように震えた。男を哀れに思い、幾分低い声で彼は言った。

四六「これは生きものがもつ、病という禍いなのだ。それを見ながら、人々は平気でいる。もろもろの病の恐れから解き放たれることなく戯れている人々の無知は、ああ、なんと大きなものか。

四七 御者よ、外出より引き返し、王宮に馬車を進ませよ。病の恐れのことを聞いて、私の心はたのしみどころではなく、縮んでしまうかのようだ」

四八 そして、喜びも消え、彼は帰途につき、思案に耽りながら館に入った。彼が二度もこのように帰ってきたのを見て、王は調べてみた。

四九 そして王は、帰ってきた原因を聞くと、自分が王子に捨てられたと感じた。王は道を整備する係の者を叱責したのみで、怒ったけれども重い刑を科することはなかった。

五〇 また、王は、感官にすばらしく訴えるものを、かの息子のためにあてがうよう取りはからった。感官のうつろいやすさに捕らえられて、多分、自分たちを捨てないであろうと望みながら。

五一 しかし、王の息子は、後宮の中で音楽などの感官の諸対象によってもたのしむことはなかった。それゆえ、王は、気分も変わるだろうと考えて、外出するよう命じた。

五二 愛していたゆえに息子の気持ちがわかっていた王は、愛欲のもついかなる危険をも考えずに、芸に通じている者をと思い、ふさわしい遊女たちが王子に侍るように命じた。

五三 そして、行啓の道が念入りに美しくされ、調べられたあと、王は御者と馬車をかえて、王子を外出させた。

五四 そのようにして王子が進んでいったとき、かの神たちは一人の死者を創り出した。道を運ばれていくその死者を御者と王子は見たが、他の者は見なかった。

五五 そこで王子は御者に言った。「四人の人に運ばれ、悲しげな人々に付き添われていて、飾られてはいるが嘆かれているあの者はだれなのか」

五六 そのとき、御者の心は本性が清浄なるかのシュッダーディヴァーサ神たちによってとらえられていたため、*事実を知る彼は言うべきではなかったことも主人に述べてしまった。

五七 「この者は、だれかはわかりませんが、知性、感覚、息、さらにもろもろの性質が無くなり、眠っており、意識なく、草木となってしまったのです。愛する人々により努力して育てられ、守られてきましたが、今捨てられるのです」

五八 この御者の言葉を聞くと、王子はすこしたじろいで言った。「これはこの男にのみ起こることなのか。すべての生きものの終わりはこのようなものか」

五九 御者は王子に答えた。「これはすべての生きものの最後のありさまです。卑しいものであれ、中位のものであれ、偉大なものであれ、この世においてすべてのものの消滅は定まっております」

六〇 王子は堅固な心の持ち主ではあったが、死のことを聞くとたちまち心沈んでしまった。彼は馬車の欄干の先に肩でもたれかかり、震え声で語った。

六一「これが生きものに定まった帰結なのに、人は恐れず平気でいる。このように死への道にありながら安閑としているのだから、人の心はかたくななものだと思う。

六二 だから、御者よ、われわれの馬車をもどせ。園遊の時でも場所でもないから。消滅を知った以上、心ある者がどうして今この破滅の時に平気でおられよう」

六三 王子は御者にこのように言ったが、御者は馬車をもどさないばかりか、王の命令に従ってパドマシャンダという名の森に進んだ。そこでは特別の趣向が用意してあったのだった。

六四 そこで、王子は、若い樹が花をつけ、コーキラ鳥が喜びに酔って飛びかい、館があり、池は蓮の花で麗しく、あたかもインドラ神の森ナンダナのように美しい森を見た。

六五　そして、王子はむりやりに美しい女たちの群がる森の中に連れていかれた。ちょうど誓戒を受け*たばかりの隠者が、禁欲生活への障害となることを恐れながらも、美しい天女に満ちたアラカー国の主クベーラの宮殿に連れていかれたように。

第四章　幻　滅

一　すると、好奇心のために目をおどらせた女たちが、あたかも到着した花婿を迎えるように、その都の森から出て王子を迎えた。

二　王子に近づくと、女たちは驚きに目を見開き、蓮華の蕾《つぼみ》のような手で、彼にうやうやしく礼をした。

三　恋心に圧倒された彼女らは、王子を囲んで立った。喜びに見開いた、動かない目で彼を飲みこむかのようだった。

四　というのは、女たちは、生来の飾りのような輝く瑞相《ずいそう》のゆえに美しい王子を、愛の神が姿をかえて現われた、と思ったのだ。

五　幾人かの女たちは、王子が優しく美しくまた重厚なために、月が光を覆って目の前の大地に自ら降りてきたのだ、と思った。

六　王子の姿の美しさに圧倒された女たちは、ひそかに身をよじり、お互いに視線をたたかわせながら、そっとため息をついた。

七　このように女たちは、ただただ目で王子を見つめるのみで、彼に圧倒されて、話しかけることも笑いかけることもしなかった。

八　一方、宮廷僧の息子の賢明なウダーインは、このように恋情のせいで当惑し何事も試みない女たちを見て、言った。

九「あなたたちはすべて、あらゆる芸に通じ、他人の心を奪うのがうまく、美しさと魅力があり、もろもろの技能にかけては最上の域に達している。

一〇　これらの美徳をもってすれば、愛の戯れをたのしむことで有名な、かの北方の*クル族の人々を、また富の神クベーラの園をも飾ることができよう。ましてこの大地などはやさしいものだ。

一一　また、あなたたちは欲望の消えた仙人たちをも動揺させ、天女になれている神々も虜《とりこ》にすることができよう。

一二　あなたたちは、情感を知ることや媚態によって、美しさと愛らしさという富によって女性さえもひきつけることができる。まして男の場合には無論のことだ。

一三　このような美徳にすぐれているあなたたちが自分のすべきことを何もせず、このような振舞いを見せているだけとは。私はあなたたちのうぶさ加減に不満だ。

一四　というのは、あなたたちのこの振舞いは恥じらいに目を閉じた新妻たちにふさわしい、あるいは牛飼いの女にふさわしいものだから。

一五　あの方は堅固で、栄光の輝きがあり偉大だと言うならば、女たちの力も偉大なのだ。ここで決意のほどを見せてほしいものだ。

一六　というのは、昔、遊女*カーシ・スンダリーは、神々さえ近づきがたかったヴィヤーサ仙を足で蹴ったのだから。
一七 *マンターラ・ガウタマは昔、遊女ジャンガーと交わりたいと思い、その目的のために、
彼女を喜ばせようとして、幾人もの死体を運んだ。
一八 階級も身分も低い女が、年老いた大仙*ガウタマ・ディールガタパスを満足させた。
一九 また同様に、*シャーンターは、女のことを全く知らなかった聖者の息子*リシュヤシュリ
ンガをいろいろな手管《てくだ》でとらえて、連れていった。
二〇 大仙*ヴィシュヴァーミトラは、偉大なる苦行に没頭していたが、天女グリターチーに魅
せられて十年を一日のように思った。
二一 この他、もろもろの仙人たちを女性は変えてしまった。まして、大事にされて育った若
い王子などは簡単なものだ。
二二 だから、この王家の栄誉がここから顔を背けて去ってしまわないように、遠慮なくやっ
てみてほしい。
二三 なぜなら、若い女はだれも似合いの者を誘惑するが、自分より身分の低い男、高い男の
心をつかむ者こそ本物の女なのだから」
二四 ウダーインのこの言葉を聞いて、彼女たちは、射られた者のように、王子を虜にすると
いう仕事にとりかかった。
二五 幾分おそれて、女たちは眉、眼くばり、媚態によって、また笑ったり、ふざけたり、あ
でやかに身を動かしたりして、思わせぶりに振舞った。

二六 しかし、王の命令でもあり、王子もうぶであった上に、自分たちも酔いと恋情にあおられたので、じきに彼女らは小心さを捨てた。

二七 女たちに囲まれて王子は森を歩いた。あたかも牡象が牝象の群を連れてヒマーラヤの森を歩くように。

二八 その麗しい森の中、女たちに侍られて王子は輝いた。あたかも、ヴィブラージャ*の園で天女アプサラスたちに囲まれたヴィヴァスヴァット*のように。

二九 若い女たちは、酔いを口実にして硬く丸く豊かで、張り合った美しい両の乳房で、王子に触れた。

三〇 また、ある女はわざとよろけて見せて、なで肩からゆったりと垂れる柔らかな蔓草に似た腕で、王子に力まかせにからみついた。

三一 ある女は唇赤く、酒のにおいのする口で、彼の耳に「私の秘密を聞いて」とささやいた。

三二 ある女は身体に塗った香油がまだ乾いていないまま、王子の手に触れたいと思い、「ここに並んで私を愛して」と、命令するような口調で言った。

三三 他の女は酔いを口実に、しばしば紺色の衣をすべらせて腰紐をちらつかせた。あたかも稲妻を光らせる夜のように。

三四 ある者たちは、黄金の腰帯を響かせ、薄衣に包んだ尻を彼に見せながら、あちこち歩いた。

三五 他の女たちは花をつけたマンゴーの枝をつかみ、黄金の瓶のような乳房を彼に見せながら、枝から下がってみせた。

三六 蓮華のような目をしたある女は蓮の森、すなわち池から蓮華を手にしてもどってきて、蓮華のような顔をした彼の傍に、蓮華の精パドマシュリーのように立った。

三七 ある女はその場にふさわしい意味を伝える甘く静かな歌を、身振りをそえて歌った。心動じない彼を目の動きによって「あなたはわかっていらっしゃらない」と責めるかのように。

三八 他の女は、美しい顔に眉の弓を引きしぼり前に進み出て、彼の威風あるところをからかい、その仕草をまねた。

三九 乳房が豊かで魅力的なある女は、笑うたびに耳飾りを揺らせながら、王子に「この句に落ちをつけて」と言いながら、声高にからかうように笑った。「私を捕らえて下さいな」という意味をこめながら。

四〇 同じように、他の女は去ろうとする王子を花環の紐で縛り、別の女たちは甘美なほのめかしという鉤で彼を捕らえた。

四一 マンゴーの小枝を取って、ある女は王子を問答に引き込むために、「この花はだれのもの」と、酔いに言葉をもつれさせながら、たずねた。

四二 ある女は足どりや姿勢も男に似せて、「君は女どもに征服されたのだ。今度は君がこの大地という女性を征服せよ」と王子に言った。

四三 また、ある女は青い蓮華の香りをかぎ、目をくるくると回しながら、酔いのためすこしばかりはっきりしない言葉で王子に言った。

四四「ご主人様、ほら、甘い香りの花が積み重なって咲いたマンゴーの木。その中で、コーキラ鳥は黄金の籠に閉じこめられて鳴いているかのようです。

四五 恋人たちの憂いを増すアショーカ樹（無憂樹）をごらんなさい。その中で蜂どもが火に焼かれているかのようになっています。

四六 ごらん下さい。マンゴーの細枝にからまれたこのティラカの木。身体を黄色く塗った女に抱かれた、白い衣を着た男に似ています。

四七 ごらん下さい。搾《しぼ》り出されたばかりのラックのような、満開のクルバカの木を。女たちの爪の輝きに威嚇されて身をかがめた男のように見えます。

四八 ごらん下さい。若芽で覆われた若いアショーカ樹を。私たちの手のひらの輝きに恥じ入っているようです。

四九 ごらん下さい。岸辺に育つシンドゥヴァーラの茂みに囲まれた池を。白い絹を着て横になった女に似ています。

五〇 女たちの力強さをお考え下さい。たとえば、あの水の中のチャクラヴァーカは召使いのように自分の妻のあとを追っています。

五一 愛に酔ったコーキラ鳥の鳴き声をお聞き下さい。別のコーキラ鳥がすぐあとにこだまのように鳴いています。

五二 おそらく、春は鳥たちに陶酔をもたらすでしょうが、自分を賢いと思い、考えるべきでないことを考えている男にはそうではないでしょう」

五三 このように、恋情のため心の解きほぐれた若い女たちは、王子をあらゆる種類の手管で攻め立てた。

五四 そのように唆《そその》かされても、王子は自分の感官を固く守った。そして、死なねばならぬ、と思い悩み、女たちをたのしむことも心憂うることもなかった。

五五 すぐれたかの人は、その女たちが真実に立ってはいないことを見てとり、困惑しつつも堅固な心で考えた。

五六「老いが亡ぼしてしまう自分たちの美に、こんなにも有頂天なのは、そもそも彼女たちが若さを移ろいやすいものだと知らないでいるからだろうか。

五七 病が法則であるこの世で、女たちがこんなにも歓喜に満ち、おそれもないというのは、たしかに、だれもが病の中にのみこまれているのを彼女たちが気づいていないからだ。

五八 女たちがすべてを奪う死に無知なのは明らかだ。だからこそ、彼女らは気楽に、また思いわずらうことなく、遊び、笑っているのだ。

五九 心ある者が、もしも老い、病、そして死について知ったならば、だれが、一体、安心して立ったり、坐ったり、横になったり、まして笑ったりしておれよう。

六〇 他人が老い、あるいは病気になり、あるいは死んだりしているのを見ても、平然として心を動かさない者は、まるで心無き者のようだ。

六一　というのは、一本の樹が花や実を取られたり、倒れ、あるいは切り倒されたりしても、他の樹は悲しんだりはしないのだから」

六二　このように、王子がもの思いに沈み、感官の対象への欲望をなくしてしまったのを見て、処世術に通じたウダーインは、友としての好意から、言った。

六三「王は、私があなたにふさわしいとお考えになって、私をあなたの友として遣わされました。それゆえ、王の信頼に応えるためにあなたにお話ししたいのです。

六四　無益なことを止めさせること、有益なことへと向けさせること、逆境にあっても捨てないこと、これが友情の三つの特質です。

六五　もしも、私が友情を誓ったあとに侍者の義務から身を引き、あなたの利益を無視するようなことがあれば、私には友の資格はないことになりましょう。

六六　ですから、あなたの友となった今、私は申しあげます。女たちにこのような礼節を欠くことは、あなたのように年若く美しいお方にふさわしくありません。

六七　女たちに従い、許すことは、たとえそれが偽りであるにせよ、彼女たちに恥をかかせないため、また自分自身のたのしみのためにふさわしいことです。

六八　女たちの心を縛るものは男の謙譲と従順です。というのは、男の美徳は女の情愛の源ですし、女たちは尊敬を好むからです。

六九　それゆえ、大きな目の方よ、たとえあなたの心がそむいていても、あなたはあなたのこの美しさにふさわしい礼節によって、彼女らに従い、許すべきです。

七〇 礼節は女たちの薬であり、最上の飾りなのです。礼節を欠いた容色は、花のない森のようなものです。

七一 礼節のみでは十分ではありません。誠の心で彼女らを受け入れなさい。なぜなら、このような得がたい感官の対象を手に入れた今、あなたは彼女らを無視すべきではありませんから。

七二 愛こそが最高のものだと知って、その昔、城塁の破砕者インドラ神さえが*ウタマ仙の妻アハルヤーに言い寄りました。

七三 *アガスティヤは月の神*ソーマの妻ローヒニーを得たいと思いました。そのため、彼は彼女に似た*ローパームドラーを得た、と伝えられています。

七四 そして、偉大な苦行を積んだブリハスパティは、*ウタティヤの妻*ママター・マールティーとの間に*バラドヴァージャをもうけました。

七五 火への供犠を行なうもののうち、最上のものたる月は、ブリハスパティの妻が供物を捧げているときに、その行ないが神に似た水星*ブダをもうけました。

七六 また、その昔、ヤムナー河の岸で恋情を燃え立たせた*パラーシャラは、魚より生まれた乙女*カーリーに近づきました。

七七 卑しい賤民の女アクシャマーラーに愛情を感じて、聖者ヴァシシュタは息子カピンジャラーダをもうけました。

七八 王仙ヤヤーティは、若い時が過ぎた後にも、チャイトララタの森で天女ヴィシュヴァーチーとたのしみました。

七九 クル族の子孫*パーンドゥは、女との交わりが自分の死につながると知ったあとでさえ、*マードリーの美しさに惑わされて、愛から生まれた快楽に身をゆだねました。

八〇 *カラーラジャナカもまた、バラモンの娘を奪って身を亡ぼしたのですが、それでもなお愛欲に執着せずにはいられませんでした。

八一 高い地位にあるこのような方々は、愛の快楽のためには卑しい女たちをもたのしんだのです。まして美徳をそなえた女たちであればなおさらのことです。

八二 それなのに、力強く美しく若いあなたは、理にかなった方法で得られたこれらの感官の対象を軽んぜられています。それにこそこの世界は執着しているのですけれども」

八三 王子は、伝統的な教説に従ったもっともらしいウダーインの言葉を聞くと、雷鳴のような声で答えた。

八四「友情の証しをするこの言葉は、あなたにふさわしい。けれども、あなたが私を誤解しているわけをあなたに語ろう。

八五 私は感官のもろもろの対象を蔑みはしない。それが世間の本質であることを知っている。が、世界が無常であることを思うと、私の心はそれをたのしまないのだ。

八六 もしも、老い、病、死、この三つがなければ、私も美しい感官の対象をたのしむことだろう。

八七 また女たちのこの美が永遠であるならば、私の心は、愛欲に、たとえそれらが悪しきことを引き起こすとも、思うさま執着するだろう。

八八 だが、女たちの美しい姿が老いにのみこまれるとき、それは彼女らにとっても好ましいことではないはずだ。その美をたのしむのは、迷妄のせいなのだ。

八九 というのは、自分自身、死、病、老いの法則に従いながら、死、病、老いの法則に従うものたちと、おそれなくたのしんでいる者は獣や鳥と等しいから。

九〇 かの偉大な人々が愛欲に溺れたとあなたは語ったが、彼らもまた滅び去ってしまった以上、これはおののくべきことだ。

九一 一般に、活動が止滅していることも、あるいは感官の対象に執着があったり、自己の制御が得られていなかったりすることも、私は偉大とは考えない。

九二 たとえ偽っても女と交わるべきだとあなたは言ったが、私はたとえ礼節を伴ったものであっても偽りは決して認めない。

九三 率直さをなくして女性に従うことなど私は好まない。一心に交わらないのなら、そのようなものは呪われるがよい。

九四 なぜなら、心が堅固ではなく、ただ信頼し、愛着を覚えて過失を見ることができず、しかも情欲の燃えあがった、そのような女の心を欺くべきではなかろうから。

九五 また、もしもこのように情欲に燃えた者たちが互いを欺いているのならば、男が女を、そして女が男を見ることさえ不当ではないか。

九六 だから、苦しみに悩み、老いと死を身に受けねばならぬ私を、卑しい愛欲の対象へと誘い入れてはならない。

九七 愛欲の移ろいやすい対象の中に真実なるものを見るあなたの心は、何と堅固で強靭なのだろう。死の道を行く生きものを見つめながら、途方もなく恐ろしい危険の中にあって、あなたは対象に執着している。

九八 一方、私は、老い、死、そして病の恐怖を思って、恐れかつひどく困惑している。火に焼かれたような世を見て、私の心は安らかになれず満たされない。ましてたのしむことなどできはしない。

九九 必ず死ぬのだ、と知りつつもその心に情欲の生まれる人、大きな危険の中にあって泣くどころかたのしむ人、そのような人の心は鉄でできていると私は思う」

一〇〇 さて、王子が愛欲の対象に依存すべきではないと、自分の決心のほどを示して、このように語ったところ、日輪は人の目でも見られるほどになって、西の山に沈んだ。

一〇一 そこで、身につけた飾りや花環もむなしく、すぐれた技芸や愛の訴えも実を結ぶことなく、自分の心に恋情をおさめて、望みの破れた女たちは都に帰った。

一〇二 それから、王子はかつて都の遊園に見られた女たちの華やかさが夕方には退いているのを見て、すべては無常だと思いながら、住まいに入った。

一〇三 一方、王は息子の心が愛欲の対象から離れてしまったと聞いて、その夜、心臓に槍のささった象のように、横になることができなかった。そして王は大臣たちとともに、さまざまな多くの方法の検討に疲れ果てたあげく、愛欲の対象以外に息子の心を引き留めておく手段を見つけることはできなかった。

第五章　出　城

一　このようにすばらしい感官の対象によって誘惑されても、シャーキャ族の王子は、心満たされず、安らぎも得なかった。あたかも心臓に毒矢を深く受けたライオンのように。

二　そこであるとき、心を鎮めたいと思った王子は、森を見ようと思い、大臣の息子たちで、信頼でき、話術に巧みな友だちを伴って王の許しを得て外に出た。

三　王子は、真新しい黄金の面繋《おもがい》に鈴がつけられ、揺れる払子《ほっす》*で美しい、金色の馬具をつけた駿馬カンタカに乗って進んだ。そのさまはカルニカーラ*（白桐）の花が旗先に徽《しるし》としてあるのに似ていた。

四　森に行きたいと思ったため、また大地が美しかったために、王子は森の奥地に入っていった。そして、彼は地面が耕され、波のくずれたような鍬跡《くわあと》があるのを見た。

五　若草やダルバ草*が鍬でひきちぎられ、散らされ、小さなうじ虫、昆虫のたぐいが死んで散らばっている、そのような大地を見て、王子は自分の身内が殺されたときのようにいたく悲しんだ。

六　耕す人々の身体の色が風や光や塵のために変わり果て、牛どもは荷物を運んで疲れ弱っていた。これを見て、気高い王子は、深い憐れみを覚えた。

七 王子は馬の背から降り、悲しみに満ちて静かに大地を歩いた。世界の生滅を思いめぐらし、「ああ、この世はなんと痛ましいのか」と打ちひしがれて言った。

八 王子は、ひとりになりたいと心ひそかに思い、従っていた友だちを留めた。そして、人《ひと》気《け》のない場所に生えた、あらゆる方向に美しい葉を揺らせたジャンブ樹（閻浮《えんぶ》樹《じゅ》）の根元に近づいた。

九 そこで、王子は、猫目石のような若緑の草に覆われた、清浄な大地に坐り、世界の生滅を思いながら、心を安定させる道に入った。

一〇 まもなく心の安定を得て、同時に、対象への欲求など心のわずらいから解放された王子は、大まかな考察（尋《じん》）と細かな考察（伺《し》）を伴って、漏れるもの、すなわち煩悩を離れた寂静な第一の瞑想状態（*第一禅定《ぜんじょう》）に至った。

一一 そして、分別作用から生まれてはいるが最高の喜悦と安楽を伴う心の集中（三昧《さんまい》）に至り、世の道程を正しく心に思った。そして、次のことを一心に考えた。

一二「ああ、人は自分自身をどうする力もなく、病、老い、死の法則に従っているのに、知を欠き、驕《おご》りのあまり盲目となったまま、他の人が老いに苦しみ、病に冒され、あるいは死ぬのを見て何とも思わないのは、痛ましいことだ。

一三 この世で、自分自身そのようなものである私が、同様の本性をもった他人を見て見ぬふりをすれば、それは、最高の法則を知る私には正しくないし、ふさわしくない」

一四 このように世の老、病、死という欠陥を正しく洞察していたその人から、力、若さ、そして生命そのものより生まれていた自己の驕慢がたちまち消え去った。

一五　彼は、喜ぶこともなく心沈むこともなかった。疑惑、怠惰、眠気も覚えなかった。五官の対象に執着することなく、他人を憎んだり蔑んだりすることもなかった。

一六　愛欲の塵のなくなった清らかなこのような自覚が、この偉大な人に育っていった。すると、比丘《びく》（出家者）の衣を着た者が、他の人々には見えないまま近づいてきた。

一七　王子はその男に「おっしゃって下さい。あなたはどなたですか」と問うた。すると彼は王子に答えた。「牡牛のように立派な方よ、私は生と死を恐れ、解脱を求めて出家した沙《しゃ》門《もん》（修行者）です。

一八　世の本性は消滅ですから、私は、解脱を望んで、かの不滅の吉祥な境地を求めています。身内にも他人にも平等の心をもち、感官の対象を望んだり嫌ったりすることもなくなりました。

一九　私は、どこということなく、木の根元あるいは無人の社《やしろ》、山あるいは森に住みつつ、ものを持たず、欲望もなく、最高の目的のために、得られただけの乞食《こつじき》によってさまよっております」

二〇　このように言って、かの人は王子が見ている前で空中に昇っていった。というのは、この人は過去世においてこの姿を取って他の仏たちといつもまみえており、王子に前世の記憶を呼びもどすために王子に会いに来た天界の住人なのであった。

二一　かの人が鳥のように天に昇っていったとき、このすぐれた人、王子は喜びに震え、かつ驚いた。そして王子は理法についての明確な観念を得て、出家する方法に思いをめぐらした。

二二 そこで、感官という馬に打ち勝ち、神インドラに似た王子は、都に帰ろうと思い、馬に乗った。供のもののことを思って、その場でただちに憧れた森にとどまることはしなかった。

二三 老死を滅したいと望んだ彼は、森の生活を心に念じながら、望んだわけではなかったが再び都に入った。ちょうど象王が森林から訓練場に行くように。

二四「切れ長の目をもつお方、この世でこのような夫を持たれた女の人はほんとうにたのしくて幸せ」と、道を進んできた王子を見て、合掌しつつ、ある王族の娘は叫んだ。

二五 そのとき、声が巨大な雷鳴に似た王子は、この声を聞いて心の最高の平安を得た。なぜなら、「幸せ」という言葉を聞いて、彼は「完全な幸せ」、すなわち*般涅槃《パリニルヴァーナ》に至る方法に思いをめぐらしたからだ。

二六 そこで、背丈は金山の頂に似て、腕、声、目は象、雷雲、牡牛のごとく、顔と歩き方は月とライオンに似た王子は、不滅の理法を得たいと思い立ち、本殿に入った。

二七 そして、歩き方が獣王に似た彼は大臣たちに囲まれた王のもとに進んだ。そのさまはちょうど天界において軍神サナトクマーラが、風神マルトたちの集う中で輝く神の王インドラのもとに進むようであった。

二八 合掌したまま礼をして王子は言った。「王よ、どうか私に許可をお与え下さい。私は解脱を求めて出家したいと思います。なぜなら、この私にとって別離は避けられないのですから」

二九 この王子の言葉を聞いて、王は象に打たれた樹のように震えた。蓮華の蕾《つぼみ》に似た、合掌した王子の手を取り、王は涙に喉をつまらせて言った。

三〇「わが子よ、そのような考えは捨てなさい。今はお前が出世間の道（法）に従って出家すべき時ではない。知性の定まらない、若い時期に出世間の道を修することは多くの過失を犯すことになると言われているのだから。

三一 若い男の感官は対象に対して好奇心があり、その決意は苦行の誓いから生ずる労苦に耐えることができないから、心は森から引きもどってしまうものだ。とりわけその者が寂しい場所に慣れていないときにはなおさらのことだ。

三二 人の道を愛する者よ、人々の注目の的であるお前に王家の繁栄を譲って、私が出世間の道に従うべき時なのだ。確固たる勇気ある者よ、父をむりやり捨てて行くならば、お前の言う道は正しくない道となろう。

三三 だから、お前はこの決心を捨てなさい。ともかく家長の務めに専念してほしい。若さのたのしみを享受してから、苦行の森に入ることが人にとって好ましいのだから」

三四 と、王の言葉を聞いて、声が*カラヴィンカ鳥（迦陵頻伽鳥《がりようびんが》）に似る王子は答えた。「王よ、もしあなたが四つのことについて私の保証人になって下さるならば、苦行の森には行きません。

三五 私の命が死に赴くことのないように、私のこの健康を病が奪うことのないように、また私の若さを老いが捨てさることがなく、不幸が世間的なこの栄華を奪うことのないように」

三六 このように実現しがたいことを述べた息子に王は言った。「そのような途方もない考えは捨てなさい。度を過ぎた望みは笑いものであり、またふさわしいものではない」

三七 そこで、メール山のように重厚な王子は父に言った。「もしそれをかなえる手だてがないのなら、私を止めて下さいませんように。なぜなら、火に焼かれている家から脱出しようとするものを引きとめるのは正しくありませんから。

三八 また、世における別離が確実であるからには、正しい人の道のために自ら別れた方がよいのではないでしょうか。自分自身の目的をとげることができず不満足なままの私を、死は否応なく引き離してしまわないでしょうか」

三九 このように、王は解脱を得たいと願う息子の決心を聞き、「彼が行かないように」と言って、監視を一層きびしくし、感官の最高のたのしみを王子に与えるよう命じた。

四〇 大臣たちからは尊敬と愛情をもって聖典に従ってしかるべくさとされ、父親には涙ながらに引き止められたので、王子は悲嘆にくれながら住まいに帰った。

四一 揺れる耳飾りにその顔が口づけされ、深いため息にその乳房はふるえている、若い鹿のような、落ち着かない動く眼差しの女たちに仰ぎ見られながら、王子は帰った。

四二 というのは、金山のように輝く王子は、女たちの心を魅惑し、言葉、肌、美しさ、美徳によって、彼女たちの耳、肢体、目、そして心を奪ったのだった。

四三 そして、その日が終わると、王子は太陽のように自身の姿の美しさによって輝きながら、高楼に登った。あたかも太陽が自身の輝きによって闇を打ち砕こうとメール山に登るかのように。

四四 燭台の火は黄金に映えて輝き、良質の香木、*黒アグル（蘆薈《ろかい》）の香りがたちこめる室に彼は上がり、はめこまれたダイヤモンドの条《すじ》がきらきら光る気高い黄金の座についた。

四五 そして夜になると、最も気高い女たちが楽器をもって、インドラ神に似た最も気高い彼に侍った。あたかも、月光のように白いヒマーラヤの頂で、天女の群が富の神クベーラの息子に侍るように。

四六 だが王子は、天の楽器に似た最高の楽器によってもたのしまず、喜びに震えることもなかった。気高い彼は最高の目的、至福を求めて出家しようとしていたので、たのしみを見出さなかったのだ。

四七 このとき、苦行に秀でた*アカニシュタ神（色究竟天《しきくきょうてん》）たちが彼の決心を知って、女たちを一度に眠らせ、仕草を乱れさせた。

四八 すなわち、ある女は膝の上にのせていた金箔《きんぱく》できらきらと光るヴィーナーを、大切にしていたはずなのだが、怒ったようにそれを投げ出し、揺れる手に頬をのせて、横になってしまった。

四九 他の女は笛を手に休めたまま、白い衣を胸からずらして寝ていた。そのさまは、まっすぐな蜂の列が睡蓮に止まり、両岸が白い泡をたてて笑う川のようだった。

五〇 また別の女は、咲いたばかりの青睡蓮の萼《がく》のように柔らかな両腕で、輝く黄金の腕輪が触れ合うほどに小太鼓を抱きしめて寝てしまった。ちょうど恋人を抱くように。

五一 製錬したばかりの黄金の飾りをつけ、最上の黄色の衣をまとった女たちは、いやおうなく深い眠りに落ちた。象に引きちぎられたカルニカーラ樹の枝のように。

五二 美しい首飾りを垂れ下げながら窓際にもたれかかり、しなやかな細い肢体を弓のように曲げて寝る別の女は、アーチの上に造られた沙羅を摘む女人像のようだった。

五三 また、他の女のうつむいた蓮華の顔は、宝石の耳飾りが化粧の絵具の条《すじ》を噛んで、あたかも*カーランダヴァ鳥がとまったため茎の半ば曲がった蓮華のようだった。

五四 黄金の腕輪をつけたしなやかな腕をからませて、互いに抱き合いながら坐ったまま眠っている他の女たちは、自分の乳房の重みで体を曲げているかのようだった。

五五 またある女は、大きな七弦の琴を女友だちであるかのように抱いて眠りながら、身体を前後にゆらせた。そのとき、琴の遊び糸*を耳のところで乱れさせながら、女は黄金の帯紐を揺らせた。

五六 他の若い女は、小太鼓の愛らしい紐を脇から落としたまま、その小太鼓を愛の戯れの終わりに疲れ果てた愛人を引きよせるように、二つの腿の間に引きよせて寝ていた。

五七 他の女たちは目が大きく眉がきれいだったが、今は目を閉じて、あたかも太陽が沈んで蕾を堅く閉ざした睡蓮の浮いた池のようだった。

五八　また他の女は、髪はくずれて乱れ、腰飾りと衣のすそは臀から落ち、首飾りの玉は散らばった姿で、横になっていた。あたかも象に打ち壊された女人像のように。

五九　一方、他の者たちは、平素、礼儀正しく姿も美しいのだが、今はわが身を自分ではどうしようもなく、恥の心もなく、鼾《いびき》をかき、大の字になって寝ていた。肢体は醜く曲がり、腕を投げ出し、身をのけぞらせていた。

六〇　飾りや花環を捨て、衣の結び目はほどけて意識なく、目は白い部分を見せたまま動かず、死者のごとく寝る他の女たちは醜悪だった。

六一　他の女は口を大きく開け、涎《よだれ》をたらし、肢体をのけぞらせて隠すべきところを顕わにし、酒に酔ってころげたように寝ていた。その女はもはや美しく輝かず、その肢体はますます醜くなった。

六二　このように性格、家柄、育ちに合ったさまざまな姿で寝ている女たちは、蓮華が風に打ち倒され、ひきちぎられた池に似ていた。

六三　ふだんは姿も美しく、言葉も快い若い女たちが、このようにさまざまなしどけない姿で醜く横たわっているのを見て、王子は嫌悪を感じた。

六四　「不浄で見苦しきもの、これがこの世における女たちの本性なのだ。それでも男は、衣装や飾りにまどわされて、女に対して情欲を感ずる。

六五　もし男が女たちの本来の姿、さらには眠りがもたらすこのような変化をよく考えるならば、きっと女たちに気を許すことはないだろう。にもかかわらず、女がすぐれているという想いに負けたものが、情欲に走るのか」

六六 このように顕われた姿と本質の違いを知って、その夜、王子に出家への願いが湧き起こった。神々は彼の心を知って、宮殿の扉を開けたのだった。

六七 そこで王子は、寝ている女たちを蔑みながら高楼より降りた。降りて、迷うことなく宮殿の最も外側にある第一の中庭に行った。

六八 足の速い馬丁チャンダカを起こして王子は言った。「急いで馬カンタカを連れてきてくれ。私は不死を得るために今日ここから出たいのだ。

六九 今日、私の心が満足し、私の心が定まり、人のいないところでも導師がおられるごとくだということを考えると、確かに私が望んだ目的は近くにあるのだ。

七〇 恥もへりくだりも捨ててあのように私の眼前で女たちが寝ていたり、扉がおのずと開いたからには、確かに今が、私がここから出ていく時なのだ」

七一 すると、主である王の命を受けてチャンダカは、王の命令の意味はわかっていたが、他の者あるいは敵に心をつき動かされたかのように、馬を連れてこようとした。

七二 そして、チャンダカは、力、勇気、速さ、育ちの良さをそなえ、黄金の轡《くつわ》を口に大きくはめ、軽い掛布を背中に掛けた、かの駿馬を主人のために連れてきた。

七三 この馬の肩胛骨《けんこうこつ》と、尾のつけ根と、けづめの突起は長く、体毛、尾、耳は短くて動かず、背は低く沈み、脇腹は高くあがり、鼻と額と尻、そして胸は幅広かった。

七四 胸幅の広いかの王子は、その馬を抱き、蓮華のような手でなだめながら、敵陣へ突入しようとする者のごとく、静かな言葉で命じた。

七五「王は、お前にまたがり、戦場でしばしば敵どもを打ち負かしたということだ。すぐれた馬よ、私にもまた不死の境地を得ることができるよう、努力してほしい。

七六 実に戦いのとき、あるいは感官の対象から得られるたのしみのとき、あるいは財を集めるときには友は得やすい。だが、不幸におちた者にとって、あるいは正しい人の道に依る際には友は得がたい。

七七 さらに、不浄な行ないにおいてであれ、正しい人の道に依る場合であれ、この世で友である者たちもまた、私の内の心が知るかぎり、必ずやかの分け前を得るのだ。

七八 それゆえ、私がここから出ていくことが正しい人の道にかなっており、また世のためであることをわかって、すぐれた馬よ、お前自身のため、そして世のために、速さと勇気をもって努力してほしい」

七九 と、森に行こうとするこのすぐれた人は、あたかも友に義務を教えるかのように、このすぐれた馬に教え、煙という黒い跡を有するもの、すなわち火のように輝きながら、美しい姿の王子はその白馬にまたがった。あたかも太陽が秋の雲に昇るように。

八〇 そして、かの駿馬は、真夜中に響いて人々をこわがらせたり、召使いを目覚めさせるような音はたてず、顎《あご》の音もなく、いななきも鎮めて、しっかりとした歩みで進んだ。

八一 すると、ヤクシャたちは、身体をかがめて、黄金の腕輪で飾られた前腕の、蓮華のような手の先を、あたかも蓮華を投げるように、ふるわせながら差し出して蹄《ひづめ》を支えた。

八二 重い閂《かんぬき》で扉が閉じられ、象たちによってでさえ楽には開けられない都城の門が、王子
の出て行くとき、音もなくおのずと開いた。
八三 そして、愛情を注ぐ父、幼い息子、彼を愛する人々、無上の栄華を捨てて、決意を固め
た王子は躊躇することなく、父の都から出て行った。
八四 汚れのない蓮華のような大きな目をした王子は、都をながめてライオンのような声で言
った。「生死の彼岸を見なければ、私は再びカピラに因んで名づけられたこの都に入るこ
とはないであろう」
八五 この言葉を聞いて、かの富の神クベーラの眷属《けんぞく》は喜んだ。また神々の群は心喜び、王子
が目指そうとすることの成就を彼に予言した。
八六 火の姿を取る他の神々は彼の決意したことが非常に困難であることを知って、霜の降り
た道に、あたかも雲間から射る月光のように、光をあてた。
八七 一方、太陽神をひく馬のようなこの馬は、心を駆りたてられたように進んだ。そして、
天の星の光が曙光によって色あせたころには、かの王子は幾十里も進んだのであった。

第六章　馬丁を帰す

一 そして、世界の目である太陽が一瞬にして昇ったとき、人々の中で最もすぐれた、かの人はブリグの末裔の住む庵を見た。

二 そこでは鹿が安心して眠り、鳥が安らいでいるのを見て、かの人は憩いを見出したかのように、また目的を成就したかのように思った。

三 驕《おご》りの心をなくすため、また苦行を敬うため、自分本来の丁重な態度を守りながら、彼は馬から降りた。

四 降りて、「よくやってくれた」と言いつつ馬を撫で、満足した彼は馬丁チャンダカをじっと見つめながら、言った。

五 「*ガルダ鳥のように速いこの馬のあとを追ってきて、友よ、お前は私に対する忠誠とお前自らの勇気を示してくれた。

六 互いの目指すところは全く異なってはいるが、主人へのこのような忠愛とこのような能力をもつお前に、私は心を打たれた。

七 敬愛の念なくとも有能な者はいる。また能力なくとも忠愛の心ある者もいる。しかし、お前のように忠愛の念と能力とをもつ者はこの世では得がたい。

八 それゆえ、私はお前のこの気高い行ないを喜んでいる。そのようなお前の心は私に向け
られており、報酬を顧みなかった。
九 報酬を与える者に対して、好意を示さない者があろうか。逆の場合には、親族といえど
もほとんどが他人となるのだ。
一〇 家系のために息子は育てられ、その扶養のために父はかしずかれる。期待によって人々
は結びつくのであって、動機なく、身内の者だ、と思うことはない。
一一 多くを語る必要はない。要するに、お前は私のために本当によいことをしてくれた。馬
をひいて帰ってほしい。私は来たいと思ったところに来たのだから」
一二 と言って、大きな腕の王子は、労をねぎらおうと思い、自分のもろもろの飾りを取りは
ずし、心悲しんでいる馬丁に与えた。
一三 光を放って灯火の役を果たしていた宝石を、冠より手に取って、王子は、太陽を頂くマ*
ンダラ山のように立ち、言った。
一四 「この宝石を捧げて、チャンダカよ、王に幾度も礼拝し、悲しみをなくすため親身にな
って、告げてほしい。
一五 生死を滅するために、私は苦行の森に行く。決して天界を望んでいるわけでもなく、愛
情がないからでもなく、また怒りからでもない。
一六 それゆえ、このように出家した私のことを悲しんではいけない。なぜならば、共にいる
ことは長く続いても、時至ればなくなるだろうから。

一七 別離が訪れることは確かだからこそ、私の心は解脱へと向かっている。親族との別離が、どうかして再びないようにと思って。

一八 悲しみを捨て去るために出家した私を、悲しんではいけない。悲しみの原因である感官の対象に執着し欲望をもつものたちこそ、悲しまれるべきなのだ。

一九 これはわれわれの祖先の堅い決意とのことであるから、祖先より受け継いだ道を歩いている私は、悲しまれるべきではない。

二〇 なぜならば、人の死んだとき、遺産を継ぐものはいる。しかし、この地上で真理を継ぐものたちは得がたいか、あるいは全くいないかなのだ。

二一 かの者は時ならざる時に森に行った、と言われるかもしれないが、命がはかないものであるからには、真理に時ならざる時なぞないのだ。

二二 それゆえ、今ただちに至福のことを考えるべきだと、私は心に決めた。死が敵として迫っているときに、だれが安閑としていられよう。

二三 このように、友よ、王に伝えてくれ。私を思い出すことさえないように、お前が努力してほしい。

二四 私の不徳を王に告げてもかまわない。不徳によって愛情が捨てられ、愛情が捨てられれば、悲しまれないだろう」

二五 この言葉を聞いて、心の痛みに困惑し果てたチャンダカは、合掌しつつ、涙に言葉をとぎれさせながら答えた。

二六「親族を苦しませるこのようなあなたのお気持ちのゆえに、ご主人よ、私の心は、川の泥に象が沈んでいくように、沈んでいきます。

二七 このようなあなたのご決心は、何人《なんぴと》の涙を流させないでおくものでしょうか。鉄でできた心においてさえも、そうなのですから、愛情にとらわれた心にあってはなおさらのことです。

二八 と申しますのは、宮殿の寝台にふさわしいあなたの繊細さと、鋭いダルバ草の葉端におおわれた苦行の森の地面とは、大変な違いがあるからです。

二九 ご決心を聞いて、なお馬を私が連れてきましたのは、ご主人よ、私が神の手によって、むりやりになさしめられたからです。

三〇 あなたのご決意を知りながら、どうして私が自ら進んで、カピラヴァストゥの都の人々の悲しみそのものである、この馬を連れてもどれましょう。

三一 それゆえ、腕の強いお方、子供を愛し愛情豊かな年老いた王を、あたかも不信心者が正しい教えを捨てるように、お捨てになってはなりません。

三二 あなたを育ててお疲れになった王妃、あなたの継母を、恩知らずが親切を忘れるように、お忘れになってはなりません。

三三 徳がそなわり、一族の称賛の的である、幼子をかかえたあなたの貞節な妃を、あたかも不能者が、手に得た幸福の女神を捨てるように、お捨てになってはなりません。

三四 名声を有し規範に従う者のうち最もすぐれており、妃ヤショーダラーより生まれた、讃えられるべき幼いご子息を、あたかも放蕩者が最高の名声を捨てるように、お捨てになってはなりません。

三五 たとえ父親と王国をお捨てになる決心をなさったとしても、力強き方よ、私をお捨てになってはなりません。なぜなら、あなたのみ足が私の救いなのですから。

三六 御者スマントラ*が、ラーマ王子*を森に残したように、あなたをこの森に残し、心焼かれるまま都に行くことはできません。

三七 あなたとともにでなく都に帰った私に、王は何とおっしゃるでしょう。あるいはまた、後宮の人々には、あの方々は私と一緒のあなたをいつも見ておいでなのですから、何と言えばよいのでしょう。

三八 王の前でご自分の不徳を話せ、とあなたは言われましたが、聖者のように欠点のないあなたについて、本当ではないことをどうして語ることができましょう。

三九 たとえ、心うしろめたく、舌をもつれさせて、私がそう申し上げたとしても、だれがそれを信ずるでしょう。

四〇 なぜなら、欠点を知るお方よ、月に焼けつくような熱さがあると語ったり信じたりする者のみが、あなたの欠点を語ったり、信じたりできるのでしょうから。

四一 いつも慈愛に満ち、つねに憐れみを知るあなたにとって、あなたを愛する者たちを捨てることは似つかわしくありません。お願いですからおもどり下さい」

四二 悲しみに打たれたチャンダカの言葉を聞いて、話し方の最も上手なかの人は、おのれを保ちつつ、きわめて平静に語った。

四三「チャンダカよ、私との別れを悲しむことはやめなさい。生きものはさまざまな生まれ方をしても、必ず別れなければならないのだから。

四四 たとえ、その愛情から私が親族を自ら捨てなくとも、死はいやおうなくわれわれを互いに分かつだろう。

四五 大きな望みをかけ、苦しんで私を腹に宿して下さった母の努力は、むなしいものとなった。私と母は、何と遠く離れてしまったことだろう。

四六 鳥たちが、ねぐらの樹に集まっては散っていくように、生きているものが一緒にいることは、必ず別離で終わるものなのだ。

四七 生あるものたちの出合いと別れは、雲が合ってはまたちぎれて離れていくようなものだ、と私には思われる。

四八 この人の世は次から次へとあざむかれ、ひき離されていくゆえに、夢のようなものである出合いにあって、これは私のものだ、という考えはふさわしくない。

四九 生来の紅葉によって樹々は自分の葉から引き離される。まして元来別々であった二人の間に、別離のないことがあろうか。

五〇 このようだから、心を苦しませてはならない。いとしき友よ、さあ、出かけてくれ。もしお前に愛情が残っておれば、行ってまたもどってくるがよい。

五一 カピラヴァストゥで私のことを心配してくれる人に告げてほしい。『あの方への愛情はお捨て下さい。あの方のご決心をお聞き下さい。

五二 生死を滅することができれば、すぐもどってこられるそうです。けれども、正しい努力を欠き、目的に達することができなければ、死ぬとのことです』と」

五三 この言葉を聞いて、最もすぐれた馬カンタカは、舌で王子の両足をなめ、熱い涙を流した。

五四 王子は、網縵《みずかき》をそなえ、吉祥なる*卍《まんじ》の徽《しるし》があり、中央に法輪の徽がしるされてある手で馬を撫でながら、同じ年頃の友に語るように言った。

五五「カンタカよ、涙を流すな。お前が名馬であることは証しされた。耐えよ、お前のこの努力はまもなく報いられるだろう」

五六 そして、チャンダカの手にあった、柄《え》に宝石がちりばめられた剣を、彼は落ち着いてつかみ、象嵌《ぞうがん》細工をほどこした、金の条《すじ》できらめく鋭い刀を、蛇を穴からひきだすように、鞘《さや》から抜いた。

五七 青い睡蓮の花弁のように青いその刀を抜いて、彼はきらきらと輝く冠を髪とともに切り取り、小布の垂れ下がるその冠を空中に投げた。あたかも*ハンサ鳥を池に投げ入れるように。

五八 天人たちは投げられたものを崇めようと、恭々しくつかんだ。そして、神々の群はそれを天において神々しいさまざまな栄誉の徽《しるし》とともにしかるべく敬った。

五九 一方、自分の身体から装飾を取り去り、頭からは王家の栄誉の徽をはずして、黄金色のハンサ鳥を刺繍した衣を見ると、心堅固な王子は、森で着る衣がほしいと思った。

六〇 すると、一人の本性の清浄な天界の住人が彼の気持ちを知り、鹿狩りの人の姿になって、黄褐色の衣（袈裟《けさ》）をまとって近づいてきた。その人にシャーキャ族の王子は言った。

六一「聖仙の徽であるあなたの吉祥なる黄褐色の衣と、殺生の弓とは釣り合いません。それゆえ、尊き方、それをたって持っておられたいというのでなければ、私にください。そして、この私のをお受け取り下さい」

六二 狩人は言った。「希望をかなえてくださる方よ、私はこの衣を使って、近くで鹿たちを安心させ、思うように殺しております。しかし、もしこれがお役に立てば、インドラ神に似た方よ、これをお持ち下さい。そして、その白い衣を私にください」

六三 そこで、王子は大変喜び、森の衣を受け取り、絹の衣を与えた。一方、狩人は再び天人の姿を取り、白い衣を手にして天に昇っていった。

六四 天人がこのように去ったとき、王子と馬丁は驚き、ただちに彼らはその森に住むための衣を、より一層崇めたのだった。

六五 それから、涙に顔をぬらしたチャンダカを去らせて、心が堅固なことで有名なかの偉大な人は、黄褐色の衣を身につけ、庵のあるところに進んだ。そのさまは、あたかも星宿の王たる月が、夕焼けの雲につつまれたようだった。

六六 それから、このようにして主人が王位を望むことなく、色あせた衣をまとって苦行の森へ行ってしまったとき、かの馬丁は両腕をあげ、激しく泣き、大地に倒れた。

六七 いま一度振り返り、彼は両腕で馬カンタカを抱いて声高に泣いた。そして、望みなく、繰り返し歎きながら、心は伴わず、身体のみで都に向かった。

六八 チャンダカは、あるときは思い悩み、あるときは歎き、あるときは躓《つまず》き、あるときは倒れた。主人への忠愛のゆえに、苦しみながら歩き、自分をどうすることもできず、道々何度もそのような行ないをしたのだった。

第七章　苦行の森

一 そして、森に行きたいと望んだため、他のものを顧みなくなったサルヴァールタシッダ(あらゆる目的の完成者)は、あたかもシッダ(完成者)のように、涙を流して泣くチャンダカを捨てた後、姿の美しさであたりを圧しながら、かの庵へと進んだ。

二 獣王のような歩き方で、かの王子は鹿の園に鹿のごとく入っていった。栄華の徽《しるし》を失ってはいたが、身体の麗しさによって庵に住む者たちすべての目を奪った。

三 すなわち、妻を連れた、車輪を担う行をする者たちは、軛《くびき》を手にかけていたが、そのままの姿で、インドラ神のような彼を見たまま、頭を半ば垂れて動かなかった。そのさまはちょうど役畜のようだった。

四 薪《まき》を求めて外に出て、薪、花、*クシャ草を手にしてもどってきた苦行者たちは、心の鍛練はできていたが、彼を見るために出むいて行き、庵に帰らなかった。

五 孔雀は、青黒い雨雲を見たときのように喜んでとびはね、鳴き声をあげた。落ち着かない目をした鹿や、鹿のように草を食《は》む行をする者たちは、口から草を落としたまま彼に顔を向けていた。

六 昇る朝日のように輝くイクシュヴァーク家の灯火を見て、護摩《ごま》のための乳を出す牛たちは、乳をすでにしぼられていたけれども、喜んでさらに乳を出した。

七「この方は第八のヴァス*か、あるいはアシュヴィン*双神の一柱が地上に降りて来られたのではなかろうか」という言葉が、彼を見て驚いた聖者たちの間に声高にあがった。

八インドラ神の第二の姿のように、あるいは、動くものおよび動かざるもの一切世界の威光のように、彼は森全体を照らした。あたかも自ら地上に降り立った太陽のように。

九そして、庵に住む隠者たちがしかるべく彼を崇め招いたとき、彼は雨雲の轟きのような声で、修行を行なっている者たちに礼を返した。

一〇解脱を望むかの人は、さまざまな苦行を見ながら、天界を望み功徳を積む人々があちこちにいるその庵を、冷静に見てまわった。

一一その苦行者の森の中、かの優美な人は苦行者たちの奇怪な苦行を見て、真実を知りたいと思い、自分に従っていたある行者に言った。

一二「今日初めて私は庵を見るものですから、修行を積むこの方法については無知です。それゆえ、あなたがどのような決意をもっておられるか、何に向かって苦行をなされているのか、私にお話し下さい」

一三そこで、苦行をたのしんでいるバラモンは、牡牛のように勇気ある、シャーキャ族の牡牛に対し、苦行の種類や苦行の結果について順を追って語った。

一四「聖者たちは、聖典に従いながら、田畑でとれたのではない食物、水の中に生えるもの、木の葉、水、果実、根、これだけを糧《かて》として生きています。もっとも苦行には、これとはまた別のやり方がいろいろとあります。

一五 ある者たちは、鳥のように落穂《おちぼ》によって生きており、またある者たちは草を鹿のように食《は》んでいます。他の者たちは蟻塚と化して、蛇とともに森の風を食べて、時を過ごしております。

一六 ある者たちは石で砕く努力によって得られたものを糧とし、また他の者は自分たちの歯で籾殻《もみがら》を取ったものを食べております。また他の者たちは、他人のために料理をして、もし残りがあればそれですませます。

一七 ある人々は、ふさふさとした髪をおさげに結って捲き上げ、それを水で濡らして、日に二回、聖頌（＊真言《マントラ》）を唱えながら火に捧げものをします。他の者は魚とともに水にもぐって亀に身体をひっかかれて住んでいます。

一八 行者たちは、このように長い期間すぐれた苦行をすれば天界に行き、劣った苦行によっては人の世に行きます。というのは、人は苦の道によって安楽を得るのであり、安楽こそ修行の究極の目的である、と言われますから」

一九 と、その苦行者の言葉を聞いて、王子は、まだ真実を見とおしてはいなかったが、満足はしなかった。そして、静かに独り言を言った。

二〇「苦行にはさまざまな種類があるが、ともかくその本質は苦痛だ。また苦行の結果はせいぜい天界だ。すべての世界は流転しているというのに。これらの庵に住む人々の労苦は実に小さなことを目指している。

二一 いとしい親族、さらには感官の対象を捨てて、天界のために禁戒を守る人々は、世俗から離れて、一層大きな繋縛《けばく》にさらにまた赴こうとしているにすぎない。

二二 身体を疲れさせる、苦行と呼ばれるもろもろの行為によって、欲望を達成するために活動を求める者は、輪廻の欠点を見極めることなく、苦しみによってただ苦しみを求めている。

二三 生きものはつねに死をおそれるが、それでも努力して再び生まれることを望む。生きものの活動のあるところ必ず死があるというのに。だから、彼らはまさに自分たちがおそれているところに自分から沈んでいくのだ。

二四 ある人々はこの世のために苦労し、ある人々は天界のために労苦を味わう。まことに生きものは安楽を求め、希望そのもののせいで哀れな者となり、目的をとげず、不幸に落ちる。

二五 劣ったものを捨てて、すぐれたものへと導くこの努力が悪いというわけではない。だが知恵ある者は、同じ努力を払うなら、さらに努力する必要のないような境地に至るべきなのだ。

二六 もし、この世では身体を苦しめることが正しい行為であって、身体の安楽は不正な行為であり、一方、かの世ではその人は正しい行為によって安楽を得るというならば、この世での正しい行為たる苦行は、かの世では不正な行為という結果を生むことになる。

二七 身体は心の力によって活動し、また活動を止めるのであるから、心の制御は理にかなったことだ。心がなくては身体は丸太に等しい。
二八 もし、食物が清浄だからといって、功徳が期待されるならば、鹿たちにさえ功徳があろう。また、不運にも財産に恵まれず、果報にあずかり得ない人にもあることになろう。
二九 もし、苦痛への志向が功徳の原因ならば、どうしてその志向が安楽に対しても向けられないのか。もし、安楽への志向が根拠とならないのなら、苦痛への志向も根拠とはならないのではないか。
三〇 同様に、行為を清めるために、『ここは沐浴場である』と人々が水に向かい、それに触れる場合でも、彼らの満足は心にあるにすぎない。というのは、水は罪を浄めないからだ。
三一 徳ある人々が触れた水がこの地上における沐浴場だと認められるならば、私が沐浴場と見なすのはその徳のみである。まぎれもなく水は水にすぎない」
三二 このように王子が理路整然とした言葉を自分に語ったとき、太陽は沈んだ。それから彼は、苦行のせいで静かになった、護摩の供物から出た煙のために樹木の色がくすんだ森に入った。
三三 燃えあがった祭火が他のところに移され、沐浴をすませた仙士*たちが群がり、神殿には読誦の声が響いて、森はあたかも修行の作業場のようだった。
三四 夜をもたらす月に似た王子は、そこでもろもろの苦行を見ながら数夜を過ごした。すべての苦行を見て考えぬき、そしてその苦行の地を発った。

三五 苦行者たちは王子の美と威厳に心打たれて、彼に従った。あたかも卑しき者たちに圧迫された土地から去っていく世の規範に従って、聖者たちが出ていくように。

三六 王子は、辮《あ》んだ髪と樹皮の衣をゆらゆらさせた苦行者たちを見た。そこで、彼らの苦行に敬意を示そうと、美しくめでたい木の根元に立った。

三七 庵の住人たちは、この最も気高い人に近づき、取り囲んだ。彼らの中の最も年取った者が恭々しく、彼をひきとめようと低く静かな声で言った。

三八「あなたがここに来られたとき、庵は活気に満ち満ちたようになりましたが、あなたが出発されると空《から》のようになります。それゆえ、わが子よ、あたかもまだ生きたいと願う者の肉体をいとしい生命が捨ててしまうように、ここを捨ててはなりません。

三九 と申しますのは、*梵仙、王仙、神仙が好んで住む霊験あらたかなヒマーラヤが近くにあります。その山に接することによって、苦行者たちの苦行は一層実りあるものとなります。

四〇 また天への階段である、もろもろの霊験あらたかな沐浴場も周りにあります。そこには、規範に従い、心を制御した神仙や大仙が好んで住んでいます。

四一 そして、ここから北の方角がすぐれた規範を求めて住むにふさわしいのです。賢者が南の方に向かって一歩でも踏み出すのはふさわしくありません。

四二 しかし、もしこの苦行の森で祭祀を行なわない者、あるいは混乱した儀式にふけったために不浄となった者をごらんになったために、ここにお住みになりたくないのならば、それをおっしゃって下さい。そして、ともかくここでここちよくお住み下さい。

四三 私たちは苦行の蔵のようなあなたを、苦行の友にほしいと思います。武人の長インドラ神のようなあなたとともに住むことは、参謀ブリハスパティ神が得たような成功をもたらすでしょうから」

四四 このように、苦行者たちの集まる中で苦行者の長が言ったとき、輪廻の世界を滅するための誓いを立てていた賢者の長たる王子は、自分の心の内を述べた。

四五「心がまっすぐで、規範に従い、私のような他人をも進んでもてなしてくださった親族のように思える聖者の方々から、私に対してこのようないろいろな心づかいをいただき、私はとてもうれしく、また光栄に存じます。

四六 まとめて申しますと、このような愛情のこもった心を打つお言葉で、私は湯浴みしているようです。修行の道に入ってまもない私には、喜びは今やさらに増しております。

四七 このようにしていろいろとお世話下さり、過分のご好意を示されたあなたがたを、私は捨てて行くのだと思うと、親族を捨てるときのように、私にも苦しみが湧いてきます。

四八 あなた方の修行は天界に生まれることを目指していますが、私はこの世に再び生まれてこないことを願っております。これがこの森に私が住みたくない理由なのです。行為の止滅への道（現世否定の道）は行為の進展への道（現世肯定の道）とは異なるものですから。

四九 それゆえ、この森から私が出て行くのは、私が不快だからでも、だれかが私に対して非礼を働いたからでもありません。と言いますのは、あなた方はみな、太古*の劫期《ユガ》にふさわしい規範に依っておられ、大仙のようでありますから」

五〇 このように王子の、丁重にして優雅な、意義深く、非常にやさしいけれども威厳があり、自信に満ちた言葉を聞いて、この苦行者たちは王子に対し格別の尊敬の念を覚えたのだった。

五一 ところで、いつも灰の中に横になっており、背が高く、髪を頭上で束《たば》ね、木の皮の衣を着ていて、目は黄味がかり、鼻筋の通ったバラモンが瓶を手にして言った。

五二「賢き方よ、生の欠陥を見られた若いあなたの決意は、まことに尊い。天界に生まれることと解脱とを正しく考察し、解脱に思いを定めた人が真に存在するのです。

五三 なぜならば、欲望にとりつかれた者たちは、あれこれの儀式、苦行、および禁戒によって天界に行こうとします。しかし、純正な本性を有する人々は、敵と戦うように、欲望と戦い、解脱に行こうとしますから。

五四 それゆえ、もしあなたがこのように決心なされておいでなら、早くヴィ*ンディヤコーシュタの地にお行き下さい。そこにアラーダという聖者が住んでおられますが、その方は究極の至福に対する目を開かれておいでです。

五五 そのお方からあなたは世界の構成要素に関する教えをお聞きになりましょう。もし気に入られれば、それにお従いになって下さい。しかし、私の見るところ、あなたの決意はこのようなので、彼の説をも捨てて、なお歩まれることでしょう。

五六 と申しますのは、くっきりと高い鼻筋、切れ長の大きな目、赤銅色の下唇、白く鋭い歯、細く赤い舌、このようなあなたのお顔は、知るべきものの大海をすべて飲みほすでしょうから。

五七 あなたの底知れぬ深さ、輝き、お身体のもろもろの特徴から考えまして、太古の劫期において聖仙たちも得ることのできなかった師の位を、あなたはこの地上において得られるでしょう」

五八 そこで、王子は「けっこうです。それでは」と言い、聖仙たちに挨拶をして、出発した。庵の住人たちもまた、彼に作法に従って礼を返し、苦行の森に入った。

第八章　後宮での嘆き

一　そこで、そのように主人がすべてを捨てて森に去ると、馬丁は心楽しまず、道中悲しみを抑えようと努めた。だが、涙がつきることがなかった。

二　ところで、前には主人の命令によって一晩でその道を馬で行ったが、同じ道を、主人との別離に思いをはせながら、八日もかかって帰って行った。

三　力強い馬カンタカは進んで行った。心は疲れ、おとなしくなっていた。装飾品で飾られてはいたが、主人に捨てられて、美しさを失ったようであった。

四　苦行の森の方を向いて振り返り、何度も悲しげに大きくいないた。飢えてはいたが、以前のように、道中で若草や水を見て喜ぶこともなければ、それを取ることもなかった。

五　それから、しだいに*カピラの都に近づいた。人々の幸せを気遣う気高い人はもうそこにはいず、この都はからになったようであり、太陽の除かれた空のようであった。

六　都の庭園は蓮の浮かぶ池が美しく、花咲く木々に飾られていたが、山の森のように輝きをなくし、町の人々は喜びを失っていた。

七　肉親が死んだ後で沐浴《もくよく》した人のように陰気な都に、馬丁と馬はゆっくり近づいて行った。人々はそのまわりを囲んでうろうろし、悲しい心を抱いて意気上がらず、目が涙に閉ざされ、馬丁と馬とを引きとめるかのようであった。

八 馬丁と馬がシャーキャ*（釈迦）家の牡牛ともいうべき王子を連れずに、うなだれてやって来るのを見て、町の人々は道に涙を流した。昔、ラーマ*の車がラーマを乗せずに帰って来たように。

九「都と国に喜びをもたらすあの王子を、お前はどこへ連れて行ったのか」。涙を浮かべた人々は、怒りを覚えて路上でこう言いながら、馬丁のチャンダカの後をついて行った。

一〇 そこで、忠愛の心深い人々にチャンダカは言った。「私が王子を捨てたのではありません。泣いている私と世俗の服装を、人里離れた森の中に捨てたのは王子です」

一一 この言葉を聞いて人々は、「これは実になし難いことだ」と考えるに至った。目から落ちる涙をぬぐおうともせず、「われわれの心は自分の行為*の結果として生じたままだ」と情なく思った。

一二 そこで人々は言った。「象の王のように歩む王子が行った森へ、われわれは今すぐに行こう。王子がいなくては、生きていたくもない。感覚器官がなくなると、人間が生きていたくなくなるのと同じように。

一三 王子がいないこの都は森であり、王子がいるあの森が都だ。王子がいないとわれわれの都は輝きを失う。ヴリトラ*殺しの時にインドラがいなくなった神々*の国（天）のように」

一四 ところで、「王子様が帰って来られた」と思って、女たちは並んでいる格子《こうし》窓《まど》のところにおしかけた。馬の背中にだれもいないのを見て、再び窓を閉めて泣いた。

一五 息子を取り戻そうとして祭儀を始めた王は、苦行の誓いを守ったため、そして悲しみのため、心が疲れていた。寺で祈りの言葉をつぶやき、祈願にふさわしい祭儀を次々に行なった。

一六 馬丁は、涙でいっぱいの目をし、悲しみにうちひしがれ、馬を連れて王宮に入った。主人が敵の戦士に連れ去られた時のように。

一七 王宮の奥に進み入る馬のカンタカは、涙を浮かべた目で見渡しながら、人々に苦しみを伝えようとしているかのように、大声でいなないた。

一八 すると、王宮の中に住んでいる鳥や大事にされて近くに繋がれている馬が、王子が近づいて来ると思って、カンタカのいななきに答えて声を立てた。

一九 王の後宮の近くにいた人々は、歓喜のあまり勘違いして、「あそこでカンタカがこのようにいなないているからには、きっと王子が王宮に入ろうとしているにちがいない」と思った。

二〇 悲しみのあまり気を失っていた女たちは、王子見たさに目を輝かせ、喜びのあまり、希望にあふれて家から外にとび出した。揺れ動く雷光が秋の雲からとび出るようであった。

二一 髪が垂れ下がり、絹の服がよごれ、顔に化粧もせず、目が涙でふさがれ、身づくろいをしていない女たちは、輝きを失っていた。夜が白んで来て赤みがかるようになった星が、天で輝きを失うように。

二二 足には赤い色を塗らず、足飾りもつけず、顔には耳飾りがなく、首は素肌のままで、生まれつきふくよかな腰には帯もつけず、乳房にあるべき首飾りは、盗まれたかのように消えうせていた。

二三 美しい女たちは、目に涙をいっぱいためて、チャンダカと馬が主人といっしょでないのを見て泣いた。森の中で牡牛に捨てられた牝牛たちのように。

二四 子思いの牝水牛が子を失って涙を流すように、子思いの皇后は子を失って涙を流した。*皇后ガーウタミーは、腕を差しのばして倒れた。葉の揺れ動く黄金色のバナナの木が倒れるように。

二五 他の女たちは、輝きがなくなり、肩を下げ腕をだらりとおろし、失意のあまり気を失ったかのようであった。泣き叫ぶこともなく、涙を流すこともなく、ため息をつくこともなかった。絵に描いた女のように、動かずじっと坐っていた。

二六 別の女たちは、主人がいなくなったのを悲しむあまり意識がうすれ、ぼんやりとし、顔をつたう涙の流れが、*チャンダナ（栴檀《せんだん》）の香料の落ちた乳房を洗っていた。山で水の流れが岩を洗うように。

二七 その時、涙に打たれた女たちの美しい顔で、王宮は輝いた。雨季が始まるとき、雲から落ちる雨に打たれて雫の落ちる蓮の花で、池が輝くように。

二八 美しい女たちの手は、指がまんまるくよく肥えていて、間にすきまなく、腕輪をつけず、血管がかくれていたが、この蓮のような手で胸をたたいた。風に揺らぐ蔓草が若枝で自らをたたくように。

二九 このように、よくもり上がってぴったりくっついた二つの乳房が、手でたたいたために揺れ動き、森の風に動かされる蓮にゆさぶられたチャクラヴァーカ鳥のつがいのように、女たちは美しかった。

三〇 手で胸を痛めたが、同じように胸で手を苦しめた。女たちは思いやりの心がにぶり、手と胸に苦しめ合いをさせていた。

三一 すると、怒って目が赤くなった皇太子妃ヤショーダラー*は、はげしくため息をついたので乳房が揺れ、深い悲しみに涙を流し、落胆のあまり喉にしぶ味を感じてどもりながら、言った。

三二 「チャンダカよ、私の心の灯火《ともしび》は、夜眠りこんでいてなすすべもない私を捨てて、どこへ行ったのですか。あなた方二人が馬のカンタカといっしょに出かけたのに、帰って来たのはあなたとカンタカだけですから、私の心は震えています。

三三 悪党め、お前のやったことは、下劣で冷酷で悪意に満ちています。こんなことを私にしておいて、今になってここで泣いて何になりますか。涙を流すのはやめなさい。さぞかし満足でしょう。お前のやったことは涙にそぐいません。

三四 お前は夫のお気に入りであり、間違ったことをせず、従順で役に立つよいお供です。そのお前といっしょに、夫は行ってしまって二度と帰って来ません。喜びなさい、お前の苦労は運よくむくわれました。

三五 人にとって、賢い敵の方が、筋違いのことをうまくやる愚かな味方よりましです。味方を自称する愚かなお前は、この家に大きな災難をもたらしたのです。

三六 この痛ましい女たちは装身具を捨て、絶え間ない涙で目がかすみ、赤くはれています。ヒマーラヤの山や大地のように夫が確かに存在しているにもかかわらず、未亡人のように輝きを失っています。

三七 王子がいなくなって、いくつも並ぶ宮殿は、鳩のいる尖塔が腕のように上に伸び、絶え間なく鳩が長い鳴き声をあげ、後宮の女たちといっしょに、大声で泣いているかのようです。

三八 ここにいる馬のカンタカも、何とかして私に害を与えようとしたにちがいありません。夜、人が眠っている時に、宝石泥棒のように、私の全財産をこうして盗んだのですから。

三九 確かにこの馬は飛んで来る矢の衝撃に耐えることができ、鞭など何でもないことです。このことを考えれば、鞭が振りおろされるのを恐れて、どうして私の幸運を私の心といっしょに奪って行ったのでしょうか。

四〇 卑しいことをしておいて、王宮を満たすかのように、大声でいなないています。ところが、私のいとしい人を連れ去った時には、口のきけないやくざ馬だったのです。

四一 もしいないて人々を目覚めさせていたなら、あるいは蹄《ひづめ》で大地に音を立てていたなら、またはあごで大きな音を出していたなら、私にこのような苦しみはなかったでありましょう」

四二 このように、皇太子妃の言葉は、嘆きに満ち、声涙ともに下るものであった。これを聞いてチャンダカは、うなだれて涙の雫を目に浮かべ、手をあわせて静かに答えた。

四三「妃殿下、馬のカンタカをお責めにならないで下さい。また、私にお怒りにならないで下さい。おわかり下さい。私とカンタカには全く罪がないのです。妃殿下、あの神のような人は、神のように行ってしまったのです。

四四 王子を外に出してはならないという王の命令はよく知っていましたが、神々に強いられたかのように、急いでこの馬を王子のところへ連れて行きました。こうして、道中王子の後をついて行ったのですが、全く疲れを感じませんでした。

四五 この優れた馬も、蹄が宙に支えられているかのように、大地に触れることなく進んで行きました。同じように、口が運命の力によって抑えられたかのように、あごの音を立てませんでしたし、いななきもしませんでした。

四六 王子が外に出られたとき、門はひとりでに開きました。夜の闇は太陽によって破られたかのようでした。このことから考えても、これは神々のなさったこととご理解下さい。

四七 王の命令によって、宮殿でも都でも何千人もの人々が、警戒していたのに、眠りに打ち負かされて目が覚めなかったのです。このことから考えても、これは神々のなさったこととご理解下さい。

四八 適当な時に神々は、森の生活にふさわしい衣服を王子に与え、天に投げ上げた王冠を受けとめられました。このことから考えても、これは神々のなさったこととご理解下さい。

四九 ですから、妃殿下、王子のご出発に関して、私とカンタカに罪があるとお考えにならないで下さい。私もこの馬も、したくてしたのではありません。神々をお供として、王子は行ったのですから」

五〇 このように、偉大な王子の出発には神々が大勢加わり、驚くべきものであったと聞いて、女たちは悲しみが消えたかのように驚嘆にひたった。だが、王子が苦行の生活に入ったということを知って、女たちは大いに悲しんだ。

五一 すると、ガーウタミー皇后は、失意のために目が落ち着かず、雛を失った鶚《みさご》のようにつらがり、気丈さを失って泣き、苦しみ、叫んだ。

五二「王子の髪の毛は、大きくうねって柔らかく、黒くて美しく、一本一本根元から生え、よく生えそろっており、王冠を取り巻くにふさわしい。あの髪の毛が地面に投げ散らされたのですか。

五三 王子は、腕が長く、歩きぶりがライオンのようで、目が牡牛のように大きく、黄金がきらめくように輝き、胸が広く、声が雲の太鼓（雷）のようです。こんな男が庵《いおり》の生活にふさわしいのでしょうか。

五四 たしかにこの大地は、行ないの立派な無二の君主をもう持つことがないでしょう。王子は去りましたし、あのような立派な君主が生まれるのは、国民が幸運に恵まれ、徳を積んだ*場合に限られます。

五五 王子の足は、指の間にきれいな網が広がり、柔らかで、くるぶしが隠れ、蓮のように美しく、足裏の中ほどに輪の印がついています。そのような足が、どうして固い森の大地を歩くのでしょうか。
五六 王子の力強い体は、宮殿の最上階で眠ったり坐ったりするのに慣れており、高価な衣服や*沈香《じんこう》やチャンダナの香料を用いて大事に扱われています。そのような体が、寒い時や暑い時、また雨の続く時に、どうして森にいるのでしょうか。
五七 家門に意気、力に容姿、学問に幸運、そして若さに恵まれて気位高く、与えることには慣れていますが、もらうことには慣れていません。どうして他人から食べ物を乞う生活ができましょうか。
五八 あの子は、黄金製の清潔な寝台に寝て、夜中に楽器の音で目が覚めていました。今になって、苦行者として一片の布におおわれた大地にどうして眠ることができましょうか」
五九 この哀れな嘆きの言葉を聞いて、女たちは互いに腕で抱き合い、目から涙を落とした。風で揺れる蔓草が花から蜜を落とすように。
六〇 すると、ヤショーダラーは、連れ合いを失ったチャクラヴァーカ鳥の雌のように、地面に倒れた。悲しみに打ちひしがれた皇太子妃は、声をつまらせて、ゆっくりと、繰り返し、あれこれと嘆いた。
六一 「共に正しい行ない（法《ダルマ》）にたずさわるべき妻を捨てて一人にしておいて、王子は正しい行ないを実践しようとしています。ですが、共に正しい行ないにたずさわるべき妻を捨てて苦行にいそしもうとするような人に、どうして正しい行ないなどありえましょうか。
六二 *マハースダルシャナを始めとする昔の王様たち、私どものご先祖たちは、妻を連れて森へ行きました。夫はきっとこのことを聞いていないのです。このように私なしに正しい行ないを実践しようとしているのですから。

六三 準備儀式の後でヴェーダの規定通りに祭儀で清められると、来世になってからですが、夫婦そろってその果報を楽しむことになるのです。ですから、夫は私をのけ者にして正しい行ないを独り占めしようという気になったのです。

六四 私の心は嫉妬といさかいを好みますが、正しい行ないを好む主人は、そのことをたびたびそれとなく知って、恐れることなく楽々と怒りっぽい私を捨てて、インドラの国で天女たちを得ようとしているにちがいありません。

六五 天女たちを得るために、王位と私のひたむきな愛を捨てて夫は苦行をしているわけですが、その女たちがどんな美しい姿をしているのか私には気がかりです。

六六 神々の国での幸せを得たいというのが私の願いでは決してありません。自制心のある人なら得難いものではありませんから。この世でも来世でも、何とかして夫が私を捨てないでほしいというのが私の望みです。

六七 目が長くてさわやかにほほ笑むあの顔を見上げる好運に私があずかれないとしても、このかわいそうな*ラーフラは、父の膝で動きまわることが決して許されていないのです。

六八 かわいげに片言をしゃべり、敵をも喜ばすこんな小さな息子を捨てるとは、あの人はやさしげな姿をしていて賢明なのに、心が何と冷酷で残忍なのでしょう。

六九 石でできているか鉄でできているか、私の心も確かに残忍です。安楽に慣れた主人が王位を捨てて一人ぼっちで森に行ったのに、私の心は壊れないのですから」

七〇 このように皇太子妃は夫を思って悲しみ、正気を失って泣いた。思いにふけり、何度も嘆きの声を上げた。生まれつき気丈ではあったが、悲しみのため気丈さを忘れ、恥ずかしさも感じなくなった。

七一 そこで、悲しみと嘆きのあまり取り乱して地面に倒れたヤショーダラーを見て、女たちは大声で泣いた。涙の流れる顔が、雨に打たれた大きい蓮のようであった。

七二 王は祈りを終え、*ホーマ祭儀をすませて、神殿から外へ出た。人々の苦しみの声に打たれて、雷の音に打たれた象のように、身震いした。

七三 馬丁のチャンダカと馬のカンタカを見て、そして息子がゆるぎのない決心をしたことを聞いて、王は悲しみに打たれて倒れた。祭りが終わった時にインドラの旗が倒れるように。

七四 そこで、息子を失った悲しみで王は一瞬気を失ったが、高貴な生まれの人々に支えられ、涙でいっぱいになった目で馬を見て、地面に横たわったまま嘆いた。

七五「カンタカよ、戦いの際お前は私の気に入ることを多くしてくれたが、今度は気に入らない大変なことをしでかしてくれた。私の気に入りの息子は徳を重んじる男で、お前も好きなのに、まるで嫌いな男を捨てるように、森の中に捨てたのだ。

七六 だから、今すぐ私を息子のいる所へ連れて行け。さもなければ、早く行って、息子を連れもどして来い。息子がいないと私は生きられないのだ。良薬がないと重い病人が生きられないのと同じように。

七七 *スヴァルナニシュティーヴィンが死神に連れ去られたとき、父の*サンジャヤは死ななかったが、これはなかなかできないことであった。しかしながら私は、正しい行ないを愛する息子が去った今、自制心がない人のように、*アートマンを身体から離したい。

七八 *ヴィヴァスヴァットの子マヌは、強力な創造主で、一〇のクシャトリヤ家系の元祖であり、遠い昔のこともその後のことも知っていたが、もしかわいい良い息子をなくしたとしたら、マヌの心でさえどうして乱れないであろうか。

七九 *ダシャラタの息子ラーマが森へ去ったとき、ダシャラタ王は神々の国へ行き、いたずらに涙を流してみじめに生きつづけるようなことはしなかった。アジャ王の賢い息子でインドラの友であるこの王がうらやましい。

八〇 友よ、私の*死後に水を供えてくれる息子をお前はどこかの庵へ連れて行ったのだが、それがどこにあるのか教えてくれ。*死者の行くべき所へ行こうとする私の魂は、水を欲しがって息子を求めている」

八一 このように、息子との別離に心痛む王は、大地にも似た生来の剛毅さを捨てて、ラーマを失って悲しむダシャラタのように、大いに嘆きの声をあげ、正気を失った人のようであった。

八二 すると、学問あり礼儀正しく人徳を備えた大臣と年老いた宮廷祭官は、悲しんではいたが心の痛みを顔に表わさず、穏当なことを的確に言った。

八三「最も優れた方よ、悲しむのをおやめ下さい。剛毅さを取り戻して下さい。気の弱い人のように涙を流されるのはよろしくありません。気丈な人よ。ふみつぶされた花輪を捨てるように王位を捨てて、この地上で今まで多くの王が森に入りました。

八四 そしてまた、王子の今の状況は前から定められていたのです。聖者のアシタが以前に言ったあのことを思い出して下さい。神々の国でも、*全世界を支配する帝王（転輪聖王《てんりんじょうおう》）の国でも、王子は一瞬たりとも安楽に暮らすことができないのです。

八五 ただもし努力する余地がございましたら、最も優れた方よ、早くおっしゃって下さい。私どもが参って、ヴェーダの規定にそぐわない点があれば指摘して、ご子息にはそれに反論していただき、自己弁護していただいて、この問題についていろいろな形で論争がなされるとよろしかろうと存じます」

八六 そこで王は二人に命令した。「それでは、お前たち二人は、ただちにここから出発するのだ。子思いの野鳥のように、息子を思う私の心は安らぎを得ない」

八七 王の命令を受けて、「承知しました」と言って、大臣と宮廷祭官はかの森へ行った。「打つべき手は打った」と考えて、王は妻と嫁とともに祭儀の残りをすませた。

第九章　大臣と宮廷祭官の説得

一 そしてその時、大臣と宮廷祭官は、涙という突き棒で王に突かれた。突き棒で突かれた二頭の良馬のように努力の限りをつくして、愛情にかられてまっしぐらに、二人はその森へ行った。

二 ほどなく、ふさわしい従者を連れた二人は、疲れて庵に到着した。宮廷の虚飾を捨てて質素な身なりをし、*バールガヴァの住まいにやって来た。

三 二人はその*バラモンに礼儀正しく挨拶し、ふさわしい答礼を受けた。二人はすすめられて席に着き、自らも席に着いたバールガヴァに手短に話を端折《はしょ》って、自分たちの用件を語った。

四「イクシュヴァーク一門に、力が強く名声が聞こえているという点で非の打ちどころのない王がおりますが、私どもはその王に仕え、それぞれ専門家としてヴェーダの伝承を守り、政治上の諮問にあずかっております。お見知りおき下さい。

五 インドラにも似たこの王には、*ジャヤンタにも似た息子がおり、生と死がもたらす恐怖を克服しようとして、ここへ来ていると聞いております。その王子のために、私ども二人が、やって来たとご判断下さい」

六「長い腕をしたその王子は、確かに来られました。極めて聡明な方で、『ここで教えられる教理は、*輪廻について未解決のままだ』とお考えになり、魂の解放（解脱）を求めて、アラーダの所へお行きになりました」

七 実情を知って二人はバラモンに別れを告げ、疲れてはいたが、王への忠誠心にかられて、疲れてはいないかのように、王子が行った道を進んだ。

八 そして、道を進む二人は、道端の木の根元に坐っている王子を見た。きれいに身づくろいしているわけではないが、その姿は美しく輝いていた。広がった雲に入った太陽のようであった。

九 そこで、宮廷祭官は大臣とともに乗り物を捨てて王子に近づいた。ウルヴァシーの子*ヴァシシュタが、*ヴァーマデーヴァを連れて、森に住むラーマに会おうとしたように。

一〇 神々の国で*シュクラと*ブリハスパティがインドラにしたように、二人は王子に礼儀正しく挨拶した。王子は、神々の国でインドラがシュクラとブリハスパティにしたように、二人に礼儀正しく挨拶を返した。

一一 そこで、許しを得て、*シャーキャ族の旗ともいうべき王子の両側に、二人は坐った。王子のそばで、月と結びついたプナルヴァス連星のように輝いた。

一二 宮廷祭官は、木の根元で輝いている王子に話しかけた。ブリハスパティが神々の国で*パーリジャータの木のそばに坐っているジャヤンタに話しかけたように。

一三「あなたを思って悲しみの投げ槍に心臓をえぐられたとき、王は地面にお倒れになり、一瞬気を失われました。涙の雨を流して、王はあなたにこう言われました。お聞き下さい。

一四『真理に対するお前の決意を私は知っている。それがお前の将来の目標であることを了解している。だが、まだ適当な時期が来ないのにお前が森へ行ってしまったので、実際に火で焼かれるように、私は悲しみの火で焼かれている。

一五だから、真理を愛する者よ、私の気に入ることをするために帰って来てくれ。ほかならぬ真理のためにこの考えを捨ててくれ。この悲しみの流れは増大して、私を滅ぼす。川の流れが増大して堤を破壊するように。

一六悲しみは私を引っぱり、乾かし、焼き、そして壊す。これは、雲に対する風の作用、水に対する太陽の作用、枯れ草に対する火の作用、そして山に対する雷の作用と同じだ。

一七だから、とりあえず王の生活を享受するのだ。定められた時機が来れば、お前は森へ行くことになろう。不幸を友とする私に心づかいをしてくれ。真理とは万物に対する憐れみの心にほかならないからだ。

一八真理は、森の中だけで達成されるのではない。苦行者は、町の中ででも確実に達成できる。この場合、要因となるのは意志と努力である。場所を森に限ったり、苦行者の身なりにこだわったりするのは、気の弱い証拠だ。

一九家長として浮世の義務を果たしている王が、王冠をかぶり、肩にかかる真珠の首飾りをつけ、腕に腕輪をし、繁栄の女神*ラクシュミーの膝であやされていても、輪廻からの解放のために必要とされていることは修得できる。

二〇 *ドルヴァの二人の弟、*バリと*ヴァジュラバーフ、そして*ヴァーイブラージャと*アーシャーダと*アンティデーヴァ、さらにはヴィデーハ王*ジャナカと*ドルマ、それに*セーナジット王たち、

二一 家長として浮世の義務を果たしながら、この王たちは至福を得るために必要なことを行なう方法にも通じていたのだ。このことを知るがよい。そして、富の支配権と王の権威の二つを同時に享受するとよい。

二二 即位の灌頂《かんじょう》儀式をすませたばかりでまだ頭が濡れているお前をかたく抱いて、王権の象徴である白傘を保持するお前を見つめながら、喜びをいだいて森に入りたいものだ』

二三 このように王は、声涙ともに下る言葉で、あなたに語られました。これを聞いて、王のお気にめすようになさり、愛情でもって愛情にお応えになって下さい。

二四 シャーキャ族の王は、苦しみの海で溺れています。この海はあなたを水源とし、悲しみの水をたたえています。ですから、守る人も支えるものもなく海に溺れている王を救い上げて下さい。守る人も支えるものもなく海に溺れている人を舟が救い上げるように。

二五 ガンガーの腹から生まれた*ビーシュマとダシャラタの子ラーマ、それに*ブリグの子ラーマは、父親の気に入ることをしました。こういうことを聞いた上で、あなたも父上のお望みになることをなさって下さい。

二六 あなたを育てられた皇后は、お命があぶなくなり、もう少しで*アガスティヤが好む方角

に行かれるところでした。子牛をなくした子思いの母牛のように、お苦しみの絶えることなく、悲しげに泣いておられます。このことをお知り下さい。

二七 雄鴨と別れた雌鴨のように、また牡象に捨てられた牝象のように、主人がいるにもかかわらず主人を失って苦しんでいる妻を、お姿を見せて救って上げて下さい。

二八 たった一人のご子息はご年少で、苦しみにはまだおふさわしくないのに、心にいだく苦悩を耐えておられます。肉親を悲しむお気持ちからご子息のラーフラ様を救って上げて下さい。ラーフが月を食うために起こる月蝕から満月を救うように。

二九 後宮と都全体が悲しみの火で焼かれており、あなたが水となって消してくれるよう望んでいます。この悲しみの火は、あなたとの別離が薪であり、ため息が煙で、暗い心が炎です」

三〇 真実を求める人、完全な知恵の王子は、宮廷祭官の言葉を聞いた。立派な人の立派さを理解できるこの人は、ちょっと考えた後で、礼儀正しく次のように答えた。

三一 「父親の子に対する気持ち、特に王の私に対する気持ちは、よくわかっています。わかってはいますが、病《やまい》と老いと死を恐れて、どうしようもなく身内の人々を捨てるのです。

三二 愛する人も死ぬ時は別れなければなりません。もしそうでないなら、愛する身内の人々に会いたがらない人がいるでしょうか。長く生きたところで、いずれは別れなければなりません。だから愛してはいるが、父を捨てるのです。

三三 王の悲しみは私のせいだとあなたはおっしゃいますが、これは私の気に入りません。出会いは夢のようにはかなく、人は避けられない別離に苦しむのです。だから、私のせいではありません。

二四 世界で起こるいろいろなことをごらんになって、『息子や肉親が苦悩の原因なのではない。この苦悩は無知が原因なのだ』という結論にお達しになるべきです。

二五 この世で出会う人々は、旅人のように、いつかは別れなければなりません。浮世の約束事で仮に肉親ということになっている人々と離れたところで、賢い人ならだれが悲しみをいだくでしょうか。

二六 前世で身内の人々を捨てて、人は今の世にやって来ます。今の世でも身内の人々をうまくまいて、また逃げ出します。来世に行っても、またその次の世へ去って行きます。そのようにいつも捨てている人々に対して、何の愛着があるでしょうか。

二七 母の胎内にいるとき以来、あらゆる状況のもとに、死の神は攻撃しようとかまえています。私が森へ行くのは今が時機でないなどと、息子にとっていとしいあの国王陛下が、なぜおっしゃったのでしょうか。

二八 快楽にふけるのに不適当な時機があり、金儲けに適当な時機も教えられています。ただ、死の神はいつ何時でも人を引っぱって行きます。魂の解放をもたらす至福を得るのに適当な時機などありません。

二九 王は王位を私に譲ろうとしておられます。これは気高く、父親らしいことです。ですが、私はお受けできません。病人が健康によくない食べ物を食欲にかられて受け取ることができないのと同じです。

四〇　惑いの依りどころである王位に、賢い人がどうしてつくことができるでしょうか。王位には恐怖と驕慢と疲労がつきものであり、他人を不当に扱うことによって、正義を滅ぼすことがあります。

四一　王位は楽しいものではありますが、火のついた黄金宮殿のように、毒をもったとびきりのご馳走のように、鰐に満ちた蓮池のように、災いのもとであります。

四二　このように、王位は楽しみをもたらすものでもなければ、正義の実現にふさわしいものでもありません。ですから、昔の王たちは、年をとって死の苦しみが避けられなくなると、嫌気《いやけ》がさして王位を捨て、森へ行ったのです。

四三　王位についていると犯しがちな過失は、潜んでいる毒蛇のようなもので、こんなものといっしょに暮らすぐらいなら、最高の宝物のように満ち足りた心をいだいて森に住み、草を食べている方がよろしい。

四四　王たちが王位を捨て、真理を求めて森に入るのは、称賛すべきことです。しかしながら、誓いを破り、いったん入った森を捨てて再び家に入るのは、称賛すべきことではありません。

四五　良家に生まれ性根《しょうね》のすわった男が真理を求めていったん森に入ったからには、恥を捨て黄褐色の衣（袈裟）を投げ捨てて再び都に住むでしょうか。たとえインドラの都であろうとも。

四六 欲の深さや惑いや恐れにかられて、いったん吐き出した食べ物をもう一度とるような人なら、欲の深さや惑いや恐れにかられて、いったん捨てた快楽をもう一度とるようなことをするかも知れません。

四七 火のついた家から何とかして逃げ出した後で、もう一度入ろうとするような人なら、危険を知り、世俗の生活を捨てた後で、惑いにとらわれてもう一度前の生活に戻ろうとするでしょう。

四八 世俗の生活をする王たちが魂の解放を達成したという言い伝えは、まちがいです。魂の解放のために必要なのは、主として心の安らぎであり、王にとって必要なのは、主として刑罰です。この二つは全くあいいれないものです。

四九 心の安らぎを楽しむなら、王権はゆらぎます。王権に意を用いると、心の安らぎは崩壊します。心の安らぎと罰の厳しさはいっしょになりません。冷たい水と熱い火が一つにならないように。

五〇 このような確信に基づいて、王位を捨てて心の安らぎを得る王もいます。また、王位についたまま、感覚器官を抑制したという理由で、中途半端でありながら、魂の解放をしたという自信を持つ王もいます。

五一 王位にとどまりながら彼らが正しく心の平安を得たにしても、私は相当な決心をして森にやって来たのです。家と家族という罠《わな》をたち切って、私は自由になりました。もう一度その中に入りたくありません」

五二 このように、王子の言葉は、その人柄と知恵と徳性にふさわしく、欲望を超越し、理路整然として力強かった。王子が語るのを聞き、それに対して大臣は言った。

五三「魂のために義務を果たそうとするあなたのご決意は、まちがってはいませんが、時機を得たものではありません。年老いた父上を悲しみに委ねては、正しい行ないを愛するあなたに、正しい行ないがないということになりましょう。

五四 あなたは目に見えない結果のために眼前のものをないがしろにして、家をお出になります。あなたの判断力はきっとあまり鋭くなく、宗教的義務と富と快楽の道に通じていらっしゃらないにちがいありません。

五五『人は生まれ変わる』とある人は言い、『生まれ変わらない』とある人ははっきり主張します。このように問題は、どっちとも決まっていないのですから、いま手にしている栄華を享受なさるのがよろしい。

五六 もしもう一度何かに生まれて来るなら、今の人生を楽しんでいるようにその時も楽しむことになりましょう。来世に生まれて来ることが決してないなら、努力せずしてこの世の人々は輪廻から解放されることになります。

五七『来世は存在する』と人々は説きますが、輪廻からの解放のためにとるべき方法については述べません。火の熱さや水の液性について語るように、再生の本質について語るだけです。

五八『幸せになるか不幸せになるか、または再び生まれるか輪廻から解放されるかは、本来的に決まっている』と人々は語ります。この世のすべてのことが本来的に決まっているから、この理由からも努力は無駄です。

五九 いろいろな感覚器官の作用は定まっています。またその対象が好ましいか好ましくないかも定まっています。そして人間は老いと苦しみから離れられません。このようなことに対して、どんな努力のしようがありましょうか。本来的に決まっていることではありませんか。

六〇 水によって火は消え、火は水を涸らします。人間の体を構成するいろいろな元素は、一つになって世界を支えています。

六一 母胎にあるものに、手足に腹と背中、そして頭の形ができあがり、それに*アートマンが結びつきますが、これは本来的に決まっていることだと賢者たちは語っております。

六二 茨の棘《とげ》が鋭く、獣や鳥が色とりどりであるのは、だれかがそのようにしたからではありません。この世にあるすべてのものは、本来的に決まっているように生じたのです。好き勝手にものを作る者など存在しません。ですから、努力の余地などあるでしょうか。

六三 また『*最高神ブラフマンが世界を創造した』と他の人々は言います。そうなら、人間の努力に何の意味があるでしょうか。世界の発生をひき起こしたのと同じ者が、世界の消滅をひき起こすということになります。

六四 『発生と消滅をもたらすのはアートマンである』とある人々（サーンキャ学派の人々）は言います。『努力なしにものは生じる』と言い、『輪廻からの解放に至るのは努力による』と言います。
六五 人間は、子供を作ることによって祖先への責務を果たし、ヴェーダを学ぶことによって、霊感を受けた古の聖者たちへの責務を果たします。また、祭儀を行なうことによって、神々への責務を果たします。この三種の責務をかかえて人間は生まれますが、これから解放された時にこそ輪廻から解放されるのです。
六六 このように、『ヴェーダの規定をふんで努力する人に輪廻からの解放がある』と賢者たちは言います。輪廻からの解放を求める人は、正しい手順をふまなければ、いくら努力しても、徒労に終わるだけです。
六七 ですから、立派な人よ、輪廻からの解放にこだわっていらっしゃるなら、正しい方法で、決められた通りにヴェーダの規定をお守り下さい。そうすれば、輪廻からも解放されますし、王の苦しみも消えます。
六八 『いったん入った苦行の森から家に帰るのはよくない』というお考えがあなたの心に浮かんだとのことです。若様、この点につきましても、ご心配なさいませんように。昔の人も、森から家に帰っています。
六九 臣下の者たちに仕えられて苦行の森に住んでいた*アンバリーシャ王は、都に帰りました。また、*ラーマは都に帰って、悪い奴らに荒された国土を守護しました。
七〇 同じように、*シャールヴァ王ドルマは、息子といっしょに森から都に帰りました。そして、*サンクリティの子アンティデーヴァは、バラモン出身の聖者でありましたが、聖者ヴァシシュタから王位を受けました。

七一 このような人々は義務を果たしたという点で名声に輝いていますが、森を捨てて家に帰りました。ですから、本来の義務を果たすために苦行の森から家に帰るのは悪いことではないのです」

七二 王の目ともいうべき大臣の言葉は、好意にあふれ、ためになるものであった。そこで、王子はこれを聞いて、毅然《きぜん》として語った。その言葉は意をつくして、まとまりよく、冷静であり、語調がゆっくりしていた。

七三「来世があるかないかという問題に関して、私は他人の言葉を根拠にして確信を得ることはできません。苦行と心の安らぎによって真理を理解し、この問題について自ら確信を得るつもりです。

七四 疑惑をはらみ不明瞭で矛盾を含む哲学を受け入れることは、私にはできません。他人の確信に基づいて進むことなど、賢い人ならどうしてできるでしょうか。盲人を道案内として、盲人が暗闇の中を進むようなものです。

七五 私はまだ真理を見つけてはいませんが、善と不善が問題になっている場合、私の心は善の方に向かいます。不善に向かう人が真理を見つけて幸せを得るよりも、たとえ無駄に終わろうとも、善を求める人の努力の方がよいのです。

七六『真理についての伝承に定説がないということを知って、信頼できる人々の言うことが正しいと考えよ』とあなたはおっしゃいますが、信頼できるということは、誤りがないということであるとお考え下さい。誤りのない人は偽りのことを語らないのですから。

七七 森から家に帰る件に関しては、ラーマやその他の人々の例について、私に話されました。この人々は判断基準にはなりません。誓いを破った人々は、なすべきことの当否を決める際に判断の基準として十分な資格がないのです。

七八 ですから、たとえ太陽が地に落ちようとも、ヒマーラヤの山が揺れ動こうとも、いまだ真理を見出せず、感覚器官がその対象に向かって作用するのを抑制できないまま、愚かな人間のままで家に帰りたくありません。

七九 私はまだ目的を達していないのですから、燃えさかる火の中には入っても、再び家に入るつもりはありません」。誇り高い人はこのように宣言した。何ものにもとらわれない人は、意のままに立ち上がって、行ってしまった。

八〇 そこで、涙を浮かべた大臣と宮廷祭官は、ゆるぎない決心を聞いて、がっかりした顔をし、心に痛みを覚えたが、王子の言葉に従い、ほかにどうしようもなく、ゆっくりと都に帰って行った。

八一 しかし、王子に対する愛情と王に対する忠誠心にかられ、二人は心配げにあと戻りして立ちつくしていた。王子は太陽のように自らの輝きで輝いていて近づき難く、二人は見ることもできず、道に置き去りにすることもできなかった。

八二 最高の目的を求める王子の行き先を知ろうとして、正直な男を変装させて調査員に任命した。そして、「いとしい息子に夢中になっている王のところへ行って、どのようにして顔を合わせたらよいだろうか」と考えながら、二人はやっとの思いで帰って行った。

第一〇章　シュレーニャ・ビンビサーラの来訪

一 厚く広い胸をしたかの王子は、祭儀と政治をそれぞれ取り仕切る二人を残して、波揺れるガンジス河を渡り、*マガダ国の都、美しい邸宅の多い*ラージャグリハ（王舎城）へ行った。

二 この都は、山々に美しく飾られ、外敵から守られている。また、めでたい*タポーターに支えられ、清められている。*五つの山をしるしとするこの都に、王子は心静かに入って行った。最高神ブラフマンが天の内奥に入って行くように。

三 王子は不動の誓いを立てた*シヴァのようであり、その重々しさと威厳、そして人を凌駕する輝きを見て、その時人々は大いに驚いた。

四 王子を見るや、こちらに向かって来る人は立ちどまり、同じ方向に行く人はついて行き、急いでいた人は歩をゆるめ、坐っていた人は立ち上がった。

五 ある人は両手を合わせて王子を拝み、ある人は歓迎の意をこめてお辞儀をし、さらにある人は愛情のこもった言葉で挨拶した。ただ一人として敬意を払わずに通りすがる者はいなかった。

六 王子を見て、派手な服装をした者は恥ずかしく思い、路傍で雑談していた者は沈黙した。正しい教えが化身して目《ま》のあたりにいるかのようであって、だれひとりとして道にはずれた考えを持つ者はいなかった。

七 大通りでほかのことをしていた人々は、男であれ女であれ、神にも比すべきこの王子を敬意をこめて見つめたまま、見飽きることがなかった。

八 眉であろうと額であろうと、口であろうと目であろうと、姿態であろうと手足であろうと、さらに歩きぶりであろうと、王子の体のどこを見ても、見る人はそこに釘づけになった。

九 王子は眉と眉の間に毛の環*があり、目が切れ長で、体が光り輝き、手に美しい網があった。大地を支配する王となるべきこの人が今托鉢僧（比丘《びく》）の装いをしているのを見て、ラージャグリハの繁栄*の女神は思わずうろたえた。

一〇 その時、マガダ国の王シュレーニャ*・ビンビサーラは、外宮の中から大群衆を見て、その理由を尋ねた。そこで、家来は答えた。

一一 「『この人は将来最高の知識を獲得するか大地をすべて支配する王となるか、そのいずれかであろう』とシャーキャ族の王の息子について、バラモンたちはかつて予言しました。人々は今、托鉢僧になった王子を見つめているのです」

一二 これを聞いた王は気になって、「王子がどこへ行くのか調べて、知らせてくれ」とその家来に言った。「かしこまりました」と家来は言って、王子のあとを追った。

一三 一方、シャーキャ族のかの王子は、二尺前方に視線を据えて目を動かすことなく、言葉を発することもなく、ゆっくりと歩調を整えていた。肢体と動揺しやすい心を制御して、最も優れた托鉢僧は、托鉢を行なっていたのである。

一四 他人から恵まれるままに施し物を受け取った後で、王子は山中の人気《ひとけ》のない流れのほとりに行った。そこで作法通りに食事をとった後で、王子はパーンダヴァ山に登って行った。

一五 この山は黄色い花をつけたロードラの森におおわれ、孔雀のさえずりがこだまする茂みがあり、太陽にも比すべき男は、黄褐色の衣を着て輝いた。東の山の上で朝の太陽が輝くように。

一六 シュレーニャ・ビンビサーラ王の家来は、山中に王子を見とどけた後で、そのことを王に報告した。これを聞いて、王は尊敬の念にかられ、その場所に向かって出発した。供の者の数はひかえ、おしのびであった。

一七 王は勇猛なことかの*パーンドゥの子アルジュナにも等しく、体つきは山のようであり、足どりはライオンに似ていた。ライオンにも比すべき男は、王冠をつけたまま、最も優れた山パーンダヴァに登って行った。たてがみが揺れるライオンが山に登って行くようであった。

一八 王は、真理を求める人を山の上で見た。その人は感覚器官を制御していて、山の頂上のようであった。膝を組んで、雲の間から現われた月のように輝いていた。

一九 美しい姿と心の安らぎゆえに、正しい教えが形をとったかのように坐っていた。驚きと敬意を抱いて、王は近づいて行った。インドラが最高神ブラフマンに近づくように。

二〇 正しい作法にのっとって、正しいことを最もよく知っている人に王は近づき、健康状態を尋ねた。王子の方も、それに応じた慇懃《いんぎん》さでもって、王に心身の健康状態を尋ねた。

二一 清らかで象の耳のように黒い石に王は坐った。このようにそばに坐った後で、相手の心を知ろうとして、許しを得て次のように語った。

二二「私はあなたのご一門に対して強い愛情を感じております。これは先祖代々のものであり、長年の試練に耐えてきたものです。わが友よ、ぜひとも申し上げたいことができました。愛情のこもった私の言葉をお聞き下さい。

二三 あなたのご一門は、*太陽がご先祖であり、強大でいらっしゃいます。あなたはお年も若く、そのお姿は輝くばかりです。お若い時に王位を望まれずに托鉢僧の生活を選ばれるというのは、定められた順序を無視されたものですが、なぜこのようなご決意をされたのでありましょうか。

二四 あなたのお体には、赤い*チャンダナを塗るのがふさわしく、黄褐色の衣を着けるのは似つかわしくありません。あなたのお手は国民を守護されるにふさわしく、人から恵まれた食べ物をとるにはふさわしくありません。

二五 ですから殿下、父上に対する愛情から父上の王位を簒奪《さんだつ》するのを望まれず、また王位継承の順番を待ちきれないとお思いなら、今すぐにでも私の領土の半分をご自由になさって下さい。

二六　このようになされれば、ご肉親をふみつけになさることもなく、その時機が来れば、王位を平和裡に継がれることになりましょう。ですから、私をご信頼下さい。善い人の繁栄とは、善い人との共存にあるのです。

二七　あるいは、ご一門を誇りに思っていらっしゃるあまり私を信頼するお気持ちになれないのなら、私を引き連れて整列した軍隊にお入りになり、矢を放って敵をお打ち破り下さい。こうして、他国を切り取られて、わがものとされるのがよろしい。

二八　今申し上げた二つのうち、いずれか一つをお選びの上、ご決心下さい。定められたように、宗教的義務と富と快楽をお楽しみ下さい。情熱にかられてこの世で人生の三大目的の均衡を破るようなことをしますと、この世でも次の世でも、破滅におちいることになりましょう。

二九　富と宗教的義務を抑制して得た快楽とか、宗教的義務と快楽を圧倒して得た富、または快楽と富を犠牲にして果たした宗教的義務とかはよくありません。人生の三大目的を全面的に達成したいなら、このようなものは捨てなければなりません。

三〇　ですから、三大目的をまんべんなく追求されて、この美しいお姿をかいあるものになさって下さい。宗教的義務と富と快楽の完全な達成こそ、人間にとって人生の目標のすべてであると言われています。

三一　弓をひくにふさわしいこのたくましいお腕をむだに終わらせるようなことをなさるのはよくありません。マーンダートリの腕のように、このお腕こそ、天と空と地の三大世界を征服するにおふさわしいのです。大地だけなら申すまでもありません。

二二 このように申し上げるのは、純粋に友情からです。決して権勢欲や傲慢な気持ちからではありません。あなたの托鉢姿を見て、私は同情の念にかられ、涙がこみ上げて来るのです。

二三 ご家門におふさわしい方よ、いつか老いが力を得てあなたに近づいて来るまで、快楽をお楽しみ下さい。托鉢の生活を好まれる方よ、宗教的義務の方は、時が来ればいずれ果たされることになりましょう。宗教的義務を好まれる方よ。

二四 ご存じの通り、宗教的義務に入ることができるのは、年をとってからなのです。年をとると、快楽を楽しむすべもありません。ですから、若者には快楽が、中年の者には富が、そして老人には宗教的義務が勧められているのです。

二五 人間の世界にあって、若者の行為は抑えようとしても抑え難いものであり、宗教的義務や富とはあいいれないものです。快楽が若者の行為をその道に曳きずり込んでしまうからです。

二六 老人の行為は思慮深く、沈着で、無事平穏を旨とします。他に何もできないので、あるいは何かできたとしても実際にするのは恥ずかしいので、老人の行為は、少しの努力でおだやかなものになります。

二七 青春は落ち着きがなく、快楽をもっぱらとし、はなはだ軽率で忍耐に乏しく、遠謀深慮を欠き、欺瞞に満ちています。荒野を抜け出た後で安堵の息をつくように、青春期を無事に通過した後で、安堵の息をつくのです。

三八 ですから、自制心に乏しくむら気で軽率なこの青春期を、さしあたっては通り過ぎるにまかせられてはいかがでしょうか。青春こそ愛の神カーマの矢の標的であり、快楽の攻撃から身を守ることなどできるはずがないのですから。

三九 そこで、どうしても宗教的義務を果たしたいとお考えなら、祭祀を催されてはいかがでしょうか。これはお家のしきたりでもあります。インドラでさえ、祭祀によって神々の国をわがものにしようとして、ついには神々の国へ行ったのです。

四〇 腕に金の腕輪をし、王冠に宝石を色とりどりにきらめかせて、王たちは聖者として祭祀を行ない、偉大な聖者たちが苦行によって達したのと同じ境地に到ったのです」

四一 このように、マガダの国の王ビンビサーラは語った。王が語っている時の様子は、インドラのようであった。これを聞いても王子は身動き一つせず、色とりどりに映える頂が数多く連なる*カイラーサ山のようであった。

第一一章　人の欲しがっているものを否定すること

一　さてこのように、マガダ国の王は、好意にあふれる表情をして、相手の意に添わないことを言った。家門の清らかさゆえに心清らかな人、シュッドーダナ（浄飯《じょうぼん》）の息子は、心を動かされず、表情も変えずに、次のように言った。

二「あなたは、世に広く知られたハリャンカ*の家にお生まれになりましたが、そのようにおっしゃるのは不思議なことではありません。なぜなら、友を愛する人よ、日頃あなたのなさることは純粋であり、今日このようにして下さるのも、友人のためを思われた上であるに違いないからです。

三　他*の一族に対する友情が一族ごとに伝わっていますが、よこしまな人がいると、これは存続しなくなります。臆病な人がいると王位が存続しなくなるのと同じです。ところが立派な人は、親愛の情を次々に伝えることによって、先祖がはぐくんだ友情をさらに強くします。

四　困難に際して友人に協力する人が世の中にいますが、このような人こそ真の友人であると思います。繁栄のさなかに安楽に暮らしている人なら、友人にならない人が世の中にいるでしょうか。

五 そういうわけで、財産を手にした後で、友人のためにあるいは真理への道のためにそれを使う人々が世の中にいますが、この人たちの財産は、なくなっても真に生きたわけで、死ぬ時に苦痛をもたらすものではありません。

六 王様、私のことであなたのなさったご決心は、友情と高貴なお気持ちから出たものです。そのことにつきましては、私も同じく友情をこめてご納得いただくよう努めます。それ以外にお答えするすべはありません。

七 私は老いと死の恐怖を知り、魂が解放されるのを願って、この真理への道に入りました。その際、顔が涙に濡れたいとしい肉親たちを捨てました。その前に、悪の根元である欲望を捨てたのはいうまでもありません。

八 人の欲しがっているものを恐れる気持ちに比べれば、蛇の毒や空から落ちる雷、風に煽られた火などは、それほど恐ろしくはありません。

九 世の中で、人の欲しがっているものは、はかないものであり、幸せを奪うもので、幻のようなものです。心の中で望むだけでも、人の心を惑わします。それが身辺にある場合は、言うまでもありません。

一〇 欲しがっているものに執着してそのとりこになった人は、神々の国で心の安らぎが得られません。貪欲な人は、人の欲しがっているものに飽きることがありません。風に煽られた火が、いくら薪をくべても飽きることがないのと同じです。

一一 世の中で、人の欲しがっているものほど有害なものはありません。人間は惑いにとらわれて、これに執着するのです。有害なものを恐れる賢い人なら、真実を正しく知れば、どうして有害なものを自ら進んで求めたりするでしょうか。

〔二〕海に囲まれた大地をわがものとしても、さらに大海の向こう岸を征服したくなるものです。注ぎ込む水に海は飽きることがありませんが、同じように、欲しがっているものに人人は飽きることがないのです。

〔三〕天が黄金の雨を降らせても、四*つの大陸をすべて征服しても、インドラの座を半分わがものとしても、マーンダートリは、欲しがっているものに飽きることがありませんでした。

〔四〕インドラがヴリトラ殺しの報復を恐れて姿を消したとき、ナ*フシャは神々の国にあって神々を支配する地位を享受し、傲《おご》り高ぶって大聖者たちに車をひかせましたが、それでもなお、欲しがっているものに飽くことなく、天から落ちました。

〔五〕プ*ルーラヴァスは神々の国に侵入して、ウルヴァシーをわがものとしましたが、それでもなお、欲しがっているものに飽きることなく、聖者たちから黄金を奪おうとして、呪いにかけられて破滅しました。

〔六〕神々の国の支配権は、バ*リからインドラへ、インドラからナフシャへ、再びナフシャからインドラへと移っていきました。天上においても地上においても、人の欲しがっているものは帰属が定まらず、運命のままです。こんなものが、どうしてあてになるでしょうか。

一七 聖者が木の皮をまとって、木の根と木の実だけを口にし、蛇のように長く髪を結って、苦行に専念しても、欲しがっているもののために身を亡ぼすことがあります。これは人間にとって敵であり、だれがわざわざこんなものを追い求めるでしょうか。

一八 欲しがっているものは、心に浮かべるだけでもおぞましく、行ない正しい人にとっても死を招くものです。恐ろしい武器を持つウグラーユダ*さえ、そのためにビーシュマに殺されました。修行者の誓いを守っていない人にとっては、なおさらのことです。

一九 欲しがっているものは、手に入れてもわずかしか味わえず、そのために束縛が増え、それに飽きることがなく、立派な人に蔑まれ、そのために確実に罪が犯されます。そのことを考えれば、こんな毒をだれが飲むでしょうか。

二〇 欲しがっているものに惹かれて農耕などの仕事に苦労する人々はみじめで、人の欲しがっているものに無関心な人々は心が安らかです。このことを知って、自制心のある人は、人の欲しがっているものを捨てるのがよいのです。

二一『欲しがっている人にとって、欲しがっているものが手に入ることは災難である』と知るべきです。欲しがっているものが手に入ると傲慢《ごうまん》になるからです。してはならないことをし、するべきことをしなくなります。傲慢に蝕まれて、みじめな状態で来世に生まれ変わります。

二二 欲しがっているものは、苦労して手に入れて大事に守っていても、持ち主を欺いて再び帰って行くので、借り物のようなものです。自制心のある人、賢い人なら、だれがこんなものに喜びを見出すでしょうか。

二三 欲しがっているものは、求めて手に入れると、もっと欲しくなります。捨てなければ苦しむだけで、藁《わら》のたいまつみたいなものです。自制心のある人なら、だれがこんなものに喜びを見出すでしょうか。

二四 欲しがっているものがあるために、自制心のない人は心が傷つき、心の安らぎを得ず、破滅に到ります。猛り狂った蛇のようなものですが、自制心のある人なら、だれがこんなものに喜びを見出すでしょうか。

二五 腹をへらした犬が骨をいくら味わっても飽きることがないように、欲しがっているものをいくら味わっても、飽きることがありません。朽ちた骸骨のようなものですが、自制心のある人なら、だれがこんなものに喜びを見出すでしょうか。

二六 欲しがっているものは、いつ王に収奪されるかも知れず、またいつ洪水に流されたり火事に焼かれたりするかも知れず、不安と苦しみをもたらします。捨てられた餌《えさ》のようなものですが、自制心のある人なら、だれがこんなものに喜びを見出すでしょうか。

二七 欲しがっているものにとらわれると、敵だけではなく、肉親からも危害を受けます。猛獣の出没する危険な場所のようなものですが、自制心のある人なら、だれがこんなものに喜びを見出すでしょうか。

二八 欲しがっているものを求めて、山であろうと森であろうと、水であろうと海であろうと、人々はまっしぐらに突進して滅亡します。木の梢《こずえ》になっている実のようなものですが、自制心のある人なら、だれがこんなものに喜びを見出すでしょうか。

二九 欲しがっているものは、血のにじむような努力をいろいろして手に入れても、すぐに消えてなくなってしまいます。夢の中で味わうようなものですが、自制心のある人なら、だれがこんなものに喜びを見出すでしょうか。

三〇 欲しがっているものは、それを手に入れても、殖やしたり守ったりするのに心が安まることがありません。炭火の入った坑《あな》のようなものですが、自制心のある人なら、だれがこんなものに喜びを見出すでしょうか。

三一 欲しがっているもののために、*クル族、*ヴリシュニ・アンダカ族、それに*メーカラ・ダンダカ族が破滅しました。動物を殺す庖丁か棍棒のようなものですが、自制心のある人なら、だれがこんなものに喜びを見出すでしょうか。

三二 欲しがっているもののために、*アスラの兄弟*スンダと*ウパスンダは、互いに敵意を抱いて争い、ともに滅ぶことになりました。親しい者同士の仲をこのように裂きますが、自制心のある人なら、だれがこんなものに喜びを見出すでしょうか。

三三 欲しがっているもののためには、火にでも水にでも、また猛獣にでも、人々は身を投げ出します。敵ともいうべき忌《いま》わしいものですが、自制心のある人なら、だれがこんなものに喜びを見出すでしょうか。

三四 欲しがっているもののために、愚かな人は、卑しいことをするし、殺されたり縛られたりして苦しみます。欲しがっているもののために、人間は志が低くなり、苦しみ、疲れきり、死に到ります。

三五 鹿は歌に誘われて殺され、蛾は光を求めて火に飛びこみ、魚は餌を求めて鉄の針を呑みこみます。ですから、欲しがっているものは害をもたらします。

三六 ところで、『欲しがっているものは、楽しむべきものである』という考えがあるかも知れません。ですが、欲しがっているものは、何ひとつとして楽しむべきものとは見なされません。衣服などの物品や温かさなどの性質は、この世で苦しみに対処するための仮の手段であると考えるべきです。

三七 水は渇きを鎮めるためのもので、食べ物は飢えを癒すためのものです。住居は風や熱や雨を防ぐためのもので、衣服は秘部を隠し寒さを防ぐためのものです。

三八 同じように、寝台は眠気を除くためのもので、乗り物は道中の疲れを癒すためのものです。座席は立たずにすむためのもので、沐浴は清潔さと健康と力を増すためのものです。

三九 ですから、人々にとって、欲しがっているものは、苦しみに対処するための手段にすぎず、楽しむべきものではありません。飢えに対処するための手段をとり始めたとき、『楽しむべきものを私は食べる』などと賢い人が言うでしょうか。

四〇 胆汁が原因で熱が出て、身を焼かれる思いをしているとき、冷却治療を楽しむべきものと考えるはずがありません。もしそう考える人がいたとすれば、苦しみに対処するための手段をとり始めたとき、欲しがっているものを『楽しむべきもの』と呼ぶこともありましょう。

四一　欲しがっているものは、相対的なものにすぎず、この点からも、私は『楽しむべきもの』とは呼びません。幸せをもたらす状況が、場合によっては苦しみをもたらすことになるのですから。

四二　厚い衣服や沈香《じんこう》は、寒い時には幸せをもたらしますが、暑い時にはそうではありません。月の光やチャンダナ（栴檀《せんだん》）は、暑い時には幸せをもたらしますが、寒い時には苦しみをもたらします。

四三　この世では、すべてのものに、得とか損とか、相反する二面があります。この点から見ても、絶対的に幸せな人も、絶対的に不幸せな人も、この地上にはいないのです。

四四　『幸福と不幸は混じり合っている』と私は考えており、『王であることも奴隷であることも同じである』と思っています。王といえども、いつも笑ってばかりいるわけではなく、奴隷といえども、苦しんでばかりいるわけではないのです。

四五　『王の地位には大きな権力が伴う』と言う人がいるかも知れませんが、それゆえにこそ、王には大きな苦しみがあるのです。天秤棒《てんびんぼう》のように、王は人々のために苦痛を忍んでいるのです。

四六　王の地位には寄附の義務が伴い、敵がつきものです。これをあてにしていると、身を亡ぼします。一方、あてにしないなら、王はいつも怯《おび》えているわけですから、どうして心の安らぎがありましょうか。

四七　大地をすべて征服しても、住むのはたった一つの都であり、そこでも一つの邸に住むほかありません。そういうことで、王であるということは、他人のために苦労することにほかなりません。

四八 王といえども、着る衣服は上下たった一対だけであり、飢えを癒すために食べるのは適量の食べ物だけで、用いる寝台や椅子もたった一つだけです。それ以外の特別の物品は、王を驕《おご》らせるためにあるようなものです。

四九 王のみに与えられるこの果報が、満足のために望まれるなら、私は王位がなくても満足しています。この世で人が満足しているとき、特別の物品もすべて特別のものではなくなります。

五〇 そういうわけで、私はめでたい安らぎの道をとりましたので、人の欲しがっているものに私を誘われるのはよくありません。むしろ、私への友情を心にとどめられ、『誓いを守れ』と繰り返しおっしゃって下さい。

五一 私は急に思い立って森に入ったのではありません。敵の矢を恐れて王冠を捨てたのでもありません。よりよい果報を得ようと野心を抱いたのでもありません。ですから、あなたのお言葉に従うわけにはいかないのです。

五二 怒って嚙みつく毒蛇や、やけどをするような燃える藁のたいまつを、いったん捨てた後で、もう一度取ろうとするはずがありません。もしそんなことをする人がいたとしたら、人の欲しがっているものを、いったん捨てた後で、もう一度味わおうとするかも知れません。

五三 目が見えるのに盲目をうらやむ人、自由な身であるのに捕らわれの身をうらやむ人、裕福であるのに貧乏人をうらやむ人、また心が健全でありながら心病む人をうらやむ人、そういう人なら、欲しがっているものに夢中になっている人々をうらやましがるかも知れません。

五四 老いと死の恐怖を乗り越えようとしている幸せな人を、施し物を食べるという理由で哀れむのはよくありません。そのような人は、この世では心の安らぎという最高の幸せが得られ、次の世では苦しみが除かれるのです。

五五 むしろ、大栄華の中にありながら、執着に打ち負かされている人をこそ哀れむべきです。そのような人は、この世では心の安らぎという幸せを得ることなく、次の世では苦しみに襲われます。

五六 とはいうものの、あなたがそのようにおっしゃるのは、ご気性とお家柄と今のご生活にかなったことです。私の場合も、誓いを貫くことが、私の気性と家柄と今の生活にふさわしいのです。

五七 私は輪廻の矢に射ぬかれ、心の安らぎを得ようとして、家を出ました。たとえ神々の国においても、平穏な王位を得ようとは思いません。まして人間界の王位など、言うまでもありません。

五八 王様、『人生の三大目的である富と快楽と宗教的義務のための正しい行ないにまんべんなくたずさわることが、人間にとって、最高の目的だ』とおっしゃいました。これについて、私は『無意味である』という見解をとります。三大目的とされているものは、いずれは消滅するものであり、究極的には満足をもたらすものではないのです。

五九 私が思うに、人間が最高の目標とすべき境地とは、老いも恐れも病《やまい》もなく、生まれることも死ぬこともなく、思い煩うこともない境地、行為が絶えず繰り返されることがない境地です。

六〇『老年になるまで待つべきだ。若い時は心変わりしやすいものだ』とおっしゃいましたが、かならずしもそうではありません。よく見聞するところでは、老人でも落ち着かない者がいるし、青年でも落ち着いている者がいます。

六一 任務に有能な*死神ヤマがあらゆる年頃の人々をいやおうなしに引きまわしている時に、このようにいつ死ぬかわからないのに、心の安らぎを望む賢い人が、どうして老年を待つことができましょう。

六二 狩人のような忌わしい死神ヤマが、老いを武器とし、病という矢を放って、運命という森に身を寄せる獲物、人間を撃っている時に、年をとることにどんな望みを託せるでしょうか。

六三 行ない正しく、心を制御して、魂の解放のために必要なことをただちに行なうようにし、また妨げになることをただちにやめるようにすべきです。この場合、若者であろうと老人であろうと、また幼児であろうと問題ではありません。

六四『宗教的義務を果たすつもりなら、家門にふさわしく望みの果報をもたらす祭祀を行なえ』とおっしゃいました。そのような祭祀はごめんです。犠牲の動物を苦しめて得られる幸せなど、私は望んでいませんから。

六五 たとえ祭祀の果報が永遠のものであるとしても、そのような果報を望んでむりやりに動物を殺すようなことは、憐れみの心を持つ立派な人にふさわしくありません。まして、祭祀の果報がはかないものであるなら、なおさらのことです。

六六 宗教的義務が、誓戒と戒律と心の安らぎによって果たされるものであるなら、他のものを殺して果報が得られるような祭祀を行なうべきではありません。

六七 とにかくこの世にいる人間が、他のものを傷つけて幸せになるにしても、そのような幸せはやさしく賢い人にとって望ましいものではありません。そして、次の世で得られる幸せは見ることもできないのですから、望ましくないのは言うまでもありません。

六八 果報を求めて何かをすることにも私は気が進みません。王様、私の心は、輪廻の世界に喜びを見出すことがないのです。雲が降らす雨に打たれた蔦草《つたくさ》は、あらゆる方向に伸びて揺れています。あらゆる方面で行動すれば、定まることがありません。

六九 ですから私は、魂の解放を説く聖者アラーダに会いたいと思って、ここへやって来たのです。私は今すぐに出かけます。王様、お心安らかであらせられますように。真理のためとはいえ、お心に逆らうような失礼な言葉をお許し下さい。

七〇 神々の国のインドラのようにお幸せに。永遠の太陽のように輝かれますように。立派なご行為でもって輝かれますように。この世で善いものをお窮め下さい。大地を統治され、長生きして下さい。優れた人々とともに、ご子息方をお守り下さい。王様、栄華を享受され、魂の解放のための正しい行ないをご守護下さい。

七二 雪の敵（火）をしるしとする煙から生じた雨雲が現われて、雨季になると蛇が皮を脱ぎ捨てて進んで行きます。それと同じように、雪の敵（太陽）を滅ぼす闇を打ち破って、心を解放しながらお進み下さい」

七三 王は合掌して、羨望の念を覚えながら言った。「望んでおられることをつつがなくなし遂げられますように。時いたって目的を達せられたあかつきには、私にもお恵みをおかけ下さい」

七四「かしこまりました」ときっぱりと王に言った後で、王子は*ヴァーイシュヴァンタラの庵をさして去って行った。王子が立ち去るのを見て、王は不思議な感情にとらわれたが、ラージャグリハの都へと帰って行った。

第一二章　アラーダの哲学

一 そこで、イクシュヴァーク族の月ともいうべき王子は、心安らかに暮らしているアラーダの庵《いおり》へ行った。その美しさで庵を満たすかのように。

二 聖者*カーラーマを先祖とする一族に生まれたアラーダは、遠くから王子を見て、「ようこそ」と声高く呼びかけた。王子はそばに近づいた。

三 二人は礼儀正しくお互いの健康を尋ね合い、清らかな場所で、木作りの神聖な席にそれぞれ坐った。

四 最も優れた聖者アラーダは、敬意をこめて両眼をいっぱいに見開き、相手を飲み込まんばかりにして、坐った王子に次のように言った。

五 「やさしい人よ、私の存じておりますところでは、凶暴な象が絆を断ち切るように、人情の絆をお断ちになって、宮殿を出られたとのこと。

六 毒ある実をつける蔓草を捨てるように、王権を捨ててここへ来られた以上、お心はどこから見ても不撓《ふとう》であり、叡智に満ちておられます。

七 使い古した花輪を与えるように、自分の子供に王権を与えて、昔の王たちは年老いて森に行きましたが、このことは驚くにあたりません。

八 まだ年がお若く、快楽にふけることのできる立場におありなのに、あなたは王権を楽しまれることなく、ここへおいでになりました。これは実に驚くべきことであると思います。

九 ですから、私の説く教えを受けるのに一番ふさわしい人です。知恵の舟にお乗りになって、苦しみの海をすみやかにお渡り下さい。

一〇 弟子をよく見定めた上で、十分に時間をかけて教えを説くべきではありますが、重厚なお人柄と強いご決意から判断して、これ以上あなたを試す必要はありません」

一一 アラーダの言葉を聞いて、王子はこよなく喜び、答えて言った。

一二「先生は、もはや感情にとらわれない人でいらっしゃるのに、このように、この上なく私にご好意を寄せて下さいます。ですから、まだ目的を達したわけではないのに、私はすでに所期の目的を達したのと同じです。

一三 私が思うに、先生の打ち立てられた哲学は、ものを見る人にとっては光であり、道を行く人にとっては案内人であり、海を渡る人にとっては舟であります。

一四 ですから、もし説明してやってもよいとお考えなら、生と死と病《やまい》の苦しみから私が解放されますように、どうぞ先生の哲学をご説明下さい」

一五 このように求められて、何よりも王子の高邁《こうまい》さに打たれ、アラーダは自らの教えの結論を簡潔に説明した。

一六「最も優れた学習者よ、輪廻《りんね》が成り立つ次第と消滅する次第につき、わが学派の定説をお聞き下さい。
一七『元《もと》のもの』『変化の結果生じたもの』、そして生と死と老い、とにかくこれだけが人間
存在であると言われております。志の堅い人よ、まずこのことをよくお心得なさい。
一八 生まれつき利発な人よ、そのうちで『元のもの*』とは、地・水・火・風・空間の五元素
と自分中心の気持ちを起こす器官と判断器官、そして『現われていないもの』であるとご
理解下さいますように。
一九『変化の結果生じたもの*』とは、感覚の対象、感覚器官、手と足、発声器官、排泄《はいせつ》器
官、生殖器官および思考器官であるとご理解下さい。これら一〇の器官はアートマンの宿
る場である身体を構成します。
二〇 意識のあるもの（アートマン）は、この『場』を知るゆえに、『場を知るもの』と呼ば
れています。またアートマン（自己の本質）について思索する人たちも、アートマンのこ
とを『場を知るもの』と言います。
二一*『カピラ*はその弟子たちとともに真理に目覚めている』という言い伝えが世間にありま
す。『創造神プラジャーパティ*はその息子たちとともに真理に目覚めている』と世間で言
われていますが、カピラの場合も同じです。
二二 生まれ、老い、苦しみ、そして死ぬものが『現われているもの』であると理解すべきで
す。そして、それとは逆のものが『現われていないもの』です。
二三 無知、行為および欲望が輪廻の原因であると理解すべきです。この三つがある限り、人

間は実在を超越することができません。
二四 なぜかと申しますと、この三つがある限り、誤った理解、自分中心の気持ち、混同、混乱、区別不能、間違った方法、執着、そして思考の転落が必ずつきまとうからです。
二五 そのうちの誤った理解がある場合、ものごとは裏目に出ます。なすべきことを間違ってなし、考えるべきことを間違って考えます。
二六 自分中心の気持ちのない人よ、『私は話す』『私は知る』『私は行く』『私は立っている』というふうに、自分中心の気持ちを起こす器官は作用します。
二七 混同することのない人よ、混じり合っていない多くのものを、土くれのようにひとまとめにして理解することを混同といいます。
二八 『自分とはすなわち精神、理性および行為のことである。そして、精神、理性および行為とはすなわち自分である』と考えるのが混乱です。
二九 区別を知る人よ、真理に目覚めている者と真理に目覚めていない者との間に区別がないと考えることや、四種の『元のもの』の間に区別がないと考えることが区別不能と言われています。
三〇 正しい方法を知る人よ、『ナマス*』と唱えて神に礼拝すること、『ヴァシャット*』と唱えて神に供物を捧げること、手を上げて清めの水を撒《ま》くこと、あるいは手を下げて清めの水を撒くこと、こういうのが間違った方法であると賢者たちが言っています。
三一 執着のない人よ、心や言葉や理性、あるいは行為でもって愚者が対象にとらわれるのは、執着があるからだと言われています。

三二『私にはこんな不幸がある』とか『私はこんな不幸にまき込まれている』というふうに、ものにとらわれて不幸を考えることが思考の転落であり、これがある限り、人は再び輪廻に落ちるのです。

三三 輪廻の三原因の一つ、無知には五種があるとかの*賢者が見なしています。暗愚《あんぐ》、蒙昧《もうまい》、大蒙昧、それに心の暗黒が二種あります。

三四 そのうち第一のもの、暗愚から怠惰が生じ、蒙昧から死と生の苦しみが生じると理解するべきです。迷いのない人よ、さらに、大蒙昧から愛欲が生じると理解するべきです。

三五 力強い人よ、いかなる大人物でも愛欲に迷うので、これは大蒙昧とされています。

三六 怒ることのない人よ、怒りのことを心の暗黒と言います。落胆することのない人よ、落胆のことを心の大暗黒と言います。

三七 この五種の無知にとらわれて、愚者は苦しみから成る輪廻の世に何度も現われて、生を受けます。

三八『見、聞き、考え、結果をもたらすのは自分である』と信じて、愚者は輪廻の世をさまよいます。

三九 賢い人よ、この世では、原因によって人の生涯が何回も繰り返され、水の流れのようにはてしなく続いて行きます。原因がなければ結果がないということを理解すべきです。

四〇 輪廻からの解放を求める人よ、この点について、正しい考えを持つ人は、四つのもの、すなわち真理に目覚めている者、真理に目覚めていない者、現われているもの、そして現われていないものを区別して理解すべきです。

四一『場を知るもの』アートマンがこの四つを正しく区別するとき、生と死が繰り返す輪廻の急流を捨てて、不滅の境地に至ります。

四二 この目的を達するために、*最高原理ブラフマンを認めるバラモンは、修行生活を送り、他のバラモンたちにもそうさせているのです」

四三 王子は、聖者のこの言葉を聞いて、採るべき方法と到達すべき最高の境地について尋ねた。

四四「どこでどれだけの期間、どのようにしてその修行生活を送ればよいのですか。また、この教理の究極にあるものは何ですか。どうぞご説明下さい」

四五 そこでアラーダは、教義書に従って、わかりやすく簡潔に、同じ教理を別の方法で説いた。

四六「まず家を捨て、托鉢僧の身なりをし、正しい行ないを規定する戒律を守って暮らします。

四七 どこにいても何にでもこよなく満足し、人気《ひとけ》のない家に住み、喜びもせず、悲しみもせず、勤勉に努力します。

四八 さらに、愛欲から恐れが生じること、そして愛欲が消えれば至福が得られることを知り、一群の感覚器官を制御して、心安らかにはげみます。

四九 そこで、愛や悪意などが消えて、第*一の瞑想《めいそう》状態に達しますが、これは識別の結果としてもたらされたもので、思考を伴ったものです。

五〇 この瞑想の喜びを得ると、愚かな連中は、そのことばかりを考えて、今まで経験したことのなかった喜びを得たことに夢中になります。

五一 そのような人たちは、いい気になってわれを忘れ、この種の心の安らぎに基づいて、ブ*ラフマンの世界に達します。

五二 ところが賢い人は、思考が心の動揺をもたらすことを知り、満足と歓喜から成り思考の伴わない第*二の瞑想状態に達します。

五三 この歓喜に夢中になってそれ以上のものを知ることのできない人は、ア*ーバースヴァラ群神の間で、輝きに満ちた境地に達します。

五四 ところが、もっと賢い人は、そのような満足と歓喜から心を切り離して、歓喜と至福を欠いた第*三の瞑想状態に達するのです。

五五 しかしながら、より以上のものを求めて努力をせず、そのような満足にひたる人は、シ*ュバクリツナ群神の場合と同じ程度の幸福を得るにすぎません。

五六 そのような幸福を得た後で、無関心でとらわれない人は、満足も苦悩もない第*四の瞑想状態に達します。

五七 この段階で、ある人々は思い込みをして、満足も苦悩も捨て去り、心の作用もなくなったので、魂が解放されたと決め込んでしまいます。

五八　ところで、ブラフマンの叡智を探究する人々が久しきにわたって説いているところでは、第四段階の瞑想がもたらす状態は、*ブリハットパラ群神の場合と同じであるとのことです。

五九　叡智ある人々は、肉体につきまとう不都合をよく知って、第四段階の瞑想をやめ、肉体を消滅させるために、知識に依ります。

六〇　そこで、叡智ある人は、より高いものを求めようと決心して、第四段階の瞑想をやめ、以前に愛欲を厭《いと》ったように、今度は肉体そのものを厭うようになるのです。

六一　まず、この肉体内の体腔を思い浮かべ、次に密度の高い物体の中にも空間があることを確信します。

六二　一方、他の賢者は、空間に存在するアートマンを収斂《しゅうれん》して、『これこそ永遠のものである』と考えて、より高い境地に達します。

六三　また別の人はアートマンの操作に巧みで、アートマンでもってアートマンの機能を停止せしめ、『もはや何物も存在しない』と考えるので、『何もなし』と呼ばれています。

六四　そこで、ムンジャ草が茎から離れるように、鳥が籠から出るように、『場を知るもの』アートマンが肉体から完全に抜け出したとき、『魂が解放された』と言われるのです。

六五　*二五のサーンキャ原理を知る賢者たちが『魂の解放』と呼んでいるもの、これがかの不変不滅にして属性のない最高のブラフマンなのです。

六六　以上で私は、魂の解放とそれに到る方法について、あなたにお教えしました。ご理解いただけた上でお気に入ったなら、正しいやり方でとりかかって下さい。

六七 *ジャーイギーシャヴィヤとか*ジャナカとか老*パラーシャ、また魂の解放を求めるその他の人々も、この道をとって魂の解放を得たのです」

六八 このようにアラーダは言ったが、王子はこの言葉を理解し、よく考えた上で、前世の因縁の力を得て、次のように反問した。

六九「しだいにありがたみが深まる微妙なお教えを聞かせていただきました。しかしながら、『場を知るもの』アートマンが放棄されていませんから、この教えが最高のものとは思えません。

七〇 私が思うに、『場を知るもの』アートマンは、『変化の結果生じたもの』と『元のもの』から解放されたとしても、ものを産み出す機能、種子としての機能をまだ持っています。

七一 清らかになったアートマンが解放されたものと見なしうるとしても、アートマン自身がものを産み出す原因として存在する以上、アートマンは再び未解放の状態に戻ります。

七二 季節がはずれ土壌と水がなければ種子は育たず、このような条件がすべてそろえば種子は育ちます。アートマンも同じことと思います。

七三 先生のお説では、『行為と無知と欲望を捨てれば魂の解放がある』とのことですが、アートマンが存在する限り、この三つのものが完全に捨てられるということはありません。

七四 段階をふんでこの三つのものを少しずつ捨ててゆけば、しだいにより高い境地に達することはできましょう。しかしながら、アートマンが存在する限り、この三つのものは、たとえわずかではあっても、やはり残るのです。

七五 無知などの不都合がわずかになったとか、心の作用がなくなったとか、寿命が延びたとかいうだけの理由で、魂の解放が想定されているのです。

七六 『自分中心の気持ちを捨てること』と言われているものも、想定されたものにすぎません。アートマンが存在する限り、自分中心の気持ちを捨てることもありえません。

七七 アートマンは思惟などを欠いたものではありえず、属性のないものではありえません。ですから、属性のない状態にならない以上、アートマンが解放されているなどとは言えないのです。

七八 なぜなら、属性を持つものは、属性を伴わずに存在しえないからです。色や熱を伴わずに存在する火など見たこともありません。

七九 身体に宿るアートマンは、身体を前提とせずには存在しません。また、属性を持つものは、属性を前提とせずには存在しません。ですから、アートマンは、いったん解放されたにしても、身体に宿るものであるからには、身体から離れられず、再び束縛されることになります。

八〇 仮に『場を知るもの』アートマンが身体を離れることがあると仮定した場合、アートマンはものを認識する能力があるか、あるいはないかのどちらかです。ものを認識する能力があるとすれば、当然認識の対象が存在することになります。認識の対象が存在する限り、アートマンが解放されることはありえません。

八一 そこで、もし『アートマンにものを認識する能力がない』と結論するなら、先生の学派の人たちは、なぜわざわざアートマンなどというものを考え出されるのですか。アートマンをわざわざ持ち出さなくても、丸太や壁など、ものを認識する能力のないものは、いくらでも知られているではありませんか。

八二 先生のお説では、無知など三つの不都合は、段階をふんで捨ててゆくのがよいとされています。それなら、すっかり捨ててしまえば目的が完全に達成されると思います。ですから、アートマンも捨ててしまうとよいのです」

八三 このように王子は、アラーダの教理を知っても、決して満足しなかった。それが不完全なものであると見て、その場所から引き返した。

八四 そこで、より高度な教えを学ぼうとして、王子は*ウドラカの庵に行った。ところが、ウドラカの哲学も、アートマンを認めているので受け入れられなかった。

八五 意識する機能がアートマンにあると見なしても、ないと見なしても、いずれにしても不都合が生じるのを知って、聖者ウドラカは、「何もなし」より高い境地、意識もなければ無意識もない境地に達していた。

八六「アートマンは、意識しないのでもなければ、意識するのでもない」と考えられる場合、すなわち、アートマンに意識する機能があるともないともわからない場合には、意識の対象は、明確に存在するのでもなければ全く存在しないのでもなく、極めて微細でぼんやりと存在することになる。そこでウドラカは、この点に望みをかけたのである。

八七 そのようにぼやけた対象にのみ固定されて、そうではない対象に向かって作用しない場合、理性は縮小し、力が弱まっている。したがって、確かにその場合には、アートマンに意識する機能がないのでもなければ、あるのでもないことになる。

八八 ただ、たとえそのような境地に達したとしても、アートマンが存続する限り、人間はこの世に帰って来るのである。こういう理由で、真理を求める聖者（王子）は、より高い境地に達しようとして、ウドラカを見かぎったのである。

八九 そこで、至福を求めようと決意した聖者は、ウドラカの庵を去り、王出身の苦行者*ガヤの庵ナガリーに行った。

九〇 すがすがしくはげむ聖者は、人気《ひとけ》のない住まいを好み、*ナーイランジャナー河の清らかな岸辺に居を定めた。

九一 ……（写本破損）……以前からそこに住んでいた五人の托鉢僧を見た。その人たちは、苦行を行ない、……（写本破損）……戒律を守る誓いを立て、五つの感覚器官が制御できるのを誇っていた。

九二 魂の解放を求める托鉢僧たちは、聖者を見て近づいた。あたかも、美しい音やよい香りなど、感覚の対象となるものが、功徳を積んで財産と健康を得た権勢家に近づくように。

九三 この五人は謙虚であり、修行を積んでいたので従順であった。よく言うことを聞く弟子として聖者にかしずいた。あたかも、定まりない五つの感覚器官が心にかしずくように。

九四 「これが死と生の苦しみを終わらせる方法であるにちがいない」と考えて、聖者は断食による困難な苦行にとりかかった。
九五 普通の人には困難な断食苦行を何回となく行ない、心の安らぎを求めて、六年の間に体
がしだいに痩せていった。
九六 輪廻の海は対岸が無限のかなたにあるが、これを向こうまで渡ろうとして、食事時には
棗《なつめ》と胡麻《ごま》と米を一粒ずつ食べて生きた。
九七 苦行によって体が減少したが、その分だけ、精神力によって再び増大した。
九八 体は痩せ細ろうとも、名声と栄光は痩せることなく、聖者は人々の目を楽しませた。秋
の新月が夜咲く蓮を楽しませるように。
九九 脂肪と肉と血液がすっかりなくなってしまって、骨と皮だけになった。このように体重
は減ったが、人間としての深みは減らず、深みの減ることのない大洋のようであった。
一〇〇 聖者は激しい苦行のためにいたずらに体を痛めていたが、苦しみの世に再び生まれて来
るのを恐れ、真理の理解者になることを望んで、次のように考えた。
一〇一 「苦行を説くこの教えは、愛欲から自由になるためにも、真理を理解するためにも、ま
た魂の解放のためにも、何の役にも立たない。あの時私がジャンブの木の根元で得た教え
こそ、確実な教えなのだ。
一〇二 また、あの教えは、脆弱《ぜいじゃく》な人が得ることのできないものである」。そこで、体力の増進
のために気をくばることになり、さらに次のように考えた。
一〇三 「飢えと渇きに疲れきって憔悴《しょうすい》した人は、疲労のため心が病んでいる。心に安らぎのな

い人が、心で得るべきものをどうして得ることができようか。

一〇四 感覚器官がいつも充実されておれば、心の安らぎが得られる。感覚器官の充足によって心の健康が得られる。

一〇五 健康で充足した心から、深い精神集中（三昧《さんまい》）が生じる。深い精神集中を伴う心に瞑想の実践が始まる。

一〇六 瞑想が始まることによって、正しい教理が得られる。正しい教理によって得難い寂静《じゃくじょう》の境地、不老不滅のかの最高の境地が得られる。

一〇七 したがって、この方法は食事を前提とする」。そこで、意志が強く叡智が無限の聖者は、食事をとろうと決心した。

一〇八 痩せ細った人は沐浴《もくよく》をすませて、ナーイランジャナー河の岸からゆっくり降りた。斜面に生える木々は、心酔のあまり枝を垂らして聖者に手を貸した。

一〇九 その時、牛飼いの親方の娘ナンダバラーは、神々に促され、喜び勇んでそこへ行った。

一一〇 最も美しい河ヤムナーは白い泡にふちどられ、青い水をたたえていたが、この河にも比すべき娘は、腕に白い貝殻が輝き、青い服を着ていた。

一一一 帰依の心が深いため喜びは増し、蓮のような目を開いて娘はお辞儀をし、牛乳を差し出した。

一一二 聖者が牛乳を飲んだので、娘は生まれて来たかいのある女となった。六つの感覚器官が充足され、聖者には真理の会得が可能になった。

一二三 名声に加えて、聖者はふくよかな体を得た。月の輝きと海の力強さ、この二つを一身に帯びることになったのである。

一二四 修行から逃げてしまったと思って、五人の托鉢僧は聖者のもとから去った。魂の解放が得られると、五つの元素が知性あるアートマンのもとから去るように。

一二五 自らの決意のみを頼りに真理を会得しようと決心して、緑なす大地に囲まれたアシュヴァッタの木（菩提樹）の根元に行った。*

一二六 その時、最も優れた蛇、象の王のように勇敢なカーラは、たぐいない足音を聞いて目が覚め、偉大な聖者が真理を会得しようと決心したのを知って、讃嘆の声をあげた。

一二七「聖者よ、あなたの足に踏まれて、大地は繰り返し雷鳴を発するかのようです。あなたの輝きは太陽のようです。今日は望んでおられる結果をきっと享受されるに違いありません。

一二八 蓮のような目をした人よ、鸐《かけす》の群が空を飛びながら、あなたの上を右に旋回しています。また、空には心地よい風が吹いています。ですから、今日あなたは真理を理解する人に必ずなられましょう」

一二九 最も優れた蛇に称賛された聖者は、鎌で清らかな草を取り、清らかな大木の根元に身を寄せ、真理を理解しようと誓いを立てて坐った。

一三〇「目的を果たさないうちは、大地の上でこの姿勢を崩すまい」と決心して、坐った。最上で不動の坐法をとり、眠った蛇のとぐろのように、手足を丸めた。

三　尊者が意を決して坐っている間、神々はこよなき喜びを感じ、獣や鳥は声を立てず、風に打たれた森の木立ちも音を立てなかった。

第一三章　マーラに対する勝利

一 王であり同時に聖者でもある人々の家に生まれた大聖者は、魂の解放を求めてそこに坐った。その時、人々は喜んだが、正しい原理の敵マーラは恐怖を感じた。
二 カーマという名の神は、花の矢を手にし、愛の行為を支配するが、この神こそ魂の解放の敵マーラであると言われている。
三 *マーラには、ヴィブラマ（気まぐれ）、ハルシャ（喜び）、ダルパ（うぬぼれ）という三人の息子と、アラティ（欲求不満）、プリーティ（満足）、トリシャ（欲求）という三人の娘がいて、気落ちしている父にわけを尋ねた。マーラは息子たちと娘たちに次のように答えた。
四「あの聖者は、決意という鎧《よろい》を身につけ、立派な心がけを弓とし、判断力という矢をつがえてひきしぼり、私の支配する快楽の国を征服しようとして坐っている。だから、私は気落ちしているのだ。
五 もし聖者が私に打ち勝って進み、至福への道を人々に説くようなことになれば、私の領土はからっぽになってしまうだろう。立派な行ないをしなくなった*ヴィデーハ王の領土がそうなったように。

六 だから聖者が真実に目を開かないうちに、まだ私の領土である快楽の国にとどまっている間に、その誓いを破りに行くつもりだ。水かさの増した河の流れが土手を破るように」

七 そこで花の弓を取り、世に惑いをもたらす五本の矢を手にして、人々の心から安らぎを奪うカーマ（マーラ）は、息子たちとともにアシュヴァッタの木（菩提樹）の根元へ向かった。

八 マーラは左手を弓の先にかけ、五本の矢をもてあそびながら、輪廻の海の向こう岸に渡ろうとして静かに坐っている聖者に次のように言った。

九「さあ立ち上がれ、死の恐怖におびえるクシャトリヤよ。本来の義務を果たせ。魂の解放のための修行を捨てよ。弓矢と祭祀でもって世界を治めた後で、この世を去り、インドラの世界を得よ。

一〇 これは昔の王たちの歩んだ道であり、この道をとってこの世を去って行くのは名誉なことである。王であり聖者でもある人々の偉大な家に生まれた者が托鉢僧の生活に入るのは、非難されるべきことである。

一一 決意の固い者よ、もしお前が今立ち上がらないなら、じっとそのままでいよ。誓いを捨てなければよかろう。私はかつて魚の敵である漁師のシュールパカ*に矢を放って滅ぼしたことがあるが、その時使ったのと同じ矢をここにつがえているのだからな。

一二 この矢がちょっと触れただけで、月の孫アーイダ*でさえ心が乱れた。また、シャンタヌ*は自制心がなくなった。今の衰微の時代にあって、他の弱い者なら言うまでもない。

一三 だから、ただちに立ち上がれ。意識をとり戻せ。この矢は蛇のようにいつでも攻撃できるようにかまえているのだ。いつもつがいでいるチャクラヴァーカ鳥のような人々、女のいいなりになり、愛の女神*ラティのお気に入りである人々に対しては、私はこの矢を放ちはしない」

一四 シャーキャ族の聖者は、このように言われても、気にもかけず、坐っている姿勢を崩さなかった。そこでマーラは、娘たちと息子たちを前に立たせ、聖者に矢を放った。

一五 その矢が放たれても、聖者は気にもかけず、不動の心がゆらぐこともなかった。それを見てマーラはがっかりし、不安にかられてそっとつぶやいた。

一六「この矢に射られて、神であるシヴァさえ、*パールヴァティに心を動かされた。この男は同じ矢を気にもとめない。この男には心がないのであろうか。それとも、これはあの時の矢ではないのであろうか。

一七 であるとすれば、この男に矢を用いてもしかたがないのだ。快楽にふけらせたり、愛の喜びを味わわせてもしかたがないのだ。醜い化物を使って、おどしおびえさせ、打ちのめすのがよいのだ」

一八 そこでマーラは、シャーキャ族の聖者の心の安らぎを妨げようとして、自分の軍隊を心に浮かべた。さまざまな姿をした家来たちが、槍や木や投げ槍、また棍棒や剣を手にして、聖者をとり囲んだ。

一九 猪、魚、馬、ろば、らくだの顔をしたもの、虎、熊、ライオン、象の顔をしたもの、目

が一つしかないもの、口がたくさんあるもの、頭が三つあるもの、太鼓腹のもの、腹に斑点のあるもの、

二〇 膝と腿のないもの、壺のような膝をしたもの、牙を武器とするもの、爪を武器とするもの、どくろを顔とするもの、体がたくさんあるもの、顔半分が潰《つぶ》れているもの、巨大な顔をしたもの、

二一 灰のような色をしたもの、赤い斑点の色鮮やかなもの、先にどくろのついた杖を手にしたもの、髪が黄色や煙色のもの、花輪をかけているもの、象のように耳の垂れ下がっているもの、皮を着ているもの、裸のもの、

二二 顔半分が白いもの、体の半分が緑色のもの、赤銅色《しゃくどういろ》のもの、煙色のもの、褐色のもの、黒色のもの、蛇の皮を腕にかけているもの、鳴り響く鈴がいっぱいついている帯をしたもの、

二三 杭《くい》を手にしてやしの木ほどの背丈があるもの、牙をむき出しにした子供ほどの背丈のもの、羊の顔と鳥の目をしたもの、猫の顔と人間の体をしたもの、

二四 髪をふり乱したもの、髷を結ったもの、頭を半分剃っているもの、赤い衣を着たもの、乱れた頭巾をしているもの、憤怒の形相をしたもの、顔をしかめたもの、活力を奪うもの、心を奪うもの。

二五 あるものたちは歩きながら激しく跳びはねた。あるものたちは互いに飛びついた。あるものたちは空中でふざけていた。またあるものたちは木の梢で動きまわった。

二六 あるものは三叉《みつまた》の鉾《ほこ》を振りまわしながら踊り、あるものは棍棒を曳きずりながら吼えた。あるものは興奮して牡牛のように大声で鳴き、あるものは体毛から火を燃え立たせた。

二七 このような化物の群がアシュヴァッタの木を四方から取り囲み、聖者をつかまえて殺そうとして、主人の命令を待っていた。

二八 まだ真夜中にはならなかったが、マーラとシャーキャ族の王子が戦う時が来たのを知って、天は輝きを失い、大地は震え、四方は音を立てて燃え上がった。

二九 風はあたり一面を吹きすさび、星は光らず、月は輝かなかった。夜はさらに真っ暗な闇を広げ、すべての海は荒れ狂った。

三〇 大地を支え真実を重んじるナーガ*（大蛇）たちは、偉大な聖者が邪魔されるのに我慢できず、シューシューと音をたて、とぐろを解いた。

三一 シュッダーディヴァーサ*たちは、正しい原理を完成させるために勤めていたが、マーラに対して心が震えた。だが感情を失っていたので、怒ることはなかった。

三二 害をなそうとするマーラの軍隊がアシュヴァッタの木の根元を取り囲んでいるのを見て、真理を尊び人々の魂の解放を願うものたちは、空中でハーハーという声をあげた。

三三 真理を求める行為がマーラの軍隊によって圧迫されるのを見て、偉大な聖者はとり乱すことなく、動揺することもなく、牛の群の中にいるライオンのように坐っていた。

三四 そこでマーラは、意気盛んな化物の軍隊におびやかすようにと命じた。この軍隊はさまざまな力を使って聖者の不屈の心を破ろうと決心した。

三五 あるものは、ゆれ動く舌がいくつも垂れ下がり、牙の先が鋭く、太陽のように目が丸く、口が引き裂け、大釘のように耳が突き立って、聖者をおどそうとした。

三六 姿も心も恐ろしいこのようなものたちがいても、偉大な聖者は恐れなかった。まるで興奮して戯れている子供たちを相手にするようなものであった。

三七 そこで、あるものたちは怒りで目を開き、聖者に向かって棍棒を振り上げた。すると棍棒をもったその腕は動かなくなった。昔、雷をもったインドラの腕がそうなったように。

三八 あるものたちは岩や木を持ち上げたが、聖者に投げることは決してできなかった。木を持ち岩を持ったまま、雷に砕かれた*ヴィンディヤ山の崖のように、倒れてしまった。

三九 あるものたちは空中に跳び上がって、岩や木やまさかりを放ったが、色とりどりの夕焼けや雲の光線のように、空中にとどまったまま落ちることがなかった。

四〇 あるものは、山の頂ほどの大きさの燃える丸太を聖者の上に投げた。放たれるやいなや、空中にとどまったままで、聖者の威力によって粉々に砕かれた。

四一 あるものは、昇って行く太陽のように燃えながら、炭火の大雨を空から降らせた。*この世の終わりに、燃えさかる*メール山が黄金の洞穴の砕片を降らせるようであった。

四二 ところが、火花を散らす炭火の雨は、アシュヴァッタの木の根元に撒かれると、最高の聖者の行なう慈悲のおかげで、赤い蓮の花びらの雨となった。

四三 肉体と心を悩ませ苦しめることが、このようにいろいろ降りそそいでも、シャーキャ族の聖者は、肉親を抱くように自分の決意を胸にいだいて、坐ったまま動かなかった。

四四 また他のものたちは、枯れ木から蛇を吐き出すように、口から蛇を吐き出した。蛇は呪文で縛られたかのように、聖者の前ではシュッと音を出すこともなかったし、動くこともなかった。

四五 他のものたちは、稲妻と恐ろしい雷鳴を伴う大きな雲となって、その木に石の雨を降らせたが、美しい花の雨に変わった。

四六 また、他のものは弓に矢をつがえたが、矢はその場で燃え、飛ぶことがなかった。自制心なく我慢のない人の怒りが心の中で煽られて燃えるようであった。

四七 一方、他のものは五本の矢を放ったが、空中にとどまったまま聖者の上に落ちることがなかった。生死の繰り返しを恐れ、注意深くものを見る人の五つの感覚器官が、その対象が現われても機能しないのに似ていた。

四八 他のものは怒って、殺そうとして、棍棒を握って大聖者に向かって進んで行った。しかし望みがとげられないまま、どうしようもなく倒れた。世の人々が、望みがとげられないまま、どうしようもなく、不幸をもたらす罪に落ちて行くように。

四九 一方、雨雲のように色の黒い女は、どくろを手にして、大聖者の心を惑わそうと、勝手気ままにそこいらを歩きまわり、じっとすることがなかった。確信のない人の判断がいろんな教理伝承の間をうろうろするのに似ていた。

五〇 蛇のように、目から発する火によって焼きつくそうとして、あるものは燃えさかる視線をそそいだが、ほかならぬその場所にいる聖者を見ることがなかった。欲望にとらわれた人が至福を示されても見ることがないように。

五一 同じように、他のものは重い岩を持ち上げたが、その努力ははばまれ、むだな骨折りをすることになった。知恵と精神集中によって得るべき最高の真理を、体を痛めることによって得ようとする人のように。

五二 また、他のものは、ハイエナやライオンの姿をして、高く大きい吼え声をあげた。それを聞いて動物たちは、雷にうたれて空が割れたのだと思い、縮みあがった。

五三 鹿や象は、苦痛の叫びをあげて走りまわり、身を隠した。その夜、苦痛にさいなまれる鳥たちは、まるで昼間のように、叫び声をあげて四方八方に飛びまわった。

五四 このような叫び声に万物は震えあがっていたが、聖者は恐れもしなかったし、ひるみもしなかった。鳥の王ガルダ*が鳥の叫び声を聞いてもびくともしないように。

五五 恐怖をもたらすはずの一隊に、聖者は全く恐怖を感じなかったが、真理を保持する者の敵マーラは、それだけますます悲しみと怒りにかられ、絶望感にとらわれた。

五六 すると、空にいて姿の見えないある優れたものが、マーラが聖者をおどし、敵意を抱くべきでないのに怒り狂っているのを見て、大声で話しかけた。

五七 「マーラよ、むだな努力はしない方がよい。危害を加えるのをやめて、心の安らぎを得よ。お前はこのシャーキャ族の聖者をゆさぶることはできない。風が偉大な山メールをゆさぶることができないように。

五八　火が熱性を捨て、水が流動性を捨て、大地が不動性を捨てるようなことがあろうとも、数億年間にわたって立派な行ないを重ねているこの人が、決意を捨てることはないであろう。

五九　この人の決意と積極性と精神力、それに人々への慈悲の心はそれほど強い。太陽が闇を払わずには昇ることがないように、この人は真実を得ずには立ち上がることがないであろう。

六〇　人は木片をこすって火を得、地を掘って水を見つける。正しい方法を用いて行なえば、忍耐強い人にとって、ものごとはすべて、うまく行かないはずはない。

六一　愛欲などという病に苦しんでいる世の人々を憐れんで、知恵という薬を求めて苦労しているこの偉大な医者は、妨害を受けてはならない。

六二　世の人々が多くの間違った道を通って連れ去られたとき、努力して正しい道を求める道案内人をじゃましてはならない。隊商が道に迷ったとき、有能な道案内人をじゃましてはいけないのと同じように。

六三　真っ暗闇の中で人間が道に迷ったとき、この人を知恵の灯とするのだ。気高い人ならこれを吹き消してはいけない。闇の中で燃えている灯火《ともしび》を吹き消してはいけないように。

六四　世の人々は、輪廻の大きな流れの中で溺れ、対岸を見つけられないでいる。これを見て、向こうへ渡してやろうとしている人がいれば、気高い人ならその人に悪いことをしようとだれが思うだろうか。

六五 この知恵の木は、忍耐というひげ根と意志堅固という深い根をつけ、立派な行ないという花を咲かせ、記憶と判断力という枝をつけ、真実という実を結ぶ。大きく育とうとするこの木は引き抜いてはいけない。

六六 迷いの頑丈な罠に心が捕らえられている人々を解放するのがこの人の願望である。世の人々を繋縛《けばく》から解放するために努力している人にお前が殺意を抱くのはよくない。

六七 真理を理解するためにこの人が行なってきた行為の熟する時が今日と定められている。昔の聖者たちがそうしたように、この人はこの場所でこうして坐っている。

六八 というのも、この場所は地面のへそであって、あらゆる最高の力と結びついており、この人の精神集中の力に耐えうる場所は、この土地以外にないからだ。

六九 だから、悲嘆することはない。マーラよ、心を落ちつけよ。自分の威力を誇ってはならない。うつろいやすい威厳をあてにするのはよくない。お前は不安定な地位におごっているのだ」

七〇 そこで、その言葉を聞き、偉大な聖者が微動だにしないのを見て、努力がついえてがっかりしたマーラは、世の人々の心を射抜く五本の矢を持って去って行った。

七一 マーラの軍隊は、苦労がむくいられず、喜びを失い、岩や棍棒や木を投げ捨てて、頼るべき大将を敵に倒された敵軍のように、四方に逃げ去った。

七二 花を旗印とするマーラが打ち負かされて、手下たちとともに走り去り、無知と情熱に打ち勝った大聖者が勝利者になったとき、微笑みをたたえた乙女のように、月のかかった天は輝いた。そして、水を含んだ香りのよい花の雨が降った。

第一四章　成　道（前半）

一 そこで、強い意志と心の安らぎでもってマーラの軍勢に打ち勝った瞑想の名手は、最高の真実を勝ちとろうとして瞑想にふけった。

二 あらゆる瞑想法を完全に修得した後、日が暮れてからしばらくして、前世で何回も繰り返した生涯を次々と思い出した。

三「あの場所で私はこういう名前であった。そこから出てここへやって来たのだ」。このように、追経験するように数千回も繰り返した過去の生涯を思い出した。

四 繰り返した生涯ごとの生と死を思い出して、憐れみの心をもつ人は人間たちに対して憐れみを感じた。

五「今の生涯に肉親を置きざりにして、次の生涯への旅に出る。この人々は頼るあてもなく、車輪のようにぐるぐるまわっている」

六 このように前世を思い出している決意の人は、「輪廻の世界は、バナナの木の内部のように実質のないものである」という確信に達した。

七 真夜中近くになると、たぐいなく積極的で、最も優れた眼力を持つ人は、最高の超視力*を得た。

八 そこで、その清らかな超視力でもって、汚れのない鏡に映っているものを見るように、
全世界を見た。
九 卑しい行為、あるいは立派な行為を行なう人間たちが死んではまた生まれるのを見てい
ると、憐れみの気持ちが大きくなっていった。
一〇 悪いことをする人間たちは、悪い境遇に生まれかわる。行ないの立派な他の人々は、神
神の国に落ち着く。
一一 ある人々は身の毛もよだつ恐ろしい地獄に現われ、いく通りもの難儀な目に遭って苦し
められる。何とも痛ましいことだ。
一二 ある者は、真っ赤に煮えたぎる溶けた鉄を飲まされる。ある者は、わめきながら灼熱の
鉄柱に取り付けられる。
一三 ある者は、うなだれて、鉄の釜の中で粉のように料理される。ある者は、大量のおこっ
た炭火の上で、あわれにも焼かれる。
一四 ある者は、恐ろしい犬が鋭く鉄のように固い牙で食べる。ある者は、鉄のように固い口
をしたもの、鉄の烏のようなものがうれしげに食べる。
一五 ある者は、焼かれてすっかり消耗し、すずしい陰を求めて、捕らえられて引き立てられ
るように、剣の刃の森に入って行く。
一六 ある者は、腕をしばられて、木のように斧で割られる。かつて行なった行為のせいで息
が保たれ、苦しみの中でも命がつきることがない。

一七 楽しみがあるようにと願って、苦しみを避けるために行為を行なったが、その結果としてこの苦しみを今味わっている。

一八 この人々は、楽しみのためによくない行為をして、今大いに苦しんでいる。行為の結果をこのように味わうことが、たとえわずかでもどんな楽しみをもたらすであろうか。

一九 心のきたない人々はきたない行為を笑いながら行なうが、時が熟すと、その結果を泣きながら味わう。

二〇 悪いことをする人が行為の結果がこのようになるのを見たら、急所をやられた時のように、熱い血を吐くであろう。

二一* この不幸な人々は、心の作用がひき起こすいろんな行為が原因となって、いろんな動物の仲間として生まれる。

二二 肉や皮や毛や牙を取るために、敵意ゆえに、または狂暴さゆえに、肉親の見ている前で、あわれにも殺される。

二三 牛や馬になった人々は、何ともできず、何ともならず、飢えと渇きと疲れにさいなまれ、体は突き棒で痛められて、追い立てられて行く。

二四 象になった人々は、頭を鉤棒で痛められ、脚とかかとで蹴られ、力が強いのに力の弱い者に追い立てられる。

二五 この場合、ほかにも苦しみはあるが、互いに敵意あるため、また他のものに屈従しなければならないため、苦しみは格別である。

二六 お互いに相手に捕らえられ、鳥は鳥にいじめられ、魚は魚にいじめられる。また、地上に住むものは地上に住むものにいじめられる。

二七 心が吝嗇《りんしょく》にとらわれた人たちは、光のない死者の国に生まれ、あわれにも行為の結果を味わう。

二八 苦しむ運命にある人々は、針の穴のような小さな口をし、山のように大きな腹をして、飢えと渇きがもたらす苦しみにさいなまれる。

二九 希望はとっくに失ったが、自らの行為のせいで命は保たれ、投げてもらった汚物さえ食べることができない。

三〇 吝嗇の結果がこのようであるとある男が知ったなら、*シビ王のように、手足もすっかり与えてしまうであろう。

三一 この人々は、地獄にも似た子宮というきたない池に再び生まれて、人間の間で苦しみを得る。

……以後はサンスクリット写本が失われている……

*第一四章　成　道（後半）

三二 彼らは、さきに、生まれたばかりのときに鋭い手によってつかまえられるのだが、それはあたかも剣によって*貫かれるようであって、そのときあわれにも泣くのである。
三三 親族たちは慈みと注意と保護をかけて努力して〔子供らを〕育てるのだが、〔彼ら子供らは〕それぞれ自らの行為（業）によって、一つの苦からさらに激しい別な苦へと苦しみつづけるだけである。
三四 そこ（人間界）において、欲望にとりつかれた愚か者たちは、「これをせねばならぬ、あれをせねばならぬ」と言って、たえず苦しみを受けるのである。
三五 他の者たちは、福行をなしたおかげで天界に生まれるのであるが、それでも欲望の炎によって、火のように、熾烈《しれつ》に燃え上がる。
三六 〔その天人たちは感官の〕対象に飽き足りることなく、ために彼らは、その輝きを失い、花環は萎《しお》れ、*悲しげに目を上に向けながら、そこ（天界）から*落ちてゆく。
三七 そこでは天界のアプサラスたちが、恋人たちが力尽きて落ちてゆくのを心にあわれみをたたえて見つめながら、手をさしのべて〔男たちの〕衣をつかむ。
三八 あるアプサラスたちは、地に*落ちるかのように*身をかがめ、首飾りを揺らせて、恋人たちが宮殿から落下*するのを悲しんで見守る。

三九 種々様々の飾りと花環を身につけた他の〔アプサラス〕たちは、苦難に陥った〔天人〕たちを、自ら悩みながら、あわれみに揺れる目で追いかける。

四〇 愛欲*にみちた〔天人〕たちが落ちてゆくときに、大騒動に遭ったかのように苦しめられたアプサラスの群は、手でわが胸を叩きながらなお慕*いつづける。

四一 天の住人たちは「ああ、チャイトララタ*の林よ、〔ああ、天の〕湖よ、〔ああ、マンダー*キニー河よ〕、ああ、恋人よ、どこなのか」と、悩み、叫びながら地に落ちてゆく。

四二 多くの〔善〕行を積んで手に入れた天界の生存も、堅固ではなく、移ろうものであり、そこでは別離によってこのような苦悩*が得られるのである。

四三* ああ、〔生きとし生けるものに〕つき従う行為こそが、何にもまして、世間を作りあげる理法である。この世界の本性がこのようなものであると、人は知らない。

四四* 〔最高神ブラフマン（梵天《ぼんてん》）に属する〕他の者たちは、離欲*〔の境地〕をすでに得たにもかかわらず、こ〔の境地〕は常住である、という決定の観念をもっているために、天界より下に落ちてゆく。

四五 地獄*の生きものたちの間には激甚な苦痛がある。畜生たちには互いに食らい合う〔苦〕がある。餓鬼たちには飢えと渇きが、そして人間には欲望*を追い求める苦しみがある。

四六 天界にあっては愛する者との別離によって生じる最大の苦がある。輪廻《りんね》にさ迷う生きものの世界の、いずこに安らぎがたしか*にあろうか。

四七 寄る辺なき輪廻の流れのなかで彼は死にとりまかれている。ここかしことめぐり歩いて、群生《ぐんじょう》（五趣に生をうけた多くのもの）はとどまる処を見出せない。

四八 このように彼（ブッダ）は天眼《てんげん》をもって*五種の生き方（五趣）をごらんになった。芭蕉を*切り裂いても〔中核は無い〕ように、生存には何の本質も得られはしない。

四九 かくてその夜の三更（真夜中）に至って、瞑想（禅定《ぜんじょう》）を知る者の第一人者（ブッダ）は、この世間の本性を瞑想された。

五〇 ああ世間の生きものは、くりかえしくりかえし生まれては老いて死に、去ってはさらに生まれかわって、疲れのみを得るのである。

五一 あるいは*愛着という盲闇に障《さ》えられ、生まれつきの盲人のようになって、この大きな苦悩というきわめて*危うき場所から外へ逃れる道を知らない。

五二 このようにお考えになった彼（ブッダ）は心の中でこう吟味された。いったい何があるときに、*老と死とはたしかにやってくるのか、と。

五三 真実を根本から正しく観察して彼は完全に理解した。老と死との二つは誕生（生）があるときにのみ作られるのだ、と。

五四 頭があってこそこの頭痛が生じ、木が生じているときに伐採はありうると知られる。

五五 そしてまた彼にこういう考えが起こった。この誕生はまた何によってあるのか、と。かくて、行為にほかならぬ生存（有《う》）にもとづいて〔誕生は〕生じるのだ、と彼は誕生を正しくお知りになった。

五六　彼は天眼をもって、それは行為〔としての生存〕より起こるとお知りになった。自在神*からではなく、自性*からでもなく、アートマン*からでもなく、原因*なくして〔生じるの〕でもない、と。

五七　あたかも竹竿というものは、最初の節*が断たれると、〔残りの〕すべての部分が規則どおりにすみやかに切り進められるように、知恵の〔進む〕次第もそのようである。

五八　かくて牟尼*（ブッダ）は生存の由来を知るために思考をこらされた。そして彼は、生存の生成は〔身心を自己のものとして取り込む〕執着（取《しゅ》）によってあると知られた。

五九　戒めや誓いを立てる執着（戒禁取）と欲望〔による執着〕、哲学的見解〔を立てる執着〕、アートマンありと見る〔執着〕などが、あたかも薪が火をとりこむように、この行為〔にほかならない生存〕を執着するのである。

六〇　それから彼には、何を原因として執着は生じるのか、という考えが起こった。そして彼は執着の原因は〔喉*の渇きにも似た欲望である〕渇愛《かつあい》（愛）である、とお知りになった。

六一　小さな火が風にあおられて森の火事をひき起こすように、渇愛は貪欲などの激しい煩悩を生じせしめる。

六二　次に彼に起こった考え*は、渇愛は何から生じるか、ということであった。そして、感受（受《じゅ》）を原因として渇愛はある、と彼は決定した。

六三　人々は〔苦楽の〕感受に圧倒されてそれを満足させるものを渇き求める。もし喉の渇きがないならば、だれも水を喜*んで飲みはしない。

六四 それからまた、感受の起源は何であろうか、と彼は考えた。感受を超克せる〔ブッダ〕は、感受は接触（触《そく》）を原因としている、とお知りになった。

六五* 対象と感官と意識との三つの結合が接触といわれるのだが、その〔接触〕から感受は、こすり合わされた木片から火が生じるように、生じてくる。

六六 さらに彼は、*接触には原因がある、と*お考えになった。そして彼は、六種の認識器官（六処）がその原因であるとお知りになった。

六七 盲人がいろ・かたちを知覚しないのは、目が〔それを〕意識と結合させないからである。目があれば、その〔いろ・かたち〕は〔意識と〕結合する。だから器官があってはじめて接触が起こるのである。

六八 それから彼は、六種の器官がどうして生じるかを知ろうとして心をこらした。そして、原因に通達した〔ブッダ〕は、その原因は名称と形態（名色《みょうしき》）であるとお知りになった。

六九 ちょうど芽があるからこそ葉や幹が*生じると考えられるように、そのように名称と形態があるときに六種の器官は生じてくる。

七〇* そのとき彼に、名称と形態の原因は何か、という考えが起こり、そして、その生起は認*識作用（識）による、と知恵彼岸に達したる人（ブッダ）はお知りになった。

七一 認識作用が生じおわったときに、名称と形態は*生じさせられる。種子は、生長しおわったときに、芽をひき出すのである。

七二 それから彼は、認識作用は何から生じるのか、と*お考えになった。そして、名称と形態によってそれは生じる、とお知りになった。

七三 かくて原因の順序をお知りになって、彼には次のような知識が起こった。〔そのさい〕彼の心は〔生起*の〕順序にしたがって転じたのであって、別の仕方で、消滅の順序に従ったのではない。

七四 認識作用を縁《えん》として名称*と形態は起こるのであり、また、名称と形態とに依ってこそ認識作用は生じるのである。

七五 あたかも舟が人を運び、〔人*が舟を導く〕ように、そのように認識作用と名称と形態とは相互に原因となる。

七六 あたかも焼かれた鉄が草*を燃え上がらせながらも、その燃えている〔草〕はその〔鉄〕を焼き焦《こが》すように、そのように交互に原因となるのである。

七七 このように、認識作用より名称と形態が生じる、と彼はお知りになった。それより〔六種の〕器官が起こり、器官より生じるのが接触である。

七八 接触より感受が生じ、感受より渇愛が生じ、渇愛より執着が、執着より、同じように、生存がある、とお知りになった。

七九 生存より誕生があり、誕生にもとづいて老死がある、と知り、群生の世界は諸条件より起こるのだと正しくさとられた。

八〇 さらに彼にこういう考えが決定的になった——誕生が尽きれば老と死はなくなる。生存の滅によって誕生も滅する。執着が消*えることによって生存は滅する。

八一 そして渇愛の滅することからそ〔の執着〕は尽き、感受がないときには渇愛もない。接触がなくなったならば、感受もありはしないし、〔六種の〕器官が生じないことから接触はなくなる。

八二 同じように名称と形態がすっかり滅すれば六種の器官はすべて滅するのである。認識作用が滅すれば、それ（名称と形態）は滅する。また形成力（行《ぎょう》、つまり行為とその余力）が滅することからしてそ〔の認識作用〕は滅する。

八三 同じように、無知（無明《むみょう》）が全く無くなることによって形成力は滅するのだ、と偉大なる牟尼はお知りになった。かくてこの知らねばならぬことを完全におさとりになって、ブッダといわれる方が世界に出現した。

八四 八つの支分をもち、きわめて広大なる〔さとりの〕山頂にすみやかに導く最高の見解の道〔たる八正道〕によって、有頂天にいたるまでの〔生きとし生けるものの〕なかで最もすぐれた者となれる〔ブッダ〕は、無我〔の真理〕を洞察しおわって、薪の燃え尽きた火のごとくに、安らぎにおもむかれた。

八五 かくてその精神の完成されたこの〔ブッダ〕にこういう考えが浮かんだ——すぐれたものと卑しきものとを知れる古の大勢の偉大なる仙人たちが最高の真実を求めて歩みゆかれしこの最善の道をわれは証悟せり、と。

八六 夜も四更、暁の明けそめるその刹那、動くもの動かざるもの、ものみな寂然たるときに、あらゆるものの導き手たる最高の仙人は、不変の地位と一切知とを獲得されたのだ。

八七 ブッダがこの真理をまさしく知られたとき、大地は酒に酔った女のように揺れ動き、神通を完成せる超人たちに満ちた四方は輝き、空には多くの太鼓が*鳴りひびいた。

八八 快い風がしずかに吹きそよぎ、雲一つない天は香雨を降らし、樹々からは時ならぬ花や実が〔ブッダへの〕供養のためであるかのようにふりまかれた。

八九 そのとき、あたかも天界におけるように、*マンダーラ華、蓮や金と瑠璃《るり》よりなる蓮などが天空より降ってきて、シャーキャ牟尼のおられる地にあまねくまき散らされた。

九〇 その刹那、だれひとりとして怒ることなく、*病むことなく、悲しむこともなく、罪を犯すこともなく、おごることもなかった。世間の者たちは、さとりを成就したかのように、安らいだ。

九一 解脱を欲している神々の群は歓喜し、悪しき生まれ（悪趣）に落ちた生きものたちも歓喜した。有徳の人々の方が優勢になって教え（法）は広まり、世間は塵と闇の上に超えて出た。

九二 イクシュヴァーク族出身で、かつて国王たりし仙人たち、王族たりし仙人たち、偉大なる仙人たちは、彼（ブッダ）の行為に対する畏敬と歓喜とに満たされて、天空の*宮殿のなかで〔ブッダに〕供養しながら立っていた。

九三 目に見えぬ生きものたちは最高の仙人への*賛嘆を*声高に叫び、命あるものの世界はふくれあがるように*喜んだ。ただマーラ（魔）だけは大きな〔懸崖から〕墜落するかのように*絶望した。

九四 かくて〔ブッダは〕七日の間、病も覚えず、自らの心に見入って*まばたきもせずに坐りつづけられた。われはここに解脱を得たり、と、*牟尼は心の志願を成就したもうた。

九五 かくて縁起〔の真理〕を獲得し無我の道に*安住したこの牟尼は、〔瞑想より〕さめて、世間の人々にいたくあわれみをかけ、静寂《やすらぎ》〔に導く〕ために仏眼をもって見渡された。

九六 悪しき見解に害《そこな》われ、〔空しき〕努力に疲れはてた群生がはなはだしく塵垢《じんく》にまみれているのをごらんになり、〔他方〕解脱の教え（法）のきわめて微妙であるのをごらんになって、〔ブッダは〕動かずにいようと心を決められた。

九七 けれどもかつての誓願を思い起こされ、静寂《やすらぎ》の教え〔を広めようと〕の決意に立ち返られた。そして心で大きな垢に汚れた人と少ししか垢に染まっていない人とのあるのを考察された。

九八 そして天界に住む二人の首長〔最高神ブラフマンとインドラ神（帝釈天）〕は、静寂《やすらぎ》のために教えを説こうと決意された善く逝ける人（ブッダ）の心を知って、世間に利益《りやく》をなさんと欲し、光輝を放ちながら〔ブッダのところへ〕近づいて来た。

九九 罪を断ち切り、目的を果たし、最勝なる真理（法）を見つめて〔瞑想の〕座に*坐したる彼（ブッダ）には〔仏と真理（法）との〕*二つの宝がそなわっていた。かの二人の神は〔ブッダに対して〕きわめてていちょうに賛辞を呈して〔挨拶し〕、世間の利益のためにこういう言葉を申しあげた。

一〇〇「ああ、この世界は何と幸せなのでしょうか、*あなたのお心がこのように生きとし生けるものにあわれみをかけられるとは。世間には、種々雑多な理由で、汚れの多い人もいれば汚れの*少ない人もおります。

一〇一 牟尼よ、生存の大海を自ら渡*りおわられたからには、苦悩に沈んでいる群生を済《すく》い上げられよ。偉大なる商人が富財を得て行なうように、他の者たちに自らの徳を分かちたまえ。

一〇二 この世の利益とあの世の〔利益〕は何であるか、と利を知って、ある人々はこの世で自利を追います。世界の幸福のために*出で立つ人は、人間の世界にも天界にも獲がたいものです」

一〇三 このように偉大なる仙人にこういう言葉を申し上げて、天に住むか*の二人〔の神〕はやって来た道をひき返して行った。牟尼もまた彼らのその言葉を*受けて、世人を解脱せしめるための決意を固められた。

一〇四 かくて托鉢の時いたると*四天王が仙人（ブッダ）に〔それぞれ〕乞鉢を献上した。ガウタマはこれら四鉢をお受けになって、自らの教え（法）のために合わせて一つになさった。

一〇五 そしてそのとき旅ゆく隊商の二*人の資産家がその親しい神に勧められて、高貴な心をもつ大仙（ブッダ）に喜んで頂礼し、初めて施食をさしあげたのである。

一〇六 *アラーダとウドラカとのこの二人は〔ブッダの〕教えを理解しうる知恵をもっている、と牟尼は見そなわした。しかし、その二人はすでに天に逝った、と心でごらんになって、

〔ブッダの〕心は五人の比丘《びく》（修行者）に向けられた。
一〇七 かくてガウタマは、昇る朝日が〔夜の〕闇を破るように、静寂《やすらぎ》の教えによって〔無知の〕闇を打ち砕こうと、ヴァーラーナシー河に飾られたさまざまな林に満ち、かつてビーマラタに敬われた吉祥なる都市〔カーシー（ヴァーラーナシー）〕へ行かんとした。
一〇八 かくて目は牡牛のごとく、足どりは〔恋に〕酔える大象に似て、群生を救済するためにカーシーにおもむかんとせる牟尼は、自らの身体すべてを大象のごとくに変えて、目はまばたくことなく菩提樹の根元を見すえられた。

第*一五章　転*法輪

一 なすべきことをすべて成就して、静寂にして光輝にみちた彼（ブッダ）は、ただひとり行くにもかかわらず、あたかも衆*人と共なるかのごとくであった。道で、ある敬*虔な比丘《びく》が〔ブッダを〕見て、奇異の念をいだき、合掌してこう話しかけた。

二* 「人々は愛着多きものなのに、どうして愛着なき者となり、感官の馬は跳ねまわるものなのに、どうして感官の馬を調御することができ、はなはだ味よき新たな不死（甘露）の知恵によって、どうして満月のごとくに満ちたりたものになるのか。

三 毅然たるあなたの顔は、ど*うして、花開けるごとくに笑み、この世間にあってもろもろの感官を支配し、偉大なる牡*牛の目をもっているのですか。かならずやあなたは目的を遂げたのです。この完成をお授けになった、あなたの師はどなたなのですか」

四 これらの言葉に対して彼（ブッダ）は、言われた。「私には師はいない。私にとって供養すべき人もなく、卑しむべき人もない。絶対の安らぎ（涅槃《ねはん》）を得て〔私は〕他の人々と似ていないのだ。私を真理（法）のなかに自*ら生じて存在する者と知りなさい。

五 他の人々の理解していない理解すべきことがらを、私はあますところなく理解した。だから〔私は〕『覚れる者』（仏陀）なのだ。私はもろもろの煩悩を敵のごとくに降した。だから私を『*心安らげる者』とよく知りなさい。

六〔ヴァーラーナシー（ベナレス）で修行中の〕もろもろの苦しみに疲れはてた〔五人の〕*友たちに利益を与えるために、*この心安らげる私もヴァーラーナシーへ行くところである。かしこにおいて不死の真理の鼓を打ち鳴らそう。自分の名声や幸福のため、また自慢のため〔に行くの〕ではない。

七〔自ら彼岸に〕渡ったならば、世の人々を渡らせよう、〔自ら苦から〕解放されたときには、人々を解放しようと、昔、生ける者たちの世界が悩み疲れているありさまを見て私はこう誓いをした。

八この世である人が財宝を手に入れて、自分だけがただひとりでそれを守ることも*驚嘆すべきことである。しかしだれにせよ、きわめてすぐれた〔財宝〕を手に入れて、目をみはって見守っている*大勢の人々に分けてやるならば、それこそが〔ほんとうの〕財産というものである。

九陸地にいながら、水に流されている人を引き上げようともしないならば、彼は*仁者ではない。だれにせよ財宝を手に入れながら、貧しき人に財を与えないならば、彼は*聡明ではない。

一〇〔自ら〕健康でいる人が病におかされた人を手許にある薬で癒してやるならば、正しいことである。同じように、道路管理人が間違った道に入りこんでしまった人のために決定すべき道について指示してやるならば、道理である。

一一 あたかも灯火があかあかと照らしても、*そのために〔照らされたものが〕赤く染まることはけっしてない。そのように、ブッダが知恵〔の火〕をあかあかと輝かせても、そのために〔まわりの人々が〕愛着に染まることはない。

一二 あたかも火はかならず木の中にあり、風は空に、水は地中にあることが決まっているように、そのように、聖者たちは必ず*ガヤーにおいて菩提《ぼだい》（さとり）をさとって、カーシーにおいて*澄浄なる教えを説くことに決まっているのである」

一三 かくて〔こう言われたときに〕*ウパガからは「ああ、そうですか」という言葉が洩れて、意のままに彼は立ち去ったが、〔振り返りたいという〕思いに駆られて、おりおり奇異の目を輝かせてブッダを見返りながら歩いていった。

一四 それから〔シャーキャ〕牟尼はしだいに〔進んで行って〕、宝蔵の内部によく似ているカーシーの都をごらんになった。*愛人〔を両腕で抱きしめるか〕のごとくに、バーギーラティーとヴァーラーナシーと〔の二つの河〕がかき抱いて合流する〔間にあるこの都〕を。

一五 威力と光耀に燦然たる彼は、太陽のごとくに輝いて、*コーキラ鳥のさえずる林があり、偉大なる仙人たちの住んでいる*鹿の園（鹿野苑《ろくやおん》）に到り着かれた。

一六 そのとき、カウンディニャ氏族の者、マハーナーマン、ヴァーシュパ、アシュヴァジトおよびバドラジトの五人の比丘は、遠くから彼（ブッダ）を見て、お互いに次のような言葉を語りあった。

一七「かつての苦行から退転してしまい、安楽にふける、この比丘*ガウタマがこちらにやって来る。立って迎えに行くべきではない。挨拶するにも値しない。誓いを捨てるような者は供養するにふさわしくないのだ。

一八 かりにも彼が坐りたいと思うならば、彼に言葉をかけることにしよう。それがどのような人であろうとも、近づいて来た客に対してそうしないのは貴い生まれの〔われわれ〕にとってふさわしくはないのだ」

一九 このようにもくろみをたてて坐りつづけていたこの比丘たちの近くにブッダは歩んで行かれた。彼らのもとへ〔ブッダが〕しだいに近づいて行かれるにつれて、彼らの約束は破れていった。

二〇 そうしてある者は〔出迎えて〕彼（ブッダ）の衣を受けとり、また他の者は礼拝して托鉢を受けとり、一人は彼にふさわしい座を設けてすすめ、同じように他の二人は洗足の水をさしあげた。

二一 このようにいろいろなもてなしと供養をしながら、彼ら（五比丘）はみなこの〔ブッダ〕を師として敬ってしまった。けれども彼らは〔ブッダをガウタマ〕氏族名で呼ぶことをやめなかったので、彼らをあわれんで世尊は言われた。

二二「ああ、比丘らよ、供養に値する*阿羅漢《あらかん》に対して、敬意を払わずに、昔のならわしにしたがって話しかけてはならない。賞賛されても、非難されても、私にとっては全く同じことにすぎないが、私はお前たちを功徳なきわざから引き戻してあげよう。

三三 ブッダは世間の利益のためにブッダとなったのであり、生きとし生けるものすべてを益するように行動するのであって、師を傷つけんとして〔その師を〕名をもって呼ぶ者に対しても、*無頼漢の〔子をもつ〕父母の〔その子をさとす〕ように、教えを説くのである」

三四 慈しみの心に満ちた偉大なる仙人、論議者の中の最高なる者（ブッダ）がこのように仰せられたのに、愚かさのために堅実さを失って堕落した彼ら（五比丘）は、顔にいささか冷笑をうかべて答えた。

三五「ガウタマよ、とにかくあなたはあの、すぐれて気高い苦行によっては真理をさとらなかった。あなたは*歓楽を目的とし、安易さを成就すべきものとして安住している。あなたは〔真理を〕見たというが、それにはどんな証拠があるのですか」

三六 こうしてかの比丘たちが如来（ブッダ）の〔さとった〕真理に信を置かなかったとき、菩提（さとり）への道はそれ（苦行）とは違うと知っている、道を知る者（ブッダ）は、〔五比丘のために〕道をお説きになった。

三七「愚かな人は自らを困憊《こんぱい》させたり、あるいはまた感官の対象に執着したりする。不死に到達する道ではない、誤りにみちたこの二つの極端〔な方法〕をよく見なさい。

三八 苦行といわれる身体の疲労によって心が乱され、害されるならば、*世俗の常識すらもけっして知ることはできない。まして感官の対象とならない真理の道をどうして知りえようか。

三九 あたかも、この世間で夜の闇は灯火によって破られるけれども、水をまくことによってではないように、そのように無知の闇は知恵の火によって破られることになるのであって、身体の疲労によってではない。

三〇　あたかも火を求める人が木を切り、*裂いても火は得られないで、すぐれた方法によって*鑽《き》ることによってそれは得られるように、そのように不死は疲労によってではなく、ヨーガによって得られるのだ。

三一　同じように、益もないもろもろの欲望に執着している者たちは、その心が〔情熱の〕塵と〔無知の〕闇に打ち負かされていて、論書の意味を読むことはできても、完全な理解を得ることはない。*まして、執着を離れた、〔苦とその原因の〕止滅の道においては〔完全な理解を得ることはないのだ〕。

三二　あたかも病に冒された人が身体によくない食物を食べていては、そこには回復はありえないように、そのように無知の病に冒されてしかも欲望に執着している者にはどうして安らぎがあろうか。

三三　あたかも乾いた土地を通る風にあおられる火が静まることはないように、そのように欲望の拠り所（対象）にすがる執着につき従われる心に安らぎはない。

三四　この二つの極端な道をともに棄てさり、私は中なるもう一つの道によってさとった。それははなはだしい苦悩を静める導き手であり、*快楽と幸福とを離れている。

三五　〔その中道は〕正しい見解（正見）の太陽に照らされ、浄く正しい思惟（正思惟《しょうしゆい》）の車にひかれている。正しく語られる正語を精舎《しょうじゃ》とし、善い行為（正行《しょうぎょう》）という百の園林を享受する。

三六　非難の余地のない生活の仕方（正命《しょうみょう》）は〔この道にあふれる〕大きな実りであり、正しい努力（正精進）による力と従者をもち、つねに正しい自覚（正念）というとりでに守られ、瞑想（正定《しょうじょう》）を臥床《ふしど》と座席と家*としている。

三七　このようにこの道はこの世間で最もすぐれた八つの部分よりなり、〔人を〕死と老いと病など〔の苦〕から導き出す。そこから導き出されて、なすべきことのすべてをなしおわり、これよりのち再び、この世、あの世にめぐり歩くことはない。

三八　これはすべて苦*である。これは〔苦の〕原因である。これは〔苦の〕滅である。これはその〔滅に至る〕道である。このように、解脱のための、先例のない、いまだ聞いたこともない真理の道について私の目が開いたのである。

三九　誕生と老衰と病気とそれから死と、いとしき者との別離、憎らしい者とのめぐり遇い、欲するものを入手できないこと、これらは人の出会うさまざまな苦悩である。

四〇　欲望にふける者にせよ、自己を抑制した者にせよ、また身体あるものにせよ、身体なきものにせよ、いかなる場所にいるにしても、要するに、何らかの徳性の欠けていることが苦悩にほかならないと知りなさい。

四一　あ*たかも燃焼の静まった火は小さくとも、生来の熱性を棄てはしないように、そのように自我意識は静寂などをとおして微細になったとしても、苦を本性とするものだと、私にはたしかに分かっている。

四二　あたかも土、水、種子、時などが芽にとって〔諸原因である〕ように、愛欲などのさまざまな過失と、その過失より生じた行為などこそがもろもろの苦の原因であるとはっきりと知りなさい。

四三　天界あるいは下界における生存の流れ*には、愛欲などの多くの過失が原因となっている。ここかしこにおける下・中・上と〔区別される〕種々〔の生き方〕、もろもろの行為が根となっている。

四四　罪が尽きれば輪廻の流れ*は断たれ、行為が尽きればかの苦も無くなる。ものは何か〔その原因たる〕ものがあるときに生じる。だから、〔その原因たるものが〕なければその*〔結果たるもの〕ももはや生じはしない。

四五　誕生もなく老衰もなく死もなく、火もなく地もなく水もなく空なく風なく、初め・中間・終わりもなく、聖にして奪われず、めでたくして変わることのないもの、それが止滅であると知りなさい。

四六　八つの部分よりなるといわれるもの、それがさとりのための道（八正道）である。その〔さとり〕への方法はこれ以外にはない。*この道を見ないために、世*間の人々は、その人自身もその親族も輪廻する。

四七　苦はあまねく知られねばならない。その原因は断たれねばならず、〔苦の〕止滅も現証*されねばならない。またこの〔止滅に至る〕道も実修されねばならない。このようにこの知見が私に生じた。

四八　この苦はあまねく知られた。原因はすでに断たれた。同じように止滅も現証された。そしてこの〔止滅に至る〕道も実修された。このように、この世間において私に目*が生じた。

四九　正しく聖なる真*理のこれらの四句を見ないその限りは、ここに解脱はまだないと私は言い、私自らを目的を果たしたものとも見はしなかった。

五〇　私が聖なる〔四つの〕真理を理解し、理解しおわってさらになすべきことをなしおわったそのときに、ここに私は解脱したと言い、また、私自らを目的を果たしたものであると見た」

五一　このようにここ〔鹿の園〕で慈しみの心にみちた偉大な仙人がこの教えをお説きになったとき、カウンディニャ氏族の者と百の神々とは清浄で〔激情の〕塵を離れた〔真理を見る〕眼（法眼）を得た。

五二　なすべきことのすべてをたしかになしおわって安らいだ彼（カウンディニャ）に向かって、一切知者〔たるブッダ〕は牡牛のごとくに高い声で仰せられた。「お前は知ったのか」と。かの偉大なる人（カウンディニャ）はお答えした。「すばらしいことに、私はあなたの最高の知見を知りました」

五三　かくて世間の人々は、「すばらしいことに、私は知りました」というこの言葉によって、「その*〔ブッダと同じ〕階位〔の真理〕を知ったカウンディニャ」と名づけた。最勝の師、如来の弟子たちの第一人者として〔カウンディニャは〕真理（法）を正しくさとったのである。

五四　地上に住むヤクシャ（夜叉）たち（地居天《じごてん》）がその〔ブッダの教えの〕声を聞いて、ひびきわたる声を発し〔て言っ〕た。「たしかに、生きとし生けるものの不死なる安らぎのために、見る者のうちの最高なる人（ブッダ）によって、教えの輪（法輪）が転じられた。すばらしいことだ。

五五〔その法輪は〕道徳（戒）を輻《や》とし、安らぎと規律（律）を輪ぶちとし、高大な知恵・記憶をともなった堅固な知見・精神を轂《こしき》とし、慚愧《ざんき》*を釘としている。それは意味深く、虚妄ならず、善く説かれたゆえに、三界*においてゆるぎなく、もろもろの他の教義によって覆《くつがえ》されることはない」と。

五六　山のヤクシャたちからの声を聞いて、空中の神々の群も声を発し、このように一層また一層と天上高く聞かされていって、〔ブッダの〕声はついに最高神ブラフマンの世界にまで昇って行った。

五七　もろもろの天界に住むある思慮深い者たちは、偉大なる仙人（ブッダ）の〔説法の〕ために三界*が震動した、と聞いて、さまざまな対象に執着することなく、厭離《おんり》の心から三種*の生存（三有《さんう》）に生きながら安らぎに向かった。

五八　このように世間の人々の最高の安らぎのために、天上ならびに地上に法輪が転じられたときに、雲もない空から花をまじえた水の雨が降り、三種の生存（三有）に住む者たちは大きな鼓を打ち鳴らした。

第一六章　諸弟子の回心

一かくて一切知者（ブッダ）はアシュヴァジトを始めとする、心に〔教えを受け容れる〕用意のできた、かの比丘たちすべてを解脱への教え（法）に悟入させた。

二太陽を伴った五星*の間に照る空の月のように、五〔感官の〕軍を征服した五人〔の比丘〕の軍隊に囲まれて、彼（ブッダ）は輝いた。

三そしてそのころ、ヤシャス*という名のある長者の息子は、女たちが脇*を下にして〔いぎたなく〕眠っているのを見て、〔世間を〕厭離する気になった。

四「このすべては煩わしい」という言葉をおのず*とつぶやきながら、きらびやかに美しい飾りを身につけたまま、ブッダのおられる所へ行った。

五人の心と煩悩とをよく知れる如来は、〔ヤシャスを〕ごらんになって仰せられた。「絶対の安らぎ（涅槃）のなかには災*いはない。来たれ。至福を得よ」

六このように、その名声のゆきわたった人のこの言葉を聞いて、暑熱に苦しめられた人が河にすべりこんだときのように、〔ヤシャスは〕この上ない満足を覚えた。

七かくて、前世〔に植えた善〕根の力によって、そのまま*の〔世俗の〕姿をとりながら、身によりまた心によって、〔ヤシャスは〕阿羅漢のさとりを得た。

八 *秋の〔浄らかな〕水で洗った布に色がよく染められるように、白浄の心によって〔彼は〕すぐれた教えを聞いてよく理解したのである。

九 自分の〔世俗の〕着衣を恥じながら立っている彼（ヤシャス）をごらんになって、目的を遂げ、最高の真実を知れる、もろもろの議論する者のうちの最もすぐれたる人（ブッダ）は仰せられた。

一〇「〔比丘の〕しるしは道（法）の形ではない。人が生きとし生けるものに対して平等の心をもち、安らいで、訓練され、感官を制御しているならば、身を飾ってはいても真理（法）の道を行ずる者である。

一一 身は出家するも、心は出家せず、なお愛着を棄てていないような者は、たとい森のなかに住むとも、家に住む〔に等しい〕と知らねばならない。

一二 身は出家せずとも、心は出家し、アートマン（自我）〔への執着〕のない者は、たとい家に住むとも、森のなかに住む〔に等しい〕と知らねばならない。

一三 家に住んでいるにせよ、出家遊行しているにせよ、人に道の成就があるならば、彼に解脱があるといわれる。

一四 あたかも戦勝を欲する者は敵軍を打ち破るために甲冑《かっちゅう》を着るように、そのようにかの*煩悩の敵を打ち破るために〔出家の〕姿をとるのである」

一五 それから如来は彼（ヤシャス）に向かって、「比丘よ、来たれ」とおっしゃった。彼は比丘のしるし（出家の姿）をとったが、その瞬間に*解脱した。

一六 それから、彼（ヤシャス）の友人五十人*と三人と一人とが、彼に対する友情に惹かれて〔次々と〕その真理を得るにいたった。

一七 *灰汁《あくじる》をまぶした布衣が水と触れ〔て浄く洗われ〕るように、前世で〔善〕行を修めたこれらの人々は、すみやかに浄められた。

一八 こうして、そのとき、六十人の最初の弟子の阿羅漢の集団*すべてに向かって、その阿羅漢たちに尊敬されている阿羅漢〔であるブッダ〕は、適切に正しく告げられた。

一九「おお、*比丘たちよ。お前たちは苦悩〔の河の彼岸〕に渡り、自分の偉大な事業をなし遂げた。〔いまや〕なお苦しんでいる他の人々を助けなくてはならないのだ。

二〇 そのためにお前たちはみな、ひとりひとり〔別の道をとって〕この地上をめぐり歩き、疲れはてている世間の人々のために、同情の心をもって教えを説きなさい。

二一 この私も、その道の成就によって神通力をそなえているカーシュヤパ*〔三〕兄弟の仙人たちを教化するために、王〔家出身の〕仙人たちの住むガヤーへおもむこう」

二二 かくて真理を見た彼ら（比丘たち）は、彼（ブッダ）の指示に従ってそれぞれの方角へ出で立った。*諍《いさか》いを離れ（無諍）、善く逝ける人、偉大なる仙人（ブッダ）もガヤーに行かれた。

二三 こうして、そのうちに〔ブッダは〕そこへ行かれて、修道の林（法林）に近づかれた。そこで苦行の権化《ごんげ》のように立っているカーシュヤパ（迦葉《かしよう》）をごらんになった。

二四 山々や林のなかには〔ふさわしい〕住み家があったけれども、彼（カーシュヤパ）を教化しようと欲した*十力を具せる〔ブッダ〕は、*宿を〔与えるようにカーシュヤパに〕お頼みになった。

二五 そこで彼（ウルヴィルヴァー・カーシュヤパ）は、〔ブッダの道の〕成就を試すために、マホーラガ（大蛇）の住んでいる*聖火堂……危険な場所をこの人（ブッダ）に与えた。

二六 その夜、安らかに気にもかけずに、そこに寝ている偉大なる牟尼を見て、眼に毒をたえて怒ったその蛇はフーと息を吹きかけた。

二七 彼の怒りによってその聖火堂は炎に燃え上がったが、火は、恐れてでもいるように、偉大なる仙人（ブッダ）の身体に触れはしなかった。

二八 〔世界を焼き尽くす〕劫末の火が鎮まるときに最高神ブラフマンが坐って輝くように、*聖火堂が燃え尽きたときにも、*ガウタマは変容もしなかった。

二九 *傷つきもせず、動揺もせずに、ブッダがそこに安坐していたとき、かの龍蛇は奇異の念をいだいて、最高の仙人に敬礼した。

三〇 その*鹿の園のなかにいた*人々は、牟尼がその〔祀火室《しかしつ》の〕なかに入ったままであると考えて、*うろたえ、打ちのめされたような気になって、「このように〔すぐれた〕比丘が焼かれてしまうなんて」と同情した。

三一 かくてその夜が明けたときは、指導者（ブッダ）は蛇を静かに托鉢で捕らえて、かのカーシュヤパに示した。

三二 かくて、ブッダの偉大さを見て*、彼（カーシュヤパ）は驚いた。しかも彼はまだ自分こそがこの上なく偉大なのだと思っていた。

三三 そのとき、安らぎを得たる牟尼は、彼（カーシュヤパ）のそういう思いをお知りになったので、時宜を得たさまざまな神通の形によって、

三四 「ブッダは神通力において自分よりすぐれているのだ」と〔カーシュヤパが〕考えるようにしようと望*まれた。そのとき彼は彼（ブッダ）の道（法）を修行しようと決心した。

三五 すっかり〔自分の確信を〕棄*ててしまっているウルヴィルヴァー・カーシュヤパを見て、五百人の弟子*の集団も、彼（ブッダ）の教えを奉ずるにいたった。

三六 そこで兄（ウルヴィルヴァー・カーシュヤパ）がその弟子とともに〔迷いの河の〕彼岸に達して、皮衣*を棄てたとき、ガヤーとナディーという〔二人のカーシュヤパ〕もそこにやって来て〔ブッダの〕道を奉じた。

三七 それから牟尼はガヤーシールシャ*（象頭《ぞうず》）山において、彼ら三人のカーシュヤパとその弟子たちに対して、〔迷いの世界からの〕出離の訓話をなさった。

三八 「虚妄なはからい（分別）から生じ、無知の煙にあまねくおおわれた、愛欲と憎しみの火によって、この世界は、ことごとく、力なくも、燃えている。

三九 このように煩悩の火に焼かれ、安らぎ〔のいとま〕もなく、救いもない世人は、再び、老いと病と死の火によって絶え間もなく焼かれる。

四〇 種々様々の火に焼かれ、避難する所とてないこの世界を見て、知恵ある者は心と感官と

をそなえた身体を厭離する。

四一 厭離よりは離欲におもむき、離欲より解脱に至る。その解脱から、あらゆるものにおいて〔自分は〕解脱した、という知が生ずる。

四二 生まれの流れはすでに*尽きた。清らかな修行（梵行《ぼんぎょう》）はここに*なしとげられた。なすべきことはすべてなされた。再び〔この世の〕生存〔を受けること〕はない」

四三 世尊のこの*お言葉を聞いて、千人の比丘たちの心は、執着がなくなって、たちどころに煩悩から解脱した。

四四 そのときブッダは知恵広大な三人のカーシュヤパを従えて輝き、そのさまはあたかも真理（法）の*権化が施与（布施）と道徳（戒）と規律（律）にとり囲まれているかのようであった。

四五 *理法と実利と恋愛とを欠いた*卑しい人の生命のように、これらの最高の*長老たちに立ち去られたこの苦行林は輝きを失った。

四六 それから、マガダの国王との*昔の約束を思い出されて、牟尼は彼ら〔千人の比丘たち〕に囲まれて、ラージャグリハ（王舎城）へ行かれた。

四七 かくて如来は*ヴェーヌ・ヴァナ（竹林園）に到着された。それを聞いて〔シュレーニヤ・ビンビサーラ〕王は大臣たちを従えて近づいて行った。

四八 そして人々は奇異の念で目を見開いて、それぞれの地位にふさわしく徒歩で、あるいは*騎乗で、小道によって〔都城から〕出て行った。

四九　マガダの国王はこの秀でたる牟尼（ブッダ）を遠くより見ると、敬礼するために、急いで車から地上に降りた。

五〇　彼（王）はヤクの尾〔の払子《ほっす》〕と団扇《うちわ》と従者たちを〔車のところに〕残しておいて、あたかもインドラが最高神ブラフマンに往詣するように、王は牟尼の方へ進んで行った。

五一　〔彼は〕最高の仙人（ブッダ）に対して王冠の揺れる頭*を〔足許につけて〕敬礼し、許しを得て、地の一隅の柔らかい草の上に坐った。

五二　そこで人々にこういう考えが浮かんだ。「ああ、シャーキャ牟尼の力よ！　尊きカーシュヤパ仙人がこの人の弟子になったとは」

五三　そのときブッダは〔人々の〕その心を知って〔ウルヴィルヴァー・〕カーシュヤパにお尋ねになった。「カーシュヤパよ、お前は〔私の教えに〕どういう徳性のあるのを見て聖火〔の祀《まつ》り〕を棄てたのか」

五四　大雷雲の声をもってこのように師が彼に尋ねると、〔カーシュヤパは〕両掌を合わせて、すべての人々にとどろきわたるように高らかにお答えした。

五五　「なぜかと申しますと、祭祀や火への献供（護摩）の果報はなお輪廻〔を超えるものではないの〕であり、さまざまな心の病を伴っています。こういうわけで私は聖火を棄てました。

五六　なぜかと申しますと、もと、私は〔感官の〕対象への渇愛のために呪文や火への献供を始めました。〔いま〕私には対象への渇愛*はございません。こういうわけで私は聖火を棄てました。
五七 なぜかと申しますと、呪文を唱えても火への献供を行なっても、〔迷いの世界へ〕生まれることからの解放はありませんし、生まれることには大きな苦が伴います。こういうわけで私は聖火を棄てました。
五八 なぜかと申しますと、もと、私は祭祀や苦行によって至福があると信じ*ていましたが、それはまさに偽りである〔といまさとりました〕。こういうわけで私は聖火を棄てました。
五九 なぜかと申しますと、生死からの解脱こそが不滅にして最善の階位である、と説かれたことを私は理解しました。こういうわけで私は聖火を棄てました」
六〇 このような浄信を生ぜしめ、意味ふかい彼の言葉をお聞きになって、教化の教師であるガウタマは教化せられたカーシュヤパにこう仰せられた。
六一「君、最も祝福された者よ、め*でたいことである。お前が種々なる道（法）のなかで至福なるものを獲得したということは、これはまことに善くなされた、すばらしいことである。
六二* それゆえに、まず、広大に〔その数の〕増加してくる聴衆のように、種々様々な神通を示して、〔人々の〕心を〔この世から〕厭離させなさい」
六三 そのときカーシュヤパは、「よ*ろしうございます」と言って、自身を自身のなかに縮め、空行く鳥のように風*の道に飛びたった。
六四 神通に通じたる彼は、空中において樹*幹のごとくに立ち、地を行くがごとくに歩きまわり、寝台に坐るように坐り、そしてまた身を横たえた。

一六五 時には彼は火のように燃え、時には雲のように雨を降らし、時にはまた同時に激しく炎と水を出した。

一六六 燃えかつ雨を降らしながら大股に闊歩する彼は、雷光*に輝き、水したたる水*の倉にも似た雲のように見えた。

一六七 人々は驚いて上を向き、彼の方に目を惹きつけられて、尊敬の念をもって礼拝しつつ、ライオンの叫び〔のような賛嘆の〕声を発した。

一六八 それから彼（カーシュヤパ）は神通を収めて、「私はなすべきことをなし遂げた弟子であり、その私の師は世尊であります」と言って、頭を〔世尊の足につけ〕て礼拝した。

一六九 そのように最高の仙人に礼拝しているカーシュヤパを見て、マガダの人々は、善く逝ける人（ブッダ）を一切知者であると確信した。

一七〇 かくて至福に住みたもう〔ブッダ〕は、畑*は耕された、とお知りになって、その*安寧のために、教えを聞きたいと思っていたシュレーニャ〔・ビンビサーラ王〕にお話しになった。

一七一「地上の主よ、偉大な威光をもち、感官を制御した者よ。心、感官そして物質的存在（色《しき》）は生じては滅するものです。

一七二 徳性を増大させるためには、この生と滅とを知らねばなりません。その二つを正しく知ったのちに、身体〔とは何であるか〕を正しく理解しなさい。

七三 感官をそなえた身体を生・滅の性質あるものと知るならば、『〔その身体〕*がアートマンであるとか、または、アートマンを有するものであるとか』というよう〔な考え〕に執着したり、近づくことは少しもありません。

七四 身体と感官と意識よりほかにはいかなる〔苦の〕原因もありません。この*〔身体・感官・意識という〕苦だけが生じるのであり、苦だけが滅するのです。

七五 これらすべてのものは『私』（自我）でもなく、『私のもの』（我所）でもないと理解する、そのとき、最高にして不動の絶対の安らぎ（涅槃）が得られるのです。

七六 『われありとの意識』（我執）などの煩悩によって、『わがものとの意識』*に〔人は〕束縛されます。世間の人々がわれ（自我）はないと見るならば、もろもろの執着から解脱します。

七七 真実ならざるを見る者は束縛され、真実を見る者は解脱します。アートマンが存在する、といってこの世で振舞うこの世間の人々は真実をとらえていません。

七八 もしアートマンがあるとしたならば、それは恒常的なものであるか、無常なものであるかです。これら二つの主張には大きな誤りがつきまといます。

七九* まず、もし〔アートマンが〕無常であるならば、行為（業）の果報がないことになります。後の世における生存もありませんから、人は努力を要しないで解脱するでしょう。

八〇 もしまた〔アートマンが〕恒常で遍在*するならば、生じることも滅*することもありません。ちょうど遍在・恒常な空間（虚空）は滅*することもなく生じることもない〔のと同じです〕。
八一 もしこのアートマンが遍在するならば、所としてそれが存在しないことはありません。*ここにいても、彼方に行ってしまっても、あらゆる場所で、同時に、〔アートマンは〕解脱するでしょう。
八二 その遍在性のゆえに作用をもたないこの〔アートマン〕は、行為を行なうこともないでしょう。行為を全くなさないならば、どうして〔アートマンは行為の〕果報をうけることになりましょうか。
八三 もしこの〔アートマン〕が作用をなすならば、自分の苦を作り出すことはないでしょう。独立自在であるときに、いったいだれが自分で自分の苦を作りましょうか。
八四 アートマンが恒常であるとすれば、それにはいかなる変化も起こりません。〔けれども実際にはアートマンは〕幸福と苦悩をうけるのですから、それに変化があると知られます。
八五 知恵を獲得することと煩悩を断ずることによって解脱は達せられます。それゆえに、*作用をなさず、遍在であるこの〔アートマン〕には、解脱がありません。
八六 〔以上見てきたように、アートマンには解脱が〕*有りかつ無い、ことになりますから、真実の立場から、アートマンがある、*と言うことはできません。〔いかなるものの〕原因となることもありませんから、それはいかなるものの作者でもありません。
八七 〔アートマンは、それが行なう〕作用からいっても明らかでなく、その〔アートマン〕

はだれかによって作られたわけでもありません。そのような形になるわけはない、と言わねばなりません。だからアートマンは存在しません。

八八* 聴き手のなかの最良なる者〔王よ〕。この〔私の〕言葉に耳を傾けなさい。この世で、輪廻の暴流が旋転し、〔自らのうちに〕作者もなく、知り手もなく、アートマンもないこの身体を、運び去って行くそのありさまを。

八九* 六種の認識器官（眼根・耳根・鼻根・舌根・身根・意根）と六種の認識器官の対象（色境・声境・香境・味境・触境・法境）とによって六種の認識（眼識・耳識・鼻識・舌識・身識・意識）が生じます。それぞれの〔器官と対象と認識〕との三つは接触*の機構を発展させますが、それによって記憶と思惟と行為が起こるのです。

九〇 あたかも、〔凸レンズの〕宝石と薪と太陽とが触れ合うと、その結合のおかげで火が生じる、そのように、心と認識器官の対象と認識器官と〔の接触〕によって、人に依存するすべての作用は生じるのです。

九一〔世間では〕種子から芽が生じる、といわれますが、その芽がその種子と同一*であると知ることはできません。〔かといって〕他方〔種子〕なくして〔芽があるの〕でもなく、それ*（種子）からこれ（芽）が生じたのでもありません。身体と認識器官と心との〔かかわり合いの〕次第もちょうどそのようであります」

九二 このように最高の牟尼*が、最高の真実として説いた至福の教説*を聞いて、マガダの国王には汚れなく塵なく測り*知れない、真理を見る眼（法眼）が生じた。

九三　この集会において、マガダの都城に住む大勢の人々と天に住む神々とは、牟尼の教説を聞き得て思いは清浄となり、不変にして不死なる〔さとりの〕位を獲得した。

第一七章　偉大なる弟子を出家せしむ

一 それから、かの王（シュレーニャ・ビンビサーラ）は牟尼にその住居として幸ある森ヴエーヌ・ヴァナを献上し、真理を理解してあまねく*観察し、〔ブッダの〕黙許を得て都城に帰って行った。

二 かくてブッダは、その精舎にあって*群生を利益《りやく》せんとして、知恵よりなる吉祥なる灯明をとり、*梵住、天住、また聖住なるあれこれの暮らし方によって時を過ごされた。

三 ときに*アシュヴァジト（馬勝）はすでに感官の馬を制御していたが、托鉢《たくはつ》をしようとしてラージャグリハに到着した。〔そのうるわしい〕顔色と静けさとは大勢の人々の目を奪った。

四 **カピラ仙の家系の比丘で、多くの弟子をもち、*シャーラドヴァティープトラ（シャーリプトラ。舎利弗《しゃりほつ》）という名で広く知られた者が、感官の静まりたる彼（アシュヴァジト）を見て、途上に立ち止まって待ち、声をかけた。

五「あなたの若々しい姿態と静けさとを見て、私には大きな畏敬の念が湧きました。ですからどうか、もしや真理を見られたのではないか、あなたの師匠の名は何か、どんなことを説かれるのかを〔私に〕お話し下さい」

六 このように多大の敬意をあらわしてかのバラモン（シャーラドヴァティープトラ）がそう語りかけたので、アシュヴァジトもこう話した。「私の師匠はイクシュヴァークの家系に*お生まれになった方で、一切知者、この上なき人とお心得下さい。

七 私は愚かな、*教え（法）より生じたばかりの*新参者ですので、あなたに教えを説くことなどできません。能弁を知れる者たちの第一人者である大牟尼のお言葉をほんの少しばかりお耳に入れましょう。

八 *およそものは原因より生じる。その原因を世尊は説きたもう。またそれらの消滅と、まったき消滅への道なるものを説きたもう」

九 このようにアシュヴァジトのその言葉を聞いて、*ウパティシュヤ*という名をもてるかのバラモン（二生――シャーラドヴァティープトラのこと）の、眼は真理に開かれて塵を除き、静寂にして清浄なるものときわまった。

一〇 彼（シャーラドヴァティープトラ）はさきには、原因なく、作用なく、自在者たるアートマン（*知田）を絶対なるものと考えていた。しかし、この世のすべてのものは原因より生じることを聞いて〔すべては〕無我であるとさとり、最高の真理を見るにいたった。

一一 おおまかな煩悩の群の消滅は、*身体を多くの部分よりなるものと〔だけ〕見〔て無我をさとらない〕*サーンキャ（数論）派の徒にもありうる。その〔煩悩の〕おおまかなものと微細なものとの〔両者の〕消滅はブッダの教説によって〔のみ〕ありうる、と〔シャーラドヴァティープトラは〕考えた。

一二 アートマンという意識の生じているのをいだきつづけるならば、「われ」への執着は断ぜられず、それにもとづいて「わがもの」〔への執着も起こりつづける〕。灯火と太陽とがあるときに、光を消滅させる理由がどうして知られようか。

一三* あたかも蓮華の茎を細*断しても、こまかい繊維がたがいにからみ合って残るように、〔サーンキャ派の〕解脱への方法は究*極的なものではない、と彼は考え、他方、仏教徒は粉砕された石にも等しく〔煩悩をこなごなに砕く〕と理解した。

一四 かくてバラモン（シャーラドヴァティープトラ）はこのア*シュヴァジトを礼拝して、心満ち足りて自分の家に帰って行った。またアシュヴァジトも順次に托鉢の食物を得おわって、心落ち着き、思慮ぶかくヴェーヌ・ヴァナへ向*かった。

一五 このようにす*ぐれた心の澄浄さにみちたウパティシュヤが帰ってくるのを見て、学識と思慮とにその行為の合*一する、マウドガラの氏姓に生まれた者（マ*ウドガリヤーヤナ、目《もく》連《れん》）が問いかけた。

一六 「比*丘よ、同じ人がどうして異なった顔つきになり、ど*っしりと落ち着いて喜悦にあふれてやって来たのか。今日、君は何か不死の教え（法）を得たのだろう。このように澄浄な顔つきは理由なしにできるものではない」

一七 そこで彼（シャーラドヴァティープトラ）は、こ*ういうことがあったのだ、とこの〔マウドガリヤーヤナ〕に事実を語った。そしてこの〔マウドガリヤーヤナ〕は「そ*〔の教義〕を教えてくれ」と言った。そこで彼はその〔教義〕を告げた。聞いて〔マウドガリヤーヤナ〕*自らに正しい眼が生じた。

一八〔正しき〕行ないと思いとによりて浄められた心をもったこの二人は、手に持った灯火を〔見る*ごとくに〕真理を見た。彼らは、知恵をとおして師に対する不動の思いをいだき、彼に*まみえんためにただちに出で立った。

一九 この*二人が弟子の群と*ともに〔来るのを〕遠くからごらんになって、偉大なる*仙人、世尊は比丘たちに仰せられた。「知恵ある者たち〔の上首〕と神通ある者たちの上首、*私の最高の弟子たるべきこの二人がこちらへやって来る」

二〇 そのとき、*深く、落ち着いて、安らぎたる声をもって、牟尼はこの二人に話をなさった。「比丘たちよ、静寂《やすらぎ》を求めてここに来たからには、この真理（法）を如実に正しく獲得せよ」

二一 手に*三叉《みつまた》の杖を持ち総髪を元結にした（縈髪《えいはつ》）*この二人のバラモン（二生）に、如来はこのように語られた。ブッダの威力によって彼らは一瞬のうちに黄褐色の上衣（袈裟《けさ》）をまとった比丘〔の姿〕となった。

二二 その姿になった二人は、弟子の群とともに、頭で〔ブッダの足を頂いて〕一切知者を礼拝した。そこでブッダはその教えをこの二人に*説いたので、しばらくしてこの二人は至福を*得た。

二三 そのとき、カーシュヤパの氏姓の灯明であったバラモン（二生）で、*容色、姿形、そして財産にも恵まれた者が、その*富貴と賢き妻とを打ち棄て、解脱を求めて黄褐色の上衣をとって〔家を〕出た。

二四　彼は*バフプトラカ（多士塔）という名の塔廟のかたわらで*色輝ける金の*柱のように燃えている〔ブッダ〕を見て、*すべての持ち物を投げ棄て奇異の感にうたれて、一切知者に向かって合掌して近づいた。

二五　なお遠くから彼は牟尼に向かって頭を下げて礼拝した。礼拝し終わって、似つかわしい仕方で、声高く申し上げた。「私は弟子です。世尊は私の師であられます。*賢者よ、もろもろの闇黒のなかで私の灯火とおなり下さい」

二六　このバラモン（二生）が〔真理への〕渇望に駆られてやって来たのをお知りになって、言葉の水によって心をよみがえらせる如来は、この志願清浄にして解脱を求める者に「善く来られた」と仰せられた。

二七　このお言葉によって〔バラモンの〕疲労はいやされ、至福をさとるために〔そこに〕とどまった。かくて、慈しみ深き牟尼は本性清らかなるこの者に教えを簡潔にお説きになった。

二八　牟尼が教えをわずかばかりお説きになったときに、彼はすべての意味を正しく理解したので、その*透徹した知（無《む》礙《げ》弁《べん》）と*年長さから、マハー・カーシュヤパ阿羅漢と名づけられた。

二九　彼はもと身体とは別に、あるいは身体のなかにアートマン（我）と*アートマンの所有（我所）がある、としてアートマンありと理解していた。その彼が〔いまや〕その我見をきっぱりと断ち切り、この〔身〕は*短からざる〔輪廻転生《りんねてんしょう》にわたる〕苦〔の集積〕であるとさとった。

三〇 *戒律と禁制によって〔自らを〕浄めるのだ、と*〔執着〕して、彼は*原因でない原因にもとづいて理解していた。その*彼が〔すべては〕苦であると〔いう真理〕と苦の滅に至る道を証得して、〔誤った〕戒律と禁制を最高のものと考えなくなった。

三一 *彼は顚倒《てんどう》した道をさ迷い、進めども至高なるものを得なかった。四つの真理（四諦《したい》）の立場をさとってからは、その疑いと惑いで*あったものが*滅し尽きた。

三二 世間の人々は愛欲に*欺かれている。〔過去に〕欺かれてきたし、〔未来にも〕欺かれるであろう。彼はそれら〔の愛欲〕を不浄にして真実ならざるものと知り、愛着（貪《とん》）にほかならぬ感覚の対象を断ち切った。

三三 このようにして彼は、慈しみにみちた心をもって、友と友ならざる者たちとに対して差別をしなかった。一切の群生に*あわれみの心を寄せて、〔自らの〕内にひそむ害心を*断ち切った。

三四 物質的存在（色《しき》）によるものと*怒り（瞋《しん》）によって起こるものなど、種々様々な観念（想）を断って、彼は、物質的存在において起こる過失を知って、*色界《しきかい》への執着を*克服した。

三五 彼は、無色界《むしきかい》の神々〔の生存〕にも*終末があり、また彼らは愚かさのために〔*四無色《しむしき》〕定《じょう》を解脱とする観念をもつ、と知って、安らいで、形なき（無相）心を*会得して、無色界の*生存への執着から離れた。

三六 シンドゥ河の激流が逆巻くように、心は動き*乱れるものと知って、彼は堅固な*拠り所に拠って心の軽躁《けいそう》を抑え、水の満ちた池のように、安らいで静止した。

三七 彼はもろもろの事物を正しく観察し、〔多くのもののなかにおのれに対する〕*卓越性、平等性、最上性を認めて慢心（慢）を棄て、〔ものは〕中核なく、*消滅する性質をもち、アートマンなきがゆえに、存在しないと理解した。

三八 知恵の火によって無知の闇を*破り、さまざまなものを滅するものと滅せざるものと見、ヨーガによって知識を修得し、彼は、正しい仕方で、無知（無明《むみよう》）を余すところなく滅せしめた。

三九 知見と瞑想の修習を兼ね備えた彼は、これらの*十種〔の煩悩〕から解放されて、なすべきことをすべてなし終えて、手を合わせてブッダを仰ぎ見ながら安穏に住した。

四〇 〔*ジュエーシュター星宿の〕三つの星の三つの地位を守る、〔最高神ブラフマンの〕弟神（インドラ）と十五ムフールタ（須臾《しゆゆ》）の間ともに行く諸星の王（月）のごとくに、*三種〔の煩悩〕を断じ、〔仏・法・僧の〕*三種〔の宝〕を得、*三明《さんみよう》をそなえた三人の弟子（シャーリプトラ、マウドガリヤーヤナ、マハー・カーシュヤパ）とともに行く、善く逝ける人（ブッダ）は輝いて見えた。

第一八章　*アナータピンダダへの教え

一 そしてあるとき、不幸な人々に財を施与する者で、*スダッタという、広く知られた名をもつ富豪の在家がいた。彼は北方の国コーサラからそこ（ラージャグリハ）へ出かけて行った。

二 彼はそこ（ラージャグリハ）に牟尼が止住しておられると聞いた。聞いて、お目にかかりたいと思ってその夜のうちに出かけて行った。善く逝ける人（ブッダ）は、彼が*浄信にみちた心をもって*やって来るのをお知りになって、礼拝している彼にお説きになった。

三「賢者よ、あなたはすでに*道（法）を修め、*睡眠を減らして夜中に私に会いに*来た。だから*いま〔あなたが〕着かれたのに間《ま》をおくことなく〔私が設ける〕至福の*もてなしを受け取りなさい。

四 あなたの宗教的志願、*堅固〔な心〕、私の名声〔を聞くだけ〕で〔心が〕澄み浄まったこと、前世の〔善根という〕原因から生じてきた知恵、それらは〔仏法の〕偉大なる諸徳〔を受け容れる〕*器である。

五 それゆえに、すぐれた布施からはこの世間において名声が、また他の世においてはその果報が生ずると知って、ときに、敬虔《けいけん》に敬い、平等の心をもって、真理（法）より得られる財宝を施与しなければならない。

六 戒を正しく保って身を振舞いなさい。戒こそは〔身の〕*守りであり荘厳であり、〔悪しき生まれ（悪趣）に〕堕ちてゆく者たちを引き返させ、虚空の上〔の天界へ生まれること〕を成就させるものである。

七 愛欲へ少なからず*執着すれば、探し求める〔苦しみ〕などの過失がつき従って起こることを聞き、〔迷いの世界からの〕出離という生き方に徳あるを*知って、*離脱より生ずる*安らぎの真実に近づきなさい。

八 死にさいなまれ、老いに打ち負かされて、世間の人々のさ*迷うさまを正しく十分に知って、生まれることなき安らぎを求めて努力せよ。誕生の事実がなければ老いもなく死もない。

九 あたかも人間において、無常性のゆえに、執着は苦であると目《ま》のあたりに知るように、そのように神々（天）の世界にも苦はあると知れ。生じてきたもので恒常なるものはだれもありはしない。

一〇 およそ無*常なる性質あるものには苦がある。およそアー*トマンなきものにもまた苦がある。ア*ートマンといい、アートマンの所有といわれるものがあるならば、そのとき無常・苦・無我はいずこにあろうか。

一一 それゆえに、あなたは苦〔の事実〕によってこの〔すべての〕苦を、〔苦の〕原*因あるによってこの〔すべての苦に〕原因あるを見よ。*静寂《やすらぎ》〔のさとり〕によって苦の止滅を、

〔苦の止滅に至る〕道あるによって幸いなる道を知れ。

一二 群生《ぐんじょう》の流転はこれ苦なりと知って、この世間は〔燃ゆる〕火にも似た時の火によってことごとく焼かるると理解して、生存と死滅とを願うことなかれ。

一三 この世間は空《くう》にして、アートマンなく、アートマンの所有にあらず、幻に等しきものと知り、ただ意欲（行《ぎょう》）のみ〔の所産〕なりと十分に理解して、この身は諸要素（界）〔の集まりにすぎない〕との思いをなせ。

一四 心は生存の仕方の転変によって転変し、輪廻する群生は種々様々に〔変わる〕と見て、分別なく、静寂にして真実で、執着することなく、心を平等にして、特徴なき（無相）状態に近づけ」

一五 そのとき〔スダッタ長者は〕偉大な仙人（ブッダ）のこの教えを聞いて、真理（法）の修行法における初果（預流果《よるか》）を得た。それを得て彼の苦の残滓《ざんし》は、大海のうちの一滴のように〔わずかなものと〕なった。

一六「執着を離れた者たちは林野に住みすまし、身体なき者たちは有頂天に住みすますとも、森や天において真理を見ないわけではないが、たとえ〔スダッタのように、俗人として〕家に住んでいる者であっても〔真理を〕見てよりすぐれたものとなった〔者もいる〕。

一七 彼ら（森や天に住む者たち）はさまざまな形の邪見の網と輪廻の諸苦から解放されていないで、そのために頽廃して真理を見ないのであるが、執着を除き去ったので優越〔した天という境位〕におもむいたのである」

一八 正しい見解の生じた彼（スダッタ長者）は、あたかも秋の雲が霰《あられ》を〔放下《ほうげ》する〕ように、誤った見解を投げ棄てた。彼は、世界は自在神などの不適当な原因からできたのでもなく、また原因なくして生じたのでもないとさとった。

一九「それゆえに、〔世界が〕正しくない原因から生ずるというときには不合理であり、原因無くして〔生ずるという〕ときには大きな矛盾がある。*この世間でも*論理を知る者は各自に*知見しているのであって、疑いを容れる余地はないのだから、ああ、何で真理を見ないのか。

二〇 もし自在神によって群生が生ぜしめられたならば、群生がしだいに〔時間的な順序をもって〕生じてくるはずはな〔く、みな同時に生じてしまう〕であろう。また生きものの輪廻転生もないであろうし、ある所にあるものを〔自在神が〕生ぜしめるならば*その所にその同じものとして止まるであろう。

二一〔もし群生が自在神より生じたならば〕身体をもつ〔群生〕が好ましくないものを得るはずはなく、彼（自在神）と本体を同じくする〔群生〕が欲界〔に住むこと〕はありえないであろう。ある身体をもつ者たちに善と悪〔の行為〕があるとしたら、そ*〔の身体ある者〕は自在神と同質のものであるから、自在神に〔善悪が〕あることになるはずである。

二二 人は自在神〔の存在〕に疑いをいだくことはないであろうし、彼（自在神）に対して人人は慈父に対するごとく〔に敬う〕であろう。疲れきった人も彼に対して*非難を口走ることもなく、世間の人々が〔自在神以外の〕あれこれの神々を崇拝しもしないであろう。

二三 もし〔自在神が〕この世界がまだ生*じていないときに〔世界を作ろうと〕意図したならば、彼は〔彼自身とは別な〕作用*を伴って〔はじめて創造を行なうのである〕から、この際には自在神ではない。もしこ〔の世界がすでに〕存在しているときに〔彼が創造しようと〕欲したとするならば、自在神はすでに存在しているこの同じ〔世界〕をさらに創ることになる〔が、それは屋上屋《おくじょうおく》を重ねるにすぎない〕。

二四 もし彼（自在神）に〔世界の〕創造に対するいかなる能力*もないならば、彼の行動は、幼児〔のそれ〕のように、原因なきものであろう。もし自在神が〔幼児のように〕自己に対する統御力をもたないとすれば、世界を創造するために彼にいかなる力があるであろうか。

二五* もし世間において群生が〔自在神の〕意のままに幸福*あるいは苦厄《くやく》に近づくならば、〔群生は〕彼（自在神）によって創られていることになる。〔けれども自在神が苦・楽を生ずるならば、彼は必然的に〕好ましきものに執着し、〔好ましくないものに〕憎悪をいだくわけであるから、彼に〔愛憎を超えた〕自在性はありはしない。

二六 心なき者たちが彼（自在神）を拠り所としてすがっていて、最高神（プルシャ）の努力が〔すべての〕基準となってしまうであろう。〔生きものの〕行為（業《ごう》）は果報なく、〔因果応報の〕教え*も作られはしない。生きものが行為をなすことは彼*（自在神）に依存することとなる。

二七* もし自在神が自身〔に特殊〕の行為（不共業《ふぐうごう》）によって生ずるならば、〔その彼と群生とに〕共通した行為（共業《ぐうごう》）に対しては〔彼は〕自在神とならないであろう。あるいはもし、彼の遍在性が原因なくして生じたとするならば、一切の群生にも〔原因なくして〕自在性のあることが成立するであろう。

二八 あるいは彼の自在性が他のものより〔生じるの〕であり、その〔他のもの〕にもさらに作者として他の自在神があり、それにも他のものがある、ということならば、このようにしてここに窮まるところがなくなる。だから群生の創造者は存在しないのである。

二九 自在神が創造主であったならば種々にして多様な矛盾があらわになる。それゆえに、原*質（プラクリティ）〔を生きものの原因とするサーンキャ説〕にもその同じ誤謬がまたもや付随することになるのである。

三〇 原因を知*る〔と自称するサーンキャ学派の〕者たちの〔理論的な〕根拠は少しばかり誤*っている。〔彼らは〕原因を規則*的な作用をもつものであるとは説かないのであるが、〔事実の世界では、人は〕規則的な作用においては〔芽の生ずる作用における〕種子などのそれぞれ〔の原因〕を見るのである。だから〔作用をもたないといわれる〕原質は〔生きものの〕原因ではない。

三一 何らかの結果が完成されるまでには、その原因として唯一なる作者は決して存在しない。〔しかもサーンキャ学派は〕単一な本質をもつ原質を〔種々様々の形ある生きものの原因であると〕説く。それゆえに、原質は〔諸現象の〕展開の原因ではない。

三二 原質に遍在性を認める人（サーンキャ派）には、〔原質には〕作用がないという誤った帰結が付随してくる。作用なくして結果〔が生じる〕という規則は経験されはしない。だから、原質は生産における原因ではない。

三三〔サーンキャ学派によれば〕その〔原質が〕遍在するものであることに原因性〔の根拠〕があるのだから、一切のものから一切のものが絶*え間なく生じてくることになってしまう。しかし、結果の生起には〔一つの結果は特定の原因から特定の時に生じるという〕一定性が経験される〔のが事実である〕。だから原質は生起に対して原因ではない。

三四* この〔原質〕に属性のないことが〔サーンキャ学派で〕定説となっているが、それにしたがえば、その結果にも属性はないことになろう。しかし世間では変異〔した諸現象〕が属性をもっていることが経験される。だから原質は〔諸現象の〕展開に際して原因ではない。

三五 恒常な原因〔である原質〕から特殊〔な諸性質〕が生じはしないから、変異〔した諸現象〕に種々の属性があるわけはない。しかるに変異にはさまざまな属性が存在している〔のが事実である〕。だから原質からの生産は正しくない。

三六 原質にものを生起せしめる本性が具わっているならば、結果〔である諸現象〕における消滅の原因がありえない。けれども変異〔した諸現象〕の消滅は実際に経験されるのであるから、〔原質より〕別な原因が考え*られなければならない。

三七 有*効な修行を行なうとしても、〔救済を〕望む苦行者たちに究極的な解脱はありえない。群*生に〔内在する〕原質は活動（輪廻）するものであるから、ど*うして解脱のために突き進もうか。

三八* 〔一切のものを〕生ぜしめるもの〔であって、他のものから生じることはない〕という本性は原質に確定しているから、その同じ本性は〔原質から生じた〕変異*せるものにも確定しているはずである。しかし、世間においては、変異せるものに〔そのような〕一定性はない。だから原質が〔一切を〕生ぜしめるということは合理的でない。

三九 原質は心識作用に〔知覚の対象として〕顕現しないといわれ*、〔他方〕この顕現する変異はそれ（原質）から〔生じる〕と伝えられている。〔両者はこのように矛盾した性質のものである〕。だから〔変異せるものの〕活動（輪廻）にとって原質は原因ではない。この世界では、顕現する原因があるときに結果は成就されるのである。

四〇 無知*な原質から有知の馬・牛・ろばなどの結果が生じるのは合理的でない。知識と離れた諸原因からは知識をもついかなるものも起こりはしない。

四一 もし〔原質が〕群生を生ずるのに時節が定まっているならば、そのために〔すべての生滅の時機が一定してしまって〕思慮をめぐらす〔修行者にその努力に応じて〕の解脱はありえない。生きものには限りは無いのであるから、世界〔の生きもの〕は絶え間なく生じつづけることになろう。

四二 ある人は、一つあるいは多くの属性からできているもろもろの事物*の中に一定の本質を見る。〔しかし〕もし〔諸事物の〕原因が唯一のものであると定められるとすれば、その*〔原因に関する説〕が種々に分かれることはないであろう。

四三 道徳的条件より生じた（異熟生《いじゆくしよう》）〔果報である〕ものの新*たな性格にはさまざまな性質がある、と徳を知る人は見る。〔サーンキャ学派は〕原因には特殊性がないと主張するのであるが、〔特殊性の〕空《くう》なるはずのもろもろのものにも〔特殊な性質がそれぞれ〕定まっている。

四四* 非顕現〔なるもの〕から事物は生じると考える、その人の推理は確実には成立しない。顕現せる結果の生起が非顕現なるものからあるとは、だれも明らかに経験していない。

四五* 顕*現せる〔諸事〕物が第二次的なもの〔である十六の変異〕から生起するように、〔根源的なるもの、すなわち〕非顕現なるものから〔第一次的に変異せる〕ものが最初の結果として生じる、と考える、その人の推測からはここに大きな不合理が生じる。原質〔を想定すること〕からは二*つの誤りが起こってくる。

四六 あたかも金の鎖《くさり》は〔それぞれ〕特殊であるように、そのように原質の変*異は〔それぞれ〕特殊である〔とサーンキャ学派はいう〕。〔金の鎖は金の本体を離れないが、原質の〕結果は特殊であるのに、原因〔たる原質〕には特殊性がない。だから原質は〔諸現象を〕生起せしめるにふ*さわしくない。

四七 もし作用においてかの神*我（プルシャ）が原因であるならば、ある人があるものを欲求するならば彼はかならずそのものを手に入れるはずである。しかしこの世間では、ある者は欲してもその対象を得はしないし、またその意志に反して欲してもいないのに〔それを〕得てしまう。

四八 もし人が自在であるとしたら、牛*、馬、ろば、らくだなどの生まれ方を忍受しはしないはずなのに、そ〔の悪しき生まれ〕へおもむく罪業を人は行なう。苦を欲しないのに、だれが苦を作ろうか。

四九 もしもろもろの世界において神我が作者であるとしたら、苦を作るわけはなく、楽のみを作るであろう。〔しかし実際には〕望ましいことを作ろうとしながらも、人は望ましくないことを作ってしまう。偉大なる自在者であったならば、だれが望ましくないことをしようか。

五〇 人が不道徳（非法）を畏れて、努めて道徳（法）を得ようとしても、さまざまの煩悩のために力なく屈伏させられる。だからこの世間では人は他の力に服するものとなっている。

五一 寒さ、暑さ、雨、雷、雷光などの作用が人に敵*対して働くのが見られる。人*は自ら支配するものでなくて他の力に服するものであるから、諸作用において自在な神我ではない。

五二* 種子より、そして土や水を拠り所とし、時機が来たときに、穀*物は実るのであり、灯火によって光明が、薪によって火が生じるのである。原因なくして生じるといわれるものも〔実は〕原因がないのではない。

五三 もし原因なくして世界の活動があるならば、人間の行為はないことになるであろう。あらゆるものはあらゆるものをかならず得ることになるし、ここなるものはつねにあらゆる所に遍在することになろう。

五四 もし*楽と苦とが原因なくしてあるならば、*それではすべての人々への苦と楽の配分が〔合理的で〕ないことになるし、無因によっても楽と苦とは〔結局〕理解できない。したがって〔すべては〕原因なくしてある、というこの説も根拠がない。

五五 上述したようなさまざまな正しからざる原因〔を構想する〕ために、世間の人々は〔その〕生起の〔真の〕原因を知っていない。世界は原因なくしてある、と見ることもできない。原因なくしてあるとすれば、これら〔上記〕の誤りがあると知られる〔からである〕。

五六 動くものにせよ、動かざるものにせよ、もろもろの存在において、これやあれに依存してあれやこれが生じてくる。世界には無因にして生じるものは何もないが、世間の人々はそのすべての原因を知るわけではない」〔とブッダは説きおわった〕。

五七 そのとき、〔教えの〕布施をいみじくも与えられたかのスダッタは、広大なる教えのうちの最勝の真理をさ*とり、不動の知恵によって浄信を起こし、偉大なる仙人（ブッダ）にこう*お願いした。

五八「*ハリアシュヴァ族の後裔（プラセーナジット王）のお住みになる都城、私の*住み家のある場所であるシュラーヴァスティー（舎衛城《しゃえじょう》）は福徳にみち名声高いところでございます。私はそこにあなたの精舎を作りたいと思います。罪汚れなく、最もすぐれたその精舎をお受けとり下さいますように。

五九 宮殿のかたわらであれ、閑寂な*森のなかであれ、牟尼よ、どこであろうとあなたは住居について平等の心であられます。私へのあわれみのためにお住居として〔精舎をお受け下さい」。それは阿羅漢のおとどまりになるのにふさわしいことでしょう」

六〇 そのとき、布施に傾倒（信解《しんげ》）せるこの〔スダッタの〕解脱せる心をお知りになって、執着なき心をおもちになり〔他人の〕思いを知られ、最勝の静寂《やすらぎ》による知恵を得られた〔ブッダ〕は語られた。

六一「おお、猛く堅き心ある者よ、雷光のごとくに動き去る〔無常の〕財物のなかに〔住みながら〕お前の本意は施与*に傾倒している。本性より布施を楽しみ、教えに喜*ぶお前が真理を見るということは驚くにあたらない。

六二 何にせよ燃えている家より外に持ち出せば、その〔火〕はその財物を焼きはしない。そのように、時の火が世界を焼いているときに、人がものを布施すれば、その人はまさにそのものを手に入れるのである。

六三 それゆえに喜捨する人々は布施をなすときにこそ対象を正しく享受できると知っているのだ。世間において吝嗇《りんしょく》なる人は〔財の〕尽きる恐れを見て、〔財を〕享受するでもなく、恐れて布施を行なうでもない。

六四 時として財を〔ふさわしい〕受け手*に与えることは勇気と誇りをもって戦うことに等しいと、すぐれた勇者は知っているが、他の人は知らない。勇者こそは布施し、また戦う。

六五 布施をなす者は〔人々に〕喜ばれて世間を渡り、名声と高き誉れを得る。すぐれたる人人は『施者あり、だれぞ』と言いて、布施のゆえに〔彼を〕讃え、指導者と見なす。

六六 そのようにもろもろの世界において自信にあふれ、恐るべきことに遇っても過誤におちいらず、われは多くの福徳をなせりと心満ち足りて、命終《みょうじゅう》のときに恐怖におそわれもしない。

六七　この世において布施の果実は花にも似ていて、それ以上の果報を〔後の世において〕施者は収穫する。生死の輪のうちを流転する人にとって、喜捨に等しい友はありはしない。

六八　人間界と天界とに生まれた者たちは、布施〔の功徳〕によりおのれに等しき者たちに優越する。馬や牛の状態に生きるものたちも、その〔布施の〕果報として首長となろう。

*六九　布施によって人は、享楽にとりまかれ戒に守られて天界におもむくであろう。知恵を先立たせる者はその安らぎによって、〔あやまちの〕根拠（身体）を離れ、そこでは〔迷える者たちの〕数に入れられることにならない。

七〇　不死の甘露を彼が得るためにも、誓って行なうべき〔戒め〕は布施こそである。布施を憶念して歓喜すれば、その歓喜によって心は統一（定《じょう》）される。

七一　*心統一されて高きに達した者はこの世において生と滅とをしだいにさとる。他人に施し物を施与する布施者は、心に住むもろもろの煩悩を*抑止する。

七二　だれにせよ施し物を布施すれば、その人の、物に貪着するという〔悪〕名がまず断たれる。人に慈しみの心をもって布施すれば、そのために憎しみと慢心とが除かれる。

七三　〔施し物を〕受ける者がみな幸福になるのを見て喜ぶ人は、そのため、もの惜しみの心がなくなる。布施する者は布施の結果を直証《じきしょう》して、*〔布施を〕しないことと無知の闇とを征服する。

七四* それゆえに、静寂《やすらぎ》すぐれざる者の執する慳《おし》みと渇愛とは、布施する者によって断ぜられる。そのゆえに布施は解脱を助ける要素であり、罪が滅せられれば解脱がある。

七五 あたかもある人は日陰を得んために樹木を求め、ある人々は果実のために、またある人人は花のためにするように、ある者は静寂《やすらぎ》のために施し物を布施し、ある者たちは財を求めて布施する。

七六 それゆえに、とくに在家の人々には、分に応じたる布施は最高の財宝である。布施は、髄なき財の髄であり、これはすぐれたる人々の従い行く道である。

七七* 食を施すことによって力を与え、衣を施して身体を与う。すぐれたる〔聖〕者たちに住み家を施す者も、もろもろの世界においてあらゆるものを与えるのである。

七八 乗り物を施して幸福を与え、灯火を施して眼を与え、かくて奪うべからざる不死を施して、それによって究竟《きゆうきよう》の真理（法）をもちて〔人々に〕教う。

七九 ある者は欲のために施し物を与え、他の者は利のために、ある者は名声のためにする。ある者は昇天のために、他の者はあわれみのために〔布施〕す。〔しかるに〕汝のこの布施はとらわれるところ無し。

八〇 それゆえに、汝、善きかな。〔汝の〕渇愛はこのようになっ〔て滅し〕た。何であれ成就せよ、志望は満たされた。塵におおわれ闇とともにお前はやって来たが、浄らかなる知恵と感覚をもちて立ち去るであろう」

八一 彼（スダッタ）は如*来の道に歓喜せしめられ、また悟入せしめられて、心にかの精舎を

*種々に描き、まもなくウパティシュヤとともに立ち去った。
八二 行きてかの*コーサラ王の都城にて、精舎のための敷地を求めて歩きまわった。彼はそこに、吉祥にして平坦、美しさが心にかなう木々に満ちた*ジェータ〔王子〕の園を見つけた。
八三 かくてその〔園を得る〕ために〔スダッタは〕ジェータに〔売ってくれるように〕*請うたが、この人（ジェータ）は愛着のあまり彼に与えるのを拒んで、「たとえあなたが財貨をもって〔その園を〕あまねく敷きつめるとも、私はその土地を与えはしません」と言った。
八四 そのときそこでスダッタは彼（ジェータ）に言った。「この園の*代価は決まったと思われます」。そして彼は財貨で〔園を〕敷きつめ、法の訴訟を行なって買い取った。
八五 彼が*その〔財宝を〕喜捨したのを見てジェータはブッダに対するこの上なく浄らかな信心を起こし、その園林の残りをすべて如来に献上した。
八六 かくて偉大な仙人ウパティシュヤを*総監督として、すみやかな知恵あり、執着なく、心解脱せるアナータピンダダ（給孤《ぎっこ》独《どく》長者）は美しさに輝く最善の精舎を建造させた。
八七〔その精舎は〕*宝蔵神の住み家が場所を移したかのごとく、北方コーサラの王家の幸運のごとく、如来の座所にも等しく、〔スダッタ〕自身の富と力と知見の〔座所〕でもあった。

第一九章　父子相見

一 かくて牟尼は、種々様々の意見をもったあらゆる師*たちを知恵によって圧倒したのち、〔ラージャグリハの〕五山*と都城から去って、しだいに大勢*の王たちに仕えられた〔カピラヴァストゥの〕都城へ向かわれた。

二 そして、ちょうど千人の弟子を教化したときであったが、進み行きて、彼（ブッダ）は父の国〔の都カピラヴァストゥ〕に着かれた。そしてそこで〔父王や国人たちに〕恵みを施そうと思われて、自分の〔生〕国の端におとどまりになった。

三 かくて〔ブッダが帰国されたという〕喜びの知らせを聞いてかの賢明にして振舞*い正しき宮廷祭官*と大臣たちは、最高*の利益を成就した、尊き国守たる王にご報告申し上げた。

四 こうして、〔彼来たれり〕と聞きて国王は、心は歓喜に満ち〔ブッダに〕まみえんと欲し、都人ことごとくにつき従われ、急ぎのあまり端*正さを打ち棄てて出迎えに行った。

五 仙人たちの中央に坐*せる最高神ブラフマンのごとく、弟子たちに囲まれた彼（ブッダ）を遠くから見た〔王は〕、大仙に対するきまり（法）に従って、車を捨てて徒歩にて近づいた。

六 足早に〔ブッダの〕近くに行きて牟尼を見た彼は言葉につまった。彼*に向かって息子と語りかけることもできず、また比丘と呼ぶこともできなかった。
七 そして彼は彼（ブッダ）の比丘としての姿を眺め、自らの身体に着けた種々の飾りを顧みて、ため*息をつき涙を流し、いたく*暗然としてつぶやいた。
八「道行く旅人が喉が*渇いて疲れきり、遠く*望んだ池の涸れはてているのを見たときのように、本来のすこやかな容姿もなしに近くに坐せる〔ブッダ〕を見て、私の疲労はたえがたくなった。
九 世界のはてに住む人の心の動きが絶えたとき、その親しき者の形像が絵に画かれるように、この〔ブッダの〕姿を見ていても私に喜びは湧かず、彼のなかにも喜びは絶えている。
一〇 太初住みし*マーンダートリ王のごとく、あらゆる山々に囲まれて大地を所有し、インドラにすら*ものを乞う必要のない、そのわが子が他人に乞食《こつじき》して生きる。
一一 その堅固さは*メール山（須弥山《しゅみせん》）を超え、輝きは日を、*美しさは月を超え、歩みは象にまさり、声は牡牛にまさるこの者は、施しの食を乞いて、大地〔の制覇〕を果たしてはいない」
一二 そのとき、息子だという思いにこだわっている父王の心をこの〔ブッダ〕はお知りになり、またその*他の世間の人々にもあわれみの心をもち、そのためにブッダは空に飛び上がって〔神通を現わされ〕た。
一三 太陽の馬車に手にて触れ、風の通る道を両足にて行き、体を一つにしては多くの分身を作り、多くの分身となっては一つに還られた。
一四 地に潜ること水におけるごとくに妨げなく、水面を踏み歩くこと地上におけるごとく、壁や山を突き抜けるのは、空中におけるごとく妨げられずに没*入した。
一五 その半身は水の雨を降らし、他の半身は火のごとくに燃えた。山は燃え上がる草とともに焼けるがごとく、空中にあるものは何にせよ燃え、燃えて輝いた。
一六 威力を好むこの人（シュッドーダナ〔浄飯《じょうぼん》〕王）の心にこうして歓喜を生*ぜしめたのち、第二の太陽のごとくに空に坐して、国守〔たる王〕に向かって教えを説かれた。
一七「人民の守護者よ、私の様子を見て憂いをいだかれるあなたのその慈愛の心は分かります。息子に対するその喜びをお断ち下さい、安らぎにおもむき下さい。私より息子の新たなる実*りをお受け下さい。
一八 かつて子が父に与えたことなく、かつて父が子から得たことなき、王国よりもすぐれ、天界よりもまさりたる、この最高なる不死の教え（法）を、王よ、受けなさい。
一九 大地の守護者よ、行為（業）の本体、行為の生処、行為の根拠、行為の成就たる〔禍福、世界は行為に支配せられるを知りて、〔世の〕利益のためなる行為をなしなさい。
二〇 この世間を考察し吟味してみれば、すぐれて善き行*為は、ほかならぬ、人の朋友です。〔死に臨んでは〕あなたは、すべてを棄て、依り所もなく、ただ行為とともにひとり行かねばならないのです。
二一 いのちあるものたちは行為にもとづいて天界あるいは地獄、動物あるいは人間界におもむくのです。生存の原因は〔身体的・言語的・心的行為という〕三種であって、その生ずる場所も〔身・口・意《こころ》の〕三ヵ所です。世間の人々は〔それによって〕さまざまな行為をなします。

二二 それゆえにまさに起*ころうとするこの身体と言語による行為という二種をも浄め、心はきわめて静寂なるようにお努めなさい。それは自分のためであって、他人のためではありません。

二三 世界は水の波のごとくに揺れると知って、よく考えてあなたはもろもろの〔仕方の〕生存を喜んではなりません。行為が全く滅尽するために、最*勝の行為なるもの、最高の幸福のためになるものを行ない下さい。

二四 天空にある星群の輪のように、世間のものたちもつねに輪廻し、神々さえも絶頂を越せば天上より墜*ちると知れば、げに、人間の生存は言うをまたず、だれに確信がもてましょう。

二五 もろもろの幸福のうちで解脱の幸福は最高のもの、精*神の喜びはもろもろの喜びの最勝のものと知れば、思*慮ある人は、だれが、蛇どもの住み家のように恐怖にみちた繁栄の幸福を楽しみましょう。

二六 それゆえに、住*む家に火が燃えているように、世*間は大いなる恐れにみちていると見て、生と死と疲れと悲しみとを離れ、安らかにして確*固たるかの位を追い求めなさい。

二七 そのためには財は役立たず、国も武器も馬も象も役には立たぬ、その過失の敵軍を打ち破りなさい。それに打ち克たば、これぞ無量の勝利です。
二八 苦と苦の原因と〔苦の〕滅とまた滅のための方法〔という四つの真理（四諦）〕をお知りなさい。この四つを完全に理解すれば、大いなる恐れと悪しき生存は滅するのです」
二九 かくて、善く逝ける人（ブッダ）がさきに神通を現わしたことによってすでに〔教えを受けいれるに適した〕田となった〔父王の〕心に喜悦が生じた。〔ブッダの教えを〕聞いてこの王は真理（法）をさとり、喜びながら掌を合わせてこう申しあげた。
三〇「あなたが賢明*で成果を挙げたとは、喜ばしい。あなたが大いなる苦より解脱したとは、うれしいことだ。ただ憂い*を増すために私は役にも立たない地の恵みを喜んだが、息子という果報を得て私はうれしい。
三一 完全なる栄誉利益を棄てて行ったあなたは正*しかった。大いなる疲労に疲れたあなたは正しかった。いとしい親族の喜びをあなたは棄て、われわれの慈愛さえも〔あなたは〕正しくも〔棄てた〕。
三二 天に属する仙人や王家の出の仙人たち、彼らが往昔にも達したことのない、疲れたる世間の人々の安穏のための道とこの至福とをあなたは体得した。
三三 たとえあなたが転輪聖王《てんりんじょうおう》*（世界の帝王）となったとしても、あなたのかくのごとき神通と教えとを見て、私がたしかな歓喜を覚えたような、そんな喜びは私に生じはしないであろう。
三四 転輪聖王はこの世界にあって再生に結びつく教え（法）によって人々を守る。しかしあなたは牟尼として、輪廻の大苦を破砕《はさい》する仕方で世間のために教え（法）を説く。
三五 この神通と勝利の知恵をもち、輪廻の恐れをあまねく退けたあなたは、〔聖王の〕栄光はなくともこの世界で自在主である。たとえ栄光は増すとも力なく愛欲ある〔聖王は〕そうではない」
三六 あわれみの真理（法）の*教え〔を受けるの〕にふさわしいものとなった、シャーキャ族の*王はこのように多くを語って、王と父の位にいながらも、息子に向かって敬礼した。それは〔ブッダが〕真理をきわめているためである。
三七 多くの人々は、牟尼の獲得した力量を見、真理を貫く論議を見、また王が〔ブッダを〕師として敬礼するのを見て、出家をしようという望みをいだいた。
三八 かくて〔預流《よる》〕果《か》をさとった多くの王子たちはこの教えの法式を心に得た。〔ヴェーダ〕聖典や大きな〔世俗の〕欲望を顧みることなく、*多くのいとしい親族を棄ててしまって。
三九 アーナンダ（阿難陀）、うるわしのナンダ（難陀）、クリミラ（金毗羅）、アニルッダ（阿那律）、ナンダ（難陀）、ウパナンダ（跋難陀）、またクンタダーナ（軍荼陀那）、弟子たちの陰の師となった*デーヴァダッタ（提婆達多）、彼らは牟尼に教えられる弟子となった。
四〇 そして宮廷祭官の息子、偉大なるウダーイン（優陀夷）は同じ道に出で行き、彼の決意を見たアトリの子ウパーリ（優波離）も同じように〔出家の〕意を固めた。

四一　王もまた息子（ブッダ）の威力を見て、最高の不死の流れに預かること（預流果）を得て、執着もなく王位を弟に譲り、王仙の行を持して王宮に住んだ。

四二　これらを初めとする善友たち、眷族《けんぞく》、親族たちを教化してブッダは、時いたって、涙を流して〔随喜して〕いる城民たちとともに、歓喜し威厳にみちて、城中に入られた。

四三　サルヴァールタシッダ（あらゆる目的を果たした人）という王子が、目的をなし遂げて、都城に帰って来る、ということを聞いて、家々の男女は戸や窓辺につれだってもたれた。

四四　地平線の雲に半ば隠された太陽のごとくに黄褐色の上衣（袈裟《けさ》）を被りて輝くかの〔ブッダ〕を見て、その女たちは目から涙あふれ、蓮華のように掌を合わせて頂礼《ちょうらい》した。

四五　真理（法）と容姿（色）とに輝*き、下*方に眼をやって歩いて行くかの〔ブッダ〕を見て感動した女たちは、あわれみと尊敬を示*し、涙でくもった目をして、つぶやいた。

四六*「よいお生まれのこの方は頭を剃って形をお毀《こぼ》ちになり、古*びた衣をお着けになりながら、お*体からは黄金の色をお放ちになって、目を〔地に〕向けてお行きになった。

四七〔本来ならば〕熱さを防ぐ白蓋を受け、馬宝をみそなわしに来*られ、高位にあるにふさわしく、征服するにふさわしい、その王子が〔いまや〕托鉢を手にとってお行きになった。

四八　頬にタ*マーラ（芬香）の葉を飾*った美女たちの顔を熱から守る白蓋を受け、〔馬上にて〕すみやかに動かれるはずのその人が、托鉢を手にして足で行かれた。

四九 自らの子孫たちの怨敵を滅ぼし、歓喜せる人々の愛情と世人の執着の視線に値し、さまざまの宝冠を着けるべきその人が、わずか*六尺先までの地を見て行かれた。

五〇 この人にはどんな哲学があり、どんな理由をもち、いかなるものを求め、なぜ遊楽の敵となったのであろうか、幼い子供たちや*賢い妃たちとでは*なしに苦行とともにたわむれるとは。

五一 王の太子妃、かの『名声ある女』（ヤショーダラー）はげに『憂いをいだく女』（ショーカダラー）となって、いたく辛酸をなめた。夫のこの所行を聞いた彼女が、聞いてなお生きながらえ、崩れ死ぬこともなかったとは。

五二 この人（ブッダ*）の容姿はたしかに見るに快いはずなのに、〔いま〕容姿を毀《こぼ》ちてあらわれたこの人を見て、子息を求めるかの人主たる王者（シュッドーダナ）はどうなったのであ*ろうか。また凶悪な外敵にどう対処されるのか。

五三 もし、涙に濡れた息子のラーフラを見てさえも、この人（ブッダ）はあのように愛着もなく、いとしい親族たち〔を棄てて、それ〕より他のものに顔を向けるというならば、そんなふうに決まっている道の誓約に、幸いあれ！

五四 *光り輝く顔色と妙なる容姿と、またその歩きぶり、安らかな動作は権威にみちている。この人はこれらの徳に輝いて、静寂《やすらぎ》を具し、感官の諸対象を離れておいでになる」

五五 女たちは自分なりの考えにとらわれて、このような多くの説をなしてしゃべった。けれどもブッダは心無頓着に自らの都城に入って、托鉢の食物を得てニヤグローダ（バンヤン樹〕といわれる林へ行かれた。

五六　わずかばかりずつ施食を与える人々のなかの、〔過去世において〕善行を積まなかった、財産少ない人を救おうとの思い、この〔托鉢という〕修行に満足していない沙門《しゃもん》〔修行者〕や心の練れていない人に依*り所を与えようとの思い、もろもろの世界のなかに快楽*ありという議論を滅*ぼそうとの思い、また問われたことを説き明かそうとの思い*をつねに抱きつつ、如来は愛着なき心にて托鉢のために父王の都城に入られた。

第*二〇章　ジェータヴァナを受く

一　彼（ブッダ）はここ（カピラヴァストゥ）に幾*日かとどまって、多くの人々にあわれみをかけられたのち、プ*ラセーナジト王の手に守られた〔コーサラ国のシュラーヴァスティーの〕都城に、衆人とともに、お*出でになった。

二　かくて、満開の花をつけたアショーカ（無憂）樹に輝き、コーキラ鳥（インドのカッコウ）が陶*酔して声を張り上げ、雪*のカイラーサ宮殿にまがう高楼の並ぶ、吉祥なるジェータヴァナ（祇園精舎）に〔ブッダは〕着かれた。

三　そしてやがてスダッタは清水に満ち、白き花環に飾られ、金瓶を浮彫りした壺を手にとり、ジェータヴァナを如来に布施し奉った。

四　そのときプラセーナジト王はシャーキャ族の牟尼に拝顔したいと思い、ジェータヴァナに行った。行きついてそして尊敬を表わして牟尼を礼拝し、このような言葉を申し上げた。

五「牟尼よ、この都城に止まりたいというあなたのご希望はたしかに私どもコーサラ人にとって善いことであります。真実を見るこのような人の支持のない国は、抑*圧されたり不運に見舞われたりするのですから。

六 あなたに拝顔し、あるいは頂礼することができましたのは私どもの救いのためになります。世間ではすぐれた人々の集まりに会っても満足はできないのに、どうして〔いまは〕喜びがあるのでしょうか。

七 何かによりそって風が吹き動いてゆくと、〔風は〕そのもの*の本性〔の香り〕に近づいてゆきます。空行く鳥たちはメール山と出会うことができれば、その本性を棄てて黄金〔色〕となります。

八 それゆえに、この世と後の世との主となられた*聖者の住居となるほかに、私の園林が、ガー*ディーの子なる大仙（ヴィシュヴァーミトラ）を迎えたトリ*シャンク王の宮殿のように、見るのに美しくなる道はありません。

九 世間において得られる種々の利益は限りあるものであり、尽*きることあるものであるのに、あ*なたのみもとから来る*多くの利益は無数であり、滅尽もありません。

一〇 行者（ブッダ）よ、あ*なたの確かな知見を見るという、これよりほかの利益は知られません。師よ、私は害*を得て苦しみ、愛着にまとわれて王の勤めを行*なってきました」

一一 このようにインドラにも比すべきこの王がこう話したのをお聞きになって、牟尼は〔王がなお〕利財と愛欲への執着あるをお知りになって、彼の心を励まそうとして仰せられた。

一二* 「人王よ、聖者たちに対するあなたのこの言葉はあまり驚くに当たらないし、あなたのこの振舞いも〔驚くに〕当たりません。低き所から越え出ようと願う者たちは〔彼らに〕

利益を与えようとしているすぐれた人々に対して〔そのように言い、振舞うものです〕。

一三 地の守護者たる王よ、*あなたはまさにこのような思いでおられますので、*私はここであなたに少しばかりお話ししたいと思います。それを理解しなさい。そして私の教義が実りあるものとなるようにそう行ないなさい。

一四 人々の守護者よ、王にとっての『時』が縛って引きずり、〔あなたが死ぬ〕ときには、友人もなく親族もなく栄華もつき従うことなく、すべてのものはあわれに、力なく去って行きますが、ただ行為の余力（業）のみが*ひとり影のごとくにつき従います。

一五 それゆえに、〔現世での〕よき名声と〔命終《みょうじゅう》後の〕昇天とを望むならば、法律に従って王国を守りなさい。迷妄によって法律を誤る王には、その王国は天界にもありはしません。

一六 この世において王国をよく守護して法律に*遠ざかることのなかった*クリシャーシュヴァ（羸馬王《るいばおう》）は天に昇ることができましたが、人主*ニクムバ（金歩王《きんぷおう》）はこの世にあって無知のために法律を逸脱して、カーシーにおいて地に没しました。

一七 善き友よ、私はあなたに聖なる、また罪ある行為の喩えをこう語りました。だから自らの人民をつねによく守って、心して着実に善に努力を傾けなさい。

一八 人々を迫害してはいけません。またつねに諸感官を遊ばせないようにしなさい。卑しいことを行なったり怒りに身を任せてはなりません。低劣なしわざに心を動かしてはなりません。

一九　おのれにおごって善人を*非難してはなりません。善友の思いをもち、*苦行者たちを苦しめてはなりません。煩悩に支配されてすぐれた誓いをしてはいけません。低俗な見解はいかなるものにせよいだいてはなりません。

二〇　驕傲《きょうごう》に走ってはなりません。*不善の道に止まってはなりません。慢心におもむいてはなりません。不愉快な*忍耐なき者に耳を傾けてはなりません。名声、凶暴、虚偽に知恵を働かせてはなりません。法典に見られるよりも*余計に税をとりたててはなりません。

二一　理性を平等に保って法律に依って行ないなさい。賢者たちと親交を結び敬意を払いなさい。このように卓越せるものを得てなおさらに、広大なるものを得ることができるようにしなさい。

二二　よく努力して教えを理解し、*知識を博めて過誤を制し、死を正しく念じて聖行を行ない、偉大なる者となりて静寂《やすらぎ》の道を獲得しなさい。

二三　ある行為のその結果が*静寂《やすらぎ》を保つならば、その同じ行為は再びなす*に値します。ある結果を見てその種子を*植えた人、彼は賢明でなすべきことをなしたのです。

二四*　ある人がこの世間で高貴であって罪業を行なうならば、その光は闇にとどまるのが*おのずからの道であります。人〔としての身分〕は高からざるも、〔その〕徳が高ければ、〔その人としての〕闇も光の中にあるのがおのずからのことわりであります。

二五　人が貴顕であって教えにかなった振舞いをするならば、その白浄さがいよいよ輝くにいたるのがおのずからの道です。身分低い人が罪業をなすならば、その闇は暗さの極みにおもむくのが道理です。

二六 だから、王よ、これら四種類〔の行為〕のあるを知って、この世間において然るべく努力しなさい。そしてもしあなたが*安易に生きようとするならば、〔後の〕三つの生き方に近づき、第一〔の光より光への生き方〕ではありません。

二七 人が他人のために善をなすということはありません。もしそうするならば〔その行為の結果が〕その行為者に従いゆくことはありません。なされた行為は滅することなく、〔果報は〕自らに*経験されます。*なさなかったこと〔の果報〕の到来はありえません。

二八 また、なさなかった行為はけっして〔果報を〕作ることはないし、なさなかったことが後の世に祥福となることもありません。また実に*この生存に終息はありません。それゆえに善行の道に*努力しなさい。

二九 はなはだしく罪業を行なって善あることなき者は、*生けるものの世界においてその身に喜びなく、おのれのためにおのれが罪を作りて、かの世においておのれのみが〔苦しい〕結果を受けるのです。

三〇 大王よ、四*〔方から〕の大山がやって来て世界をすべて圧しつぶしてしまうとき、場合に応じてさまざまの教え（法）にかなった行ないに拠るよりほかに、いったい何のなすべきことがありましょうか。

三一 その〔四大山の〕ように、老と*衰と病とそして死の、この四者はやって来ます。あらゆる世界の生きものは、〔四大〕山にあまねくとり囲まれたようにして、力なく輪廻するのです。

三二 かくて〔老衰病死の大山が〕来たったときには、〔人は〕力なく苦しみ、支持もなく、戦うすべもなく、*保護もありません。そこでは教え（法）よりほかに、過誤なく失敗なきなすべき薬方は*ありはしません。

三三 かくのごとく*無常なる生きものの世界において、雷光のごとく走る〔五欲の〕対象にとらわれるならば、人は死の手の先端に立っているのです。非道〔の行為〕によって〔苦しい〕結果を受けるべきではありません。

三四 偉大なるインドラ（帝釈天）にも等しきあれこれの人王たちは、戦場で神と戦うまでに達しましたが、栄えた者たちも*衰えた者たちも、時のたつうちに、その命運は*かの〔死の〕苦しみです。

三五 あらゆる存在を支える大地さえも滅びます。同じように劫火はメール山をも*焼きます。大海すらもことごとく乾きます。ああ、いわんや*泡沫のごとき人間世界をや。

三六 激しく吹いていても風はやがて静まり、世界を焼きつけていても日はやがて沈み《うつ》ます。燃え上がっていても火はやがて消え去ります。およそものはかくのごとくに遷《うつ》るものではありませんか。

三七 この身体は長夜にわたって守られ、さまざまな楽しみをもって慈しまれてきましたが、慢心と驕逸とを運んで〔死の〕時いたれば、*打ち棄てられて枯木となって*眠ります。

三八 *世間の生存はこのような形であると知って、そこに〔安易に〕寝てはいけません。善に

〔励んで〕眠りこんではいけません。動揺する……輪廻の領域……登りつめて、必ず落ちてくれば……。

三九 何にせよ幸福と結びつかないことに近づいてはなりません。およその果報のよくない行為はなすべきではありません。およそ善に努めない者は友ではありません。苦を克服できないものは知恵ではありません。

四〇 もし*知恵があれば再び生まれることはなく、たとえ生まれるとも身体なき〔生存〕に生まれましょう。身体を受けるならば〔感官の〕対象から解放されませんし、欲望〔の世界〕の生存ははかなく、意義がありません。

四一 天界に住む者たちも時の力により、また物質なき世界（無色界《むしきかい》）に住む者たちもなお行為はするゆえに、無常です。だからそのような行動を絶つように知恵を起こすべきです。行動がなければ苦もあることはないのですから。

四二 身体というものは、歩くこと（行）、止《とど》まること（住）などのさまざまな〔行動〕の拠り所ですから、苦の根です。だから、*無身への知恵が起こりうれば、身体の負債はあることがありません。

四三 群生は愛欲のために誕生し、多くの大いなる苦しみに近づきます。されば欲の*生存より離脱することができれば、*もろもろの苦に愛着せず、疲れることもありません。

四四 それゆえ、物質的存在を離れた〔無色界の〕*神々たちにも、あるいは*欲望をもたないで、なお物質的である〔色界《しきかい》の〕神々たちにも、*流転のゆえにその行動は安らかでありえないとすれば、六つの欲*行の世界（六欲天）の神々たちのことはいうまでもありません。

四五 このように無常、苦、無*我にしてつねに燃*えている三界を見て、鳥の巣のある樹をもろもろの鳥が愛するように、その〔三界〕に入らんと願うのは正しいことではありません。

四六* この殊勝こそ知るべきものであり、他は知るに値しません。この殊勝こそ知恵であり、他は知恵ではありません。この殊勝こそが成しとげらるべきことであり、他は完成ではありません。……

四七 この教え（法）は在家の人々のためにあるのではない、というように決して考えてはいけません。森に住む者であろうと家に住む者であろうと、静寂《やすらぎ》はそれを修行する人にこそあります。

四八 〔真夏の〕熱に悩まされれば水に入り、〔あるいは雨季の始めの〕雲*を見てみなほっとなぐさめられます。灯火をもてば闇のなかでものも見えます。〔静寂《やすらぎ》を得るのには〕ヨーガこそが道であって、年齢でもなく生まれでもありません。

四九 ある者は森に住むとも、少壮のうちに〔瞑想に〕精励せず、誓いを棄てて悪しき生まれ〔悪趣〕に近づきます。ある者は家に住むとも、清浄の行ないを保ち、不放逸にして至福〔なる解脱〕に至ります。

五〇* いのちあるものたちは〔無知の〕闇の大海のうちで、邪見の荒波、渇愛の水に流されていますが、知恵の小舟に正しい自覚（正念）と精進の櫂《かい》をもてる人のみ、そ〔の海〕を渡ります」

五一 *国の最高位者たるこの〔プラセーナジト〕王は、このように一切知者〔なるブッダ〕か
ら教えの真理を聞き得て、王権は俗悪、無常にして移りやすしとの知恵を生じて、狂酔よ
り醒めたる象のごとくに、シュラーヴァスティーに帰って行った。
五二 大地の主たるかの王が〔ブッダを〕拝礼したと知って他の異教徒たちは、その場で十力
〔を具せるブッダ〕に神通の試合を挑んだ。地の守護者〔たる王〕に*依頼されたときに、
*自己を克服せる仙人〔ブッダ〕は神通を示すことに*同意された。
五三 かくて牟尼は、明らかで光明を放つ円輪を示し、あたかも諸星を焼き尽くす日の出のよ
うに、*勇躍して、種々様々の見解をもつ〔異教の〕教師たちを多くの種類の神通をもって
降伏された。
五四 そしてこの〔神通〕によって生じた名声と尊敬と栄光につつまれた〔ブッダ〕はシュラ
ーヴァスティーを発った。その彼は三種の生存界（三有）を超えて〔天に〕昇って行かれ
たが、それは*母に利益を与え、*彼女のために教えを*説こうと思われたからである。
五五 こうして天に行かれた牟尼は天に住む*母を知恵をもって*教化しおわり、雨季を過ごし、
空中の神々の王の供養を型どおりに受けたのちに、神々の世界から*サンカーシュヤに降り
られた。
五六 そこには*天から地上の方へ降りてくる宮殿に乗って、静寂《やすらぎ》を得、眷族と共なる神々が
〔ブッダに〕つき従っていた。一方、あれこれの王たちは地上にいて顔を空の方に上向け
ていたが、頭を下げて〔ブッダを〕お迎えした。

第二一章　教化活動の進展

一 牟尼は天界において産みの母と解脱を望む天の神々を教化されたが、その後彼は教え諭すべき人々を教化しながら世間を*遊行された。

二 かくて教師（ブッダ）は五山の中央に〔あるラージャグリハにおい〕て、*ジュヨーティシュカ、*ジーヴァカ、*シューラ、*シュローナ、*アンガダを教化された。

三 *アバヤ王子、*シュリーグプタ、*ウパーリ、*ニヤグローダなどの極端な誤解（辺見）をいだける者たちを、その以前にいだいていた〔誤った〕見解から*退かせた。

四 〔ブッダの〕教えを聞いただけで国王の栄誉を*棄て〔て剃髪出家し〕た*ガンダーラの国主、*プシュカラという名の人を、ここで〔ブッダは〕教化された。

五 それから、広大な（ヴィプラ）力をそなえた〔ブッダ〕は*ヴィプラ山において*ハイマヴァタとサーターグラとの〔二人の〕ヤクシャ（夜叉）を教化された。

六 *徳性を知る者（ブッダ）は、一夜、ジーヴァカのマンゴー林において、*見守る夫人たちに囲まれている〔アジャータシャトル（阿闍世《あじゃせ》）〕王を*信仰に導かれた。

七 それから彼は*パーシャーナの山において、静寂《やすらぎ》におもむこうとする「*パーラーヤニカ（彼岸への道を説く）・バラモンたち」に*微妙な偈頌《げじゅ》の意味を読誦させ〔て教化され〕た。

八 そして、すぐれた憶念をなさる人（ブッダ）は、目《ま》のあたりに*財宝の施与者（ヴァイシュラヴァナ。毘沙門天）を見た、尊きナンダの母をヴェーヌカンタカにおいて教化された。

九 そして*スターヌマティー村において、種々の供犠によって犠牲祭を行なおうと欲していた、すぐれたバラモンの*クータダンタを解脱への道に導かれた。

一〇 さらに*ヴァイデーハカ山において*パンチャシカ自身とアスラ（阿修羅）の女と神々とを決定〔した信仰〕にお入れになった。

一一 そして*アンガの都においてヤクシャの*プールナバドラと*マホーラガ（大力龍）のシュレーシュタ、*ダンダ、シュヴェータ、ピンガラ、チャンダラを教化された。

一二 *アーパナの町において、バラモンの*ケーニャとシェーラという〔*生天の幸福を志求して〕苦行を行なっていた二人を解脱に導かれた。

一三 神通力を具足された世尊は、*スフマの人民の間で、*サウダーサのように*残忍なバラモンであった*アングリマーラを教化された。

一四 プールナバドラのように富財をもち、*善く生活し、善く布施する者、善き人の息子である*メンダカという名の人をバドラ〔という善き村〕において正しく*さとらせなさった。

一五 *ヴィデーハ国の都（ミティラー）において、*最高神ブラフマンのように長寿を保っていた*ブラフマーユスという人がいたが、最高の論者〔たるブッダ〕は彼の*議論を打ち負かされた。

〔一六〕ヴァイシャーリー市の池において肉を食らうラークシャサ（羅刹《らせつ》）、シンハ〔という大臣〕にひきいられたリッチャヴィ族の人々、またウッタラとサティヤカを教化された。

〔一七〕それから、その行為善き人（ブッダ）はアラカーヴァティーなる都城において、善き心をもてるヤクシャバドラを真理（法）の道に引き入れられた。

〔一八〕さらに知恵ある人（ブッダ）はげに恐ろしき森アタヴィーにおいて、ヤクシャのアータヴァカといえる者と王子ハスタカとに道をお説きになった。

〔一九〕そして「安楽」の町において、ヤクシャのヴィマラに対し、そのヤクシャの王に礼拝された、解脱を見た人（ブッダ）は解脱をお教えになった。

〔二〇〕ガヤーにおいて仙人（ブッダ）は、名声広くゆきわたった聖者たちと、カラとスーチローマとの二人のヤクシャとに道をお説きになった。

〔二一〕それから十力を具せる（ブッダ）はヴァーラーナシーの都において、目の前で、アシタ仙の甥であるバラモン、カーティヤーヤナを教化された。

〔二二〕また彼は神通に乗じて海港シュールパーラカの市に至り、時を経て、商人のスタヴァカルニンに教えを説かれた。

〔二三〕教えを受けた彼（スタヴァカルニン）は心いたく浄まり、最高仙（ブッダ）のために栴《せん》檀《だん》の材の精舎を造らせたが、それはつねに芳香を放ちつつ天を摩した。

〔二四〕そして彼（ブッダ）は苦行者カピラをマヒーヴァティーにおいて教化されたが、そこには牟尼の足の輪相が岩に〔印されて今も残っているのが〕見られる。

二五 それから彼（ブッダ）は*ヴァーラナヴァティーにおいてヤクシャのヴァーラナに道を*説いた。同様に*マトゥラーにおいて凶悪な〔ヤクシャ〕*ガルダバを教化された。

二六 さらに尊師は、*ストゥーラコーシュタカの町において、国を守る王とその財産等しき*ラーシュトラパーラ（護国）という名の者を教化された。

二七 *ヴァイラニャーにて*ヴィリンチャ（最高神ブラフマン）にも似た〔バラモンの〕*すぐれたる人を教化され、同じように*カルマーシャダミャにおいて賢明なる〔バラモン〕*バーラドヴァージャを教化された。

二八 牟尼はシュラーヴァスティーにて、*サビヤと*ニルグランタ（裸行のジャイナ教徒）の*ナプトリープトラ（？）、及びその他の異教徒たちの迷闇をお破りになった。

二九 ここ（シュラーヴァスティー）においては、*惜しまずに贈物を与えるバラモンたち、*善行をなす者たち、*家系正しき者たちとコーサラ国王（プラセーナジト）とがブッダを信仰するようになった。

三〇 そして*シェータヴィカの閑静なる林野にて最高の説教師（ブッダ）は、二度生まれしバラモンの如くに賢き*二度生まれし鳥、*シュカ（オウム）とシャーリカー（ムクドリ）とに道を説かれた。

三一* それから*アヨーディヤーの市において〔ブッダは〕、*ナーガリカと*カーリカと凶悪な行為をしている*クムビーラ（金毘羅《こんぴら》）という荒々しい龍たちを静かにさせられた。

三二 さらに彼は*バルガの人々の間でヤクシャの*ビーシャカを教化したまい、また同じように

*ナクラの年老いた両親をお救いになった。

三三 *カウシャムビーにおいては、富豪の*ゴーシラと、*クブジョッタラーを初めとする女たちと、あれこれ大勢の人々が助けられた。

三四 それから戒律の主（ブッダ）は、ガンダーラの国を〔教化され〕、大龍王*アパラーラを化度《けど》して、国内より外へ*出て行かれた。

三五 かくて、死〔の神〕のごとくに焼き尽くさんとする、*燃え上がる、恐るべき行為をなす者（?）を、かの賢聖（ブッダ）は教化して時にかなって教えを説かれた。

三六 これらの生きものたち、地を行くもの空を飛ぶものたちを*化度したまいて、ブッダの名声は月の変わり目の海のように満ち潮になっていった。

三七 デーヴァダッタはその〔ブッダの〕偉大さを見て*慢心〔と嫉妬〕をいだき、もろもろの瞑想（禅定）から逸脱して、多くの正しからざることを行なった。

三八 心汚れた彼は牟尼の僧団の*不和を謀ったが、所期の*分裂をひき起こすことができなかったので、彼（ブッダ）を殺害するための努力を始めた。

三九 かくて彼はグリドラクータ（霊鷲《りょうじゅ》）山の上に、岩落としの仕掛けを造った。しかし投げられた岩は、牟尼の上には落ちないで、二つに割れてしまった。

四〇 〔ついでデーヴァダッタは〕国王の公道において、如来に対して真っ直ぐにさしむけて*象の王を放ったが、それは世界の壊滅の時の黒雲のように叫喚し、月の消えた空を渡る狂風のように走った。

四一〔象の〕体で*打ち砕かれ、鼻でつかみ上げられ、牙で裂かれて*一団の内臓のまき散らされたあまたの〔人々の〕死体によってラージャグリハの道を通れなくさせながら、〔象の王は〕突進した。

四二 肉を欲しては人の股を*穿《うが》ち、牙の*先端が〔内臓に〕触れると、獰猛《どうもう》な頭、耳、舌を血に濡らして、ピクピク動く腸の輪を、振りほどかんとして石塊のように空に放り上げた。

四三 そのとき〔身と口と意《こころ》との〕三種に歓ばしき酒を*ふりまかれた（？）ような臭いに染《し》み、腐った血と血のかたまりの臭いにみちた汚れたものにまとわれ、限りなき怒りに燃えた〔かの象〕はその都城の人々を厭わせ、怖れさせた。

四四 恐ろしき死の杖のように狂ったかの象が、倨傲《きょごう》によって顔つきも変わり、咆哮《ほうこう》し、怒りに目をむいているのを見て、*オーオーという叫びがラージャグリハ〔の市民〕から洩れて出た。

四五 ある者は絶望的にあちらこちらに走りまわり、他の者は*見付けられないような場所に隠れ、あるいはまた恐れのあまり、それ以外の恐れを意に介することなくあたりかまわず他人の家々に入り込んだ。

四六 ライオン（ブッダ）の言葉を*耳にとどめているある人々は、自らの生命を顧慮するいとまもなく、「ブッダに危害を加えるな」といって、心を励まして背後から象に呼びかけた。

四七 他の者たちは象使いに向かって同じように呼びかけ、別の者たちは彼に掌を合わせて拝ん〔で象を抑えるように頼ん〕だ。また他の者たちは*彼を脅しつけ、ある者たちは金銭によって〔象使いを誘い〕欲望を起こさせた。
四八 *風抜きや窓から外を見ながら若い女たちは腕を振って泣いていた。他の女たちは恐れおののいて、金の腕輪をはめた銅色の手で眼を*おおった。
四九 味わい食らう象が〔人々を〕殺害しようとしているのに、また手を上に挙げて人々が泣い〔て止めようとし〕ているのに、善く逝ける人（ブッダ）は泰然として動揺せず、歩みをとどめず、悪意もいだかずに進んで行かれた。
五〇 牟尼はしずしずと歩いて行かれた。というのは、慈しみをもって生けるものたちをあわれみたまい、神々が敬意をもってつき従ってゆく、その〔ブッダ〕には*象王すらも触れることはできなかったからである。
五一 ブッダに*つき従ってきた比丘たちは、遠くから大象を見て逃げ去ってしまった。あたかも種々な様相の世界に〔それぞれの〕*本性がつき従うように、アーナンダ一人がブッダについて行った。
五二 かくてかの憤怒せる象は近づいてきたが、牟尼の威力によって正気に返り、青黒い山が雷電によって粉砕されたように、体は*頽《くずお》れ頭は垂れた。
五三 あたかも月が光明もて雲に触れるように、この上なく美しく、蓮華のように柔らかで、*網縵《みずかき》のある高貴なるみ手もて、牟尼は象王の頭にお触れになった。
五四 水をたっぷりと含んで黒雲が〔たたずむ〕ように、かの象は〔ブッダの〕足許にうずくまった。*シュロの葉のような耳が動かなくなるのをごらんになりながら、牟尼は彼に*生きものにふさわしい安らぎについて説き示された。

五五 「*罪なき者（ブッダ）を殺すことは苦を招く。象よ、罪なき者に危害を加えるなかれ。象よ、罪なき者を害する生きものは、生まれ生まれてついに*百度に一度も善き生き方に生まれることはない。

五六 貪欲と憎悪とまた無知と、象よ、この三つは抵抗しがたい酒である。牟尼たちはこの三種の酒を断って、熱病なく苦悩を超えた絶対の安らぎ（涅槃《ねはん》）を得たのである。

五七 それゆえに、この暗黒への愛着を*断とうとする者は、酒を*断って本来の意識をとり戻せ。生死輪廻の大海の汚泥に過度に執着して、象王よ、再びこのように〔汚泥に〕*はまるなかれ」

五八 かくてこの象はこのお言葉を聞いて酔いから醒めて正しく知った。不死の霊薬を飲んでもろもろの病から解放されたように、最高の内的な幸福を獲ることができた。

五九 象王が弟子のごとくに*牟尼の前にひれ伏して、たちどころに酔いよりすっかり醒めたのを見て、ある人々は*衣を回して*振りかざし、他の人々は手を振って*声を挙げた。

六〇 そしてある人々は*頭を地につけて牟尼を礼拝し、他の人々は彼のまわりを右まわりにまわった（右繞《うにょう》）。ある人々はその高貴さのゆえに象をほめ讃え、他の人々は驚嘆して〔象の背を〕叩いた。

六一 あずまやの中にいた女たちのある者はか〔の象に〕清らかで高価な衣を与えて祝福し、他の者たちは快い品質の新しい花環やあれやこれやの飾りを投げかけた。

六二　死の神ヤマ（閻魔《えんま》）にも等しかった象が教化されてたたずんだときには、浄信のなかった人は中位*に進み、すぐれた*中位からは浄信に進み、浄信のあった人は堅固*〔な信の位〕に達した。

六三　宮殿*にいたアジャータシャトル*は、牟尼の力でかの象王がおとなしくなってしまったのを見て、驚嘆*し、そして歓喜を生じて、ブッダに対し最高の浄信をいだくにいたった。

六四　苦痛と争闘よりなる世界の第四期が過ぎ去って円満なる第一期がやってくれば、再び真理（法）と財が増すように、そのように神通*をそなえ難事を遂行した（？）最高の牟尼は、そのすぐれた名声その他が増大した。

六五　ありとあらゆる悪を身につけたデーヴァダッタは汚れた罪業を数多くなして、国王、人*人（？）、バラモン、仙人の呪いによるかのように地の底〔の阿鼻《あび》地獄〕に沈んでしまった。

第二三章　*アームラパーリーの園林を〔ブッダが〕ごらんになること

一 それから世間の人々に恵みを与えられて、そのとき、論者たちの最高者（ブッダ）は、教え（法）によって地を覆われた後、*涅槃《ねはん》（入滅）に入ろうと思われた。

二 それから時至って〔ブッダは〕ラージャグリハ（王舎城）から*パータリ村へ行かれ、*パータリと名づけられた廟に、その聖者（ブッダ）はとどまられた。

三 折しもそのとき、*リッチャヴィ族を鎮めるために、マガダ王の大臣*ヴァルシャーカーラは〔そこに〕*都城を築いていた。

四 神々がそ〔の都城〕に自らの財宝を運んでくるのをごらんになって、この都城は世の中で傑出したものとなろう、と如来（ブッダ）は*おっしゃった。

五 そのとき、*ヴァルシャーカーラによって供養された行為者中の最高者（ブッダ）は、*海の正妻（ガンジス河）に向かって弟子とともに行かれた。

六 *ガンジス河の岸に彼（ブッダ）は着かれて、人々が*得られるがままのそれぞれの舟によって〔河を〕渡っているのをごらんになった。彼らをごらんになって〔次のように〕お考えになった。

七「〔人々は〕あくせく苦労して河を渡っているが、そういったことは私にはふさわしくない。それゆえに、*私は舟を用いずに神通力によって渡ろう」

八 かくしてそこ（此岸《しがん》）で弟子とともに、*神々にも人々にも見えなくなられ、風の歩調をすら凌駕されて、瞬時に向こう岸にお着きになった。

九 *苦しみの海の向こう岸に渡るには知恵の舟による、と彼（ブッダ）はお知りになり、ことさらこの〔物質的な〕*舟によらずに牟尼《むに》（ブッダ）はガンジス河をお渡りになったのである。

一〇 太陽のごとく輝ける世尊がそこからお出になった門に対して、彼（ヴァルシャーカーラ）はそのとき「*ガウタマ門」と〔名づけて〕、供養の対象とした。

一一 *その岸から導師（ブッダ）がガンジス河の*向こう岸へ渡られたその岸は巡礼地として世に名高く、彼（ブッダ）の*種姓名によって〔「ガウタマ渡し」と〕名づけられた。

一二 *〔ブッダが瞬時に向こう岸に渡ってしまわれたので〕そこで、〔これから河を〕渡りたいと思っている人々、現に渡っている人々、すでに渡り終わった人々は驚きでいっぱいの顔になり、人々の眼は彼（ブッダ）に注がれた。

一三 それから、ガンジス河の岸からブッダは*クティ村へ赴かれ、そこで*法話をなさった後、*ナーディカー村へ赴かれた。

一四 折しもそのとき、そ〔の村〕では多くの死人が出ていた。どうして何処へだれが生まれ変わるのかを、そこで彼ら（その村の住人）に対して牟尼はお説きになった。

一五 そこ（ナーディカー村）に一夜を過ごされた後、〔ブッダは〕*ヴァイシャーリーの都へ赴かれた。それから、アームラパーリーの土地である吉祥なる園林へと誉*れのかたまりなる人（ブッダ）は赴かれた。

一六 女*性の第一人者アームラパーリーは、導師（ブッダ）がそこに〔来られたのを〕耳にして、最*高の馬をしつらえた馬車に乗って喜びいさんでやって来た。

一七〔彼女は〕軽やかな白い服を身に着け、飾りも着けず香油も塗らず、神を祠《まつ》る祭式の時における良家の妻女のごとくであった。

一八* 自*らの容姿に自信満々の貴族リッチャヴィ族たちの心と財貨と徳*のすべてすらを、〔彼女は〕奪ってしまったのである。

一九 確固たる誉れと美貌という点で森の女神の美しさにも等しい彼女は、〔馬*〕車から降りて、急ぎその園林へ入って行った。

二〇 良*家の淑女を苦しめる女であり、そのすばらしき*目で色目をつかう女（アームラパーリー）をごらんになって*善逝《ぜんぜい》（ブッダ）は、太鼓のごとき音声で比丘《びく》（修行僧）たちにおっしゃった。

二一「力弱き者たちにとっての心の疫病《はやりやまい》の〔ごとき〕、このアームラパーリーがやって来る。正念《しょうねん》（正しい思念）をそなえ甘露のごとき心をもって、知恵によって汝らは住せ。

二二 近くにいる蛇はまだしも、刀を振り上げる敵はまだしも〔よい〕。〔しかし〕正念と知恵を欠いた人にとって、近くにいる女ほど〔たちの悪いものは〕ない。

二三 坐っていようと、臥していようと、歩いていようと、立ち止まっていようと、女は、たとえそれが絵に描かれたものであっても、人々の心を奪い去る。

二四 彼女たちは、不幸に打ちひしがれていても、手を振り上げて泣いていても、ふり乱した髪によって〔人々の心を〕焼き焦がすことができる。ましてや〔容姿の整った〕淑女〔が人の心を奪うの〕は言うまでもない。

二五 外〔的装飾品〕を飾りたて、さまざまなうわべの品性によって惑わす彼女たちの本性を見ずに、愚かな者たちは女人たちに惑う。

二六〔女は〕永遠なものではない（無常）、苦しみである（苦）、自我をもたない（無我）、浄らかではない（不浄）、と見て瞑想する者の心は、〔女を〕見つつも、征服されることはない。

二七〔無常などの〕それらの境地によく修《しゅう》習《じゅう》し慣れた心を持つ人は、牧場に〔よく慣れた〕牛のごとく、天界の住人（天女）たちによって〔すら〕誘惑されることはない。ましてや、人〔間の女〕たちによって〔誘惑されないのは〕言うまでもない。

二八 それゆえ、叡智（般若《はんにゃ》）の矢をとりて、精進（努力）の弓を手に、正念の鎧《よろい》を身に着けて、享楽の対象の想いを克服せよ。

二九 熱した鉄の針で目を射られるのはまだしも〔よい〕。〔しかし〕色目をつかう女〔の場合には、人はそれ〕をよくない考えをもって見るから〔好ましく〕ない。

三〇 もしも、折しもそのとき、執着した心をもって死ぬならば、畜生あるいはそれ以下〔の世界（餓鬼、地獄）〕へ〔堕ち、そこで〕自由もなく縛られて、引きずり回されるであろう。

三二一　それゆえ、この恐ろしさを知って、〔女の見かけの〕姿について無駄口をたたかず、〔女の〕身体を物質にすぎないと見る人は、〔正しく〕見ているのである。

三二二　世間において感官によって諸対象が繋がれているわけではなく、諸感官がそれ（対象）によって〔繋がれているの〕でもない。それら（感官の対象）に執着する人がそれら（感官の対象）に繋がれているのである。

三二三　二匹の牛が軛《くびき》*に繋がれることによって一つとなっているように、対象と感官も、執着されれば互いにそのごとく〔一つとなるの〕である。

三二四*　眼によっていろ・かたちをとらえ、心によって分別する。分別からそれ（いろ・かたち）に対して執着が生じるが、また執着から離れることもあるのである。

三二五　感官の対象を〔正しく〕分別しない人は大いに不幸となる。その場合には、対象に対する活動すべては不幸と結びつく。

三二六　それゆえ、正念を捨てることなく、最高に注意深く（不放逸《ふほういつ》）、自らの対象をよく観察して、打ちひしがれることなき心によって瞑想すべきである」

三二七　以上のごとく、まだ最終目的に達していない比丘たちに、彼（ブッダ）は説かれた。〔そのブッダを〕見ながらアームラパーリー*は合掌しつつ近づいた。

三二八　彼女は木の前に坐っておられる心静かな聖者を見て、〔私の〕園林を〔ブッダが〕享受されることによって〔私は〕最高に恵みを受けるでありましょう、と考えた。

三九 それから、多大の尊敬をこめて、動きがちではあるけれどもその眼をすえて、*チャンパカの花が開いたごとくに、頭で世尊〔のおみ足〕に礼拝した（接足作礼《せっそくさらい》）。
四〇 全知者（ブッダ）のお許しを得て彼女はそれから地に坐った。〔彼女の〕理解度に合ったお言葉で*その牟尼は彼女におっしゃった。
四一 「〔汝の〕この考えは徳高く、清浄なる心を*示している。〔汝のごとく〕若く、大変美しい女性にして真理の教え（法）に思いをいだくものは得がたい。
四二 不幸によってその心を打ち負かされた〔女〕や、ひどく病める女たちや、あるいは知恵をそなえた男たちが、たとえ真理（法）を自らのものとするにいたるとしても、何の不思議があろう。
四三 〔しかし〕世間において、感官の対象にひたすらで本性的に知恵が低く、心がふらふらしている少女が真理の教え（法）を知りうるのは驚くべきである。
四四 汝が真理の教え（法）に心を寄せること、それは汝自身の財宝である。生きとし生けるものの無常なる世間において真理の教え（法）よりほかに宝はない。
四五 病によって無病は砕かれる。老いによって若さは断ち切られる。死によって命は奪われる。〔しかし〕真理の教え（法）によっては〔そういった〕困難はない。
四六 執着を持つとき、愛しい者たちと別れ、嫌な者たちと出会う。それゆえ、真理の教え（法）〔に依るの〕は最高である。
四七 他人に頼るのは大きな苦しみ。自らに依るのは最高の幸福。マヌ族（人間）に生まれても女たちはみな他人に頼る。

四八 他人に頼るため、また、子供を孕《はら》むため、女たちの苦しみは過大である。それゆえ、正しく決心するがよい」

四九 以上のごとき大牟尼のお言葉を、本性、知恵分別、しっかりさという点から実際は若いにもかかわらず老熟しているかのごとく聞いて、〔彼女は〕喜んだ。

*五〇 如来の法話によって〔彼女は〕欲望の本性を持つ心を捨て、女であることを蔑み、〔感官の〕対象に背を向け、自らの生業《なりわい》を不浄なものと考えたのである。

五一 それから、〔しなやかな〕枝のような身体〔の彼女〕は、花の重みで〔しなる〕*マンゴーの枝のごとく、正しく〔身体〕全体でおじぎをし、大牟尼に敬虔に目を注ぎ、*真理の教え（法）に対する清浄な見解をもって再び立ち上がった。

五二 本性的に恥じらいのある女であるけれども、〔彼女は〕真理の教え（法）を求めて何度も何度も請い、*蓮《はちす》の茂みのごとく手を合わせ、やさしく語る声音《こわね》でお願いした。

五三「世尊よ、目的を達されたお方よ、世間において苦を鎮められるお方よ、私にさらに説法して下さるために、*〔明〕朝、托鉢《たくはつ》のときに、比丘たちとともに、*果報を受くるに値する私に果報をくださいますようにお願いします」

五四 そこで、彼女の敬虔さが以上のようであるのをごらんになって、また、*人々は食物に依っているのをお知りになり、善逝は、無言で「よろしい」と、彼女に*意向の変化をしぐさでお示しになった。

吾* 瞬時*にものごとをなされ、広い目と最高の教え（法）をお持ちになって、彼（ブッダ）は真理の教え（法）の器〔たる彼女を〕喜び、喜悦された。〔一方、彼女は〕信仰による獲得が最高であることを確信し、〔ブッダを〕讃えたのである。

第二三章　〔仏*が自らの〕余命の長さを決意されること

一　それ*から、牟尼（ブッダ）のお心を知って、〔彼女〕は〔ブッダに〕礼拝して、〔ヴァイシャーリーの〕町へ帰って行った。それをリッチャヴィ族の人々が聞いて、ブッダにまみえんと欲してやって来た。

二　ある者たちは、白い馬、〔白い〕馬車、〔白い〕傘、〔白い花〕輪、〔白い〕装身具、〔白い〕衣服を着けており、ある者たちは赤色で統一しており、ある者たちは黄*色で統一していた。同様に、他〔の色で統一している者たち〕もいた。

三　ある者たちは瑠璃《るり》色、〔またある者たちは〕緑色、また他の者たちは孔*雀の尾羽〔色で統一していた〕。かくして、自*分自分で気に入ったように着飾った装束壮大な者たちがやって来た。

四　広大な山のごとき上半身をもち、金の軛《くびき》のごとき腕をもち、長*身のシヴァ神（誉れ高き者）そのものである彼らは、天人のごとくに輝いた。

五　入道*雲の足もとで、種々の稲妻がきらめくごとく、〔馬〕車から降りようとして立ち止まった彼らは輝いた。

六　揺れ動く頭飾りを傾けて、堅固なる彼らは牟尼に敬礼して、驕《おご》り高き彼らも驕り無きがごとく、教え（法）を喜んで彼らは居た。
七 雲を離れた太陽の傍でインドラ神の弓*（虹）〔が輝く〕ごとく、牟尼の前のその場所で、彼ら（リッチャヴィ族たち）の執着なき円陣は輝いた。
八 地に坐ったライオン〔のごとく〕、黄金をちりばめた獅子座〔に坐った大臣の〕シンハ*らに対し、人中のライオン（ブッダ）は、それから、おっしゃった。
九 「〔汝らは〕美しさ、誉れ、力などの多くの尊敬すべき〔徳〕をそなえているが、汝らの教え（法）に対する敬虔さ*はそれよりはるかに輝いている。
一〇 持戒などの徳により世間が輝くことに比べれば、身体が種々の衣服や装身具や〔花〕輪によって〔輝くことなどそれには及びもつか〕ない。
一一 そこにおいては、汝ら*（リッチャヴィ族たち）が主であり、教え（法）を知り、戒律を求めている、そのヴリジ〔連邦国〕の人々、恩寵を与えらるべくして幸運あるその人々は、私の仲間である。
一二 聖者を得がたい時に、教え（法）に住する者たちが守っている〔このヴリジ連邦国は*〕諸国の〔前にこそあれ〕後に堕することはなく、運なき者たちの〔国〕ではない。
一三 誉れあり、大運があり、教え（法）を知る守護者たちによって守られているという点で、まさに、この国は、教え（法）によっても守護されている。
一四 河*を渡らんとする者たちにとっての牛王のごとき諸王によって守られている国へ、そこで、人々は行く。

一五 汝らにとって戒律がつねにあることが望ましい。*自らの目的を求める人々にとって現世においても来世においても、〔戒律が〕*破られてはならない。

一六 心の満足、多大の尊敬、利益と名声と信頼と喜びと来世の幸福と、〔かくのごとく〕持戒の果報は大きい。

一七 動物と静物との依りどころが大地であるごとく、すべての徳の依りどころは正しい戒律である。

一八 戒律を捨てて幸福を求める者は、飛ぼうとして翼のない者や、〔河を〕渡ろうとして舟のない者と同じだ、と知れ。

一九 *学識と美しさと財貨のそなわった人が戒律を破るのは、花や果実に覆われた木が棘《とげ》をもつのと同じである。

二〇 種々の衣服と装身具をもち、諸宮殿に住んでいて、しかもさらに戒律をそなえる人にとって、〔来世の〕生は、聖仙と等しい。

二一 *染め衣を着たり、樹皮をまとったり、頭の側面を剃ったり、頭頂を剃ったり、頭頂に弁髪を残したりしている〔苦行者〕も、戒律が損われている者はすべてにせ者であると知るべきである。

二二 聖なる沐浴場で日に*三度沐浴し、火に二度〔供物を〕燃やし、厳しい苦行に励んだとしても、戒律を持たなければ*清浄ではない。

二三 野獣に身体を献じても、山の絶壁から投身しても、火や水の中に自身を投じたとしても、戒律を持たなければ清浄ではない。

二四　果実や〔木の〕根を食べ、鹿*のごとくに草を食べたとしても、霞*を食物としようとも、戒律を持たなければ清浄ではないであろう。

二五　戒律を欠く人は禽獣《きんじゅう》に等しい。水の漏る器が水の〔器とならない〕ごとく、彼は教え〔法〕の器ではない。

二六　〔戒律を欠く人は〕恐怖と悪評と不信用と不満足とを、直接現世において得る。来世においては不幸を味わうであろう。

二七　それゆえに、戒律を破るべきではない。荒野における道案内人のごとく、それ*自身で完全であり、得がたい戒律は、諸天へ〔至る〕舟である。

二八　もろもろの誤りによって打ち負かされた心をもつ人は、すべてを台無しにして行動する。戒律を確立して煩悩を征服するよう努力*せよ。

二九　それゆえに、荘厳*されることを望む者は、まず第一に、自我意識を捨てるべきである。火*を煙が〔覆う〕ように、もろもろの功徳《くどく》を自我意識は〔覆う〕。

三〇　星や太陽や月が、雲の大きな網によって〔覆われるが〕ごとく、驕りによって打ち負かされたもろもろの功徳は、たとえ在ったとしても輝かない。

三一　傲慢《ごうまん》は恥を征服し、悲嘆*は確固たることを〔損い〕、老い*は身体を〔むしばむ〕。もろもろの功徳を根本*から打ち砕くために自我意識が生じるのである。

三二　対立心を伴った驕りのために、アスラ*（阿修羅）〔たち〕は神々によって打ち負かされ、地下*の世界へと投げ落とされ、トリプラ*の町は破壊された。

三三 もろもろのものは無常であるのに、『私は最高だ』とか『私は劣っていない』とか考える人は賢者ではないと知れ。

三四 〔身体の〕いろ・かたちは確固たらず、滅する性質をもち、移ろうものであるから、〔それを〕私だ、と驕るのは、無分別以外の何であろうか。

三五 貪欲*は、力の強い、隠れた、生来の敵である。友ならざるもの（敵）が悪い行ないをするがごとく、それ（貪欲）は、親しさを手段として〔人を〕征服する。

三六 貪欲の火と〔本物の〕火とは、ものを燃やすという本性の点で等しい。貪欲の火が燃えれば、〔輪廻《りんね》の〕夜はまさに長くなる。

三七 貪欲の火の力は、〔本物の〕火の力のごとくに成熟する。〔普通の〕火は水によって消*されるが、貪欲の火は、湖〔全体の水〕によっても、〔消され〕ない。

三八 森において、火によって焼かれた森の木々はやがて時至って〔新たに〕生じる。〔しかし〕貪欲の火によって焼かれた無知な者たちは、教え（法）に対して生じることはない。

三九 貪欲によって快楽を求め、快楽のゆえに不善を行ない、不善によって地獄へ行き、貪欲と並ぶ敵はない。

四〇 貪欲から愛欲が生じ、愛欲から肉欲に執着する。肉欲からは苦しみを得る。貪欲と並ぶ〔ほど悪い〕感官*の対象はない。

四一* 貪欲というその大病を愚か者が理解することはない。……（ｃｄ句欠）……。

四二　無常、不浄、苦、無我の観点から〔ものごとを〕見るならば、執着することはない。誤った知恵によって執着するのである。

四三　それゆえに、あるものに執着が生じる場合、そのものについてあ*りのままに観察する人が、『*真実を見る人』と言われるのである。

四四　〔ものの〕美点を考えれば執着が起こってくるのと同様、〔ものの〕欠点を考えれば怒りがひき起こされる。

四五　それゆえに、怒りを捨てようと思う人は、憎しみ（瞋恚《しんい》）をあまり考えてはならない。*火から煙が〔生じる〕ように、*怒りから憎しみが漏れ出てくる。

四六　怒りは、美しさを持つ者たちにとっての老いであり、目を持つ者たちにとっての闇であり、さらに、*教え（法）の意味を求める者たちにとっての害であり、*信仰の敵である。

四七　怒りは心の闇の最たるもの、友情の最大の敵、多くの尊敬の断絶者、制圧の実行者である。

四八　かくして、怒りを起こさず、たとえ起こしたとしても捨てるべきである。*噛むことを本性とする蛇〔に従ってはならない〕ごとくに、怒りの後に従ってはならない。

四九*　疾走する〔馬〕車を〔制御する〕ごとく、怒りを確固として手綱でとらえる人、その人を私は〔本当の〕御者だと思う。それ以外の人は〔単なる〕手綱を手にしているだけの人である。

五〇　怒りを求めて、生（輪廻）の停止を求めない人は、*後に、怒りが無くなったときに、火に触れたごとくに焼かれる。

五一 怒りが生ずることによって、先に自らの心が焼かれ、後に〔怒りが〕増大して、他のものが焼かれたり焼かれなかったりする。

五二 病などの迫害によって〔肉体を持つ〕世間の人々が〔すでに〕侵害されているときに、〔同じく〕肉体を持つ敵たちに対して害のある心をいだいて何の功徳があろうか。

五三 それゆえに、世間の人々が苦しんでいることを知って、怒りを抑えるために、すべての生きものに対して慈愛と慈悲とを瞑想すべきである」

五四 以上のごとく、彼〔らリッチャヴィ族たち〕の煩悩がはなはだしいのをそのときごらんになり、彼〔ら〕を哀れんでブッダは、彼らに対してお説教をなさったのである。

五五 苦しんでいる人々に対して、〔病気の〕性質に従って、上手な医者は薬を指示する。病気を鎮めるためである。

五六 ちょうどそのように、執着と老いなどの病によって苦しんでいる生きものに対して、牟尼は、〔彼らの〕考えをお知りになり、真実知という薬を与えられたのである。

五七 以上のごとき牟尼のお話に、リッチャヴィ族たちは歓喜して、頭上の宝石を傾けて、頭で〔仏足に〕敬礼した。

五八 それから、合掌して、すこし身体を傾けつつ、*ブリハスパティに対して神々が〔した〕ように、ブッダに対して〔自分たちのところへ〕お越し下さるようにお願いした。

五九 「アームラパーリーの家〔を訪問するの〕が最初である」と、牟尼は彼らにおっしゃって、貴族たちを先にするあまり、〔先に受けた〕請い*を捨てるべきではないことをおっしゃった。

六〇　彼らは彼女が自分〔たち〕を出しぬいたのを知った〔がしかし〕、如来〔ブッダ〕に対して多くの供養を倍増*して行なった。

六一　正しく発せられた聖仙の呪文によって蛇の毒が〔鎮められる〕ごとく、一切知者〔ブッダ〕に教えられて彼らは静寂な心をもって帰って行った。

六二*　その夜が過ぎて、〔翌朝〕アームラパーリーは〔世尊たちを〕尊敬してもてなした。〔それから、世尊は〕ヴェーヌ*村（竹林村）へ赴かれ、〔夏安居《げあんご》（雨季の三ヵ月の修行）をそこで過ごされた〕。

六三　〔三ヵ月の〕夏安居を過ごされて、ヴァイシャーリーへ行かれ、猿沢*の池の岸に大牟尼〔ブッダ〕はとどまられた。

六四　木の根元に彼（ブッダ）はおられた。かくして〔そこでブッダが〕輝かれると、マーラ（魔）がその森に*現われて、近づいて来て言った。

六五　「ナーイランジャナー河の岸で、以前に、牟尼よ、汝に私はこう言った。『〔汝は〕なすべきことをなし終わった。涅槃（入滅）に入れ』と。これに対し汝はこう答えた。

六六　『苦しむ者たちが恐怖を持たなくなり、弟子*たちが目的を達するということが実現しないうちは、私は涅槃に入らない』と。

六七　これら多くの者たちは、〔すでに〕解脱し、同様、解脱したいと望んでおり、〔将来〕解脱するであろう。それゆえに、〔汝は今〕涅槃に入るのがよい」

六八 それから、以上の〔マーラの〕言葉をお聞きになって、「三ヵ月経てば涅槃に入ろう。おどおど心配するな」と*阿羅漢たちの最高者（ブッダ）はおっしゃった。

六九 それから、〔マーラは〕この誓約を知って、心に希望が満ち、非常に喜び、喜悦して、その場で姿を消した。

*七〇 それから、大聖仙（ブッダ）のお心には*次のような形の精神集中（三昧《さんまい》）が、ヨーガの力によってなされた。「かくのごとき〔肉体的〕寿命をまず捨てて、神通力の力によって比類なき者として生きるであろう」と。

七一 彼（ブッダ）が寿命を捨てられたまさにその瞬間、酔いどれ女のごとく、大地は揺れ動き、火に染まった*メール山（須弥山《しゅみせん》）の一連の石のごとく、〔十〕方から大きな灯火が降り注いだ。

七二 同様に、あまねく、インドラ（帝釈天《たいしゃくてん》）の尽きざる*金剛杵《こんごうしょ》（雷）は、稲妻を伴って火を内に蔵して揺れ動き、*劫が滅するときに〔劫火《こうか》が〕世界を燃やしてしまおうとするがごとく、〔十〕方すべてに火が燃えた。

七三 木々は朽ちた幹を捨て、山々は頂を失い、風の満ちた石窟のごとく、虚空に〔天〕鼓の不協音が鳴り響いた。

七四 それから、かくのごとく、人間界と天〔界〕と虚空において、あまねく震動が起こっているとき、その瞬間に、その大三昧よりお出になって、大牟尼は、次のようなお言葉をおっしゃった。

七五「車軸の折れた車のごとく、寿命を捨てた肉体を内の力で導いて、卵生《らんしょう》のものたちが卵を破って〔生まれ出る〕ように、存在（有《う》）の束縛から寿命とともに解脱しよう」〔と〕。

第二四章 〔*ブッダが〕リッチャヴィ族を哀れまれること

一 それから、その〔地〕震を見て、アーナンダ（阿難）は身の毛がよだち、「何事だろう」と息せききって駆けつけて、戦慄して悲嘆にくれた。

二 理由を知っておられる一切知者（ブッダ）に、彼（アーナンダ）はそこで〔その〕理由をおたずねした。すると、彼（アーナンダ）に対し、牟尼（ブッダ）は狂った牡牛のような声でおっしゃった。

三 「どういう理由で〔地〕震が起こったかはこうである。私がこの寿命を捨てるのに三ヵ月を数える決意をして、今生きているのである」

四 以上のように聞いてアーナンダは、栴檀《せんだん》の木の香汁が、象にぶつかられて〔飛び散る〕ように、涙を流して打ち震えた。

五 彼（アーナンダ）は、〔ブッダが彼の〕*親族であるため、師であるため、執着を離れられなくて苦しみ、哀れにも悲しみ嘆き、悲嘆にくれて泣いた。

六 「師の決意をお聞きして、私の身体は落下するかのごとくです。*私には方角も〔わからなくなってしまい〕、ものを言う元気もありません。私の聞いたもろもろの教え（法）は、真っ暗になってしまいました。

七 雪にさいなまれた者たちや、古ぼけてぼろぼろになった着物を着た者たちにとっての火のごとく、ああ、人〔々〕に讃えられた如来（ブッダ）は急ぎ涅槃《ねはん》（入滅）に入られる。

八 煩悩の大荒野に迷った人々*にとっての道*を知る道案内人〔たるブッダ〕は、急ぎ入滅してしまわれる。

九 遠路に旅立ち、渇きをおぼえる私たちにとって、道中における冷たい水の池が実に速く涸れてしまうのです。

一〇 知恵*を睫毛《まつげ》とし、静寂を眉毛とし、過去*・現在・未来をごらんになる世間の目（ブッダ）は知恵*を捨てて、確かに閉じられてしまうのです。

一一 確かに、生じてきて、水をほしがって弱っている作物に対して雨をふらせた後、急ぎ雨雲は消えてしまうのです。

一二 無知の闇にくらまされて、道にさ迷える人々に対し、ありありと照らし出す灯火は、実に急ぎ消えてしまうのです」

一三 それから、以上のごとく苦悩で胸がいっぱいになっているアーナンダをごらんになって、安慰者たる師であり、真実を知る者の最高者（ブッダ）は次のようにおっしゃった。

一四「生きもの*の本性を知って、苦悩するな、アーナンダよ。作られたもの（有為《うい》）の本性は無常であり、これらすべての生きものは滅するのである。

一五 生きもの*の諍《いさか》いの森において、すべての愛着を離れ、悲憫*をあまねく捨てよ、と以前に私は言った。

一六 作られたもの（有為《うい》）は移ろうものとして生じ、〔他に〕依存して生じ、独立したものでない。『私は常住であれかし』というこ〔の状態〕を得ることは不可能である。

一七 地上に*生きものが常住となれば、〔彼らの〕行動はもはや移ろうものではなく、解*脱が何になろうか。それゆえ、だれが究極を望もうか。

一八 汝（アーナンダ）あるいは他の者よ、私に対する汝〔ら〕の望みは何か。というのは、この〔汝らの〕落胆が生じたのは、汝〔ら〕が私と別れることによってなされたであろうから。

一九 あらゆる道を汝らに対して私は説き、語り終わった。*諸仏には、師が弟子に与え惜しむようなことは決してない、と理解すべきである。

二〇 私が〔この世に〕とどまろうと、入滅しようと、意味〔があるの〕は次のことのみである。つまり、もろもろの如来とは法身《ほっしん》であり、〔肉〕身が汝らに何の意味があろう。

二一 それゆえに、私が滅度したとき、信仰あるいは憂悩によって、また、注意深さ（不放逸）と*自らの灯火によって照らせば、真理の教え（法）の灯火は常住となろう。

二二 それに向かって堅固な努力をし、諍いなく自らの目的を知り、知恵が他に依ることのないことが、自らの灯火であると知るべきである。

二三 灯火が闇を除くごとく、叡智（般若《はんにゃ》）の灯火は〔無知を〕除く。〔その叡智（般若）の灯火が〕真理の教え（法）の灯火であると、知恵ある賢者は知るべきである。

二四 至福を得るために彼ら（賢者たち）の行ずる*四つの対象は、*身体、感受（受《じゅ》）、心、無我である。

二五　骨と皮と血と筋と肉と毛などに包まれた不浄なものを身体として見ているのであるから、身体に執着することはない。

二六　それぞれの縁によって起こってくるもろもろの感受（受）に対して、苦であると、かくのごとく見る人にとっては、楽であるという*想念は滅ぼされる。

二七　〔*心という〕存在（法）の生起と存続と*滅とを寂静《じゃくじょう》な心で見る人には、*常住であるという誤った考えは否定される。

二八　*身心の諸要素（蘊《うん》）をもろもろの縁から生じるものだと見る人には、自我意識によって生ぜしめられる我執は起こらない。

二九　苦しみを鎮めるために歩む唯一の道がこれである。〔したがって人はこの〕道の、以上の*四つの点にかくのごとく*思いをこらす（念処）であろう。

三〇　かくして私が滅度したとき、ここ（四念処《しねんじょ》）に住する者たちは、*尽きることのない、最高の、この*上ない地位を得るであろう」

三一　以上のように、アーナンダに対して、〔法〕話を導師（ブッダ）はなさった。リッチャヴィ族たちは〔ブッダの入滅の噂を〕聞きつけて、彼（ブッダ）を敬うために、急ぎやって来た。

三二　牟尼に対する愛憐と尊敬のゆえに、苦しみに心を奪われ、*行ないの究極を行なうことを目的とする彼らすべては、すみやかに〔ブッダの〕神通力を願った。

三三 師（ブッダ）に話したく思い、彼ら（リッチャヴィ族）は、礼してかたわらに坐った。彼らが話したく思っているのを、師たる牟尼はお知りになり、次のような言葉をおっしゃった。

三四「私について起こった汝らの心、そのすべてを〔私は〕知っている。同一人でありながら、苦しみによって別人となったかのごとく、今日、汝〔ら〕は*思惟ある者となった。

三五 栄《はえ》ある至福に住して、さらに、汝らはあまねく〔*真理の教えに〕入ったということによって、輝かしさと真理の教え（法）に巧みなること〔を得た〕。

三六 *もしも、私からすこし〔教えを〕聞いて知恵を得たのならば、私の*入滅をよく観察し、嘆き悲しまず確固たれ。

三七 つくられたもろもろのもの（有為の諸存在）は無常であり、移ろい、変化するものであり、中心的本体を持たず、信頼するに足らず、すこしも確固として存在しない。

三八 *ヴァシシュタ仙や*アトリ仙ら、他のいかなる*苦行者たちも時の支配下に赴いた。この存在というものはまさに*滅びるものである。

三九 *マーンダートリ王や、*インドラ神にも並ぶ*ヴァス神群や、運の大なる*ナーバーガ仙も、ついに、〔死滅して〕物の怪《け》の仲間となってしまった。

四〇 それから、道を行く*ヤヤーティ王、美しい車を持つ*バギーラタ王、誇《そし》りと悪名をはせた*クル、*ラーマ、……（読解不能）……*アジャ。

四一 それらの偉大な王や聖仙や、その他の、インドラ神にも並ぶ多くの者たちが滅びてしまった。滅びないものは存在しない。

四二　太陽は〔あるべき〕場所から移り、財神たちは地に落ち、インドラ神〔らの〕百〔の神格〕も去ってしまった。常住なものなど何も存在しない。

四三　その他の〔過去の〕正しく覚った仏（正等覚仏《しょうとうがくぶつ》）たちは、人々をお照らしになった後、油の切れた灯火のごとく、涅槃に入ってしまわれたのである。

四四　その他の偉大な未来の如来たちも、薪の燃え尽きた火のごとく、涅槃に入ってしまわれるであろう。

四五　解脱を求める苦行者が森へ〔行く〕ように、それゆえ、私も〔涅槃に〕入らねばならない。自らの無意味な肉体*的存在を引きずっていることに、理由はないのである。

四六　弟子*が幾人かいるこ〔のヴァイシャーリー〕から出て行くのが〔私の〕意向であるから、〔この〕楽しいヴァイシャーリーに〔とどまる〕汝らは心変わりしてはいけない。

四七　それゆえに、世間は避難所《よるべ》なく、自由なく、移ろうものであることを知って、執着を離れ憂悩*を捨てるがよい」

四八　かくして、話を打ち切られ、時よろしく、姿を消された如来（ブッダ）は、〔こうこうと〕照る秋*の月のごとく、クベーラ*の〔住む〕方角（北）へ赴かれた。

四九　そこで、涙で目をいっぱいにして、リッチャヴィ族たちは〔ブッダの〕後を追い、飾りのついたがっしりした腕で合掌して言った。

五〇「ああ、何とひどいことだ。黄金にも等しく、三十二*のすぐれた特相をそなえておられる師（ブッダ）のお身体が崩壊し、慈悲をそなえられた方（ブッダ）が無常であるとは。

五一 生*を受けて、乳なく、ものごころつかないあわれな子牛たちを、知恵の乳牛*〔たるブッダ〕は、ああ、実に急に、お見捨てになる。

五二 この*世において目はもってはいても人々がくらまされている闇を征服してしまわれた後、知恵の光をもつ牟尼という太陽は急ぎ没してしまわれる。

五三 無知の流れが世間においてあちらこちらから流れ込んでいるのに、広大な教え（法）の橋（ブッダ）は、実に速く崩壊してしまう。

五四 慈悲をそなえた大医であり、最高の知恵という薬をおもちになったお方（ブッダ）が、心の病を患う世間の人々を打ち捨てて、確かに逝ってしまわれる。

五五 心*は黄金で巻かれ、叡智（般若）の飾りで飾られたインドラ神の幢《はた》は、舞*台において〔人々がそれを見たいと〕希求しているのに、倒れてしまう。

五六 人々は苦しみの定めをもち、輪廻の足かせに繋がれている。たとえ、これ（ブッダの教え）が解脱の門であったとしても、死*神によって閉じられてしまうであろう」

五七 かくして、〔一度は後を追うのを〕断*わられたものの〔しかしなお〕、両目を涙でくもらせて、後を追ってきたリッチャヴィ族たちを、牟尼は再びさえぎられた。

五八 それから、牟尼の決心を知って、言*いつけをよく守り、後戻りするための決心を〔彼らは〕苦しみ苦しみ、なしたのである。

五九 金の山のごとく白い彼ら（リッチャヴィ族たち）は、風に花そよぐカ*ルニカーラの木のごとくに、牟尼のおみ足に礼拝した。

六〇　彼（ブッダ）に心を引かれつつ、足はもつれ、向かい風に対する水の波紋のごとく、〔思うように〕進むことができずに、彼ら（リッチャヴィ族たち）は引き返した。

*六一　〔普通は〕尊敬があれば愛情がなく、愛情があれば尊敬がないものであるが、牟尼に対する彼らの愛情と尊敬は揺るぎない。

六二　荒野の端からとび出していってしまった大牛を〔残りの〕大牛たちが〔眺める〕ように、その場に立ち止まって、彼ら（リッチャヴィ族たち）は何度も何度も、*十力を持たれるお方（ブッダ）を眺めていた。

六三　如来に心を寄せ、身体を持ちながら光なき〔リッチャヴィ族の〕者たちは、*それから苦しみのうちに歩を運んだ。ちょうど、葬儀の沐浴へと赴くかのごとくに。

六四　決して的をはずさぬ弓矢で敵たちを征圧し、誇り高く、力あり、*侍者をはべらし、世に誉れを求め、野望大なるリッチャヴィ族たちも、苦しみでくもった顔をして、自らの宮殿へ帰って行った。

第二五章　入涅槃《にゅうねはん》

一 日食の際に闇にくらまされた空のごとく、牟尼（ブッダ）が涅槃（入滅）に入ってしまわれるので、それゆえ、ヴァイシャーリーは輝きがなかった。

二 〔ヴァイシャーリーは〕誉れ高く、驕りなく、あらゆる点で楽しいけれども、夫を失くした女のごとく、あまねき悲しみゆえに、輝きがなかったのである。

三 学識を欠いた美しさのごとく、徳を欠いた知識のごとく、言葉を欠いた知恵のごとく、教育を欠いた言葉のごとくであった。

四 行儀を欠いた栄誉*のごとく、信仰*を欠いた慈愛のごとく、力*〔なき〕富のごとく、正しい教え（法）を欠いた行ないのごとくであった。

五 秋に雨が降らない場合の稲の枯れた土地のごとく、そのとき、〔ヴァイシャーリーは〕苦しみゆえに、輝きがなかった。

六 そこにおいては、飯も作らず、飯も食べず、その苦しみによってすべての人々はあまねく泣き、名高い牟尼を讃えていた。

七 他のことは〔何も〕語らず、〔何も〕せず、だれも〔他には何も〕考えず、町の人すべての行ないはただ一つ、苦しむことと泣くことであった。

八　それから、僧団*（僧伽《そうぎゃ》）の主（ブッダ）に対して、確固たるけれども苦しみに打ちひしがれた大軍の総師シンハは、考えつつ述べた。

九　「誤った道の外道《げどう》（非仏教徒）たちを打ち負かし、正しい道をお説きになった〔ブッダ〕は、そのような〔正しい〕道を歩み行かれ、再び帰って来られることなく行ってしまわれる。

一〇　打ちひしがれ、打ちのめされ、輝きもなき世間をお見捨てになり、人々を師なきものとなさって、師（ブッダ）は寂静《じゃくじょう》のために行ってしまわれる。

一一　ヨーガの主であり、最高の師〔たるブッダ〕が究極の寂静に向かってしまわれるならば、寿命が尽きれば色艶《いろつや》も〔滅びる〕ように、私の確固たる状態は滅びてしまうであろう。

一二　神通力*をもったナフシャ*王が天から落ちたごとく、彼（ブッダ）を失って哀れむべき地上において、〔私は〕何をしてよいのかわからない。

一三　暑さに疲れた人が水に〔依る〕ごとく、寒さに苦しめられた人が火に〔依る〕ごとく、疑いを断ち切るために、人々は今だれに依ったらよいのであろうか。

一四　火を盛んにするための鞴《ふいご》のごとく、その人によっては至福のための鞴〔の役割が果たされていた、その〕世間の師たる牟尼が、そこ*（世間）において滅されるとき、正しい教え（法）も滅してしまうであろう。

一五　無規律や悪しき規律に縛られ、老、死に支配されている者たちの苦しみの大幻輪を打ち砕く、彼（ブッダ）のごとき人は〔他に〕だれがいようか。

一六 インダス河〔岸〕の干上がった木々が、春の終わりに〔雨〕雲によって〔潤い満足させられる〕ように、執着が生じて高ぶっている人々をお言葉で満足させられる方は〔ブッダ以外に〕だれがいようか。

一七 そこにおいては、メール山のごとき〔確固たる〕本質を持たれた一切知者たる師（ブッダ）ですら衰退される、そういった世間において、知恵をそなえた信頼するに足るだれがいようか。

一八 死刑囚が〔しばらく〕留置*された後に、死〔刑〕のために引き出されるように、ちょうどそのように、生きてはいるが苦しんでいる世間の人々も、死ぬために生まれてきたのである。

一九 木が鋭い鋸《のこぎり》*で切り裂かれるように、ちょうどそのように、この世の人々は衰滅の鋸によって切り裂かれるのである。

二〇 あらゆる煩悩を焼き尽くしておしまいになりながら、また、知恵の力をそなえておられながら、人々の最高の師（ブッダ）は入滅のために行ってしまわれる。

二一 邪《よこしま》な考えの生きものがおり、無知*の水を持ち、愛欲*の巨浪を持ち、激情の魚がいる、そういった生死の海を、知恵の大舟でその方*（ブッダ）は渡*られる。

二二 老いを枝とし、病を花とし、死を根とし、存在（有《う》）を芽とする生死の木を、知恵の大刀でその方はお切りになる。

二三　無知（無明《むみょう》）の火付け木より生じ、貪欲を炎とし、〔感官の〕対象を薪とする、罪悪の火を、知恵の冷水でその方は、鎮められる。

二四　その方は寂静の道へ行かれた。その方は大きな闇を除かれた。その方は最高の至福をお知りになり、お知りになって慈愛によってお説きになった。

二五　まさにそのお方は、またすべての煩悩の果てへ行かれ、あ*まねく寂静をごらんになった。〔その〕全知者（ブッダ）は、すべての人に利益《りやく》をなされて、すべてを捨てるために行ってしまわれる。

二六　柔らかで広*いお声をしておられる、腕*の長いその大牟尼（ブッダ）にとって、もしも終わりというものがあるならば、だれ*にとって終わりがなかろうか。

二七　それゆえに荒野において、道行く迷える隊*商が、水を見て急ぎ〔水の方へ向かう〕ように、賢者は正しい教え（法）に近づくがよい。

二八　滅*するという点で〔誰彼の〕区別がない罪〔のような〕無常性〔という真理〕を知って、正しい教え（法）に目覚めている人は臥しても目覚めている」

二九　それから、人中のライオンであり、知恵を食べる者であるシンハは、生の罪を蔑み、生死の尽きることを讃えた。

三〇　〔彼は〕生死の根を断ち切らんと欲し、正しい戒律を受けんと欲し、動く心を制御せんと欲し、善道に住せんことを欲した。

三一　寂静の道を歩まんと欲し、生死の海を渡ってしまいたく思い、つねに布施せんことを欲し、〔輪廻の〕再生を断ち切りたく思った。

三二* 布施を施し、驕りを捨て、正しい教え（法）を思って、平静な状態となった。そして、牟尼が入涅槃《にゅうねはん》を望まれているとき（すなわち今）、地は彼（ブッダ）を欠いたものとなることを理解したのである。

三三 それから、象王*のごとく、お身体全体で、振り返られ、〔ヴァイシャーリーの〕町をごらんになられつつ、牟尼は次のようにおっしゃった。

三四「ヴァイシャーリー*よ、余命*のあるうちで、これが私が汝を見る最後である。入涅槃のために私は行くであろう」

三五* それから、信仰を持ち、教え（法）を求め近づいてくる者たちをごらんになって、彼（ブッダ）の活動をまだ期待する者たちに、牟尼は立ち去るようにおっしゃった。

三六 それから、順次、導師（ブッダ）はボーガ*市へ赴かれ、そこにとどまられた一切知者（ブッダ）は、比丘たちにおっしゃられた。

三七「今しも私が逝った後は、教え（法）を最高のものとして依れ。それ（教え）こそが汝〔ら〕の最高目的である。それ以外のものは徒労である。

三八 経典の中にも入っておらず、戒律の中にもあらわれていないものは、〔私の〕論理と個に矛盾する。それを決して保持してはならない。

三九 それは教え（法）ではなく、律ではなく、私の言葉ではない。多くの人の言葉であったとしても、その暗黒の教えは捨てられるべきである。

四〇 清浄な教えは保持されるべきであり、そこにおいて顚倒《てんどう》のあることのない、それこそが教え（法）であり、律である。それこそが私の言葉である。

四一 それゆえに、私は要約してこれらの正しい規準を説いたのである。〔それらを〕行なう人は信頼に値する人であるが、それからはずれれば、信頼に値しない人である。

四二 私のその微細な意図を確定できず、知らずして、愚かさゆえに、教え（法）でないものに対して教え（法）だと〔思い誤る〕知が生じるのである。

四三 無知を伴った見解ゆえ、あるいは区別を知らないことのゆえに、金によく似た銅によって欺かれるように、

四四 ちょうどそのように、普遍的な叡智の欠如ゆえに、あるいは真実を把握しないことのゆえに、正しい教え（法）の影にすぎない教え（法）でないものによって欺かれる。

四五 それゆえに、磨《みが》いたり、切ったり、焼いたりすることによって、〔錬金に〕巧みな者たちが金を〔得るが〕ごとく、律や、経や、論理によって、正しい理解を得るのは妥当である。

四六 論書を知らなければ賢者ではなく、正しくない立場を正しい立場だと考え、正しい立場を正しくない立場と見ているにすぎないのである。

四七 それゆえに、意味と言葉とによって正しく聞いて把握すべきである。誤って把握された論書は、〔誤って持たれた〕武器のごとく、〔わが身自身を〕傷つける。

四八 以前に〔来たことが〕ないために何度もうろうろする人が、夜の光の〔中で、目指す〕

家に〔行きつくのが困難である〕ように、誤って語られた言葉が、〔正しい〕意味に至ることは困難である。

四九 意味が失われれば教え（法）が失われ、教え（法）が失われれば、能力が〔失われる〕。それゆえに、誤りなき意味にその人の心が向かっている、そういう人が知者なのである」

五〇 *善多きお方（ブッダ）は以上のようにお語りになって、時至って*パーパー市へ赴かれた。そこにおいて、彼（ブッダ）に対し、*賢者たちは、正しい供養を行なったのである。

五一 それから、彼（ブッダ）を敬う善者*チュンダの家において、世尊は食事をなさった。彼（チュンダ）のために〔そうなさったの〕であって、*ブッダ自身のためにではない。

五二 それから、弟子の集団とともに、如来（ブッダ）は食事をされて後、チュンダに教え（法）をお説きになり、〔それから〕*クシナガラへ赴かれた。

五三 かくして、*イラーヴァティー（?）と名づけられる河をチュンダとともに渡って、その町において、静かな蓮池のある森へ近づかれた。

五四 黄金と等しい光をもたれるそのお方（ブッダ）は、*ヒラニヤヴァティー河で沐浴をなさった後、悲しんでいるアーナンダに、世間の喜びたるお方（ブッダ）はおっしゃった。

五五 「アーナンダよ、*沙羅《しゃら》双樹園《そうじゅえん》の中央に床を敷いておくれ。今夜深更に如来は涅槃するであろう」

五六 そのようにおっしゃるのをアーナンダは聞いて、涙ではればったい目をして牟尼の床を敷き、敷き終わりて、讃じつつ嘆息した。

二五七 それから、しつらえられた床に、二本足（人間）中の最高者（ブッダ）は就かれた。再び目覚められることのないためであり、すべての苦しみを尽くされんがためである。

二五八 彼（ブッダ）は、右脇を下にして、手に頭を置かれて、足に足を重ねられて、弟子〔たち〕を前にして横になられた。

二五九 それから、まさにその一瞬、そこに、鳥たちは声を潜め、打ち沈んで力なき身体で、瞑想に入っているかのごとく、居た。

二六〇 そのとき、風に揺るがされたわけでもないのに、揺れ動く木の葉の間から、木々は、涙のごとく、色あせた花々を散らせた。

二六一 西の山の頂に太陽が傾いた〔のを見て〕旅人〔が家路を急ぐとき〕の仕方のごとく、床の上に〔臥された〕牟尼を見つつ、最高の真理（勝義）を見る者たちは急ぎ〔ブッダに近づい〕た。

二六二 それから、臨終の床に臥される一切知者（ブッダ）は、涙にくれるアーナンダに、哀れみをこめておっしゃった。

二六三「私が涅槃に入る時をマッラ族の者たちに伝えよ。アーナンダよ、〔私が〕涅槃に入るのを見逃せば、後に私に対して後悔するであろう」

二六四 そこで、このお言葉を拝受して、涙で気を失いそうになるアーナンダは、牟尼が臨終の床に就かれたことを、マッラ族の者たちに告げた。

六五* それから、そのとき、アーナンダの言葉を聞いて、目から涙の雨をふらせて泣きながら、ライオンを恐れて山から〔飛び出した〕牛のごとく、〔マッラ族の〕者たちはあわてふためき、打ちのめされて町から飛び出した。
六六 望みも失せ、衣服をふり乱し、ふり散らし、ばたばたした歩調に揺るがされて彼らは冠も揺れ動き、天の住人が福徳尽きたことによって〔天から落ちねばならぬことを悲しむ〕ごとく、打ちひしがれてやって来た彼ら〔マッラ族の者たち〕は、それから、その森へと行った。
六七 このようにしてやって来た者たちは牟尼を見た。見て涙顔の彼らは礼拝し、礼拝した後、心痛めて彼らは〔そこに〕立っていた。立っている彼らに牟尼はおっしゃった。
六八 「喜ばしい時に苦しむのはよろしくなく、憂悩は無意味だ。落ち着きを得よ。多くの劫《こう》の間に私が求めてきた、特に得がたきその目的が〔今〕私の近くにあるのだ。
六九* 地、水、火、風、空〔といった要素〕がなく、善にして不変であり、感官の対象より超越しており、寂静にして犯されない最高の〔目的〕を得て、〔私は〕生なく、死なく、苦しみがない。
七〇 *ガヤーの人々の間で、私が以前にさとりを開いたとき、善ならざる生死のもろもろの原因を、蛇のごとくに捨てたが、昔時に積まれた業《ごう》（行ない）の住居たるこの身体は、*今日まで存続してきたのである。
七一 苦しみの大きな蔵たる〔*五《ご》〕蘊《うん》（身心の五要素）が滅し、大きな恐怖である再生が鎮まるとき、そして、〔私が〕大きな苦しみから脱出するとき、〔汝らが〕そのために泣かねばならないような、どのような苦しむべきことが私にあろうか」

二七二 〔ブッダが寂静に入られるという〕快晴の時であるにもかかわらず、雷*の音声のシャーキャ・ムニのこのお言葉を彼らは聞いて、そこで口を開いて言わんとしたが、彼らに対して〔その中の〕長老が次の言葉を言った。

二七三 「〔汝らが〕そのために泣かねばならないような、どのような苦しむべきことが汝らにあろうか。火の燃え盛る家から飛び出されたごとき、その牟尼を神々の主ですら確かに歓迎するのなら、ましてや人々が歓迎するのは言うまでもない。

二七四 すべてをおおわれる主たる人（遍主*）である如来が涅槃に入られれば、もはやお目*にかかれることはない。それゆえに、〔われわれは〕苦しんでいるのだ。もろもろの荒野に旅立った人々にとって、良き道案内人がいなくなってしまったとき、全く道に迷ってしまうことがどうしてないであろうか。

二七五 師であり、大聖仙であり、一切をごらんになるお方〔であるブッダ〕に実際にお目にかかって、もし人がすぐれた状態を得ないならば、金鉱からやって来た貧者のごとく、そのときには、この世において、笑いものとなるであろう」

二七六 以上のごとく意味ある多くのことをあれこれ語り、尊敬もて合掌するマッラ族の者たちに対して、〔わが〕子に対するごとくに、善にして寂静でありまた正しい〔その〕意味を称讃されて、最高主中の最高者（ブッダ）はおっしゃった。

七七「その通りだ。それは確定されている。ヨーガの行に精進することなく、私に会ったこと〔だけ〕によって、解脱はない。私のこの教え（法）を深く理解する人は、それ（私）に会うことなくとも、苦の網から解脱する。

七八 たとえば、薬を用いない人が医者に会ったとしても病を克服することはない。ちょうどそのように、私のこの知恵を修習しないならば、私に会ったとしても、苦しみを克服することはない。

七九 自制せる人にして私の*この教え（法）を見る人は、遠く離れていたとしても、私を見る。一方、至福に依りながらそれを実践しない人は、私の近くにいながらも、遠く離れている。

八〇 それゆえに、精進を捨てず、律された心をもつ者たちは、もろもろの善業において注意深くあれ。〔一方〕多くの苦しみを集めて動揺すれば、命は夜明けの灯火と等しく〔乏しい〕」

八一 以上のごとく人々の最高者たる牟尼に教えられて、目から涙を流し、打ちひしがれた心の〔マッラ族の〕者たちは、河の真ん中を〔流れに〕逆らって渡っているかのごとく、クシナガラの町へゆっくりと力なく帰って行った。

第二六章*　大般涅槃《だいはつねはん》

一 それから、善行を正しくそなえ、〔*身《からだ》・口《ことば》・意《こころ》の〕三種の戒を保ち、生きものたちについて犠牲祭*を行なわないスバドラ*は、善逝《ぜんぜい》（ブッダ）にお目にかかりたく思い、比丘《びく》として解脱したいと思い、喜びを与える人たるアーナンダに言った。

二「牟尼（ブッダ）が涅槃（入滅）される時だということを私は聞きました。そのために、私はお目にかかりたいという思いが生じました。この世*において最高の教え（法）の覚者にお目にかかることは、新月時に月を〔見るのと〕同様、容易*ではありません。

三 あらゆる苦しみの果てにまで行き尽くさんとお思いになられた、あなたの師にお目にかかりたいのです。雲に遮《さえぎ》られた空にある太陽のごとく、私がお目にかからないうちに沈んでしまわれませんように」

四 そこで、この遊行者*がやって来たのは議論することを望んで教えを請うているのであると彼（アーナンダ）は考えて、心疲れたアーナンダは、「〔今はその〕時ではない」と、涙顔で答えた。

五 月の光をおもちになり、〔人の〕考えをお知りになる、広き*花弁のごとき大きなお目をもたれるお方（ブッダ）は、それをお知りになって、「私は世間の人々を利益《りやく》するために生まれてきたのであるから、おお、アーナンダよ、そのバラモン*を妨げてはいけない」とおっしゃった。

六 それによって、スバドラは非常に喜び、信頼し、誉*れのかたまりなる人であり、至福の蔵たるお方（ブッダ）の前に到った。それから、時の流れに従って〔ブッダに対して〕静*かなお言葉で挨拶した後、再び彼（スバドラ）は申し上げた。

七「私のごとき思索家たちとは違った解脱の道をあなた*が特に得られたと知れわたっています。それゆえに、私にお説き下さい。自分のために把握したく存じます。私が〔あなたに〕お目にかかりたく思いましたのは、戯れ〔に議論し〕たいためではありません」

八*そこで、目の前にやって来たそのバラモンに対し、八*〔正〕道をブッダはお説きになった。道に迷った者が正しい〔道〕を思い出したかのごとく、それを聞いて彼（スバドラ）は正しく覚った。

九 彼が以前に見た別な道においては、彼は究極的真理を得ることはなかった。以前に見たことのない道を特に得て、心*の中の闇とともにその〔以前の〕道を捨てたのである。

一〇 動*性を伴って闇*性が増大すれば人々の不善業が蓄積されると言われており、善*性を伴って動性が増大すれば人々の善業が増大すると言われている。

一一〔教えを〕聞くことや知恵や努力によって善性が増大すれば、動性と闇性は形がなくなるから業《ごう》（行ない）は滅し、そして業は尽きる。人々のその業は、〔このようにして〕妥*当しないと言われている。

〔二　心をくらます動性と闇性とは*本性的なものであると世間で言われている。それゆえに、確固たるものであるから、その二つ（動性と闇性）が尽きることはない。本性的なものとして、確固たるものとして成り立っているのである。

〔三　善性と結びつくことによって、それら（動性と闇性）が*楽な状態となったとしても、時の力によって、再び〔元通りに〕生じるであろう。冷たい水が〔熱を加えることによって〕しだいに*熱くなるように、〔しかしやがて〕時の経過につれて、〔再びもとの〕本性へと赴くのである。

〔四　〔教えを〕聞くことや知恵や努力が、そのように、常住を本性とする善性を増大させることはできない。それ（善性）が増大しなければ、それら（動性と闇性）が滅することもなく、それらが滅しないから、寂静も無い。

〔五　以前に彼は、〔ものは〕本性的に生ずる、と考えた。しかし、彼は、そ〔の教義〕においては解脱を経験することはできなかった。火の燃え盛る光にとっての滅のごとく、もしも、ものが本性的にあるならば、〔変化することはないから〕究極（解脱）がどうしてあろうか。

〔六　仏教の道によって真理を見、*生死に依存して世間〔があるのを〕彼は覚り、それ（生死）の滅によって寂静を知った。原因が滅することにより結果が滅するのである。

〔七　*顕現しているのはこの不変の自我（アートマン）であり、身体とは別なものであると彼は以前に考えていたが、牟尼のお言葉を得た後は、世間〔のもの〕は自我（アートマン）

を持たず、自我（アートマン）として作られたものを持たないと知った。
一八* 多くのもろもろのもの（法）はそれぞれに依存して生じ、自立しているものは無いことをよく知って、彼は、生起はまさに苦であり、〔ものは〕*確かに滅するのであり〔それもまた〕まさに苦であると、ああ、見たのである。
一九 世間が生じるのを覚って、彼は断見（虚無観）を捨てたのである。同様に、世間が滅びるのを知って、堅固なる*常見（常住観）を、急ぎ捨てたのである。
二〇 大聖仙（ブッダ）のお言葉を聞いて受持し、かくして、ここに、彼は以前の見解を捨てた。彼は以前に〔こうなることを〕予期*していたので、急ぎ正しい教え（正法）に従ったのである。
二一 清浄なる心で最勝をそなえた彼は、寂静にして不変なる境地を得て、横になっておられる牟尼を讃えて、眺め、このゆえに、次のように考えた。
二二「供養さるべき聖者にして涅槃されようとしている師を見て、私が〔この世に〕とどまっているのは妥当ではない。慈悲をそなえられた師が涅槃される前にまず私が究極（涅槃）へ入ろう」
二三 そこで、彼は、牟尼に礼拝して、蛇のごとく動くことなき座にへばりついて、雲が風によってちりぢりにされる*ごとく、たちどころに寂静な涅槃に到られた*のである。
二四* そこで、それゆえに、茶毗《だび》の儀式を、儀式によく通じておられる牟尼は命ぜられた。究*極（涅槃）へ到った彼は、生を究極的に尽くされ、多くの弟子をお持ちになっている大聖仙（ブッダ）の〔最後の〕弟子となったのである。

二三五 それから、*夜の初更が過ぎ、月が星の光を奪い、諸林は眠るがごとく声ひそめた頃、比丘たちに向かって、大慈悲を持たれるお方（ブッダ）はお説きになった。

二三六「私が入滅した時には、*戒本（波羅提木叉《はらだいもくしゃ》）に、師のごとく、灯火のごとく、財宝のごとく、依るべきである。汝〔ら〕の導師はそれ（戒本）であり、それの支配の下にあるべきである。私が存命であったとしても、*それだけを言うであろう。

二三七 身・口の業が清浄でありたい人は、かくのごとく、世間的営みを捨て、土地とか家畜とか穀物の種とか財産などを〔貪欲に〕蓄えることから、火〔から退く〕ごとくに、退くのである。

二三八 地に生えた〔植物〕を刈ったり截《き》ったりすることや、地の表面を掘ったり耕作することや、医術と占星術を特徴とすること、〔それらすべて〕から確かに退くことが、*適時食のやり方である。

二三九* *使者の術や薬や呪文を用いる者たちには、不適合性や隠匿性や無が在る。一方、教え（法）に抵触しないことを成就する者たちには、足るを知って受けること、満足、〔*貪欲に〕蓄えないことが在る。

二四〇* こういう形で戒律を正しく要約したこれが、『解脱の根本』という〔意味で〕戒本（波羅提木叉）である。これによってもろもろの精神集中（三昧《さんまい》）が生じるのであり、これがすべての知恵と*もろもろの究極である。

三一　それゆえに、破られることなく滅びることなく犯されることのない清浄な戒律が、ある人に在れば、その人には真理の教え（法）が在る。もし、それ（清浄な戒律）が無ければ、彼にはすべては無い。戒律はもろもろの正しい功徳の根拠なのである。

三二　滅びることなき清浄なる戒律が在れば、もろもろの感官の対象に向かって行動することはない。棒によって牛が穀物に対して〔近づかないように制止される〕ごとく、確固として六つの感官は制止されるべきである。

三三　感官という馬たちをもろもろの対象に向かって放つ他の人は、連れて行かれて、それら（感官）からは*それだけでなく、*暴れ馬に運び去られた人が悪道に〔堕する〕ごとくに、彼はそ〔の感官〕のために災難を得るであろう。

三四　大敵たちに支配されたある者たちは、この世において苦しみを得るであろう。愚かさゆえに、もろもろの〔感官の〕対象に支配された者たちは、将来と現在、この世において否応なく苦しむに値する。

三五　それゆえに、悪しき敵の王たち〔の行く道〕と同様に、感官の行く道に従うべきではない。諸感官の歓楽をこの世においてなして後、諸感官という死刑執行人をこの世において人は見る。

三六　自らの動揺する心に比べれば、虎や蛇や燃え盛る火や敵は恐るるに足らない。それ（動揺する心）によっては、*蜂蜜も〔得ることなく〕真理も覚えることはない。

三七　手鉤で制御されていない狂象のごとく、猿が木の上でじっとしていないごとく、心は思いのままに〔諸方〕に動き回る。動き、動揺するそれ（心）に機会を与えてはならない。

三八 それ（心）が自由奔放であれば寂静はないが、それが確定すれば、なすべきことがなされたことになる。それゆえに、この心が動かないように努力して行なえ。

三九 ただ薬のごとく、〔必要な〕だけの食物をとるべきである。これ（食物）に対して怒りを抱いたり、執着してはならない。ただ飢えを止めるためにのみ、身体という機械を維持するためにのみ、その限りのみ〔食物をとるべきである〕。

四〇 たとえば、森において蜂は花の蜜を吸いながら花を損うことがない。ちょうどそのように、定められた時に托鉢に行けば、他の信者たちを損うことがない。

四一* つねに真っ直ぐに荷物は運ぶものである、と言われているが、〔真実の立場では〕運ばれる荷物も、布施者たる人も存在しない。〔しかし世俗的に〕この世では、正しい仕方でしなければ荷物は落ちる。荷物と同様、布施者も同じである。

四二 順次に、終日と夜の初更*と深更とにヨーガを行ない、正念（正しい思念）をそなえて中*更に臥せ。そうすれば、眠っているときに過ちをなすことはない。

四三 この世で、時の火に人々が焼かれているときに、だれが夜通し眠っていられようか。敵にも等しい煩悩という破壊者たちが心に住んでいるならば、だれにとって眠りがあろうか。

四四 それゆえに、家の中に眠る黒蛇のごとく、心の中に眠る罪過の蛇を、論理と〔呪*文の〕詩頌《しじゅ》という薬によって払い清めて眠るがよい。これ以外は恥である。

四五 恥は装身具であり、最上の衣服であり、恥は道からはずれた者たちを制する鉄*鉤である。そうであれば、恥をそなえた者として行動すべきである。恥のない者たちにとっては、もろもろの功徳も捨てられる。

四六* 人が恥をそなえている限り、それがその人の本性である。目的と目的でないものとを識別できず、恥を欠いた人は獣と等しい。

四七 だれかが、〔汝らの〕手足や節々を刀で切ったとしても、その人に対して〔悪しき思いを抱くことによって〕心の罪をなしてはいけない。また、粗暴な言葉を発してはならない。それら（心の罪、粗暴な言葉）によっては、汝ら自身に対する障害がある。

四八 忍耐（忍辱《にんにく》）に匹敵する苦行はない。忍耐ある人には力と確固たることがある。他人からののしりを耐えられない人は、真理の教え（法）を行なう者たちの立場ではなく、解脱することはない。

四九 真理の教え（法）の破壊者であり、名声の粉砕者であり、美しさの敵であり、心の火である怒りに、一寸でも機会を与えてはならない。もろもろの徳のそれほどの敵は他にない。

五〇 非常に冷たい水と稲妻の火のごとく、出家遊行僧と怒りは矛盾する。しかしそれと同じようには、在家の人々に〔怒りが〕生じるのは矛盾ではない。彼らは執着を持ち、それ（怒りを捨てること）に誓いを立てていないのである。

五一 美しい髪とはほど遠い〔剃髪の〕頭に触れ、*染め衣と乞食鉢《こつじきはつ》を見て、*他人とは隔った

〔自分が行なうべき〕修行を考えて、心に生じた慢心を捨てるべきである。

五二* 在家の驕れる者たちですら、慢心が増大するのを滅ぼさんとする。いわんや、施し物を食べ、自ら覚らんとし、解脱を直視して剃髪した〔出家〕者たちは、言うまでもない。

五三 虚偽と真理の教え（法）とが一致することはないのであるから、これ（法）〔以外の〕曲がった〔道〕に近づいてはならない。虚偽とまやかしは欺くためにあるのであるが、真理の教え（法）を本性とする者たちが欺かれることはない。

五四* 多く〔を求めること〕からは苦しみが来たり、少しを求むれば、〔苦しみは〕来たらず、それ（苦しみ）と離れる。それゆえに、少しを求めること（少欲）を行なうべきである。いわんや、もろもろの功徳の完成をや。

五五 権力者（金持ち）をすこしも恐れない者は、貧しい者を見ることを恐れない。ものが無いと聞いても苦しまず、少しを求める人*には解脱がある。

五六 もしも解脱しようと望むならば、満足すること（知足）を実践せよ。満足すればここに幸福があり、これが真理の教え（法）である。満足した者たちは地面の上でも安らかに眠るが、不満足の者たちは天上界にいても〔苦しみの火に〕焼かれる。

五七 富んでいても満足がなければつねに貧しい。貧しくとも満足していればつねに富んでいる。満足なき者は、苦しみの対象と離れて満足を得ようとしてあくせくし、苦しむのである。

五八 寂静な正しい幸福を得たいと望む者たちは、かくして、人込み*を好んではならない。

〔その人は〕寂静を本性とし、ただひとり行動するから世間においてインドラ神をはじめとする神々も期待するのである。

五九 執着は苦しみの住する木である。親族や〔一般の〕人に対する愛着を*捨てよ。愛着の広がった人は、世間において苦しみの中を、老いた象が泥の中を〔歩むが〕ごとくに、歩むであろう。

六〇 つねに流れる水の流れは柔かではあっても、時とともに、石の表面に孔をあける。精進によって得がたきものは何もない。それゆえに、重荷を捨てずに忍耐せよ。

六一 何度も何度も休みながらこすり合せている人が木に火を得ることは容易ではないが、精進して行なえば得ることは容易となる。それゆえに、熱心さがあれば、仕事はなしとげられる。

六二 正念があれば、もろもろの誤りは起こらない。正念に匹敵するほどの友はなく、守護者もない。正念が滅すれば、確かにすべては滅す。それゆえに、*身体に対する正念を捨てるべきではない。

六三 勇者たちが鎧《よろい》を着て、敵軍の中へ恐れなく進むように、ちょうどそのように、身体に対する正念の鎧を帯び、確固たる者たちは〔感官の〕対象との戦いに挑むのである。

六四 瞑想に入った知と心を集中すれば、世間の生成と消滅を知る。それゆえに、三昧に入るべきである。三昧を得た人には心の病は存在しない。

六五* 汎濫する水を留めるために、努力して堀や壕を作るごとく、知恵の水を留めるために、三昧を堀や壕に等しいものとして説いたのである。

六六　叡智（般若）をそなえた人は所有物を喜捨し、この教え（法）の内において最高に依ってかくのごとく住するが、その人には解脱があり、こ*〔の人〕にとっては、在家であっても比丘であっても誤りはない。

六七　叡智は、老死の大海での舟であり、愚かさの闇の中での灯火であり、す*べての病を征服する薬であり、煩悩の木を切り倒す鋭い武器である。

六八　それゆえに、〔教えを〕聞くこと・考えること・瞑想することによって得られる叡智（聞思修の三慧）が増大するよう実践すべきである。叡智を本性とする目を持つ人は、たとえ〔肉〕眼を欠いていても、目を持っているのである。

六九　心の中で動くあれこれの言葉の虚構によっては、家に住むのを捨て〔て出家し〕たとしても、解脱はない。最高の寂静を得ようと望む者たちは、このことを知って、言葉の虚構なき者となるべきである。

七〇　それゆえに、注意深くあること（不放逸）に師に対するごとくつかえよ。そして、不注意（放逸）を敵のごとく捨てよ。*注意深くあることによってインドラ神は誉れを得、不注意によって驕れるアスラたちは滅びたのである。

七一　〔他人を〕利益《りやく》され、憐愍をもたれ、慈悲をもたれる師たるものがなすべきことを、私はなし終えた。信仰を持ち固く決意した汝らの心は寂静によって保たれている。

七二　山や空家や広野のどこにいようとも、ヨーガにつねに精進して、後に後悔しないようにせよ。
二三　医者は〔病の〕本性を正しくよく知って後、病人たちに適切な薬を告げるであろうが、それ（薬）を時に応じて確かに服用するのに責任があるのは病人であって、医者ではない。
二四　素敵な、真っ直ぐで平坦な危険のない道を道案内人が教えたとき、〔それを〕聞きながらも〔その道を〕行かない人には破滅があるが、教えて導く者（道案内人）にとがはない。
二五　*私が説いた、苦などの*四つの真理（四聖諦《ししょうたい》）について、何か言いたいことのある人は、急ぎ自信をもって私に言え。そして、実にあれこれ考えている疑いを断ち切れ」
二六　このように大声でおっしゃった大聖仙（ブッダ）に対して、疑いをもたない彼らは何も申し上げなかった。心で彼らの心の奥底を推し測って、*賢明なる*アニルッダはまた次の言葉を申し上げた。
二七　「〔動くべきはずの〕風が動かず、〔熱いはずの〕太陽が冷たくなり、〔冷たいはずの〕兎のしるしをもつもの（月）が温かくなったとしても、この世において、〔四つの真理を表わす〕*次の〔詩の〕四行が、真理でなくなることはありえません。
二八　苦と言われるものは快いこと（楽）ではない（苦諦《くたい》）。〔苦を〕生じるものはこれ（苦）の原因以外にはない（集諦《じったい》）。〔苦の〕原因が滅することにより、*解脱がある（滅諦《めったい》）。これ（解脱）への道が手段（方便）でないわけはない（道諦《どうたい》）。

七九 それゆえに、偉大な精神もつお方（ブッダ）よ、四つの真理について比丘や在家〔の者たち〕は確信しており、これについて言うことは何もありません。ただ、目的を完成していない者が、師が涅槃を得られる、と〔思って〕苦しんでいるのです。

八〇 この集まっている人々のうちで、誓いを立てて間もないために以前には目的を見ることがなかった者も、今たちどころに稲妻の光によって道を〔見た〕ごとく、あなたのこのお教えによって真理を見たのです。

八一 しかし、目的を余すところなく果たし、生死の海の彼岸に到った者たちですら、師が実*に速く確かに逝ってしまわれるのを聞いて、心に思案しているだけなのです」

八二 このような聖者アニルッダのその言葉によって、〔言わんとする〕意味をお知りになってはいたけれども、知っておられたその上で、信をもつ者たちの心を確固たるものとしたいとお思いになったブッダは、慈愛をこめて再びおっしゃった。

八三* 「劫の間住していたとしても人は滅する。〔人々は〕相互に和合するということは決してない。自分と他人との目的（自利・利他）をなし終わって、私が〔さらにこの世に〕とどまることに必要性はない。

八四 天と地における私の弟子たちは解脱し〔悟りの〕流れに入っている。今後は、弟子たちのしだいしだいの相続によって、私のこの教え（法）は人々の間にとどまるであろう。

八五* それゆえに、生けるもの（衆生《しゅじょう》）の本性を知って思案*をやめよ。人は必ず別れるのである。生けるもの（衆生）とはそのようなあり方のものだと知って、このように〔嘆くことの〕ないようにせよ。

八六　知恵の灯火によって闇を除き、生死を実体なきものと見て、病が鎮まった〔とき〕のごとくに寿命が尽きたら満足である。

八七　争いがそなわった捨てられるべき身体という生死の海の流れが滅すれば、災いをなす敵が滅んだ〔とき〕のごとく、寿命が尽きることによってだれが満足しないであろうか。

八八　動物・静物のすべては滅*する。それゆえ、汝らはよく*注意深く（不放逸）あれ。〔私が〕涅槃すべき時がやってきた。汝ら、言うことなかれ。これが私の最後の言葉である」

八九　それから、禅定《ぜんじょう》（瞑想）を知る者たちの最高者（ブッダ）は、瞬時にそこで初禅を得られ、それ（初禅）から出て第二〔禅〕へお入りになった。そして順次に欠かすことなく*すべて〔の禅〕にお入りになった。

九〇　それから続いて順次に*九種類の精神集中（定《じょう》）のグループをすべて瞑想された。それから、大聖仙（ブッダ）は、再び〔逆の〕順序で、その同じ初禅へ降りてこられた。

九一　それ（初禅）から出られて、再び順番に第四禅にまで再び登られた。そして第四禅の行から彼（ブッダ）は出られると、そのままただちに寂静へとお入りになったのである。

九二　それから、牟尼が涅槃にお入りになると、*雨に打たれた牛のごとくに地は揺れ、〔*四方〔を守護する〕象によって*投げられたかのごとく、空から灯火が降ってきた。

九三　*チャイトララタの神の森を燃やさんとする森の火が空に生じたかのごとく、薪もなく、風もなく、煙もない火が、〔四方八〕方を燃やさんとして生じたのである。

九四 アスラを打ち負かさんと戦いに赴き、〔インドラが〕百の怒りによって怒りを投げつけるがごとく、ちょうどそのように、百の火花をもつ火を吐くインドラの恐るべき金剛杵《こんごうしょ》（雷）が落ちたのである。

九五 破壊的な風によって襲われたかのごとく、山々の頂は崩れ落ち、蔓草や木々を痛めつけて塵灰を運ぶ風は激しく吹いた。

九六 泥水でこすられ、若い葦によってその身体を取り巻かれた白鳥の王のごとく、弱々しく色あせた光によってその光を犯されて月は〔弱々しく〕輝いていた。

九七 雲が無いにもかかわらず、また空に月が出ているにもかかわらず、耐えがたい闇が〔四〕方に広がった。ちょうどその瞬間、苦しみに制圧されたかのごとく、もろもろの河はたちどころに熱き湯と化して流れた。

九八 それから、近くに生えているシャーラ（沙羅双樹）はおじぎをして時季はずれに生じた自らの美しい花を、大聖仙（ブッダ）の金の小橋のようなお姿のお身体に振りまいたのである。

九九 空には五つの頭の龍たちがじっと動かず、苦しみによってさらに各々の目を赤くして、鎌首をうなだれ、*身体で〔ブッダを〕讃えて、牟尼を尊敬こめて見つつ居た。

一〇〇* 内心あまねく悲しむ者たちは、実に熱き溜息を吐き、しかし、生けるものの無常なる本性を覚って、苦しまなくなり、苦しみを軽蔑した。

一〇一 確実に善き真理の教えにかなった実践（法行）に入った王である、*ヴァイシュラヴァナ

（毘沙門天《びしゃもんてん》）〔を筆頭とする〕正しい〔眷属〕群は、教え（法）に対する執着のゆえに苦しむことはなく、神の居所において、涙をほとばしらせることはなかった。

一〇二 *シュッダーディヴァーサ（浄居天《じょうごてん》）の賢明な神々も大聖仙（ブッダ）の真理を非常に尊敬している者たちであって、しっかりしており変化せず、世間の本性を軽蔑したのである。

一〇三 *ガンダルヴァの王たちや、それから龍の王たちや、*ヤクシャ（夜叉）たちや、正しい教え（正法）を喜ぶ神々は、苦しんで最大の苦しみに甘んじ、*種姓大なるお方（ブッダ）を悼《いた》みつつ、虚空に居た。

一〇四 心に希望を獲得したマーラの群は、大層喜んで声を発して笑い、はねまわって*歌い踊り、歓喜して*太鼓や小鼓や釜形太鼓を打ち鳴らした。

一〇五 それから、牡牛のような牟尼が没されると、世の人々は、雷によって頂を砕かれた山のごとく、酒がきれて落胆した象のごとく、隆肉《こぶ》を欠いた姿の牡牛のごとくになった。

一〇六 生死を滅ぼされたお方（ブッダ）が入滅されて、〔人々は〕*太陽のない空のごとく、霜に枯れた蓮の池のごとく、財産を失ってなすこともない家系のごとくになったのである。

第二七章　涅槃の讃嘆

一 それから、天に住する他の偉大な〔神〕が、千*の白鳥を伴った神の宮殿から頭で一寸会釈して、しばしの間、一切知者（ブッダ）を見て、言った。

二「ああ、世の中においてすべてのものは常ならず、生じるという性質を持てば滅びるという性質をもっている。もろもろの生は〔必ず〕苦を生じる。それら（生滅）が残りなく静まること（無余涅槃《むよねはん》）によって寂静がある。

三 生という無価値な薪をお焼き尽くしになって、知恵の炎と名声の伝播《でんぱ》という煙をもたれる如来（ブッダ）というその火は、〔普通の〕火が水によって〔消される〕ように、時という水によって入滅されるであろう」

四 それから、最高の聖仙（ブッダ）にも等しく、天に住しながらその果報に執着することもない他の聖仙が、安らかになられた阿羅漢たる聖仙（ブッダ）を見て、山の王（メール山）のごとく確固として次の言葉を言った。

五*「この世において、滅しないものは何もない。同様に〔将来に滅しない〕ものはないであろうし、〔過去に滅しない〕ものはなかった。最高と最高でないものをお知りになり、最高の目的をお知りになった比類なき師（ブッダ）は何処に入滅されたのであろうか。

六 その人の叡智（般若）は清浄であり、最高の眼をお持ちになっているこの導師（ブッダ）を失って、愚かにして全く盲目なる生きものの世界は思いも失せて悪道に留るであろう」

七 *それから人々*と違わず、執着を滅ぼし、生を滅したアニルッダは、光を失った世間を見て、牟尼（ブッダ）が入滅された時に寂静な心で言った。

八「ものの定めに通じた知恵ある人は、無常性という金剛杵（雷）が落ちて牟尼という大きな山を砕いてしまった、このような時に対して、全く信頼をおかない。

九 実体なく自我なく滅するという性質の世間が、生きものの世界であるが、ああ、それを軽蔑せよ。その世界において、得がたき大聖仙（ブッダ）というライオンは罪というもろもろの象を滅ぼして入滅されたのである。

一〇 執着を離れることのできない世間の人々が行動しているが、今、だれにとって大いなる恐れがない*であろうか。そこ（世間）においては、〔すべての人に〕共通に、金の柱のごとくであった如来（ブッダ）も、*全く壊れてしまったのである。

一一 六つの種子、一つの芽、*一つの葉、六つの根、五つの果実、二つの枝、三つの幹をもち、しかも自らは一つである煩悩のこの樹を根こそぎにして、牟尼という象は眠られた。

一二 世の王の矢のごとくもろもろの敵を征服し、水なき時の孔雀のごとく愛欲を離れ、駿馬《しゅんめ》のごとく勝利の道を走り終わった牟尼は、〔薪の尽きた〕火のごとく、生なく寂静に入られた。

一三　金剛杵を持つ天の自在天（インドラ）が目を見開いて満足して〔雨の〕*流れを〔降らせる〕ように、師（ブッダ）はもろもろのお言葉を雨降らされた後、〔まばゆい〕光に〔目の〕くらんだ牛のごとく、地を放浪され、名声によって〔四〕方をいっぱいになさった後、眠りにつかれたのである。

一四　名声を博し、光輝をもち、インダス河のごとく金を吐き出す力を持ち、富の王、ヴァイシュラヴァナの軍勢とともに、〔寂静の〕道に入って、人々の太陽（ブッダ）は没された。

一五　濃霧の首飾りで取り囲まれた〔四〕方のごとく、厚い雲に取り囲まれた太陽の光のごとく、祭祀が終わったときのバター*のなくなった火のごとく、牟尼が入滅される今日、世間は輝きがなかった。

一六　束縛なき彼（ブッダ）は真実の道をとられ、束縛なき彼（ブッダ）は寂静の真理（法）を得られ、神通力によってお身体を保持することはおできになったのだけれども『身体はもろもろの苦の蔵である』とお捨てになったのである。

一七　太陽が闇を〔除くが〕ごとく、〔無知の〕闇を制圧され、塵を雨が〔鎮める〕*ごとく、〔煩悩の〕塵をお鎮めになり、再び苦の幻輪をお受けになることなく、牟尼は星王のごとくに逝ってしまわれた。

一八　そのお方（ブッダ）は生の苦しみを滅ぼすために生*まれられた。そのお方に世間の人は寂静を求めておつかえした。そのお方は最高の光によってお照らしになり、特にすぐれた知恵によってお照らしになったのである。

一九 そのお方は人々を至福に向かわされ、もろもろの広大な徳によって地に広がられ、望ましく明らかな名声は増大し、宮殿に住されたとしても、名声は増大したのである。

二〇 そのお方は、学識あり、非難のために大声で嘆きわめかれることなく、悲しみ打ちひしがれた人々には慈悲によって声をおかけになった。悪しき食物は打ち捨ててお求めにならず、良き食物には従われたけれども〔あえて〕お求めにはならなかったのである。

二一 落ち着かない感官を鎮められたそのお方（ブッダ）はすぐれた力をもつ感官によって正しく、〔また〕もろもろの対象に対して住されることなく、他の人々が得たこともない善き道を得られ、味を知っておられる方（ブッダ）は、出家の味を味わわれたのである。

二二* そのお方（ブッダ）は以前に施されたことのないような布施をお施しになり、果報を求めて施されたことなどすこしもなく、〔差別のない〕平等性にお従いになって隆盛を捨てられ、正しき者たちの心をもろもろの徳によって引きつけておしまいになったのである。

二三 確固たることによって動く目をお守りになり、確固となられて*〔人々の〕心をお守らせになり、もろもろの至福をお守りになって増大せしめられ、*ものが生じることをすこしも望まれなかったのである。

二四 確固として不善を不善としてお捨てになり、至福によって過ちという敵をお捨てになり、知恵によってもろもろの過失をあまねく捨てられたそのお方（ブッダ）は、*聖ならざる無常性によって没された。

二五* そのお方においては、真理（法）は望まれ、正しく従われ、喜びによって最高の確定が保持された。しかし、火によって宝がのまれるように、知恵という宝をもつその遍主（ブッダ）も命が尽きられた。

二六* 八つのうちで最高に五部を制御され、三つをごらんになられ、三つの行を尽くされ、三眼をお持ちになり、一つを守られて一つを得られ、一つを覚られて、七つの重きものを捨てられて師（ブッダ）はお寝みになった。

二七 そのお方は寂静のために道をお照らしになり、善人を寂静によって清浄にせしめられ、執着された煩悩の木を断ち切られ、信仰もつ者を生死から解脱させせられたのである。

二八 ご教説の甘露によって世間の人々を非常に満足せしめられ、忍耐によって怒りをよく抑えられ、弟子の群を至福において喜ばされ、至福を求める者たちに微細〔な真理〕を覚らしめられた。

二九 善人たちに教え（法）の種子を生ぜしめられ、〔悟りへの〕原因を本性とする聖なる道を得せしめられた。*世間を超越された〔ブッダ〕は、聖ならざるものをお説きにならず、真理（法）以外の他のものを行なわれなかった。

三〇 カーシー（ヴァーラーナシー）の地で法輪を転ぜられ、知恵をそなえられて世間の人々を満足せしめられ、教化せらるべき人々（仏弟子）に真理の教えにかなった実践（法行）を行なわしめられ、われわれを利益《りやく》するために善をなされたのである。

三一 他の者たちには彼らが見たこともないような真理をお見せになり、真理の教え（法）を行なう者たちともろもろの徳とをお結びつけになり、他のもろもろの立場を打ち負かされて、しかもお励ましになり、覚りがたい意味を知らしめられたのである。

三二 すべてのものは無常で自我（アートマン）を持たないものだとお説きになり、もろもろの生死には安楽（楽）はすこしもないのだとお説きになり、名声の幢《はた》を上に高く掲げられて、慢心の高き柱を打ち倒されたのである。

三三〔人が〕謗《そし》っても、自らのお心は動じず、すべての〔世間的〕営みに対して愛着されず、……（cd句欠）……。

三四 自らお渡りになって、溺れている者をもお渡らせになり、〔自ら〕寂静たられて、誤っている他の者をも寂静にさせられ、〔自ら〕解脱されて、束縛されている他の者をも解脱させられ、〔自ら〕お覚りになって愚*かな他の者も覚るようになさったのである。

三五 正しい立場と正しくない立場をお知りになったかの牟尼中の牟尼（賢者中の賢者、すなわちブッダ）は、人々に真実の話で恵みを与えられて、正しくない立場を好み、正しくない立場をとる生きものたちにとって劫が尽きる時に、真理（法）が〔尽きる〕ごとく、お寝みになったのである。

三六 雨を含んだ雲のごとく、地を保持する山の森のごとく、光輝ある老人のごとく、光輝ある若人のごとく、世間の目を圧倒し、世間の目を奪って、この方（ブッダ）は歩いて逝っておしまいになった。

三七〔雷*を落とす〕自在天（インドラ）がその聖者（ブッダ）の上に落ちて、〔なお〕火を感じた〔という〕、最高の寂静の道を見出され、寂静を得られたその方（ブッダ）を敬虔な心で見て、今日世間は親族を失って打ち沈んでいるごとくであった。

三八 軍勢を伴い、〔ブッダ〕を打ち負かさんとして力をそなえたマーラも、そのお方（ブッダ）を〔打ち負かすことが〕できなかったが、今日、打ち負かさんとして力をそなえたマーラは、*時節到来して、彼（ブッダ）を打ち負かすことができたのである。

三九 神々と一緒に集まったすべての生きものたちは苦しみに打ち負かされ、輪廻の恐れが尽きることとなくて、かくして、最高の涅槃（苦しみの超越）を得ることはなかった。

四〇 そのお方（ブッダ）は、人々をお輝かせになり、遠くであろうと近くであろうと天におけるものであろうと〔地獄の〕果てにおけるものであろうと、*世間の生起を鏡〔に映る〕ごとくにごらんになり（天眼通《てんげんつう》）、*神秘的聴力（天耳通《てんにつう》）によって〔世間の〕声をお聞きになったのである。

四一 虚空において星の宮へお上がりになり、地中に入られても*妨げられることなく、水の上をお歩きになっても沈まれることなく、〔ブッダは〕お身体によって多くの変化《へんげ》をお為しになった（*神足通《じんそくつう》）。

四二 道行く〔旅人が〕道において種々の宿泊所を〔覚えている〕ごとく、そのお方（ブッダ）は多くの前世を記憶しておられ（*宿命通《しゅくみょうつう》）、〔自分の〕*心で〔普通の〕感官では知ることのできない他の人々の心の種々の働きをもお知りになった（他心通）。

四三 すべての人と平等に行動された、かの一切知者（ブッダ）は、すべての漏《ろ》（煩悩）を断ち切られ（*漏尽通《ろじんつう》）、なすべきことをすべてお為しになった。知恵によってすべての煩悩をお捨てになり、真実知を得られて後、お寝みになったのである。

四四 研ぎ澄まされたような心の人々を制御され、研ぎ澄まされていない知恵の人々をしだいに力強くせしめられ、*論理によって教え（法）についての過ちを捨てしめられた。〔彼が亡き今〕不死のために、だれが教え（法）を説くであろうか。

四五 根拠を失い、打ちひしがれている世間の人々を鎮めるために、*真理の教え（法）の清涼水をだれが与えるであろうか。慈悲を本性として、自らの目的をなし、他人の煩悩の網をだれが打ち破るであろうか。

四六 輪廻の海に甘んじているもろもろの世間の人々の寂静のために、だれが正しい知恵を説くであろうか。無知に甘んじているもろもろの世間の善のために、だれが正しい知恵を説くであろうか。

四七 ちょうど光のない太陽のごとく、流れのないインダス河のごとく、王国を失った国王のごとく、世間を知る人（ブッダ）を失った世間はちょうどそのごとくであった。

四八 知恵を〔欠いた〕学識のごとく、*楽しみを〔欠いた〕歌のごとく、誉れを〔欠いた〕王のごとく、忍耐を〔欠いた〕教え（法）のごとく、ちょうどそのごとく、人の最高者（ブッダ）を失ったその人々は、存在してはいたが存在していない〔かのごとくであった〕。

四九 ちょうど、御者に見捨てられた車のごとく、舵手に〔見捨てられた〕船のごとく、*規律を〔欠いた〕軍隊のごとく、隊長に〔見捨てられた〕隊商のごとく、医者に〔見放された〕病人のごとく、善逝《ぜんぜい》（ブッダ）を失った世間はちょうどそのごとくであった。

五〇* 晩夏や初秋に、空に〔恵みの雨を降らせる〕雲がなく、風すら空に生じなければ、〔その時の〕生きようと欲している者たちの苦しみのごとく、解脱を欲しつつ〔ブッダを失った〕者たちのこの苦悩は今ちょうどそのごとくであった」

五一 以上のごとく、正しい目的をなした阿羅漢であり、執着を離れて〔そのようなことは言わない域に達して〕いたけれども、報恩*によって師（ブッダ）に相対する彼（アニルッダ）は生死のもろもろの誤りと師のもろもろの功徳とを多く語ったのである。

五二 それから、執着を離れていない者たちは涙をほとばしらせた。比丘たちの群は、確固たることを捨てて苦しんだ。〔しかし一方〕輪廻*を尽くした者たちは、世間*は滅することを本性とするとよく理解して、確固として動じなかった。

五三 それから、やがてマッラ族の者たちが〔ブッダの入滅を〕聞いて、悲惨*な衝撃を受けて急ぎ飛び出しやって来た。鷹の力によって威圧された鶴たちのごとく、〔彼らは〕「ああ、何*とひどいことだ」と打ちひしがれて叫んだ。

五四 闇*が広がったために光のなくなった太陽のごとくに、眠っておられる牟尼（ブッダ）を彼ら（マッラ族の者たち）は見て、ライオンが牛のリーダーを噛み殺したときに、もろもろの牛がするように、敬虔な心で、烈しく大声で鳴きわめいて泣いた。

五五 真理の教え（法）の師（ブッダ）が入滅せられたとき、敬虔な心のままに、思いのままに、大声で泣きわめき、涙で目をやられた彼ら（マッラ族の者たち）の中で、誉れあって正しく、教え（法）を喜ぶある者が次のように言った。

五六「生きものの世界が眠っているときに、それを目覚めさせられたそのお方（ブッダ）は最後の床に眠っておられる。真理（法）を保持するその旗は、祭祀が終わったときのインドラの旗のごとくに降ろされた。

五七 如来（ブッダ）という太陽は、確かに知恵が輝き、精進の熱と知恵の千の光を持ち、無知の闇を打ち負かされた後に、没されるときには、この世に再びこの闇をもたらされるのである。

五八 過去・未来・現在をごらんになった後、今、確かに世間の目（ブッダ）は覆われた。苦しみの大きな荒海の巨浪から〔われわれを〕導き〔守って下さった〕導師（ブッダ）というこの橋は確かに沈んでしまったのである」

五九 かくして、ここにおいて、ある者たちは哀れにも泣き悲しみ、他の者たちは、馬車の馬がうなだれるごとく、考え込み、また他の者たちは声を発し、また他の者たちは地に倒れた。彼らは彼らの性質に従ってそれらの行為をなしたのである。

六〇 それからやがて金をちりばめ、種々に飾られ、高価な象牙の、いまだ使われたことのない*柩《ひつぎ》を、象の鼻にも等しい手をもつマッラ族の者たちは、泣きながら、聖仙（ブッダ）のために作った。

六一 それから、時にかなった儀式を行なって、彼（ブッダ）に対して美しい多くの種類の花輪と最高にすばらしい香料とによって彼ら（マッラ族の者たち）は供養し、それから、愛着と尊敬によって〔彼ら〕すべては〔柩を〕担ったのである。

六二 それから、若木のごとき身体をもつ少女たちは腕輪をちゃりんちゃりん鳴らしながら、銅色の腕で、稲妻という幡《はた》によって白雲が〔支えられている〕ごとく、彼（ブッダ）に対して最高の価値の宝蓋《ほうがい》をさしかけていた。

六三 同様に、男たちのある者たちは白い花輪のついた傘をさしかけ、ある者たちは金の柄《え》のついた白い*払子《ほっす》を振っていた。

六四 それから、落胆して目赤きマッラ族の者たちは、牡牛のごとく、柩をかついだ。〔すると〕耳に心地好いシンバルが、*夏の季節の海のごとく、空に響いた。

六五 〔四〕方〔を守る〕力強い象たちに揺すられた、*美しく、茂った木々から〔落ちてきた〕ごとく、蓮の花をはじめとするもろもろの天の花が天から降ってきた。

六六 インドラの象から生まれたもろもろの象は、宝が内にある水蓮と、*葉を伴って愛さるべき*マンダーラの花（曼陀羅華）を、まき散らされた水の雫《しずく》とともにまき散らしたのである。

六七 それから、*歓喜園に生じ最高の幹を持つ赤栴檀《しゃくせんだん》のよく調整された樹液と、〔人的〕努力によっては作ることのできない〔すばらしい天界の〕白い着物を、ガンダルヴァの娘たちが正しくまき散らした。

六八 *揺らめく旛《はた》をもち、いろんな種類の花輪をふりまいて、大きなシンバルによって従われて、寂静のために寂静の道づたいに〔彼らは〕*柩を導いて行ったのである。

六九 敬虔な心のマッラ族の者たちは、それ（柩）をかついで、牟尼の威光のゆえに百度も敬礼しつつ、彼（ブッダ）が入滅されたことにあまねく泣いて、町の真ん中を通って〔柩を〕導いて行った。

七〇* 龍門を通って〔町の〕外へ出て、ヒラニヤヴァティーと言われる河を無事に渡った後、ムクタ〔バンダナ〕と呼ばれる廟（チャイティヤ）の根元に、名声のゆえに積まれたので〔その名声に相応するだけ大きな薪の〕山を彼ら（マッラ族の者たち）は作った。

七一 それから、香りのよい樹皮や葉、*沈香や栴檀や桂皮といった、龍たちが積んだ〔香木の〕山の上で、苦しみのゆえに蛇のごとく溜息つき、落ち着きなき目の彼ら（マッラ族の者たち）は牟尼のお身体を荼毘《だび》に付した。

七二 それから灯火で三度火をつけようとしたけれども、そのときには大聖仙（ブッダ）の〔薪の〕山は燃えなかった。*注意深さなき者のねらい定まらない弓によって〔放たれた〕矢が、本性的に王たるものの権威を〔射落とすことができない〕ごとくであった。

七三 道をやって来た〔マハー〕カーシャパ（大迦葉《だいかしょう》）は清浄な心によって思いをなし、世尊の完全な遺体にまみえたいと思った。その力によって火は燃えなかったのである。

七四 それから、そのとき、師（ブッダ）にまみえるためにそこへ比丘（マハーカーシャパ）が急ぎ駆けつけて、最高の牟尼に礼拝すると、たちどころに火はおのずから燃えたのである。

七五 もろもろの煩悩によっては焼かれなかった牟尼の遺体において、皮膚と肉と毛と〔四〕肢が焼けた後、バターと風と薪を多く用いたにもかかわらず、火は骨を焼くことはできなかった。

七六 それから、お亡くなりになった偉大なお心のお方（ブッダ）のそれら〔の遺骨〕を最高の水で清めて後、やがて〔次のように〕讃嘆しつつ、マッラ族の者たちは、町へ、もろもろの金*の壺に入れてお運びしたのである。

七七*「これ（金の壺）は大きな山の宝の鉱石のごとく、至福に満ちた偉大な〔遺骨を〕保存している。諸天における最高神（ブラフマン）の領界が劫末の火によって損われなかったごとく、遺骨は火によって損われなかった。

七八 慈愛によって修習されたこれら〔の遺骨〕は、執着の火に焼かれることとは無縁である。彼（ブッダ）に対する尊敬の力によって保持されている遺骨は、冷たいけれどもわれわれの心を焼く。

七九 愛欲を滅ぼされたそのお方（ブッダ）の力のゆえに、ヴィ*シュヌ神のガルダ鳥でも運ぶことのできないところの、世間に匹敵するもののないそのお方（ブッダ）の遺骨を、人間たるわれわれが運ぶのである。

八〇 ああ、世の定め（世間法《せけんぼう》）は実に力が強い。定め（法）に対して力を持っておられたけれども、そのお方（ブッダ）も〔定めの〕力を超えられなかった。名声によってあらゆる人々を覆われたそのお方のお身体のこの部分が壺の中に在る。

八一 自らの光輝によって第二の太陽のごとく輝かれ、彼〔自ら〕の光輝によって地をお照らしになったそのお方の金色のお身体は、火によって骨を遺したのである。

八二 煩悩の大きな山々を打ち砕かれ、苦しみを得られても確固たることを捨てられず、あらゆる苦しみを制止された、その聖仙（ブッダ）のお身体は火に焼かれたのである」

八三 戦いにおいて敵たちに涙を流させ、救いを求めて来る者たちには涙を止めさせ、苦しいときにも涙を見せて流すことのなかった彼ら（マッラ族の者たち）は、道で涙を流して嘆*き悲しんだのである。

八四* プライドが高く、腕力が強いにもかかわらず、彼ら（マッラ族の者たち）はかくのごとく苦しみつつ、荒野〔へ行くかの〕*ごとくに、その町（クシナガラ）へ入り、道々、その遺骨を人々は供養し、供養のために楼閣にお飾りしたのである。

第二八章　ご遺骨の分配

一　正しい仕方で数日の間、彼ら（マッラ族の者たち）はそれら〔の遺骨〕を最上の供養で供養した。すると、属国の小王の使者が七人、次々とその〔遺骨の〕ためにその〔クシナガラの〕町へやって来た。

二　それから、そのとき、彼ら（使者たち）の言うことを聞いて、やがて、プライドと彼*（ブッダ）に対する尊敬の力によって、マッラ族の者たちは、たとえ戦争することになろうとも、〔遺骨〕を渡すまい、と心に決めた。

三　それから、彼ら（マッラ族の者たち）のこの態度を理解して、七つの疾風のごとく、彼ら七王*は、逆流して溢れるガンジス河の力にも等しい軍勢を伴って、大変怒り狂ってクシ〔ナガラ〕と言われる〔その町〕へやって来た。

四　そこで、町の人々は、それらの王たちの馬のいななきのために、忿怒〔神〕によって頭をひっつかまれたごとく、恐怖でいっぱいの顔をして、森の端から急ぎ〔戻って来て〕町へと入った。

五　それから、その王たちはその町を封鎖し、園遊林には立派な象たちをつなぎ、すぐれたマッラ族の者たちとは対決したが、〔自らの〕種姓と一致する服装の者*たちには食料を差し入れた。

六　そこで、欄干*という美しく長い睫毛をもつ門という目を閉じてその町は、好ましからざることに遭遇した女*のごとく、枢*という肩を揚げて苦悩した。

七　目的を一つにし、威光によって輝き、力によって進軍する七人の王によって、地は一時に一緒に〔あらわれた〕七つの星を恐れる空のごとくであった。

八　そこにおいては、女*や男の鼻は、狂象の酒の〔ような〕香りによって、また彼らの目は、軍勢によってたてられた埃によって、また、彼らの耳は、馬や象の鳴き声や太鼓*の音によって、破壊された。

九　それから、中*に燃える液体のつまった投石車と、〔その〕前*に集合して〔戦闘〕準備のできた騎馬の軍勢や象たちに包囲されて、門は半分封鎖された。封鎖*しての戦いがもろもろの方角で行なわれていた。

一〇　それから、槍や刀や矢を手に町人は、恐れと勇気によって恥*をかなぐり捨て、鷹のごとくに敵どもをにらみつつ、近くの城壁の上に集合していた。

一一　ある者たちは落ち着きなく大声で泣きわめき、同様に、他の者たちは集まって法螺貝を吹き鳴らした。ある者たちは凶暴に興奮して突進し、同様に、他の者たちは青い*刀を振り回した。

一二　そこで、勝利のために戦わんとし、相撲取り*のごとくに名前*を叫んでいるマッラ族の者たちを見て、戦士の妻たちは、〔不安な〕心と、薬と、〔戦士への〕褒賞を共に携えて動き回った。
一三 その戦いに初めて行こうとする息子のために、戦士の妻はそこで打ち震え、鎧*を結んでやって安全無事の祈願をし、心配顔ではあったが涙*は流さなかった。
一四* 他の女たちは、牝鹿のごとく心配顔で、行かんとする夫の弓にとりすがったが、戦いにはやる彼のその顔を見て、まとわりつき続けるのはやめたが、〔ついて〕行くこともできず、とどまっていることもできなかった。
一五 壺の中に閉じ込められた蛇のごとくに、力ずくでかくのごとく出ようとし、かくのごとく配陣したマッラ族の者たちを見て、〔七人の〕王たちはいくさの心積りをした。
一六 興奮してみな戦いへと傾倒している車や象や馬や歩兵を見て、学識のゆえにまた友情のゆえにバラモンであるド*ゥローナは次のような言葉を言った。
一七 「戦いにおいて敵の命と驕りを汝らは矢で征服することはできるが、別な城に住している〔敵〕を容易に〔征服〕することはできない。ましてやその敵が目的を一にしている場合はなおさら言うまでもない。
一八 もしも、完全に封鎖することによって敵を征服しようと心を決めたのであれば、その者たちはそ〔の心〕を捨てよ。罪なき町の人々を封鎖して侵害するということが、一体、教えにかなったこと〔法〕であろうか。
一九 穴に入った黒蛇どもが道を同じくして出合い、やがては噛み〔合う〕ように、封鎖によっては一方的な勝利はありえない。むしろ、封鎖された者たちが勝利を得るであろう。

二〇 町の中に封鎖されてとどまっている者たちのことを心ある人々が聞けば、燃料をふりかけられて小さい火〔が燃え上がる〕ごとく、〔封鎖されている者たちは〕たとえ威光なきものであったとしても、至福大なるものとなるであろう。

二一 教え（法）を本性とする者たちは町に封鎖されていたとしても、征服しようという意欲をもつ者たちを苦行によって打ち負かす。軍勢が尽きてしまったにもかかわらず、〔その昔〕クシナガラにおいて*カランダマ〔という王〕が教え（法）の力によって勝利したのである。

二二 名声のために、あるいは領土を獲得するために、彼ら〔王たちというもの〕は全国制覇を一度はなすものであるが、牛が池から水を飲んだ後〔牧場へと引き返す〕ように、王たちも、〔ついには獲得した全国の土地を〕捨てて〔尽き、〕土へと返すのである。

二三 それゆえに、教え（法）と利益とを正しく見て、汝らは穏和な手段で〔征服するよう〕努力されるがよかろう。矢によって征服された者たちは再び蜂起するが、穏和な手段で征服された者たちが変わることはない。

二四* これらすべて〔の振舞い〕は汝らにとって正しいことではない。確かに汝らの力は敵（マッラ族）の力を凌《しの》ぎうる。しかし、シャーキャ・ムニを供養しようという心を持っているならば、その方のお言葉に忍耐によって従われるがよかろう」

二五 以上のごとく決意された意向を、バラモンの率直さと喜びによって、〔相手が〕王たちであるにもかかわらず教え諭してその聖者（ドゥローナ）は至福を語った。そこで彼ら

（王たち）は言った。

二六* 「ちょうどよいときに、賢く、有益でまた友好的な仕方で以上の言葉をあなたは語りました。教え（法）を喜ぶことと力に依存することによって王たちが思っていることを確かにお知り下さい。

二七 〔人は〕一般に、欲のため、怒りのため、力のため、死のために行為に赴き行くものであるが、誇り高きわれわれは、まさにブッダを供養するために弓をとったのである。

二八 驕りのために供物を取ることについての争いが、*シシュパーラと*チェディ族の者たちによって*クリシュナ〔に対して〕起こった。〔ブッダは〕驕りを捨てられた〔方である〕から〔その方の〕供養のためならわれわれは命すら捨てても、行なわないことがどうしてあろうか。

二九 〔二人の〕娘をめぐって、地を守る*ヴリシュニ・アンダカの王たちは争うに至った。〔ブッダは〕貪欲を征服されたのであるから〔その方の〕供養のためならわれわれは命すら捨てても、行なわないことがどうしてあろうか。

三〇* 王族を壊滅するために怒った聖仙*ブリグの末裔（パラシュ・ラーマ）は戦いにおいて武器をとった。〔ブッダは〕怒りを征服されたのであるから〔その方の〕供養のためならわれわれは命すら捨てても、行なわないことがどうしてあろうか。

三一 王妃*シーターと呼ばれる死（？）〔に執着した結果〕、抱擁して非常に傲慢な*ラーヴァナも滅んだ。〔ブッダは〕執着をお捨てになったのであるから〔その方の〕供養のためならわれわれは命すら捨てても、行なわないことがどうしてあろうか。

三二 エティ*やパカといった敵が増え、無数*の王族も同様に滅んだ。〔ブッダは〕愚かさの闇を捨てられたのであるから〔その方の〕供養のためならわれわれは命すら捨てても、行なわないことがどうしてあろうか。

三三 このように、世間においては誤解から生じた多くの戦いが起こるのである。無上の師（ブッダ）に対する尊敬がつながれていてなお、〔だからこそ〕どうして戦わないことがあろうか。

三四 以上これがわれわれの決心です。あなたは使者となって、急ぎ行って下さい。この目的が戦いなくして成就するように全身全霊で努力して下さい。

三五 あなたの真理（法）をそなえた言葉によって、戦おうとして鏃《やじり》鋭き矢を持ったわれわれは制止されました。ちょうど、内に広がる毒を口に含んで〔持っている〕蛇たちが、呪文によって制止されるように」

三六 「そうしましょう」と、王たちの言葉を受け取って、そのバラモンはその町へ入り、順次マッラ族の者たちに会い、会った後にやがて次のような言葉を語った。

三七 「弓を手にして、磨かれた鎧が太陽のごとく輝いているこれらの王たちは、汝らのこの町を前にして、獲物を〔前にして〕味わいつつ〔いる〕ライオンのごとくに、胸を張って立っている。

三八 彼らの鞘に収まった刀と黄金に裏打ちされた弓を考えてみれば、彼らが戦いを恐れているわけではない。しかし牟尼（ブッダ）の教え（法）を思い出して教えに違《たが》うこと（非法）を恐れ、〔私に〕使いを頼んだのである。

三九　彼らは〔言っている〕。『われわれがやって来たのは、領土のためでもなく、財貨のためでもなく、驕りのためでもなく、敵対のためでもない。牟尼に対する尊敬によって〔やって来たのである〕。それゆえに、われわれのこの〔ブッダに対する〕敬いに対して、汝ら〔はそ〕の行為によって敬意を表*されるがよかろう。

四〇　その場合、牟尼は汝らにとってもわれわれにとっても師という点で等しい。このことゆえにこの苦労がある。それゆえに、兄弟の群が集まってやって来たのであり、師の遺骨を供養するという点で目的は一つである。

四一　真理の教えにかなった実践（法行）においてもの惜しみすることに比べれば、財貨を惜しむことなど罪ではない。もの惜しみして〔ものを〕語ることを決心するならば罪であり、罪は教え（法）の敵となるのである。

四二*　もしも、汝らが〔遺骨を〕与えないと決心しているならば、城から出て来て客をお迎えするがよかろう。矢ではなく閂《かんぬき》を力と頼む者たち、その者たちは生来の王族ではない』

四三　慈愛と威光を示しつつ王たちは汝らに以上のごとく言った。私が言いたいことをも、自*ら理解し、喜びによって自ら、汝らは聞け。

四四　だれかとの諍《いさか》いは善ではなく、教えにかなったこと（法）ではない。憎しみをもたず、平安を友とせよ。牟尼は忍耐を讃えられた。そのことによって、尊*敬の火はあまねく増広するであろう。

四五　財貨と欲望のいずれか一つのために諍いの状態に人は近づく。しかし真理（法）のために聖者となったものは、平安と敵《てき》〔愾心《がいしん》〕は相争うと語る。

四六* 寂静（平安）となられ、慈愛のお心ですべての人々に仁愛をお説きになったその大慈悲をもたれたお方に対する供養が殺生をして〔行なわれるなら、それは〕私のやり方に合わない。

四七　それゆえに、遺骨を与えることにより、この〔王〕たちに、名声と教え（法）の部分とを分かつがよい。そうすれば、汝らは彼らと争うことなく、彼らも教え（法）と名声とを得るであろう。

四八　教え（法）をそなえた者であるわれわれは、教え（法）から離れた人を教え（法）に努力してでも結びつけるのであるが、他の人々を教え（法）に結びつける者たちは、教え（法）を定住せしめるのである。

四九　正しい最高の聖仙（ブッダ）は、教え（法）の布施がすべての布施の中で特にすぐれている、とおっしゃった。*だれでも財貨に人を結びつける（＝財貨を布施する）が、教え（法）の布施者は修練が要《い》る」

五〇　そこで、名声と安楽（楽）とをもたらす教え（法）の言葉を彼（ドゥローナ）から得て、恥ずかしさに互いに顔を見合わせて彼ら（マッラ族の者たち）は、〔古代のバラモン軍師であった、かの〕*ドゥローナに*種姓が等しい〔この〕バラモン（ドゥローナ）に言った。

二一「ああ、友の善のために汝はよくぞ決心してくれた。〔汝は〕バラモンにふさわしくもろもろの徳に結びついている。別な道で迷った悪馬のごとき〔われわれを〕汝は正しく従うべき道へと戻したのである。

二二〔汝が〕言ったように〔われわれは〕するであろうし、仁愛深く友情あるこの言葉を受け取るのはもっともである。友たる者の言葉を全くないがしろにすれば、後に苦しみに陥ちて苦しむであろう」

二三 それから、生きとし生けるものの世界を知られたお方（ブッダ）の遺骨をマッラ族の者たちは八つに尊敬と徳をもって分けた。それから、自らは〔自らの取り〕分を受け取って、〔他の〕七〔部分〕を*それぞれ他の者たちに与えたのである。

二四 マッラ族の者たちに敬われ、目的を達した王たちはまた喜んで自分の国へ帰って行った。それから、彼〔ら〕は規定通りに、それぞれの自国において、*聖仙（ブッダ）の遺骨の〔ための〕塔の建立を行なったのである。

二五 それから、自分の国に牟尼の塔を作りたい*ドゥローナはそれぞれに分けられた〔遺骨を取り出した後の〕瓶を受け取った。残りの灰も、*ピサラという、尊敬をもって従う者たちが受け取った。

二六 そこで、まず、遺骨を収めた白い石山のごとき八つの塔が生じ、その〔遺骨の〕壺をもつバラモンの〔塔〕が第九番目に、灰を収めた〔塔〕が第十番目に生じた。

五七　旗をひらめかせ、*雪山カイラーサの頂にも等しい牟尼の種々の塔を、王たちは一族とともに、バラモンたちは*人々とともに、地上において供養した。

五八　*花輪の連続と最高の香りとすばらしい花輪とシンバルの音楽によって、最高の供養をそれぞれの王たちは、勝者（ブッダ）の遺骨を持つもの（塔）に対して行なった。

五九　それからやがて、五百人の阿羅漢が五つの山によって特徴づけられた町（ラージャグリハ）に集合して、再び正しく教え（法）が定着するように、*牟尼のお言葉を山の側面で集めた。

六〇　あらゆる場合に大聖仙（ブッダ）から聞いたのはアーナンダである、と決定した比丘たちは満場一致で「〔ブッダの〕お教えをお願いします」と*ヴィデーハ国の牟尼（アーナンダ）にお願いした。

六一　そこで彼らの真ん中に彼（アーナンダ）は坐り、論者中の最高者（ブッダ）がお語りになった通りの言葉を、何処で、だれに、いつ、何を〔お語りになったかを〕「次のように私はこのことを聞いた」（如是《にょぜ》我聞《がもん》）〔云々〕と語った。

六二　それゆえに、阿羅漢たちと協力して彼（アーナンダ）は、大牟尼（ブッダ）の真理の教え（法）の聖典を確立した。だれでも、努力して〔それを〕正しく得る者は、すでに涅槃したし、現に涅槃しているし、将来涅槃するであろう。

六三　驕れる敵どもには憂いを与え、人々の苦しみの憂いを断ち、花と実をそなえたアショーカ樹（無憂樹）のごとく見るに快い、それ（ブッダの教え）を敬うアショーカ王が、やがて生じた。

六四　聖なるマウリヤ〔王朝〕の誉れである彼は人々の利益のために、あらゆる国を塔という徴《しるし》をもつものとせしめた。〔彼は以前に〕「凶暴なアショカ」(Caṇḍāśoka) という名を得ていたが、以後は地上において「法王アショーカ」(Aśoka Dharmarāja) の名をその行為によって得たのである。

六五　やがて、マウリヤの彼（アショーカ王）は、実際*の七つの塔から、かの聖仙（ブッダ）の遺骨をとり出して、秋の雲のごとき光をもつ栄誉ある八万*の塔に分配することを一日で行なったのである。

六六*　ラーマ村*にあったもとの第八番目の塔はそのときには敬虔な龍たちによって守られていた。それゆえに遺骨をその王は得られなかった。そうすること（遺骨を得ること）はできなかったが、〔遺骨が龍たちに守られているのを知って〕信仰は〔より〕大きくなったのである。

六七　それゆえに、心の敵であるもろもろの〔世俗的な〕結果にあまねく住し、移ろう威光を守り、黄褐色の僧服は身につけなくとも、その王は、見解を清浄にし、初果*を得たのである。

六八　彼*（聖者）以外の他のだれでも牟尼の供養を、過去になし、現在なし、将来なすならば、その人は、聖者が得る無上の果報（果）を過去に得たであろうし、現在得ているであろうし、将来得るであろう。

六九 聖仙（ブッダ）をご存命中に供養しても、涅槃された後の遺骨に礼拝しても、心が清浄となるのは同じことであるし、果報も同じである。ブッダの〔この〕諸功徳を賢者たちは知れ。

七〇 それゆえに、*最高の教え（法）を知った方であり、*最高に不変と不死を獲得され、慈愛をもたれ知恵大なる牟尼（ブッダ）という最高の供養の対象にはつねに最上の供養が到る。

七一 最高の慈悲をおもちになり、最高の*神通力をおもちになり、他人を利益するために最高に苦労なさったそのお方（ブッダ）の行ないを知っているところの最上の賢者たちにとって、*このお方に対して感謝の供養をすることがどうしてふさわしくないであろうか。

七二 地上においては老・死に等しい恐怖〔はなく〕、天上においては〔天界から〕墜ちることに等しい〔恐怖は〕ない。人々のこの二つ〔の恐怖〕をそのお方（ブッダ）は知っておられたのである。それゆえに、〔彼以外に〕どんな最上の供養の対象があろうか。

七三 生があれば不快が生じる。再び〔輪廻に〕生まれることのないことによる非常な快以上の快はない。そ〔の快〕を得られて、そのお方（ブッダ）は人々に与えられたのである。それゆえに、〔彼以外に〕どんな最上の供養の対象があろうか。

七四* 以上、牟尼（ブッダ）の聖典に従ってこ〔の書〕を作成したが、それは牟尼（ブッダ）という最高者に対する尊敬ゆえにであって、学識の資質をひけらかすためでもなく、〔私に〕詩才があるからでもない。〔願わくばこの書が〕人々の利益と安楽（楽）のためになりますように。

*サーケータ国のスヴァルナアクシーの子にして比丘たる師にして大詩人、雄弁にして、諸方に有名な大徳アシュヴァゴーシャ（馬鳴《めみよう》）著、『ブッダの所行』という偉大な詩のうち、「ご遺骨の分配」という第二八章了《おわ》る。

〔翻訳の奥書〕

地上の海の果てまで到られた最高の教師であり、比類なきすばらしい多くの功徳の大きな宝蔵であり、賢者たちの師であり、人々の誉れである*ラマタムパ（最上の師）法王の命令により、あらゆる世間に敵のないまさにその最高者（ラマタムパ法王）のお仕事を実現させたいという清浄なお考えをお起こしになった〔グンタンの〕王たる天子とグンタン王妃とその子と、真理の教え（法）においてひたすら清浄となったただ一人の王女*クンガーブムと、マンユルの*キロンのサンモヨンテンキらの真理の教え（法）をそなえた者たちが施主となられたことにより、聖なるアシュヴァゴーシャ作のこの*『牟尼の所行』を*サワンサンポとロドゥゲルポとが翻訳した。こ〔の書〕を翻訳した大なる福徳によって、父母や人々が道の最上王〔たる〕こ〔の仏道〕に入り、稠林《ちゅうりん》のごときすべての過ちの集まりと*四魔の諸王を征服し、最上の法王（仏）たることを*得ますように。*その〔翻訳の〕善業によって牟尼（ブッダ）の教えが永く住しますように。

注（上の数字は偈の番号を示す）

第一章

一　イクシュヴァーク――古代インドでは太陽神スーリャを祖とする日種族と月チャンドラを祖とする月種族が有名であるが、前者の王統をイクシュヴァーク王が開き、後者はアトリ仙（本章四三の注参照）によって開かれた。イクシュヴァークはヴァイヴァスヴァタ・マヌ（二・一六の注「マヌ」、四・二八の注「ヴィヴァスヴァット」参照）の子。「ヴァイヴァスヴァタ」とはヴィヴァスヴァットの子を意味する。八・七八の注「ヴィヴァスヴァットの子マヌ」も参照。

一　シャーキャ族――九・一一の注参照。

二　インドラ神――バラモン教の聖典『リグ・ヴェーダ』（本章四二の注「ヴェーダ」参照）において最も活躍する英雄神。時代とともに勢力を弱め、仏教のパンテオンに取り入れられて帝釈天となった。

二　シャチー――インドラ神の妻。「シャチー」という語は、元来、神聖なる源泉より湧き出た力を意味する。この力は神々、特にインドラに与えられる。

二　パドマー――吉祥女神ラクシュミー、女神シュリーの別名。美と繁栄（特に王家のそれ）の女神である。九・一九の注「ラクシュミー」参照。

二　マーヤー――窮極的実在が現象のすがたを取るときの力の女神化。世界の多様性や無常性がこの女神の本質であり、人の心をひきつける。

三　ヴァイシュラヴァナ――「ヴィシュラヴァスの子」の意味で、富の神のクベーラ（あるいはクヴェーラ）の別名。仏教では四天王の中、北方を守る毘沙門天あるいは多聞天のこと。二四・四八の注「クベーラ」、及び二六・一〇一の注参照。

六　チャイトララタ――ヴァイシュラヴァナ（クベーラ）の庭。一四・四一の注「チャイトララタの林」、二六・九三の注参照。

九　プシュヤ星座――蟹座、鬼宿。この星宿に満月が合わさる時を暦の上では、「吉」という。

一〇　アウルヴァ――ブリグ（本章四一及び二八・三〇の注参照）家系の聖仙。腿《ウール》より生まれた子の意味。彼の母が彼を懐胎したまま敵に殺されようとしたとき、彼は母の腿を破って生まれ出たという。

一〇　プリトゥ――伝説上の名君。プリトゥは父ヴェーナの右腕を聖仙たちが擦ることによって生まれたと伝えられる。

一〇　マーンダートリ――伝説上の王ユヴァナーシュヴァの子。ユヴァナーシュヴァは一夜、ブリグ仙の家で瓶の水を飲んだために懐妊し、マーンダートリが左脇腹を破って生まれたと伝えられる。父の頭より生まれたという話を記載する他の文献は不明。一九・一〇の注参照。

一〇　カクシーヴァット――創造主ブリハスパティ（本章四一及び二三・五八の注参照）の子とも、東方七仙の一人ともされるが、脇の下から生まれた伝説の典拠は不明。

一一　劫――サンスクリットのカルパの音略。きわめて長い時間の単位。四三二〇の百万倍の年といわれる。一三・四一及び二三・七二の注参照。

一四　七仙星宿（大熊座）――『リグ・ヴェーダ』に散見する七人の聖者が後にまとめられ、さらに北斗七星（大熊座）と結びつけられた。この星座は季節によってもあまり位置を変えないために、重厚さのイメージと結びついたのであろう。

一五　輪廻――車の輪がはてしなく廻るように、生きものが心の惑い（煩悩）と行ない（業）によって、地獄・餓鬼・畜生・阿修羅・人間界・天界という六つの世界を生まれ変わり、死に変わること。九・六の注参照。

一七　ヤクシャ——草原や森林に出没する、超能力を具えた神的存在あるいは精霊。仏教では毘沙門天の眷族として北方に位置し、正法や人々を守る。二六・一〇三の注参照。

一九　過去仏——仏教ではシャーキャ・ムニ（釈迦牟尼）の出世以前にも仏が現われたという思想があるが、それらの仏たちを「過去仏」と呼ぶ。

一九　マンダーラ——色の美しい天華。赤い花をつけるデイゴと同じとも、それからイメージを取った天華ともいわれる。二七・六六の注「マンダーラの花」参照。

二〇　如来——サンスクリットの「タターガタ」の訳。「タターガタ」とは「そのように（タター）来た人（アーガタ）」を意味すると解され、中国では「如来」と訳されてきた。「そのように」とは「過去においてあるべき理想のように」との意味で、人格完成者、真理の体現者と訳されることもある。このようにして「如来」はシャーキャ・ムニ、および他の仏を指す。

二〇　シュッダーディヴァーサ——世界は、欲望の盛んな欲界《よくかい》と、それほど盛んではない色界《しきかい》と、それを越え、物質的要素のない無色界《むしきかい》という世界に三分される（一五・五五の注「三界」参照）。色界は、順に高い位にのぼる四段階に分かれており、第四の最高位の段階を第四禅（五・一〇の注「第一禅定」参照）という。ここには聖者の生ずべき場として、無煩天《むぼんてん》・無熱天・善現天・善見天・色究竟天《しきくきょうてん》（アカニシュタ）があり、これらの五つの場およびそこに住む神々をシュッダーディヴァーサ天（神）と呼ぶ。漢訳では浄居天という。一三・三一の注参照。

二一　梅檀——八・二六の注「チャンダナ」参照。

二四　精霊——サンスクリットの「ブータ」の訳。ヒンドゥー教では、シヴァ神（本章八八の注参照）の従者で、舌を出し、太った裸の姿で描かれることが多いが、仏教では中性的な守護霊のようなものと考えられた。

二七　カーマ——彼の花の蕾の矢で射られた者には恋心が芽ばえるという。恋心は、愛欲や貪りなどを引き起こすことになるが、「人々を救う師」すなわちブッダはそうした愛欲などを鎮めることができる。

三一　バラモン——サンスクリットの「ブラーフマナ」の訳。「ブラーフマナ」とは、「ブラフマンを有する者」を意味する。ブラフマンとは、宇宙原理のことであるが、元来は呪力ある言葉であった（一二・四二の注参照）。そのような呪力ある言葉を占有し、祭式においてそうした言葉を祭詞として唱えた人々がやがて最上位のカーストたるバラモン階級を構成していった。本章四五の注「二生者」参照。

三四　大地を支配する者——八・八四の注「全世界を支配する帝王」参照。

三六　メール山——スメール山（須弥山《しゅみせん》）ともいう。世界の中央に「世界の軸」のようにそびえる山。この四方に四大海があり、そのそれぞれに南閻浮提《なんえんぶだい》などの洲があり、メール山の頂上にはインドラ神が統率する三十三天があると考えられている。二三・七一の注参照。

四一　ブリグ——ヴェーダに現われる仙人で、ヴァールガヴァ族の創始者。水神ヴァルナの子とも、インドラ神の子ともいわれる。二八・三〇の注「ブリグの末裔」参照。

四一　アンギラス——『リグ・ヴェーダ』の多くの讃歌の作者と伝えられ、七仙人の一人。ブリグとアンギラスの子孫たちは祭壇の火をともす魔力を有すると信じられた。

四一　シュクラ——ブリグの子。詩人、法典（政治学書）を著す。

四一　ブリハスパティ——アンギラスの子。「ブリハスパティ」とは祈禱の主を意味する。彼は天上の神々の僧であるとともに、地上で行なわれる祭式を総監するブラフマン祭官の原型と考えられる。シュクラとともに帝王学あるいは政治学の祖ともされる。二三・五八の注参照。

四三　サラスヴァティーの息子——サーラスヴァタという。聖者ダディーチャが漏らしてしまった精液を受けて聖河サラスヴァティーがみごもり、サーラスヴァタを生んだ。彼は十二年間の旱魃《かんばつ》のためヴェーダ聖典が消滅の危機に瀕したとき、ヴェーダ聖典を伝えることに成功したと伝えられる。

四二　ヴェーダ――インド・アーリヤ人の手による宗教文献の中、最古のもの。四種を数える。天界の神々を地上に招き、神々の活動を讃える詩頌を集めた『リグ・ヴェーダ』、同様に神々の讃歌を集め、一定の旋律にのせて歌うための『サーマ・ヴェーダ』、祭式を実際に担当し、供物を火の中に投げ入れたりするアドヴァリュ祭官に属する『ヤジュル・ヴェーダ』の三種のヴェーダ、および、後に呪術的要素の強い『アタルヴァ・ヴェーダ』が加えられて四種となった。バラモン僧たちはこれらの四種のヴェーダに基づき祭式を行なってきた。

四二　シャクティ――ヴァシシュタと妻アルンダティーとの間の子。その息子がパラーシャラであり、さらにその子がヴィヤーサである。

四二　ヴァシシュタ――ヴェーダ七聖仙の一人。多くのヴェーダ讃歌を作ったといわれる。長編の叙事詩『マハーバーラタ』では、彼は聖仙ヴィシュヴァーミトラ（四・二〇の注参照）と鋭く対立する。

四二　ヴィヤーサ――一般に「編纂者」を意味するが、ここではヴェーダ聖典の編纂者を指す。別の伝説では『マハーバーラタ』の編纂者ともいわれる。

四三　チュヤヴァナ――ブリグ仙の子で、もろもろのヴェーダ讃歌を作ったといわれる。

四三　ヴァールミーキ――『マハーバーラタ』とともにインド二大叙事詩の一つである『ラーマーヤナ』の作者。『ラーマーヤナ』をもってインドの美文体文学（カーヴヤ）が始まると考えられている。

四三　アトリ――ヴェーダ七仙の一人。多くのヴェーダ讃歌の作者。

四三　アートレーヤ――医術書『チャラカ・サンヒター』の宣述者とされる。

四四　クシカ――クシカ族の祖で王。ガーディン王の父。

四四　ガーディン――クシカ族の王。ヴェーダの聖仙ヴィシュヴァーミトラ（四・二〇の注参照）の父。

四四　サガラ――イクシュヴァーク家の王。彼には六万人の息子がいた。放った馬が歩いたところを領土とし、その馬をいけにえとするという義礼（馬祠）を催そうとしたところ、犠牲となる馬の行方がわからなくなってしまった。六万の息子たちはその行方をさがし、大地をも掘り返した。その跡にガンジス河の水が注がれて、海となり、それ以来、海はサガラと呼ばれるようになった、と伝えられる。

四五　ヨーガ――心の働きを統御することにより、宇宙原理（ブラフマン）の光を行者の心に顕現させるための、精神集中を中心とする宗教実践の方法。仏教においては、身体・言語・精神のすべての活動を止滅させることによって「知恵の完成」（般若波羅蜜《はんにゃはらみつ》）を見る実践をいう。禅も一種のヨーガである。

四五　二生者――インドにおける四つのカーストの最上位の僧侶（バラモン）階級、あるいは上位三つのカースト（僧侶《バラモン》・武士《クシャトリヤ》・商人《ヴァイシュヤ》）を指すが、ここでは前者の意味。母の胎内から生まれた後、ヴェーダの定める儀礼によって再度生まれるゆえに「二生者」、つまり「二度生まれる者」といわれる。インドでは上位三つのカーストがヴェーダの儀礼にあずかることができた。

四五　ジャナカ――ヴィデーハの国王。王族ではあるが、深い知識を有し、司祭僧ヤージュニャヴァルキャとの哲学的談義を好んだと伝えられる。ラーマ（六・三六の注「ラーマ王子」参照）の妻シーターの父もジャナカと呼ばれるが、同一人物を指すか否かは不明。

四五　シャウリ――デリーの南マトゥラー地方のヤーダヴァ族の王シューラの孫。『マハーバーラタ』が伝えるバラタ族の戦争に参加し、五王子軍のアルジュナ王子の御者となる。一般にはクリシュナの名称で呼ばれ、『マハーバーラタ』の一部である『バガヴァッド・ギーター』においてはヴィシュヌ神（本章八八の注「シヴァ」参照）の化身として登場する。

四五　シューラたち――シューラはクリシュナの祖父。「シューラたち」は、ヤーダヴァ族の祖先たちを指す。

五〇　ブラフマン――一二・四二の注「最高原理ブラフマン」参照。

五三　アンティデーヴァ――古代の伝説上の王。バラモンたちに布施をなしたことで知られている。ヴァシシュタ仙に何を与えたかは明確ではない。

五六　王仙――元来は、ヴェーダの讃歌を作るために必要な発想を備えた詩人たちのことをリシといった。また、高邁な精神を有する聖者あるいは苦行によって高徳を積んだ仙士（七・三三）をもリシと呼ぶに至った。後世は、王族出身の仙士（王仙《ラージャ・リシ》）、バラモン階級出身の仙士（梵仙《ブラフマ・リシ》、七・三九）、および神々でもあり仙士でもある神仙《スラ・リシ》（七・三九）が語られた。リシという語は古代における聖仙、つまり古仙（二・四三）を意味することもある。

六〇　網縵——二一・五三の注参照。

六一　デーヴィー——「デーヴィー」とは女神一般を意味し、後世では、シヴァ神（本章八八の注参照）の数多くの妃を統合した大女神をも意味する。ここでは、軍神スカンダ（本章八八の注参照）を生んだパールヴァティー（シヴァの妃の一人）あるいは、スカンダをあやした母神《マートリカー》たちを指すのであろう。

七一　チャクラヴァーカ——赤鵞鳥。この鳥は夫婦愛の典型として語られる。この鳥の雌雄は夜間、離れて過ごし、悲しい声をあげて鳴くと伝えられる。

八三　護摩——古代バラモン教における最も一般的な儀礼。焼供。バター油（ギー）や米粉を焼いて作った餅を神々への供物として火の中に入れて焼く。「黒い道」つまり昇っていく煙を通じて火は天上にいる神々に供物を運ぶと考えられた。あるいは、祭詞によって火のところに天の神が招かれることもある。八・七二の注「ホーマ祭儀」参照。

八八　スカンダ——シヴァ神と妃パールヴァティーの間に生まれた息子。軍神。魔神ターラカを殺して世界を救う。六面で、孔雀に乗った姿で表わされる。日本では韋駄天として伝えられている。

八八　シヴァ——ヴィシュヌ神、ブラフマン神と共にヒンドゥー教の三主要神を構成する。シヴァは世界の破壊を、ヴィシュヌは世界の維持を、ブラフマンは世界の創造を司る。シヴァは牛にのり、三叉戟を持ち、虎皮を腰に巻き、蛇を飾りにするというような姿で表現される。一〇・三の注参照。

八九　聖仙カピラ——バラモン正統派の哲学一派であるサーンキャ派の創始者と伝えられる。ヴィシュヌ神や火の神アグニと同一視されることもある。シャーキャ族のこの都はカピラの生まれたところでもあるゆえに、「カピラヴァストゥ」（カピラの住処）と名づけられたと伝えられる。一方、カピラヴァストゥは「黄赤色の土地」を意味するという解釈もある。

八九　アプサラス――「水（アプ）の中で動くもの（サラス）」の意味で、天界の水の精たち。美しい女性として描かれ、一般にはインドラ神の天界に住む。ここにおけるようなクベーラとの結びつきは珍しい。

八九　クベーラ――富の神。ヴァイシュラヴァナとも呼ばれる（本章三の注参照）。

八九　ナラクーバラ――富の神クベーラとリッディの子。シヴァのとりまきのうち、最も荒々しい者とされている。

第二章

三　パドマ――古代インドでは世界の四方あるいは八方それぞれを象が支えていると考えられた。パドマは南方を支える象。

一一　ナフシャ――伝説的歴史書（プラーナ）によれば、ナフシャにはヤヤーティなど六人の息子があり、ヤヤーティはクリシュナ（一・四五の注「シャウリ」参照）の先祖にあたる。ナフシャは聖仙たちの怒りに触れて蛇の姿で生まれ変わったといわれる。一一・一四の注参照。

一一　ヤヤーティ――ヴェーダにおける伝説上の王。クリシュナが属したヤーダヴァ族などの祖先とみなされる。強力な君主で、彼の王国にはバラモン僧たちの習慣とは一致しない風習があったと伝えられる。この偈では武士階級（クシャトリヤ）の勢力が強調されていると考えられる。

一五　アナラニヤ――イクシュヴァーク家第四代目の王。彼の王国では飢餓や戦争もなく、平和が続いたと伝えられる。

一六　マヌ――「人間」を意味し、伝説上の人類の祖。ヒンドゥー神話では一四人のマヌを数え、ここにいうマヌは七番目の「ヴィヴァスヴァット（太陽神、四・二八の注参照）の子マヌ」を指す。彼からイクシュヴアーク族（一・一）などが生まれた。彼の治世下で王国は栄えたと伝えられる。『マヌ法典』は彼に帰せられる。八・七八の注「ヴィヴァスヴァットの子マヌ」も参照。

一八　神仙――一・五六の注「王仙」参照。

二七　サナトクマーラ――ブラフマン（梵天。一・八八の注「シヴァ」参照）の長子あるいは末子。クリシュナの子プラデュムナあるいは軍神スカンダと同一視されることがある。

三〇　カイラーサ――一〇・四一及び二八・五七の注参照。

四三　古仙――一・五六の注「王仙」参照。

四六　ヤショーダラー――「名声を持する者」を意味する。

四六　ラーフ――日食と月食を引き起こす魔神。身体は無く、顔のみで表現され、その不死の口によって太陽と月とにかみついて食を起こすといわれる。

五一　自生者――「スヴァヤンブー」とは「自ら（スヴァヤン）生まれたもの（ブー）」を意味し、創造主としてのブリハスパティやブラフマンを指す。後世、仏教においても創造主としての仏の意味で用いられる。

五六　菩薩――サンスクリットの「ボーディ・サットヴァ」の音写の略。この語は種々に解釈されるが、一般的には「さとり（ボーディ）への勇気（サットヴァ）を有するもの」と解釈される。仏となるべく修行を積んでいる者である。

第三章

一　コーキラ鳥――一五・一五の注参照。

三　キラータ族――最初は山の洞窟などに住むインド北東部の民族を指していたようであるが、後には狩人や山林の住民などをも指すようになった。キラータ族が、後宮に住んでいることは仏教文学においてしばしば言及されている。

五六　事実を知る――ジョンストンのテキストには arthavad とあるが、カウエルのテキストにより arthavid と読む。

六五　アラカー国――世界の北方を守る四天王の一人クベーラ（ヴァイシュラヴァナ）の都で、香りを食べて生きるというガンダルヴァ神や天女アプサラスの住処。一・三の注「ヴァイシュラヴァナ」、一・八九の注「アプサラス」及び二六・一〇三の注「ガンダルヴァ」参照。

第四章

一〇　クル族――北西インドのクルクシェートラ（クルの国土）に住む人々。サンスクリット語およびその文化が今日見られるような形態の古典的モデルを与えられたのは「クルの国土」においてであり、この国における儀式のやり方は他の地域の模範となった。「愛の戯れをたのしむ」云々が、どのエピソードを指しているかは不明。一一・三一の注参照。

一六　カーシ・スンダリー――この話の典拠不明。「カーシ・スンダリー」とは「カーシー、すなわち、ヴァーラーナシーの美女（スンダリー）」を意味するが、固有名詞か否かも不明。

一七　マンターラ・ガウタマ――叙事詩に現われる仙人。遊女ジャンガーとの話の典拠は不明。

一八　ガウタマ・ディールガタパス――単に「ディールガタパス」（長い苦行を有する者）ともいわれる。『マハーバーラタ』にはブリハスパティ神の呪いを受けて盲目として生まれたとある。

一九　シャーンター――アンガ国の王ローマパーダの娘。国の危機を救うため、リシュヤシュリンガを都に連れてきた。後に、彼と結婚する。

一九　リシュヤシュリンガ――一角仙。「かもしかの角をもつ者」の意味で、カーシュヤパ仙人と牝鹿との間に生まれ、女性を見ることなく成人したという。アンダ国に旱魃があったとき、「リシュヤシュリンガを都に連れてくれば雨が降る」というバラモン僧たちの言葉に従って、王女シャーンターと他の女たちが彼を都に連れていったところ雨が降ったと伝えられる。

二〇　ヴィシュヴァーミトラ――ヴェーダの聖仙。『リグ・ヴェーダ』第三巻の作者といわれる。王クシカ（一・四四の注参照）の孫、ガーディン（一・四四の注参照）の息子。王であったヴィシュヴァーミトラは王国を捨て、苦行の力によってバラモン僧の位に達したが、彼の激しい苦行を畏れたインドラ神は天女を遣わして彼を誘惑させた。この天女は一般にはメーナカーの名で登場する。

二一　ヴィブラージャ――天界の森の名。ヴァイブラージャともいわれる。太陽神ヴィヴァスヴァットとの結びつきは明らかではないが、『リグ・ヴェーダ』において「ヴィブラージャ」は太陽神の別名として現われる。

二二　ヴィヴァスヴァット――「輝くもの」の意味で、太陽神スーリヤの別名。天女アプサラスとの結びつきは一般的でない。

二三　ガウタマ仙――「ゴータマの息子」の意味で、シャラドヴァット仙の別名。

二四　アガスティヤ――ヴェーダおよび叙事詩に登場する聖仙。『マハーバーラタ』によれば、彼はさまざまな動物から最も美しい部分を合わせて一人の美しい少女ローパームドラーを作り出した。この娘はヴィダルヴァの宮殿で成人した後、アガスティヤと結婚した。

二五　ソーマ――元来はヴェーダの儀式で祭官たちが飲むソーマ酒のことであるが、後世、月の神と考えられるに至った。これは月がソーマ酒の容器と考えられたためであろう。

二六　ローパームドラー――「損傷（ローパー）を印（ムドラー）とする女」の意味。アガスティヤ仙が彼女を作り出すために動物たちに損傷を与えたためにこのように呼ばれる。

七四　ウタティヤ――ヴェーダの聖者。ディールガタパス（本章一八の注参照）の父。盲目の詩人で、『リグ・ヴェーダ』の中の讃歌の作者。ヴェーダではウチャティヤと呼ばれる。

七四　ママター・マールティー――ブリハスパティの義理の妹。ブリハスパティは身籠った彼女を犯そうとしたが、胎児が邪魔をした。そこでブリハスパティは生まれ出る子に呪いをかけた。畏れた母親ママターは誕生した子を殺そうとしたが、神々が「二人の父親から生まれた子（ドヴァージャム）を育てよ（バラ）」と言ったので、息子の名を「バラドヴァージャ」と名づけたという。しかし、ブリハスパティに呪詛をかけられたのはディールガタパスであるという伝承もある。マールティーは「マルトの娘」の意味か、あるいは「マルッタの娘」の意味か不明。

七四　バラドヴァージャ――前注「ママター・マールティー」参照。

七五　ブダ――九つの「星」（九曜）の一つである水星《ブダ》（水曜）の神格化。九つとは、日、月、水星、金星、火星、木星、土星、ラーフ（二・四六の注参照）とケートゥ（彗星や隕石などの現象）である。水星は月の子と考えられている。

七六　パラーシャラ――『マハーバーラタ』の編纂者と伝えられるヴィヤーサ（一・四二の注参照）の父である聖仙。父はヴァシシュタ仙（一・四二の注参照）の子、あるいは孫。父の仇を討つためにすべての悪鬼《ラークシャサ》（羅刹）を殺そうとしたが、ヴァシシュタ仙になだめられた、という。パラーシャラはある時、天女アドリカーの娘サティヤヴァティーを見初めた。ブラフマン（梵天）の呪いを受けたため魚の姿となった母アドリカーから生まれた娘サティヤヴァティーは、魚臭が強かったが、その臭いを消すことを条件にパラーシャラと結婚し、一子ヴィヤーサを生んだ。

七六　カーリー――サティヤヴァティーの別名。前注「パラーシャラ」参照。

七九　パーンドゥ――クル族の王で、『マハーバーラタ』に現われる五王子の父。ある時、二頭の鹿が交わっているのを見て、彼がその一頭を射たところ、それは聖者キンダマが姿を変えていたものだった。聖者は「汝が妻に触れるならば、死ぬことになろう」と呪いをかけた。この呪いを畏れたパーンドゥは、禁欲していたが、ある日、妻マードリーを抱きしめてしまう。その瞬間、彼はかの呪いによって死んだ。

七九　マードリー——前注「パーンドゥ」参照。

八〇　カラーラジャナカ——ヴィデーハの王。愛欲の故に身を亡ぼす話の典拠は不明。一三・五参照。

第五章

三　払子——馬の尾、あるいはヤクの尾を束ね、これに柄をつけたもので、王の権威の徽。仏教においては法具として用いられる。二七・六三の注参照。

三　カルニカーラ——アオギリ科シロギリ。花は一五センチほどの径を有し、白色である。細裂した小苞が花芯より突き出し、花弁は下方に反って曲がる。この花の形は人のそれに似ているといわれる。ここでは旗の上に置かれたカルニカーラの花が馬に乗った太子に譬えられている。二四・五九の注参照。

五　ダルバ草——細かな区別が立てられることもあるが、一般にはクシャ草と同一のものを指す。七・四の注「クシャ草」参照。

一〇　第一禅定——仏教では瞑想（禅定）に四段階を数える。大まかな考察（尋）と細かな考察（伺）がたえまなく見出され、執着がなく、喜びと安楽の状態を「第一の瞑想状態」（第一禅定）という。この後、尋も伺もなく（第二禅定）、喜びを離れ（第三禅定）、純粋な沈着と平静心の状態（第四禅）に至る。一二・五一の注参照。

二五　般涅槃——「パリニルヴァーナ」の音写。「パリ」とは「完全に」を意味し、「ニルヴァーナ」は火などを吹き消した状態を意味する。すなわち、煩悩の火を吹き消して、さとりの知恵を得た状態をいう。動詞ニルヴァー（nir-√vā）から派生した名詞。しかし、ここでは動詞ニルヴリ（nir-√vṛ, 幸せである）から派生した名詞と解釈されている。

三四　カラヴィンカ鳥——好音鳥、好声鳥と訳される。鳴き声がすばらしく、ヒマーラヤあるいは極楽に住むといわれる。人頭・鳥身で表現される。

四四　黒アグル——黒沈水、黒沈香。ジンチョウゲ科、ホンジンコウ。樹脂の沈積した材が沈香として用いられる。

四七　アカニシュタ神——一・二〇の注「シュッダーディヴァーサ」参照。

五三　カーランダヴァ鳥——鴨の一種。カーランダ鳥ともいう。

五五　耳のところで——ジョンストンのテキストでは ākulayoktrakeṇa とあるが、ākulakarṇayoktrakeṇa というように、「耳のところで」(karṇa) を補って読む。この方がミーターにあい、ジョンストンも英訳には「耳のところで」と訳している。

第六章

五　ガルダ鳥——迦楼羅鳥。金翅鳥。妙翅鳥と訳される。空想上の大鳥で、羽は金色、龍を常食とする。ヴィシュヌ神、不空成就如来などの乗物となる聖なる鳥である。一三・五四及び二七・七九の注参照。

一三　マンダラ山——神々とアスラ（阿修羅——一一・三二及び二三・三二の注参照）たちが乳海の中で甘露を探したとき、攪拌棒としてマンダラ山を用いた、と伝えられる。

三六　スマントラ——ラーマ王子の父ダシャラタ（十車）王の御者。叙事詩『ラーマーヤナ』では、森に追放されるラーマ王子、弟ラクシュマナ、およびラーマの妻シーターを都から森へ連れていき、そこに捨てて都へもどった。

三六　ラーマ王子——コーサラ国のアヨーディヤーを支配するダシャラタ王の長子。王位継承者となる儀式の直前に、自分の子を王子につけようとしたダシャラタ王の妃の一人カイケーイーの願いによって、妻シーター、弟ラクシュマナとともに森へ追放されることになる。後世はヴィシュヌ神と同一視される。

五四　卍——サンスクリット語では「スヴァスティカ」。幸運あるいは吉祥の印。右まわりのものと左まわりのものとある。古代より世界に広く分布する十字印の一つ。

五七　ハンサ鳥——野生の鵞鳥の一種。しかし、サンスクリット文学では実際よりも一層詩的に優雅なものとして描かれており、むしろ白鳥のイメージに近い。

第七章

四　クシャ草——ヴェーダ祭式において用いられる、高さ六、七〇センチの細長い葉を有する草。葉の両端はするどく、指を切るほどである。切り取られてから二、三年経てもそのままの形を保つ。祭壇に敷きつめたり、祭式の道具を清めたりするのに用いる。一般にはダルバ草とも呼ばれる。五・五の注参照。

七　ヴァス——『リグ・ヴェーダ』に現われる神群の名。自然現象を神格化した八神、すなわち、アーパ(水)、ドルヴァ(北極星)、ソーマ(月)、ダラあるいはダヴァ(地)、アニラ(風)、アナラ(火)、プラテイユーシャ(光)、およびプラバーサ(暁)を指す。第八のヴァスとはプラバーサのことであるが、第二のプラティユーシャを指すこともある。彼らはその美貌で有名である。二四・三九の注参照。

七　アシュヴィン双神——『リグ・ヴェーダ』に現われ、人々を危難から救い、病気を治癒させる神。「アシュヴィン」とは「馬を有する者」を意味するが、馬との結びつきは明らかではない。つねに双神として述べられ、美と若さの典型として知られる。

一七　真言——ヴェーダ祭式では、神々への讃歌、供物が捧げられる神々の名、神々への願いの内容などをそれぞれのリズムで唱える。これがここでいう真言である。古代インドでは言葉には不滅の力が宿ると考えられており、神々をもその言葉によって働かせることができると信じられた。

三三　仙士——一・五六の注「王仙」参照。

三九　梵仙——一・五六の注「王仙」参照。

四九　太古の劫期——世界は四つの劫期（クリタ、トレーター、ドヴァーパラ、カリ）を経るといわれるが、「太古の劫期」は黄金時代であった第一のクリタを指す。これ以後、世界は堕落し、第四のカリ期は末世に相当する。

五四　ヴィンディヤコーシュタ——固有名詞なのか、ヴィンディヤ（頻陀《びんだ》）山の奥地なのかは不明。ヴィンディヤ山脈は、マディヤプラデーシュとデカン地方との間を走り、インド亜大陸を二分する。

第八章

五　カピラの都——シャーキャ部族国家の首都カピラヴァストゥ。ネパール・インド国境のちょうど中央をガンダク河がガンジス平原に流れ出ている。ここから西五〇キロの地点をネパール領に入ってすぐのところに、パデーリアという町がある。この町の北二キロ足らずのところにルンミンデーイ（ルンビニーデーヴィー）という村があり、これがブッダが生まれた場所で、昔はルンビニーと呼ばれた。カピラヴァストゥとしてムッケルジーが同定したティラウラーも、ミトラが同定したガンワーリも、このルンミンデーイ村の西にある。

八　シャーキャ家——サンスクリットでは「シャーキャ・クラ」。ここで「シャーキャ」は家または氏族（クラ）の名前（姓）である。この語が姓のように用いられていることは、「シャーキャ・プトリーヤ」（「シャーキャの弟子」）のような語からも確認される。「シャーキャ」という語は、部族国家名であると同時に氏族名である。あるいは、氏族名が部族国家名に転用されたのかも知れない（「シャーキャ家の当主が代々部族会議議長を務める国家」)。ところが、「ブッダの氏族名はガーウタマ（またはゴータマ）である」という説が、ビュヌルフ以来言われている。同じリシ（啓示によって得た讃歌を唱えて神々に呼びかける祭司）を先祖とするバラモンの血族集団を「ゴートラ」というが、「ガーウタマ」はゴートラの名称であるというのである（「ゴータマという名のリシを先祖とする一族」）。ところが、「ガーウタマ」と呼ばれているのはブッダだけであり、父のシュッドーダナや息子のラーフラや弟のナンダがこの名で呼ばれることがない。さらに、この一族の先祖がバラモンであるという説明はいくどか試みられたが、説得性のある答えはついに得られなかった。ブッダがバラモンであるという記述はどこにもなく、一方クシャトリヤであるという記述はいたるところに見られる。

八　ラーマの車――ラーマ（六・三六及び本章七九の注参照）は王位を継承することに決まっていたが、宮廷の内紛を避けて父ダシャラタの苦境を救うため、国を去って旅に出る。人々はラーマが帰国して王位につくことを強く望んだが、本人の決意は固く、帰って来たのは空《から》の車であった。

二　行為の結果――九・六の注「輪廻」参照。

三　ヴリトラ殺し――インドラは、暴風神マルトたちを従え、稲妻を武器として、龍の姿をしたヴリトラを何回も殺して、水を解放する。毎年雨季の始まり（六月）の際に繰り返される自然現象が、この神話の背景にあると想像される。後代のヒンドゥー神話によると、神々の祭司トリシラスが過度に威勢を高めるようになったので、インドラはその首をはねた。ずたずたに切られたトリシラスの死体から、トリシラスの分身としてヴリトラが出て来た。インドラは、このヴリトラをも殺した。トリシラスは神々の祭司であるからバラモン（一・三一及び九・三の注参照）であり、インドラはバラモン殺しの重罪を二重に犯したことになる。そこでインドラは、責任をとってこの後しばらく王位を退いた。

三　神々の国――サンスクリットで「スヴァルガ」（天界）という。メール山（須弥山――一・三六の注参照）の頂上にあり、インドラがその王である。人間のアートマン（本章七七及び九・六一の注参照）は、次の身体に移るまで一時的にここに滞在する。前の身体に宿っていた時に行なった正しい行為の総量によって滞在期間が決まる。

二四　皇后ガーウタミー――ここで「皇后」を表わす語は、「マヒシー」（王と共に即位式を受け、公に王室を代表する妃）。マーヤー（幻）という奇妙な名前で伝えられるブッダの母は、産後間もなく死に（二・一八）、その後子供を引き取って養育にあたったのが皇后のガーウタミーである。この人は、文献伝承でマーヤーの妹ということになっている（二・一九）。なお、マーヤーは「マヒシー」と呼ばれることなく、妃一般を指す語「デーヴィー」で呼ばれている。漢訳でも「后」とされることはなく、常に「夫人」（古くは後宮の側室、後代では貴人の妻）と呼ばれている。また、その実家についての伝承は、混乱を極めており、後代における多元的発生の可能性を示唆する。このような点に注目して岩本裕は、「ブッダが側室の子であり、母の死後は皇后の子としての扱いを受けた。また、後代になってブッダ崇拝の高まりとともに、皇后の姉の地位を実母に与える伝承ができた」という主旨の仮説を出している（『東洋学術研究』九）。アシュヴァゴーシャの「マヒシー」の用例と合わせて考えると興味深い。シュッドーダナの死後、ガーウタミーはシャーキャ部族国家の女たち五〇〇人をひきいて出家する。

二六　チャンダナ――英語で「サンダル・ウッド」と呼ばれ、ビャクダン科に属する常緑樹で、インドと東南アジアにしか生えない。木材は細工物と香料に使われる。中国では、わざわざ「栴」という文字を新たに作って、「栴檀」（チェン・ダン）と転写した。日本で長野県以西に自生しているセンダンは、これとは全く別の植物で、センダン科に属する落葉樹であり、葉が薬用に使われる。

三一　ヤショーダラー――ゴータマの妻は、初期の文献では普通「ラーフラ・マートリ」（ラーフラの母）と呼ばれるが、後には「ビンバー」とも呼ばれる。「ヤショーダラー」（名高い女）は、北伝仏教の文献で好んで用いられているエピテート（通り名）である。

三五　王子の足――真理に到達する人の身体には三二の異常が認められるという。ここでは足に見られる四つの異常が言及されている。

五六　沈香――サンスクリット語は「アグル」。ジンチョウゲ科の常緑樹で、アッサムからマライ半島にかけて分布する。香木として最も高価なもので、髄の部分または樹脂が用いられる。

六三　マハースダルシャナ――死期が近づいたブッダは、みすぼらしい町クシナガラにいた。そこで、弟子のアーナンダは、もっとはなやかな都市で死んでほしいと言った。それをたしなめてブッダが言った。「クシナガラは昔は非常に繁栄していた都市であって、強大で完全な人格をそなえた王マハースダルシャナが統治していた。この王にはスバドラーをはじめ八万四〇〇〇人の妻がいた。死期が近づいたある日、スバドラーは王を寝床に誘うが、王はこれをこばみ、世界の無常を説きつつ死んで行った」。しかしながらこの夫婦がいっしょに森に入るというような話は伝わっていない。『ブッダチャリタ』には、このほかにも現在伝わっている文献に出てくるのとは違った話がよく見られる。著者の思い違いか、あるいは当時はそのような話が知られていたのか。

六七　ラーフラ――ブッダの一人息子。ブッダが出家した日に生まれたと伝えられる。後にブッダの弟子シャーリプトラ（舎利弗）のもとで出家して、非常に真面目に勉強し、熱心に修行に努め、人柄のよさで信望を集めた。ブッダの十大弟子の一人に数えられている。

七三　ホーマ祭儀――神々への供物としてギー（半液体状の精製バター）と焼いた米菓子とを火に投げ込むこと。中国人はこれを「護摩」（ホ・ムァ）と転写した。日本語には声門音がなかったので、語頭音が軟口蓋音に変わり、「ゴマ」となった。祭儀そのものも形を変えて伝えられたが、日本では呪術として利用され、供物ではなく木切れを火に投げ込む。

七七　スヴァルナニシュティーヴィン――五歳のとき虎の姿をしたインドラに殺されるが、父シュリンジャヤが聖者ナーラダに頼んで生きかえらせてもらった。

七七　サンジャヤ――スヴァルナニシュティーヴィンの父シュリンジャヤを指す。シュリンジャヤは聖者を喜ばせて、息子の誕生を授かる。これがスヴァルナニシュティーヴィンであるが、インドラに妬まれて殺される。

七七　アートマン――インド人は精神と身体を全く別のものと考える。喜んだり悲しんだりするもの、善い行為をしたり悪い行為をしたりするものは「アートマン」（自分自身）と呼ばれるものであり、これがたまたま身体と結びつくと生きている人間になる。死ぬというのは、アートマンが身体から離れることである。アートマンは、死とは無関係に存在し続ける。九・六一の注も参照。

七八　ヴィヴァスヴァットの子マヌ――マヌは人間の始祖であるが、マヌ神話が拡大されていろんな話が追加されていくにつれ、「一四人のマヌが次々に現われて、いったん滅んだ世界を再興する」という理論ができる。今の世界の始祖が、ヴィヴァスヴァット（太陽神スーリヤ）の子、マヌ七世である。このマヌには一〇人の子がいて、それぞれがクシャトリヤ（政治・軍事担当階級）の家系を創設した。最も有名なのは、五男イクシュヴァーク（一・一の注参照）が始めた家系で、叙事詩の英雄ラーマが出た。ブッダもこの家系に属するとされている。マヌ七世を先祖とする家系は「スーリヤ・ヴァンシャ」（太陽の家系、日種族）と呼ばれ、「チャンドラ・ヴァンシャ」（月の家系、月種族）とともにインドの王家を二分する。現在でもラージプート部族の多くは、「太陽の家系」に属すると自任している。

七九　ダシャラタ――都市国家アヨーディヤーの王ダシャラタは長子ラーマを後継者に決めていたが、第三王妃カイケーイーの要求によって、ラーマを追放せざるをえなくなった。ラーマが去った後、ダシャラタは悲しみのあまり死ぬ。六・三六の注「ラーマ王子」参照。

八〇　死後に水を供えてくれる息子――一家の当主は死んだ父祖のために毎日水を供え、時に菓子を供える。息子を残さずに死んだ場合、供物を得られないので、常に渇きと飢えに苦しむことになる。

八〇　死者の行くべき所――水と菓子を供える儀式が行なわれるまで、身体から離れたアートマンが滞在する所。この状態のアートマンを「プレータ」（去ったもの）という。ところで仏教徒の輪廻観では、一番悪い連中が次に生まれるのはナラカ（地獄）であるが、二番目に悪いのはプレータになる。ただし、仏教徒が使う場合、「プレータ」という語が表わすものは、人間やその他の動物と同じように、身体を持った生存形態である。中国人はこの語を「餓鬼」と訳した。

八四　全世界を支配する帝王（転輪聖王）――サンスクリットで「チャクラヴァルティン」（車輪をころがす人）といい、戦車を運転して諸方に遠征し、四つの大陸（一一・一三の注参照）を征服した王のこと。仏教徒によれば、チャクラヴァルティンの身体には、真理に到達した人と同じ異常が認められているという。

第九章

二　バールガヴァ――「ブリグ（一・四一の注参照）の子孫」という意味で、これはゴートラ（一二・二の注参照）の名である。この人の個人名は伝わっていない。

三　バラモン――「司祭者」を意味する「ブラーフマナ」（一・三一の注参照）は、中国で「婆羅門」（ブァ・ラ・ムァン）と転写されたが、これが日本に伝えられて「バラモン」と読まれてきた。これを片仮名で表記するようにしたのは、高校世界史教科書である。これは、「明治以後の外来語を片仮名で表記する」という日本語の表記原則に反する。この原則を破って「バラモン」という表記を認めるとすれば、他の三カーストについても、「セツテイリ」「ビシャ」「シュダラ」を認めるべきであろう。日本での慣用を尊重するなら「婆羅門」と漢字で表記すべきであるし、原音を尊重するなら「ブラーフマナ」と表記すべきである。

五　ジャヤンタ――インドラはシャチーを誘惑して駆け落ちし、三人の子供をもうけるが、その一人がジャヤンタである。

六　輪廻――アートマンが身体から身体へと無限に移動を繰り返すことを「サンサーラ」という。アートマンが身体に結びついていること、すなわち生きていることは苦しみである。無限に移動を繰り返すということは、無限に苦しみが続くということである。さらに、次に結びつくべき身体は自由に選べず、それまでに行なった行為の善悪によって決まる。しかも記憶にない前世で行なった行為に対しても責任を負わされているので、次にはどんなみじめな身体と結びつくかわからない。このサンサーラの恐怖から逃れること、すなわちアートマンが再び身体と結びつくのを阻止することを「ヴィモークシャ」(解放)といい、このために有効な方法を見つけ出すことが、インドのすべての思想家にとって最重要課題であった。アートマンが無限に移動を繰り返すことは、車輪の回転にたとえられるが、中国人はこの比喩を用いて「サンサーラ」を「輪廻」(車輪がまわること)と訳した。また、「ヴィモークシャ」を「解脱」と訳した。

九　ヴァシシュタとヴァーマデーヴァ——ヴァシシュタは、ヴェーダ時代の神話によるとウルヴァシーの子とされているが、叙事詩ではダシャラタの宮廷僧であり、大臣のヴァーマデーヴァとともに、ダシャラタの宮廷の首脳である。しかしながらこの二人がラーマを迎えに森へ行ったという話は『ラーマーヤナ』にはない。ウルヴァシーは最も有名なアプサラス(神々の国の踊り子——一・八九の注参照)であり、宇宙の法則を支配する神ヴァルナと契約の神ミトラに愛されてヴァシシュタを生んだ。

一〇　シュクラとブリハスパティ——一・四一の注参照。シュクラは神々の敵(一一・三二の注「アスラ」参照)の専属祭官であり、ブリハスパティは神々の専属祭官である。

一一　シャーキャ族——ガンジス平原では早くから部族が整理されて広域専制国家が成長していったのに対し、ヒマーラヤ南麓の丘陵地帯とパンジャーブでは、前六世紀後半になっても部族国家や部族連合国家(サンガ)が存続していた。現在のネパール南部にあったシャーキャ部族国家もその一つであった。部族国家は部族会議(サバー)とその主宰者であるラージャン(王)によって運営された。ブッダの父はラージャンであり、ガンジス以北の他のラージャンと同じように「太陽の家系」の人であった。このようなブッダの出身背景を反映してか、仏教教団は部族国家風の運営を好んだようで、まちがいを犯した僧を処分する際に、構成員による投票を行なっている。シャーキャ部族国家は南の大国コーサラと深いかかわりがあったようであるが、かなり後まで独立性は保たれていたらしい。もっとも結局は、前五世紀の初めにコーサラ王に滅ぼされた。コーサラ王は母がシャーキャ部族国家出身の身分の低い女であったため、母の故郷を訪ねた時、みんなにばかにされた。これをうらんで滅ぼしたという。すでにコーサラの属国であったなら、こういうことは起こらなかったであろう。

一三　パーリジャータ――インドラの庭園に生えている五本の木の一つ。

一九　ラクシュミー――「繁栄」という抽象概念が神格化されて、繁栄の女神となり、現在でも広く信仰されている。叙事詩時代にヴィシュヌの妻となり、後にヴィシュヌは、いろんな姿をとるようになるが、そのつどラクシュミーも姿を変え、パドマー（蓮）、ダーラニー（大地）、シーター（ラーマの妻）、ラーダー（クリシュナの妻）などと呼ばれる。一・二の注「パドマー」参照。

二〇　ドルヴァ……セーナジット――「ドルヴァ」という語は、「動かないもの」という意味で、普通は神格化された北極星がこの名で呼ばれる。ここでドルヴァの弟の名前「ヴァジュラバーフ」は、「稲妻を腕にかかえている者」という意味であり、同じ意味の語「ヴァジュラダラ」「ヴァジュラブリト」は、インドラのエピテートである。一七・四〇には「ブラフマンの弟神インドラ」への言及がある。そうすると、ここの「ドルヴァ」は、最高神ブラフマンのエピテートということになる。「バリ」は有名な悪魔の名前であるが（一一・一六の注参照）、『ハリヴァンシャ』には、いろいろなカーストに呼称をつける際にブラフマンを助けたとあるが、これをブラフマンの弟とする話はない。「ヴァーイブラージャ」および「アーシャーダ」という名前の神または王についてはわからない。アンティデーヴァについては、本章七〇の注を、ヴィデーハ王ジャナカについては、一・四五の注を参照。ドルマについては本章七〇の注を参照。「セーナジット」という名の王は、『マハーバーラタ』に何人か出る。

二五　ビーシュマ――シャンタヌ王と女神ガンガー（神格化されたガンジス河）の子であり、叙事詩の英雄の一人である。後に、シャンタヌは、漁師女サティヤヴァティーと結婚しようとするが、そのときサティヤヴアティーは将来自分の子を即位させるという条件を出す。父の苦境を察したビーシュマは、継承権を自ら放棄する。

二五 ブリグの子ラーマ――父ブリグに母を殺すように命じられたとき、五人の兄弟の中でパラシュ・ラーマだけがそれに従った。喜んだ父は、息子の願いをかなえて、妻を生き返らせた。

二六 アガスティヤが好む方角――アガスティヤはリシ（一二・二の注参照）の一人として有名である（四・七三の注参照）。ヴェーダ時代以後にできた伝説によると、アガスティヤは苦労してヴィンディヤ山脈（一三・三八の注参照）を越え、南インドへ旅行してそこに住みついた。アガスティヤの好む方角とは南のことであり、死の神ヤマ（一一・六一の注参照）が支配している。

六一 アートマン――身体が死ぬと、精神活動の主体である不滅のアートマンは、それを抜け出して、今まで何のゆかりもなかった女の胎内に入り、形成中の胎児に結びつく。こうして新しい一生が始まる。

六三 最高神ブラフマン――自然現象に基づいて、人々は想像の中で数多くの神々を無秩序に生み出したが、やがてこれに秩序と統一を求めるようになる。まず宇宙を創造した神を見つけ出すことによってこの作業が試みられ、プラジャーパティ（生きているものたちの主人）が選び出された。さらに、宇宙の原理ブラフマンが擬人化されるとともに、創造神プラジャーパティと同一視され、最高神として崇拝されるようになった。

六九 アンバリーシャ――マヌ七世の子孫ナーガーバーガの子はヴィシュヌへの献身で知られているが、アンバリーシャという名で呼ばれている。またサガラの子孫でダシャラタの先祖にこの名で呼ばれている王がいる。ただし、「子供たちといっしょに森に住んでいた」という話は伝わっていない。

七〇 シャールヴァ王ドルマ――「森から帰ったシャールヴァ王ドルマ」についての伝説は文献に伝わっていない。

七〇 サンクリティの子アンティデーヴァ――溢れた血が河をなすほど動物犠牲を行なった「サンクリティの

子ランティデーヴァ」のこと。

第一〇章

一　マガダ――ブッダの時代（前六世紀後半―前五世紀前半）の四大国の一つ。ラージャグリハはその首都である。ガンジス河中流地域に数多くあった部族と部族連合はしだいに整理され、前六世紀後半までには四つの強国が残って覇権を争った。その中でマガダはビンビサーラ王とその子アジャータシャトルの時、領土を拡大してガンジス河の河川貿易を手中に収め、北インド最強の国になった。以後、多くの王朝が交代するが、十一世紀末にイスラム軍の侵入を受けるまで、この地方は常に北インドの政治的中心であった。

一　ラージャグリハ――カルカッタの西北四四〇キロのところにビハール州第二の都市ガヤがあるが、その東に広がる大平原の中に、ラージギル（王の山）と呼ばれる直径約六キロの小さい山塊がある（麓の標高七六メートル、最高地点四四六メートル）。この山塊の中にある狭い盆地が、非常に古くから要塞として使われていた。前六世紀の中頃、この要塞はラージャグリハ（王の家）と呼ばれ、マガダ国の首都であった。ブッダの死後まもなく開かれた第一回仏教会議の開催地としても有名である。盆地の主要部は東西が一キロ、南北が二キロしかなく、大国マガダの首都としてはあまりにも狭かったので、前五世紀の初めに北山の向こう側へ市域が拡大された。また、ガンジス河から南へ六〇キロも離れていて、河川貿易国家マガダの首都として不便であり、北方の大国コーサラに対抗する必要もあって、同じ頃ガンジス南岸のパータリ村に政府出先機関が置かれたが、たちまちのうちに大都市に成長して、首都が移された。これがパータリプトラで、現在もパトナと呼ばれてガンジス平原の中心都市であり、ビハール州の首都である。パータリプトラ遷都の後、ラージャグリハはたちまちのうちに廃墟と化した。城壁の一部は今日も残っている。なお、ラージギル山塊の近くに、現在ラージギルという村があるが、これは山から八キロ西北に離れていて、昔のラージャグリハと関係がない。

二　タポーター――ラージャグリハのすぐ西にある長さ約七〇〇メートルの池をタポーターといい、そこから流れ出る川もタポーターと呼ばれる。流出口に近いところに温水が湧きでているので、池の水は冷たいが、川の水は温かく、温泉として今でも使われている。川の水が温かいのはラージャグリハの地下に灼熱地獄があるからだと昔は信じられていた。この池のほとりには僧院があって、ブッダもときおり滞在することがあったという。ここで「ラージャグリハがタポーターに支えられている」と言っているところから見て、アシュヴァゴーシャはタポーターを実在の池と考えておらず、地下にある想像上の存在と考えている。

二　五つの山――ラージャグリハは、東、南、西および北に山がある。東のラトナクータ山は最も高く、東に三キロ延びた所にシャーイラ峰という支峰があるが、カニンガムによると、これが昔グリドラクータ（ハゲタカの峰）と呼ばれた山で、ブッダが教えを説いた所として有名であり、中国・日本でも「霊鷲山《りょうじゅせん》」という名で知られている。『源氏物語』（若菜上）で「わしのみね」と呼ばれているのがこれである。西のヴァーイバーラ山と北のヴィプラ山は、昔はそれぞれヴァーイバーラ、ヴァーイプリヤと呼ばれていた。真南のソーナ山は、西北から小さい川が流れ出て、タポーターに合流している。ところで、本章第一四偈と第一七偈に「パーンダヴァ」という山が出て来る。ブッダは市内で托鉢した後で、人気《ひとけ》のない川のほとりで食事をしてこの山に登る。デーイはこのパーンダヴァを東のラトナクータとするが、市内からこの山へ行くまでに川はない。これはソーナ山であろう。このあたりのタポーター河は沐浴場として好まれていたから、「人気のない川」はソーナ山から流れ出る小川であろう。

三　シヴァ――「シヴァ」は「めでたい」という意味の形容詞で、古くはルドラのエピテートとして用いられた。ルドラはもともと暴風神であり、やがて人間の死と生を支配する神となる。ルドラを前身とするシヴァは、世界の破壊と再生を担当する神として、人々の熱烈な信仰の対象となる。

九　毛の環――眉と眉の間にある白い毛の環は、黄金色の皮膚や指の間の網とともに、真理に到達した人の体に見られる異常である。八・五五の注も参照。

九　繁栄の女神――ラクシュミーのこと。九・一九の注参照。

一〇　シュレーニャ・ビンビサーラ――前六世紀後半から前五世紀の初めにかけて五二年間在位してマガダを統治した王。即位後五年目にブッダの話を聞き改宗した。政略結婚によって北方と西方の安全を確保したあと、東に領土拡張を行なってガンジス・デルタを征服し、ガンジス河川貿易を完全に自分の管轄下に置いた。また史上初めて能率的な行政組織を作り上げることに成功した。ビンビサーラの熱心な信仰に加え、マガダ国家の急速な隆盛は、初期の仏教教団の発展に極めて有利な条件になったであろうと思われる。

一七　パーンドゥの子アルジュナ――パーンドゥ（四・七九の注参照）の五人の子は、パーンドゥの兄ドリタラーシュトラの一〇〇人の子と戦って勝つが、三男のアルジュナは特に武勇にすぐれ、勝利の原動力となった。

三三　太陽がご先祖――八・七八の注。

三四　チャンダナ――香木チャンダナ（栴檀）から作った練り香。

四一　カイラーサ山――メール山（一・三六及び八・一三の注参照）の南にある山で、シヴァ（本章三の注参照）とクベーラ（一・八九の注参照）の住むところ。ここにある大木の根元にガンジス河の水源がある。

第一一章

二　ハリャンカの家――「ハリャンカ」はビンビサーラの家系に言及する語であるが、ほかのどの文献にも出ていない。「ハリ」は「黄色い」という意味の形容詞であり、名詞に転化されて「火」「月」「ライオン」など黄色いものを指す。「アンカ」は「しるし」を意味する。「ハリ・アンカ」が「ライオンを紋章とするもの」を意味するとすれば、クシャトリヤの家系名としてふさわしいものであろう。ビンビサーラの背景については、父親の名前がバーティであるという以外、ほとんど伝わっていない。ジョンストンはこのハリャンカを『ハリヴァンシャ』に出てくるハリャンガのことであるとするが、ハリャンガとビンビサーラの関係を伝える文献はない。モニエルウィリアムズは、『ブッダチャリタ』のこの個所を引いて、「ライオンをしるしとするもの」とは「太陽の家系」のことであるとするが、そういう用例はないし、それにビンビサーラのマガダ王家をはじめ、ガンジス以南の王家はすべて「月の家系」である。

二　他の一族に対する友情――ブッダの父シュッドーダナとビンビサーラの父バーティが友達であったという伝承をふまえたものか。

三　四つの大陸――宇宙の中心には海抜一〇四万キロのメール山（一・三六及び八・一三の注参照）がそびえている。これは基底部の直径が三三万一〇〇〇キロの円錐形で、周囲が海に囲まれている。一〇四万キロ離れた海上に陸地があるが、これは普通の島や大陸ではなく、環礁のようになっている。すなわち、メール山を中心に環状をなしていて切れ目がなく、中の海は閉じられている。これは海抜五二万キロでメール山の半分である。さらにこの外側に五二万キロ離れて第二の環状陸地がある。高さは海抜二六万キロである。このように距離と高さを半減しつつ、外側には次々に環状陸地があり、七番目のものが最後である。第七環状陸地の外側には、東西南北にそれぞれ一つずつ大陸がある。メール山を中心とする七重の環状陸地の周囲に四つの大陸が花びらのように並んでいる。このうち南にある大陸は「ジャンブ大陸」と呼ばれ、一辺二万六〇〇〇キロの三角形で、南に頂点がある。その形からも明らかなようにこれはインド亜大陸であり、距離比にしてちょうど十倍に誇張されている。ジャンブ大陸はインドであるが、インド以外の地域を意識的に排除して想定したものではなく、知らなかったからにすぎない。神々とその関係者が住んでいるのはメール山であるから、ジャンブ大陸以外の三大陸に住んでいるのはやはり人間のはずである。ただ、ジャンブ大陸は、ほかの大陸とちがって、真理に目覚めた者が出現する可能性があるという。「ジャンブ」は中国で「閻浮」（イェム・ボォウ）と転写され、日本では「エンブ」となる。

一四　ナフシャ――『マヌ法典』（七・四一）によると、ナフシャ（二・一一の注参照）は激しい苦行を行なって天・空・地の支配権を獲得し、インドラの地位まで奪取したが、傲慢のため滅びた。傲り高ぶったナフシャは、アガスティヤ（四・七三の注参照）をはじめ聖者たちに車をひかせたが、その際、よろめいたアガスティヤを足で蹴ったので、呪いをかけられ、蛇に姿を変えさせられた。

一五　プルーラヴァス――ただし、『ヴィシュヌ・プラーナ』（四・六）によると、人間のプルーラヴァスが神々の国へ侵入したのではなく、神々の国に住むウルヴァシーの方が、ミトラとヴァルナを怒らせて、地上に降りて来て人間として暮らす。ウルヴァシーに一目ぼれしたプルーラヴァスは、裸でいるところを見られないという条件で結婚する。六万一〇〇〇年のあいだ幸せに暮らしたが、天上からガンダルヴァがやって来て、ウルヴァシーを連れ去る。

一六　バリ――悪魔のバリは苦行によって力を得、インドラに挑戦して勝ち、神々の国の支配権を奪った。ヴィシュヌはその姿を極く小さく変えてバリのところへ行き、大いに讃めたあとで望みをかなえてくれるよう懇願した。三歩歩いただけの土地をくれというのである。彼が三歩歩いた土地ぐらいしれたものとバリは許した。それを聞いてヴィシュヌはたちまち超巨人に変身し、二歩で天と地をまたいでその支配権を奪った。三歩目でバリの頭を踏みつけ、地下世界へ押し込めてしまった。神々の国の支配権は再びインドラに委ねられた。ナフシャによる支配権奪取については本章一四の注を参照。

一八　ウグラーユダ――傲り高ぶってビーシュマ（九・二五の注参照）に母カンダーリーを差し出すよう要求したため殺された。

三一　クル族――今のデリーを中心とする地域にいた大部族。大バラタ戦争はこの部族の主権をめぐる同族間の争いである。四・一〇の注参照。

三二　ヴリシュニ・アンダカ族――西北インドにいたヤーダヴァ部族の一派。ヴァースデーヴァとその二人の息子クリシュナとバララーマが有名である。大バラタ戦争の後、内紛のため滅びる。

三二　メーカラ・ダンダカ族――これについて言及する文献はほかにない。

三三　アスラ――神に対立するもの。ともに創造神プラジャーパティに由来し、言語を受け継ぐが、神々は真実の言語を受け継ぎ、アスラたちは虚偽の言語を受け継いだという。中国では「阿修羅」と転写される。

三三　スンダとウパスンダ――アスラの兄弟。激しい苦行を行なってブラフマン（九・六三の注参照）を喜ばせ、だれをも恐れる必要のない度胸をさずけられる。そのため、傲慢になり、神々と人間に対し横暴をほしいままにする。困ったブラフマンは、天女ティローッタマーを地上に送って兄弟を仲たがいさせ、殺し合いをさせる。

六二　死神ヤマ――ヴェーダでヤマは最初に死んだ人間、最初に神々の国へ行った人間とされているが、ヴェーダ期以後には死の管理者とされ、地獄の王とされる。中国人は「ヤマ」を「閻魔」（イェム・ムァ）と転写した。

七三　ヴァーイシュヴァンタラの庵――他の文献には言及されていない。後代の文献『ラリタヴィスタラ』では、アラーダがいた場所はヴァイシャーリーということになっている。

第一二章

二　カーラーマ――啓示を受けてヴェーダの讃歌（一・四二の注参照）を唱える人をリシといい、同じリシを祖先にする人々の集団をゴートラという。「カーラーマ」はアラーダの属するゴートラの名である。このゴートラに属する人々の住む町としてコーサラ国のケーシャラプトラが知られている。また、ブッダの相弟子であったバランドゥはこのゴートラの人であったという。

一八　「元のもの」――一般にインド思想で、自然は人間の知覚の対象としての地位しか与えられておらず、いわば人間の付属物でしかない。アラーダの属する学派（サーンキャ学派）も、世界の成り立ちを説明しようとしているものの、結局は人間存在のあり方を説明するものにほかならない。世界は究極要素から現われ出たものであり、この世界展開は、四つの段階を経て起こる。ここで「元のもの」（プラクリティ）は、究極要素だけでなく、三つの中間段階にあるものも指している。現象以前の四段階にあるものは、ここでは展開の順序とは逆に並べられている。最後に置かれている「現われていないもの」（アヴィヤクタ）が究極要素であり、これからまず「判断器官」（ブッディ）が現われ出るが、さらにそれから「自分中心の気持ちを起こす器官」（アハンカーラ）が現われ出る。五つの元素（ブータ）は物質世界を構成する要素であるが、古代インド人は人間の意識から独立した物質世界を認めていなかったので、元素は究極要素ではなく、「自分中心の気持ちを起こす器官」から現われ出るとされる。中国人は「元のもの」（プラクリティ）を「原質」と訳している。なお、一八・四五の注で、「元のもの」は「根源的なるもの」と訳され、「現われていないもの」「判断器官」「自分中心の気持ちを起こす器官」は、それぞれ「非顕現」「理性」「自我意識」と訳されている。

一九　「変化の結果生じたもの」——五つの元素から生じたものは、世界展開の最終段階にあるもので、これ以上変化しない。「感覚器官」（インドリヤ）は目、耳、鼻、舌、皮膚の五つ。これに対して行動のための器官が手と足に発声と排泄と生殖のための器官である。これら一〇の器官が作動する時に同時に作動するのが「思考器官」（マナス）である。自然世界は、「感覚の対象」としての地位しか認められておらず、(a)見えるもの、(b)聞こえるもの、(c)匂いのするもの、(d)味わえるもの、および(e)触れられるものの五種が認められている。中国人は、「変化の結果生じたもの」（ヴィカーラ）を「変異」と訳している。

二　第二一偈——ジョンストン校訂本一行目の pratibuddhir と二行目の pratibuddhas tu は、それぞれ写本の prabuddha と pratibuddhaś ca を改変したものである。改変の理由を受け入れることができないので、ここでは写本通りに読む。ここでプラジャーパティを出したのは、「カピラが学派の創設者、すなわち最初の師匠であり、優れた弟子を持っていたこと」の比喩としてである。

三 カピラ――伝説によれば、カピラはサーンキャ学派の開祖であり、アースリという弟子がいた。ブッダが最初についた師匠のアラーダはサーンキャ学派の人であった。

三 創造神プラジャーパティは、宇宙の法則の具現者であり、道徳的義務を教える教師であった。プラジャーパティ――世界の創造者といわれる（九・六三の注「最高神ブラフマン」参照）。プラジャーパティは神々と人間と神々の敵を創造した。この三種類の息子たちは、弟子として父プラジャーパティに接した。

三〇 ナマス、ヴァシャット――ナマスは「挨拶」「礼拝」という意味の名詞であるが、そのまま挨拶の言葉として使われる。ヴァシャットはホートリ祭官が讃歌をとなえた後でとなえるかけ声。これを聞いてアドヴァリュ祭官は供物を火に投げ入れる。

三三 かの賢者――『サーンキャカーリカー』に対するヴァーチャスパティミシュラの注によると、五種の「無知」（アヴィディヤー）を設定したのは、ヴァールシャガニャであると言う。そうすると、ヴァールシャガニャの年代は、二世紀以前にさかのぼるということになる。

四三 最高原理ブラフマン――語源的意味は「大きく強くなること」であり、「人間に対する神々の好意を強める力」を指したらしい。神々を動かす讃歌に内在する力あるいは讃歌そのものが「ブラフマン」と呼ばれた。さらに讃歌を用いて神々を動かす祭司たちがもっている呪力も「ブラフマン」と呼ばれた。「ブラーフマナ」（祭司）とは「呪力をそなえた人」のことである。呪力ブラフマンは宇宙を支えるスカンバ（支柱）と同一視され、宇宙成立の根本要因と考えられるようになった。九・六三参照。

四九 第一の瞑想状態――仏教徒は瞑想の結果生じる心理状態を、修行の進展に応じて四つの段階に分ける。理性の働きはまだ残っているが激しい感情がなくなった状態が第一段階である（五・一〇の注参照）。なお、本章四九から六〇まで、四段階の瞑想状態について述べられているが、用語も体系も全く仏教徒のものである。こういう異端の教説がサーンキャ学派に取り入れられたはずがない。はたしてアシュヴァゴーシャは、文献あるいは確実な口頭伝承に基づいてアラーダ説を紹介しているのであろうか。

五一　ブラフマンの世界――あるいは「真実の世界」。真実を知った人は、善い行為も悪い行為も完全に拭い取られて永遠の世界に入って再び帰ることがない。ところが仏教徒はこの最高の世界を「中の下」の位に落としてしまった。仏教徒は世界を三段階に分類するが（一・二〇の注「シュッダーディヴァーサ」参照）、中間段階の世界、すなわち「もはや欲望はないが、まだ物質を超越していない世界」（ルーパ・ダートゥ）をさらに四段階に分け、三種の「ブラフマンの世界」をその最下位とし、第一の瞑想状態に達した人々の行く所とする。

五二　第二の瞑想状態――理性の働きが停止して喜びのみがある状態。五・一〇の注参照。

五三　アーバースヴァラ――「光を放つもの」という意味。ブラフマンの世界に住む六四の小神格の一つで、「真理への到達」を担当する。シヴァの家来と言われる。ところが仏教では、第二の瞑想状態に達した人々の行く世界に住んでいるのが、「アーバースヴァラ」と呼ばれる神々であるという。中国人はこれを「光音天」と訳している。

五四　第三の瞑想状態――喜びもなくなった状態。

五五　シュバクリツナ――これはヒンドゥー文献には出てこない。仏教では、第三の瞑想状態に達した人々の行く世界に住んでいるのが、「シュバクリツナ」と呼ばれる神々である。中国人はこれを「遍浄天」と訳している。

五六　第四の瞑想状態――あらゆるものに無関心となった完全な平安の状態。

五八　ブリハットパラ――これもヒンドゥー文献に出ない。仏教では、第四の瞑想状態に達した人々の行く世界に住む神々である。中国人はこれを「広果天」と訳している。

六五　二五のサーンキャ原理――サーンキャ学派は、精神と物質の二面から世界を説明しようとする。したがって究極要素は二つある。究極要素としての精神は「プルシャ」または「アートマン」と呼ばれる。物質の究極要素は「アヴィヤクタ」と呼ばれ、あらゆる存在と現象はこれから現われ出たものであるが、その過程を説明するために二三の要素を設定する。すなわち、第二段階と第三段階に一つずつ、これに第四段階の五元素を加えると中間段階に七つあり、一一の器官に五つの「感覚の対象」を加えて最終段階に一六ある。これにプルシャとアヴィヤクタを加えて「二五の原理」という。本章一八及び一九の注参照。

六七　ジャーイギーシャヴィヤ、ジャナカ、老パラーシャ——『マハーバーラタ』第一二巻で、ジャーイギーシャヴィヤは、ヴァールシャガニヤ、カピラおよびパンチャシャとともに、サーンキヤ学匠とされている。また、「私は、年とったパラーシャ、すなわちパンチャシカの弟子である」というジャナカの言葉がある。

八四　ウドラカ——ウドラカ・ラーマプトラのこと。ここで言っていることは、仏教徒の説く「第四の瞑想状態」を思わせる。この人はブッダの才能をすぐに見抜いて塾頭に任じた。ブッダの方も師匠を忘れず、真理に到達した後、それを最初に伝える相手として思い出したのはアラーダとウドラカであった。残念ながら二人ともすでに死んでいた。

八九　ガヤー——この人のことは仏教文献に伝わっていないようである。

九〇　ナーイランジャナー河——現在のパルグ河。ガヤのすぐ西を北へ流れる。

一二五　アシュヴァッタの木——クワ科イチジク属の常緑樹。イチジクの例でわかるように、クワ科の植物は、花に花弁がなく萼《がく》がメシベとオシベを包みこんでおり、双子葉類の中では最も下等なものである。アシュヴァッタの木とそれに礼拝する人々がモヘンジョダロ出土の粘土板に描かれており、アーリヤ人の侵入以前から神聖な木として尊ばれてきた。この木の木陰に坐る聖者は、未来を予知し前世を思い出す能力がそなわり、動物の言葉も理解するという。苦行者以外がこの木の実を食べることは堅く禁じられている。ブッダがこの木の下で真理に到達したというので、仏教徒にも尊ばれている。アシュヴァッタはインドおよびその周辺地域にしか生えていないため、中国人は翻訳の際に対応する中国語名を当てることができず、「菩提樹」(真理の木)という語を作った。ところがその後、中国原産の全く別の木がこの翻訳語で呼ばれることになり、植物そのものと名称が日本にも伝わった。これはシナノキ科の落葉樹で花には花弁があり、アシュヴァッタより一段進化した植物である。なお西洋で街路樹として使われるリンデンは、日本のボダイジュと同じ種ではないが、同じくシナノキ科の植物である。

第一三章

一 マーラの息子と娘——真理の敵マーラの息子と娘については古い仏教文献に言及がない。『スッタニパータ』(四二五)には、マーラの軍隊の名前として、「カーマ」(愛欲)、「アラティ」(欲求不満)、「クシュット・ピパーサー」(飢えと渇き)、「トリシュナー」(欲求)があげられる。このうち、唯一の男性名詞「カーマ」を同義の女性名詞「ラティ」に変え、「トリシュナー」の類義語「クシュット・ピパーサー」を落とすと、本書の作者アシュヴァゴーシャのあげる三人の娘になる。マーラの三人の娘は以後の文献にも言及されているが、軍隊の名を娘の名に転換したのはアシュヴァゴーシャであったらしい。その際、ついでに三つの男性名詞をあげて、マーラの三人の息子の名前としたのだろうが、これは以後の文献に伝わらなかった。

五 ヴィデーハ王——バラモンの娘を奪って身を亡ぼしたカラーラジャナカについては、四・八〇に出ている。ただし、この話はほかの文献には伝わっていない。

一一 シュールパカ——アシュヴァゴーシャは、もう一つの作品『サウンダラナンダ』(端正なナンダ)で、王女クムドヴァティーに愛されるシュールパカに言及している(八・四四)。また、恋に焼かれる「魚の敵」に言及している(一〇・五三)。

一三 アーイダ——チャンドラ(神格化された月)の娘イダーの子、プルーラヴァスのこと。一一・一五の注参照。

一三 シャンタヌ——ビーシュマ(九・二五の注参照)の父。『マハーバーラタ』によると、人間の姿をとったガンガー(神格化されたガンジス河)を恋し、結婚してビーシュマをもうける。

二三　ラティ――カーマ（一・二七の注参照）の妻の一人。擬人化された愛欲（ラティ）。ラティはアプサラス（一・八九及び九・九の注参照）であり、「惑わしの女」（マーヤーヴァティ）、「愛の蔦草」（ラーガラター）、「いちゃつき女」（ケーリキラー）などとも呼ばれる。もともとアプサラスは、一人の男に忠実であることを期待されていない。

二六　パールヴァティ――「山に属する女」、すなわちパルヴァタ（神格化されたヒマーラヤ）の娘ウマーの父称。ブラフマンは、シヴァとパールヴァティの間に強い子供を作らせようとするが、シヴァは苦行に熱中して女に見むきもしない。そこでブラフマンは愛の神カーマに命じて愛の矢をシヴァの胸に射させるが、怒ったシヴァはカーマを焼き殺す。やがて、シヴァとパールヴァティの間に息子スカンダが生まれ、悪魔ターラカを亡ぼして世界の秩序を回復する。

三〇　ナーガ――ナーガは鉱物資源を守る蛇であり、地中に住む。ナーガは上半身が人間、下半身がとぐろを巻いた蛇として想像されている。洞窟または蟻塚からナーガの国へ通ずる路があると信じられている。

三二　シュッダーディヴァーサたち――「清らかなる所に住む者たち」という意味。「もはや欲望はないが、まだ物質を超越していない世界」（ルーパ・ダートゥ）は、さらに四段階に分けられるが（一二・五一の注参照）、その最上位が「シュッダーディヴァーサたちの世界」であり、第四の瞑想状態に達した人々の行く所とされる。シュッダーディヴァーサは八種あるが、その一つが一二・五八に見えるブリハットパラ群神である。なお、中国人は「シュッダーディヴァーサ」を「浄居天」と訳している。

三八　ヴィンディヤ山――インド中央部を東西に走る山脈。この南がデッカン高原である。

四二　この世の終わり――「カルパの終わり」。「カルパ」は想像上の時間単位で、最高神ブラフマンの一日が一カルパである。これは四億三二〇〇万年に相当する。一カルパは、三〇八五万年ずつ一四期に分けられ、各期の終末が「カルパの終わり」である。各期の終わりに世界が滅びると、新しいマヌ（八・七八の注参照）が現われて次の期の人間を創造する。「カルパ」は中国で「劫波」（キャップ・プァ）と転写された。省略形「劫」（キャプ）は、頭子音が無声で母音が中舌音であるから、呉語では「コフ」になるはずであるが、いつまちがったのか「ゴフ」ということになっている。どの古語辞典にも、「劫」は単に「きわめて長い時間」と定義されているだけであるが、期間あるいは時代をも指すことは、少なくとも平安時代には正しく理解されていた。「劫の変はるまで訪れ給はぬを」（『宇津保物語』）。

四一　メール山――スメール山（一・三六の注参照）のこと。この山は「金の山」（ヘーマードリ）とも呼ばれているように、金でできている。

五四　ガルダ――体の主な部分は人間であるが、頭とくちばし、翼と爪が猛禽類で、蛇を主食とする。ヴィシュヌの乗物として崇拝され、蛇の毒を消す効能があるとして重宝される。仏教ではアスラ（一一・三二の注参照）、ナーガ（本章三〇の注参照）などとともに、真理の番人として扱われ、日本では口から火を吹く恐ろしい怪物になっている。

第一四章（前半）

七　超視力――真理に到達しようとして精神集中による心理訓練を積むと、五種の超能力が身につく。(a)超視力、この世のものをすべて見通す能力、(b)超聴力、この世の音をすべて聞き取る能力、(c)他人の心を知る能力、(d)好きな所へ自由に行く能力と自由に変身する能力、(e)前世で起こったことをすべて知る能力。中国人はこの五種の超能力を「五神通」と訳している。

二一　第二一偈付加――次の一偈はチベット語訳のみにあって、サンスクリット本および漢訳に相当するものがなく、前後の文脈にも合わない。おそらくある読者がマージンに書きこんだ感想がチベット訳にさいし本文の中にまぎれこんだものであろう。――「私の考えでは、賢者にとっては、卑しい人々と交わることは、身体のもろもろの苦しみよりも、また地獄の〔苦しみ〕よりも、もっと大きな辛苦である」

三〇　シビ王——ガンダーラに近いウシーナラ王国の王。シビの信仰を試すために、ヴィシュヌはバラモンに化けて現われ、息子を祭儀の犠牲に差し出せと要求した。ただちに息子を殺したシビに、今度はそれを食えと言った。言われた通りにしようとするシビを止めて、ヴィシュヌは自分に対する信仰の深さをほめ、息子を生き返らせた。言われた仏教徒の伝える話では、シビはガンジス平原北部の町アリシュタの王である。前世でブッダはアリシュタプラの王シビであった。シビは自分の身体の一部を求める者がいれば、だれにでも与えたいとふと思った。すると、盲目のバラモンに化けたインドラがやって来て目を求めた。目を与えて盲目になったシビは「真実の行ない」によって視力を回復するが、それはもはや普通の視力でも超視力でもなく、「完全な真実の視力」であった。

第一四章（後半）

第一四章（後半）——これ以下、第二八章まで、チベット訳テキストからの和訳である。「解説」参照。

三　貫かれる——T四本 gśegs であるが、gśags（gśog の過去形）と読む。

三六　悲しげに——*CD*, źags pa（縄索）であるが、*NP*, źan pa をとる。

三六　落ちてゆく——*CD*, …rnams lhuṅ ṅo; *NP*, rnam lhuṅ ṅo. ＣＤの rnams は複数語尾である。ＮＰの rnam lhuṅ は rnam par lhuṅ ba の省略形。いずれも可。

三八　落ちる——*NP*, ltuṅ ba; *CD*, lhuṅ ba. いずれも可。

三八　身をかがめ——*NP*, luṅ 'dod であるが、*CD*, lus 'dud に従う。

三八　落下するのを——*NP*, ltuṅ la; *CD*, ltuṅ ba.

四〇　愛欲にみちた〔天人〕たちが——'dod pa can rnams はＪ、Ｗ訳のように、第四句の「アプサラスの群」lha mo'i tshogs rnams と同格とみなして、「〔天人たちが〕落ちてゆくとき、……アプサラスの群は、手でわが胸を叩きながら、愛欲にみちてなお慕いつづける」と訳すこともできる。

四〇 慕う――*CD*, bstan to であるが、*NP*, brten to をとる。

四一 チャイトララタの林――Caitraratha. ガンダルヴァ（二六・一〇三の注参照）のチトララタ (Citraratha) がクベーラ (Kubera, 毘沙門天) のために造成した庭園。二六・九三の注参照。

四一 マンダーキニー――第四一偈はアシュヴァゴーシャ作『端正なるナンダ』(Saundarananda) 一一・五〇と一致するが、このチベット訳には「ああ、マンダーキニー河よ」(hā mandākini) の言葉は欠けていて、かわりに「どこなのか」(gaṅ na źes) という言葉が加えられている。マンダーキニーは天上のガンジス河のことである。

四三 第四三、四四偈――本訳の第四三偈はチベット本の四三ａｂと四四ｃｄとの合成、第四四偈は四三ｃｄと四四ａｂとの合成である。この処理の仕方はＪ訳に準じている。第三七―四三偈の漢訳は、大意はともかくとして、チベット本と適確に一致しない点が多く、とくに本訳第四三偈の内容は漢訳には全く見出せない。そのかわりに「積劫《しゃくごう》に苦行を修し永く愛欲より離る。決定して長《とこし》えに存すと謂《い》いて、今悉く堕落す」の一偈がある。これはチベット本の四三ｃｄと四四ａｂとを合成したもの（本訳の第四四偈）に当たる。もしそうとすれば、四三ａｂと四四ｃｄとを合せたもの（本訳の第四三偈）を一偈とみなすのが自然であり、またその方が内容からも妥当であると思えるので、十分な留保を残しながらも、一応上述のように処理する。Ｗ訳はチベット本の順序に従っている。

四三 つき従う――*NP*, des las; *CD*, ded las. Ｊ訳は des las を ṅes par (dhruvam) と読み換え、Ｗ訳は de las (deshalb, だから) の意にとっている。しかし、ＣＤによって 'ded (=ded) pa（追逐）の意にとる方がよい。

四四 離欲をすでに得た――天上の世界もふつう二六ないし二八に分けられ、それらは下から上に、欲界《よくかい》の六天、色界《しきかい》の十七天（十六天説、十八天説もある）、無色界《むしきかい》の四天に分類される。このうち淫事にふけるのは欲界六天の住人たちであり、色界、無色界の天人たちは欲望を離れている。離欲の境地を得ながら恒常の観念をもつというのは、色界、とくに最高神ブラフマン（梵天）に属する神々に言及する。一五・五五の注「三界」参照。

四五　地獄、畜生、餓鬼――一・一五の注「輪廻」及び一五・五五の注「三界」参照。

四六　最大の――*NP*, phul phyuṅ; *CD*, phul byuṅ. 後者をとる。

四六　たしかにあろうか――*NP*, ṅes par med（決してない）。*CD*, ṅes par byed（確かめられようか）。第四句初めの gaṅ na を gaṅ źig na（いずこにも）の意にとればＮＰの読み方も通じる。

四八　五種の生き方（五趣）――六道（六趣）のうち、アスラ（阿修羅）を除く五つの生き方。一・一五の注「輪廻」及び一五・五五の注「三界」参照。

四八　切り裂いても――*NP*, bźags pa; *CD*, gźags pa. いずれも gśog pa の過去形。

五一　愛着という盲闇に障えられ――chags pas (*CD*, las) loṅ min gyis bsgribs pa. min はおそらく mun の誤記。ここはＪ訳のように「愛着に盲い、闇に障えられ」と読むこともできる。しかし、chags pas (chags las) は原サンスクリット文にあって loṅ mun gyis と同格であったのがチベット文に直訳されたと考える方がよい。

五一　危うき場所――*NP*, dogs sa であるが *CD*, dog sa「険処」(*ChG*, 402b) をとる。

五三　老と死――rga bas 'chi ba. rga ba 'chi ba の意にとる。チベット訳はおそらく jarāmaraṇa という複合語を格限定複合語として「老いによる死」と解したのである。ただし次偈においては「老と死」となっている。

五六　自在神――dbaṅ phyug=īśvara. バラモン教の創造神。

五六　自性――raṅ bźin=svabhāva, prakṛti. サーンキャ学派の「原質」(pradhāna) と同じ。一八・四五の注「顕現せる……」及び一八・四七の注参照。

五六　アートマン——bdag＝ātman（自我）。八・七七及び一八・四七の注参照。

五六　原因なくして——rgyud med＝ahetu（taḥ）.

五七　節——*NP*, tshig であるが *CD*, tshigs がよい。

五八　牟尼——muni. 一般に賢者、聖者のことであるが、シャーキャ・ムニの異名でもある。以下、ブッダのことをさすムニという語は「牟尼」と訳す。

六一　あおられて——*CD*, bud de であるが、*NP*, bus te（'dud の過去 bus）をとる。

六二　考えは——*NP*, …bsam pa yi であるが、*CD*, bsams pa ni をとる。

六三　喜んで飲みはしない——第四句は四本とも kha cig mion par dga' ba yin である。最後の yin は min に訂正すべきか。

六五　こすり合わされた——*NP*, gtsubs; *CD*, gtsub. 後者がよい。

六六　接触には原因がある——T四本とも reg pa rgyu yin であるが、チベット語としては不完全な文章である。おそらく reg pa rgyu can yin（sparśaḥ sahetukaḥ）の意であろう。

六六　お考えになった——*NP*, bsam; *CD*, bsams. 後者をとる。

六九　生じる——*NP*, yod par; *CD*, 'byuṅ bar. いずれも可。

七〇　第七〇偈付加——第七〇偈と七一偈との間にNP二本は rnam par śes pas mkhyen pa na（認識作用が知るときに……）の一句をもっているが、CDにはそれはない。Wはこの一句のあとにあった三句が脱落した、と考えているが、むしろJ訳のように、この一句が誤って付加されたと考える方が妥当である。おそらく筆記者が次の第七一偈の第一句 rnam par śes pa 'das pa na を誤写し、それを消し忘れたと思われる。

七〇　認識作用——*NP*, rnams śes であるが、*CD*, rnam śes がよい。

七一　生じさせられる——*NP*, rig gnas te であるが、*CD*, rab gnas te に従う。文字どおりには「確立する」の意。

七二　お考えになった――*NP*, bsam; *CD*, bsams.

七三　生起の順序――著者は本章第五二―八三偈の間に『城邑経』に従って縁起説を述べている。この縁起説で流転分（anuloma, lugs 'byuṅ, 順観）では、老死・生・有・取・愛・受・触・六処・名色・識の十支を「老死は何によってあるか。生によってある」というように、結果を追って観察し降る（識→名色……→老死）。けれども第八〇―八二偈に述べられる還滅分（pratiloma, lugs lás bzlog pa, 逆観）では、識のあとに行と無明の二つが加わって十二支となり、その観察は「生が滅すれば老死は滅する……→無明が滅すれば行が滅する」という形で、各支分の消滅の順序に従って行なわれる。

七四　名称と形態は起こる――第二句 miṅ daṅ gzugs te skye ba ste はCDに欠けているが、NPには備わっている。

七五　人が舟を導く――第二句はT四本ともに欠けている。漢「人と船と倶《とも》に進み、水と陸と更《たが》いに相運ぶ猶《ごと》く」は、水上では舟が人を運び、陸上では人が舟を運ぶ、の意。いまは名色と識との相互作用を舟と船頭との相互作用にたとえたものと見て、第二句を補った。

七六　草――*D*, rtsva; *PC*, rtsa; *N*(?).

八〇　消える――*NP*, 'gag; *CD*, 'gags.

八一　渇愛――T四本ともに srid であるが、文脈より sred と読む。

八二　滅するのである――*CD*, rnam par ñams par ñid であるが、NPによって…ñams pa ñid と読む。

八三　滅する――*NP*, 'gags; *CD*, 'gag.

八四　八正道――苦の滅に至る八つの道。すなわち、正見、正思惟、正語、正行、正命、正精進、正念、正定のこと。一五・三五―三六参照。

八五　古の――*NP*, mna' ma; *CD*, gna' ma. 後者の方がよい。

八八　樹々から——*CD*, ljon śiṅ rnams la; *NP*, …las. 後者による。
八九　マンダーラ——一・一九及び二七・六六の注「マンダーラ」参照。
九〇　病むことなく——*NP*, nad med gyur ciṅ; *CD*, …źiṅ.
九二　宮殿——*N*(?)*P*, gźan med であるが、*CD*, gźal med（vimāna）.
九三　賛嘆——*NP*, bstod; *CD*, ston. 前者をとる。
九三　声高に——*NP*, mthon por mthon źiṅ; *C*, mthon bar 'thon źiṅ; *D*, mthon por 'thon źiṅ. NPをとる。
九三　喜んだ——*NP*, dga' 'gyur źiṅ; *CD*, …gyur….
九三　絶望した——*CD*, yi mug ciṅ; *NP*, …gyur. 後者をとる。
九四　まばたきもせず——*NP*, spyan mi 'dzum par; *CD*, …'dzums….
九四　牟尼は——*NP*, thub pa; *CD*, thub pas.
九五　安住した——*CD*, gźag; *NP*, bźag.
九九　坐したる——*NP*, gdan la bźugs pa'o; *CD*, …pa po. 後者をとる。
九九　二つの宝——W、J二訳ともに gñis を dvitīya（gñis pa, 伴侶）の意にとるが、賛成できない。これは mchog gsum＝dkon mchog gsum（triratna, 三宝）に準じ dviratna（二宝）と解すべきであろう。
一〇〇　あなた——*NP*, khyod; *CD*, khyed. いずれも可。
一〇〇　少ない——*NP*, chuṅ ṅu'i; *CD*, ñuṅ ṅu'i. いずれも同意。
一〇一　渡り——*CD*, rgal; *NP*, brgal. 後者がよい。
一〇二　出で立つ人——*NP*, rab źugs te であるが、*CD*, …de をとる。
一〇三　かの二人——*NP*, de ñid であるが、*CD*, de gñis をとる。
一〇三　受けて——*N*, rab mnon であるが、*PCD*, rab mnod をとる。
一〇四　四天王——帝釈天に仕え、仏法を守護する四神。二六・一〇一の注参照。

一〇五　二人の資産家――「成道から伝道へ」（『原始仏典』第一巻『ブッダの生涯』）四。二人とはトリプサ（*S*, Tripusa; *P*, Tapassu）とバッリカ（Bhallika）である。

一〇六　アラーダとウドラカ――ブッダが出家後、最初に師事した二人の仙人。第一二章参照。

一〇七　ヴァーラーナシー河――ベナレスをとりまいて流れるガンジス河の支流。Vārāṇasī.

一〇七　ビーマラタ――ブッダの前身である菩薩は昔ヴァーラーナシーでサラバンガといわれる聖者となった。ダンダキー王がある聖者に対して罪を犯し、王国とともに破滅したとき、ビーマラタ（Bhīmaratha）は他の二人の王とインドラとともにサラバンガに近づき、ダンダキー王の死後の生地を尋ねる。サラバンガは教えを説いて、ビーマラタたちの欲望を消滅させた。『ジャータカ』第五二二話その他にある物語。

一〇八　まばたく――*NP*, 'dzum; *CD*, 'dzums.

第一五章

第一五章――ウパガとの出会い、鹿の園における五比丘の態度とブッダの転法輪、カウンディニャのさとりなどを記述する本章の内容は「成道から伝道へ」六、その他の仏伝によく一致する。第二七偈以下のブッダの教えの内容も『初転法輪経』（SN. 56, II, vol. V, pp. 420-424）と符合する。

章名　転法輪――ブッダが教え（法）の輪を回転させて伝道すること。戦車が回転して敵を破るように、ブッダの教えが回転して人々の迷いを破ること。

一　衆人と共なる――ブッダの姿を見た人々が、その威容に打たれ、驚き、合掌し、挨拶し、群衆となってつき従うさまをいうのであろう。同じような光景については一〇・四―一〇参照。

一　敬虔な比丘――比丘は托鉢して食を乞う修行者をいう。漢訳に憂波迦の名を出すように、ガヤーからヴァーラーナシーに向かうブッダに遇ったこの比丘は、ウパガ（*S*, Upaga; *P*, Upaka）というアージーヴィカ派の修行者であったと伝えられる。

二　第二偈――T四本とも第二句半ば、第四句末に複数形を示す rnams をもっている。原文は、迷える人々がこのように変容するのはどうしてありうるのか、と一般的に問う文意である。W、Jは漢にひかれて、「人々は愛着が多いのに、あなたは愛着なく、感官の馬は跳ねまわるのに、あなたの感官は調御され、あなたははなはだ味よき新たな不死（甘露）の知恵によって満月のごとくに満ち足りておられる」という方向で訳している。しかし両訳とも ji ltar（どうして）の処理が不自然であり、第四句末の rnams を rnam (pa) と読みかえている。いまはチベット本に忠実に訳した。第四句の「(満) 月」は、NPは ri boṅ gis mtshon, CDは ri boṅ gi mtshan であるが、ri boṅ gi mtshan (śaśāṅka) が正しい。

三　どうして――NPには ji ltar が欠けているが、CDの第一句は brtan pa khyod kyi źal ni *ji ltar* rab rgyas śiṅ となっている。

三　牡牛の目――爛々と輝く目を大牡牛の目にたとえる。八・五三参照。

四　自ら生じて存在する者――svayambhū (raṅ byuṅ, 自生者)。本来は先祖、父母なく「自ら生じた者」で造物主ブラフマン神のことであるが、ブッダの異名でもある。二・五一参照。

五　心安らげる者――CDは źi ba dag ni であるが、NPは źi ba bdag ni となっている。ここはWのように「私を解放された者と知りなさい」とも読めるが、Jのように źi ba bdag (śamātmaka) を一語として読むべきであろう。

六　友たち――ブッダが成道する前に苦行を共にした五人の比丘をさす。彼らはブッダが苦行を棄て、沐浴し乳糜《にゅうび》をとったのを見て、ブッダが堕落したものと考え、彼を見すてた。五人の比丘はなおヴァーラーナシーの郊外のサールナート（鹿野苑）で苦行を続けていた。ブッダはまずこの五人を救済するためにヴァーラーナシーに向かう。一二・九一、一一四など参照。

六　この心安らげる私も――Jはこの一句 źi ba kho bo 'di yaṅ bā rā ṇa sīr 'gro の źi ba を呼びかけ語

(saumya) ととり、'di yaṅ を 'di riṅ (adya) と読みかえて「あなた、私はいまヴァーラーナシーへ行くところです」と訳す。しかし、「この私も」(kho bo 'di yaṅ) の「も」(yaṅ) は、五人の比丘がヴァーラーナシーにいるそこへ私も行く、というように理解できる。ži ba (心安らげる者) は第一、五偈においてもブッダをさしているので、ウパガに対する呼びかけととるのは不自然であろう。

八　驚嘆すべき——ṅo mtshar. J は「面目を失う」と訳すが、おそらく ṅo mtshar を ṅo tsha と読んだためであろう。

八　大勢の人々——skye bo chen po (mahājana) は「偉大な人」と「大勢の人々」との両義をもつ。J は前者を取り「〔目を開いている〕偉大な人にとっては、〔きわめてすぐれたものを手に入れたとき、彼が分けてやるものだけが財産である〕」と訳す。しかし第三句の skye bo chen po ma btsums mig la は第四句の rnam par 'dzin pa (分配する) の与格の対象であるから、W のように「目を閉じていない大勢に分配する……」の意にとるべきであろう。

九　仁者——legs pa'i gzugs (surūpa) は「賢明な〔人〕」の意。漢はこれに「勇健士」を当てている。

九　聡明——J は spyaṅ po を sprad po または sbyin po に読みかえて「施与者」と訳す。しかし T は四本とも spyaṅ po としか読めないので、W のように「聡明」の意にとる。

二　そのために赤く染まる——第二句 de yi (*P*, yis) rgyu can dmar por 'gro ba ma yin ñid は J、W を苦しめたようである。W は rgyu can (hetumant) を「道理に従う人」、dmar po (rāga) を「愛の激情」と解し、「そのために道理に従う人が愛の激情に負けることはない」と訳している。J は W 訳を文脈からはずれていると批判し、漢に「灯が幽冥を照らし、無心にして自ら明るきが如し」とあるのにひかれて、dmar por (rakta, 赤い、愛着に染まった) を dmun par (暗まされた) と読みかえ、第一、二句を「あたかも灯火がともされると、そのために暗闇がそこにはなくなるように」と訳している。W、J ともに考えすぎであろう。dmar por は T 四本とも一致し、異本はない。灯火が照らしたときに物が赤く染まる、ということはきわめて自然な発想であると私には思える。

三　ガヤー――チベット本はCDPの三本とも gaṅ yaṅ. Nは印刷不鮮明で gad ya とも gaṅ yaṅ とも読める。いずれにしても文脈からこれが ga ya（Gayā）の書き誤りであることはまずたしかであろう。漢「一切の諸牟尼は成道は必ず伽耶においてし、亦た同じく迦尸国にして正法の輪を転ず」。J、Wともにガヤーの意にとっている。

三　澄浄なる教え――第四句の kā śi rnams daṅ chos smra ṅes の daṅ はかなり問題であるが、J、Wともに何の注記もしていない。サンスクリット原文にあった ca あるいは atha（daṅ, そして）がチベット訳においても原文の語順どおりの位置におかれたと考えることもできる。その場合には、「……ガヤーにおいて菩提をさとって、そしてカーシーにおいて教えを説く……」と訳すべきである（J、W）。しかし、もう一つの可能性は daṅ chos を daṅ ba'i chos（prasanna-dharma, 澄浄の教え）の意味にとることである。二つの可能性のうちの一つに決定することは困難である。いずれにしても、kā śi rnams su の su（於格語尾）が省略されているのは、韻律を合わせるためであり、また第三句にある ga ya rnams su（ガヤーにおいて）との連想から省略が可能であるからである。

亖　ウパガ――Ñe bar 'oṅs（Upaga）. 第一偈にあらわれたアージーヴィカ派の比丘の名。漢「梵志憂波迦は嗚呼と奇特を嘆じ」。Wは ñe bar 'oṅs を固有名詞ととらずに、「近づいて来た人（ブッダ）に向かって、あすばらしい、と呼びかけ……」と訳す。これは ñe bar 'oṅs nas（*CD*, nas; *NP*, las）を ñe bar 'oṅs la と読んだためである。Jは注においてこれをウパガとも解しうる、というが、訳文では「低い声で(upāṃśu)〔嘆声を発し〕……」という。Jは ñe bar 'oṅs las を ñe bar 'od las（upāṃśu）と読みかえてこう訳すのであるが、根拠はない。漢からみても Ñe bar 'oṅs がウパガ（ウパカ）であることは確かである。一般に仏伝ではウパガは、「尊者よ、そうかもしれない」といって、頭を振って、別の道をとって去って行った、となっていて、ブッダに説得されたのでもなく、ブッダを讃嘆したのでもない。

一四　愛人のごとくに――「愛人を抱くごとく」なのか、「愛人が抱くごとく」であるかはチベット語の形では判別しがたい。もし後者であれば後半は次のように訳せる。「女性〔が宝石を両の腕でかき抱くか〕のごとくに、バーギーラティー河とヴァーラーナシー河と〔の両腕〕がかき抱いて合流する〔間にあるこの都〕を」。二つの河はともに女性名詞であるのと、女性が宝石を両腕で抱きしめる、という連想からすると、この後者の可能性も棄てきれない。J、Wはともに本文の訳と一致する。バーギーラティーとヴァーラーナシーはその合流点にカーシー（ベナレス）市がある二つの河の名。

一五　コーキラ――インドのカッコウ。美声をもって有名。

一五　鹿の園――mṛgadāva（鹿野苑）は「鹿の園林」を意味し、現在のサールナート（ベナレス近郊）にあたる。ブッダの初転法輪の地として有名な聖地。

一七　ガウタマ――Gautama（P, Gotama）. シャーキャ・ムニのゴートラ（氏族）名。それによって、ブッダはしばしばガウタマ（ゴータマ）と呼ばれる。

二一　阿羅漢――arhat.「尊敬・供養さるべき人」の意で、修行を完成した人の呼称。したがってブッダも阿羅漢と呼ばれた。原始仏教の時代には、仏弟子で修行を完成し、阿羅漢と呼ばれるようになった人も数多い。

二三　無頼漢の父母のように、教えを説く――第四句末の'chad doは「説く」の意にとるべきである。Jはこの語を「〔法が〕断ち切られている」と解し、Wはこれを（chos）'chun io（法を守る）に読みかえるために、両訳とも第四句が曖昧で文脈に合わない。両者とも漢に「しかも本の名字を称するは、父を慢《あなど》る罪を得る如し」とあるのに影響されているが、この漢訳は原文の意を伝えるものではない。

二五　歓楽――W刊本でdka'（困苦）とある語はCDNではは っきりとdga'（快、喜）であり、Pだけがdka'と読める。本訳はdga'として読んだが、J、Wは第三句don ni dka' bas bsgrub bya bde bas gnas pa'oを「目的は困苦を通して成就されるのに、あなたは安易さに安住している」という意味にとっている。しかしこのように屈折して読むためには bsgrub bya のあとに yi あるいは la などの助詞がなくてはならない。

二八　世俗の常識——loka-vyavahāra（世間言説）。世間的な言語・行為の習慣のこと。出世間的な知識である「勝義」に対する語。

三〇　裂いて——W校訂本は 'ges pas であるが、ＮＣＤともに 'gems pas, Ｐは 'gegs pas である。

三〇　鑽る——W校訂本は bsgrubs pas であるが、これは見誤りで、Ｔは四本とも bsrubs pas（manthana）である。後者は漢「鑽燧」に当たり、木をすり合わせて火をとること。「すぐれた方法」とはもとより火鑽りの道具をさす。ＪもＷの誤記に気づかず誤訳している。

三一　まして——snon ñid do という奇妙なチベット語がサンスクリット語の prāg eva（まして、いわんや）の直訳であることは、四・一〇、八一、一一・七によって確かめられる。

三四　快楽と幸福——Ｊは「幸福」dge ba を dga' ba「歓喜」に読みかえて、第四句を「幸運と歓喜を超越する」と訳し、Ｗは dge ba の直前にある強意助辞 ni を否定詞 mi に直して「幸運と不運とから自由である」と読む可能性を示唆する。しかし、ここは第三、四の二句で中道が苦悩と快楽の二つを超えていることをいうのであるから、テキストを訂正する必要はない。

三六　家——第四句末はＣＤは khyab pa yis, ＮＰは bźugs pa yis である。十分な意味が明らかでないが、いまは bźugs（kula）を「家」と解する。第四句は「瞑想を臥床と座席と家とする〔もの〕」という所有複合語で、第三七偈の「道」にかかるものであろう。

三八　苦——苦以下、集（苦の原因）、滅（苦の滅）、道（苦の滅に至る道）の四つの真理を四諦（四聖諦）という。

四一　あたかも——Ｔ四本ともに de ltar（このように）であるが、おそらく ji ltar（あたかも）と読む方が、第三句の de bźin（そのように）との関連がはっきりする。漢「猶お盛火息《や》みて微かなりと雖も熱を棄てざるが如く」もそれを示唆し、J、Wともに「あたかも」をとる。

四三　流れには――rgyun las ni. T四本ともに las であるが、la と読む。

四四　流れ――CDPは rgyun（流れ）、Pのみ rgyu（原因）。

四四　その――T四本とも te に読める。Wにしたがい de ととる。

四六　この道を見ないために――lam 'di yi ni ma mthoṅ ba las はチベット語としては奇妙な言いまわしであるが、Wの指示するように、etasya mārgasyādarśanāt というようなサンスクリット語の直訳と考えることができる。

四六　世間の人々は……輪廻する――Jはチベット本はたしかにまちがいだらけである、といって、漢「彼彼長迷惑」によって「人々は常にさまざまな道にさまよい歩く」と簡単に訳している。

四七　現証――ここは dbaṅ du bya ba（vaśīkaraṇa）であるが、第四八偈ではこれに相当する個所は mṅon du byas pa（sākṣātkṛta）「現証された」となっている。後者の方がふつうの言い方である。

四八　目が生じた――四つの真理（四諦）についてはふつう「三転十二行相」が説かれる。苦については「苦という聖なる真理はこれである」「この苦という聖なる真理があまねく知られねばならない」「この苦という聖なる真理があまねく知られた」という三段階。原因については「苦の生起の原因という聖なる真理はこれである」「……は断ぜられねばならない」「……は断ぜられた」という三段階。止滅については「苦の止滅という聖なる真理はこれである」「……は現証されねばならない」「……は現証された」。道については「苦の止滅に至る道という聖なる真理はこれである」「……は実修されねばならない」「……は実修された」という三段階について明知が生じる。四つの真理のそれぞれについて三段階、合計十二の形を反省し確認するから、三転十二行相という。第四七、四八偈では簡略化した形でこの三転十二行相にふれている。

四九　真理のこれらの四句――bden pa ni bźi ba'i rkaṅ pa 'di rnams. ni は yi の誤りかもしれないが、T四本ともに ni である。おそらく、「これらの四句をもつ真理」の意。

五三　その階位を知ったカウンディニャ――kau ndi nyas de yi (*NP*, de'i) go 'phaṅ rigs ni bzuṅ ba ste. この一句は「……〔世間の人々は〕カウンディニャがその〔ブッダと同じ〕階位〔の真理〕を知った、と理解した」とも訳せないことはない。Wはそのように読んでいる。しかしその場合 rigs ni は rig go あるいは rigs śes とあるべきであろう。bzuṅ (grah の過去形) は「理解した」とも読めるが「名づけた」とも解せる。『転法輪経』との並行関係を考えると、ここは、世間の人々が「さとったカウンディニャ」と名づけた、と解する方が自然であろう。漢「阿若憍憐と名づく」もそう読んでいる。ただしそのさい、kau ndi nyas は kau ndi nya に直す方がよい。J、Wともに、この一句には二シラブル欠けている、というが、kau ndi nya(s) は四シラブルと数えることができ、de yis (de'i) も二シラブルと数えうるので、全部で一三シラブルで他の三句と一致する。Jは憶測で二シラブルを補ってかなり異なった訳をつけている。

五五　三界――迷える生きものの往来・止住する三つの世界とは欲界・色界・無色界である。(1)欲界は最も下にあり、婬欲・貪欲の二欲をもつ生きものの住む世界。(2)色界は婬欲・貪欲を離れた生きものの住む世界で絶妙な物質よりなる。(3)無色界は最上の領域で、物質を超え、精神のみが存在する。欲界には地獄・餓鬼・畜生・阿修羅・人・天の六道がある。欲界の天を六欲天という。欲界では禅定はなりたたない。色界は四禅天よりなり、細分すると十七天となる。無色界は四無色定（一七・三五の注参照）を修めた者が生まれる世界である。三界は神話的分類であるとともに禅定の段階を反映する。

五六　ゆるぎなく――NPは bstan źin であるが、CDは brtan źin（堅固で、ゆるぎなく）である。前者をとれば「三界において説かれて……」と訳せる。

五七　三界が震動した――チベット語の形の上からは、J訳のように「三界はゆれ動く（無常である）、と偉大なる仙人から聞いて」とも読める。しかし、ブッダが法を説くとき世界が動き、震い、揺れることは、経典の常にいうところであるから、ここはW訳（本訳に等しい）のように解するのが妥当であろう。

五七　三種の生存（三有）——三界におけるそれぞれの生存の仕方。

第一六章

二　五星——月の第十一（十三）星群でハスター（hastā）と呼ばれる。人によってはCorvus星座の一部という。

三　ヤシャスという名のある長者の息子——ベナレスの富商の子Yaśas (*P*, Yasa) は快楽にみちた生活を送り、妓女にもてなされて一夜さきに眠った。夜半に目覚めて、妓女たちが寝乱れ、涎《よだれ》を流し、寝言を言い、髪を乱して、墓場のようなありさまであるのを見て、「実に、ああ、悩ましい。ああ、煩わしい」と嘆じて、黄金のサンダルを履いて出て行き、鹿の園で夜明けのそぞろ歩きをしていたブッダに出会う。これが彼の出家の動機であった。「成道から伝道へ」七に詳しい記述がある。「長者の息子」と訳した語は、chen po'i bu（大人の子）であるが、「大人」とはもとより śreṣṭhin（富商、ギルドの長）のことを言ったのであろう。

三　脇を下にして眠る——NPは blo phab であるが、CDの glos phab をとる。

四　おのずと——第二句 tshig daṅ brjod bźin du の daṅ はこのままでは解しがたい。tshig dag（複数助辞）か、あるいは raṅ つまり raṅ gyis（おのずから）の縮小形であろう。

五　災い——NPの ñer tshe はCDに従って ñer 'tshe (upadrava) と読むべきである。J、Wともに「〔涅槃〕のために定まった時はない」としているのは、CD本を見なかったからである。

七　そのままの姿をとりながら——第二句の lus de ñid bzuṅ ste をWは「身体を自分の支配下において」と訳す。bzuṅ ste を語根 grah（把握する）の連続体と考えたからであろう。しかし、この語はおそらく upādāya（依って、執って）であろう。漢「其の身猶お俗容にして」がおそらく原意を伝えるものと思われる。Jはその方向で理解している。

八　秋の水――Jは ston ka（秋）のかわりに「塩辛い、アルカリ性の」（kṣāra; śo ra, lan tshva）というような語が文脈から要求される、といって、「塩水（灰汁）によって漂白された布」と訳す。たしかにそういう推理もなり立ちはするが、T四本そろって「秋の水」であるときに、そこまでテキストを直すことは行き過ぎであろう。漢は「猶お鮮かなる素縕《しろぎぬ》の、其の色を染め為《ら》れ易きが如し」で「秋の水」に当たる語はないが、「塩水」の語もあらわれない。本章第一七偈の注参照。

一四　かの煩悩の敵――ñon moṅs dgra de は異本はないけれども、Jの注するように ñon moṅs dgra sde「煩悩の敵軍」であるかもしれない。第一句の「敵軍」と対応するからである。

一五　解脱した――Jは grol to（解脱した）を無意味であるとして、この語を gsal to（あらわれた）に訂正し、後半偈を「これらの言葉を聞いて彼は比丘のしるしを着けてあらわれた」と訳している。「これらの言葉……」というのはおそらく skad cig de ñid kyis（その同じ瞬間に）を誤解したものである。もとより、grol to を訂正する根拠は全くない。

一六　五十人と三人と一人――「成道から伝道へ」七の記述では、ヤサ（ヤシャス）が阿羅漢となった翌日、ブッダはヤサの父親である富商の家に赴き、そこでヤサの母親と妻を教化して在俗信者とした。ついで、ヤサの出家を聞いて訪ねて来たその友人、ヴィマラ（Vimala）、スバーフ（Subāhu）、プンナジ（Puṇṇaji）、ガヴァンパティ（Gavaṃpati）を教化して阿羅漢とし、同じようにヤサの他の友人五十人を悟らせた。こうして、五比丘、ヤシャス、その四人の友、五十人の友人で六十人の阿羅漢がこの世にあらわれ、ブッダを含めて六十一人の阿羅漢が存在することとなった。

一七　灰汁――’dag chal. *ChG* ではこの語は ’dag rdzas の同義語で、「胰子」（石けん）と訳されている。*Mṛgut* は ośaṭuka, ośaḍuka を当てているが、要するに kṣāra（灰汁）である。塩・灰・脂などを混じた石けんである。

一八　集団――NP両本は don bcas (sārtha)「集団」であるが、CDは don byas (kṛtārtha)「目的を遂げた者」となっている。後者に従えば「六十人の最初に目的を遂げた弟子の阿羅漢すべてに……」と訳さねばならぬ。いまは文脈から判断して、J、Wもそうするように、「集団」の意をとる。

一九　おお――NPではここは kye という感嘆詞であるが、CDは gyis という主体を示す格助辞である。後者によれば「〔お前たち〕比丘らは苦悩〔の河の彼岸〕に渡り……」と訳さねばならない。

二一　カーシュヤパ三兄弟――ガヤーにはウルヴェーラ・カッサパ (Uruvela-kassapa)、ナディー・カッサパ (Nadī-kassapa)、ガヤー・カッサパ (Gayā-kassapa) という三人兄弟の火の行者が住んでいて、それぞれ五百人、三百人、二百人の弟子をもつ有力な指導者であった。このカッサパ（カーシュヤパ）教化はウルヴェーラの神変として仏伝において著名な物語である。「成道から伝道へ」五にくわしい記述がある。

二一　諍いを離れた人――rtsod bral (=rtsod med) は一二・四七において nirdvandva「二元相対、いいかえれば利・衰・称・譏・毀・誉・楽・苦の八世法を超越した〔人〕」の訳語として用いられている。ただしそれは禁欲行を修する比丘の徳性としてである。仏教でも八世法を超越することは菩薩の徳性の一つである (anupalipto lokadharmaiḥ, *Mvyut*, 873)。しかし同じ語がブッダの異名として用いられるときには、それは「諍うことなき人」(無諍) の意である。いまはあきらかにブッダの異名として用いられているから、「無諍」と解すべきである。JよりもWが正しいと思われる。

二四　十力――如来のみがそなえる十種の知力のこと。また「十力を具せる者」の意でブッダの異名の一つ。

二四　宿をお頼みになった――第四句 rab tu brten nas bslaṅs (*NP*, blaṅs) paho は読みにくいが、nas を gnas と理解すれば、「宿 (pratiśrayasthāna) を頼んだ」と訳せる。J訳もそうしている。漢「世尊は教化の為に、彼に告げて宿を請う」。Wは漢訳が、悪龍の住む火室しか与える宿はないというカーシュヤパとブッダの問答を長文にわたって記述しているために、チベット訳には第二四偈の第三句と第四句の間に数偈の欠落があると考えた。Jも同意見であったが、第二四偈は完結し、欠落はその後にあるとする。両者ともかりに第二五、二六の二偈を欠落個所に当たるものとし、チベット訳の第二五偈を第二七偈と数えて訳文を続けた。第二五偈（J、Wの第二七偈）は三句しか存在せず、一句が欠けていることはたしかである。しかし原典にあまり忠実でない漢訳がかなり恣意的に原文を増補あるいは省略しているのは常のことであって、それを基準にしてチベット本を訂正するのは危険である。その後、中央アジアより『ブッダチャリタ』サンスクリット本の断片が二枚発見され、そのなかに一六・二〇—三六も含まれていた。この断片はあまりにも欠損がはなはだしく、あまり読解の助けにはならなかったが、チベット訳には第二五偈の一句のほかに欠落がないことは確認できた。Wはこの断片を精密に研究して発表したが、九ページ注七において、彼が以前漢訳にひかれて誤った推測をしたことを認めている（F. Weller, *Zwei Zentralasiatische Fragmente des Buddhacarita*, Berlin, 1953.「解説」参照）。以上の理由で、本訳の第二五偈はJ、Wの第二七偈に当たり、それ以下の詩偈番号もJ、W訳より二つずつ若くなっている。

三五　聖火堂……危険な場所——ma ruṅs gnas は「危険な場所」（viṣama-sthāna——W訳）とも、「悪意をもった」（viṣama-stha——J訳）ともとれる。後者にとれば「悪意をもった彼（カーシュヤパ）は……聖火堂をこの人に与えた」となる。「聖火堂」に当たる語 agniśaraṇa はサンスクリット文断片にもあらわれるが、その語尾が -śaraṇaṃ であるのか -śaraṇe であるのか断定できない。もし後者（於格）であれば、「聖火堂の中に……危険な場所を与えた」と読むことができる。チベット語の par という格助辞は目的格にも於格にもなるので、決め手とならない。いずれにしてもこの第二五偈には第三句が欠けているので、的確には訳すことができない（前注参照）。

二六　聖火堂が燃え尽きたときにも——第三句 me yi khaṅ par bsregs na yaṅ の par はT四本に異同はない。チベット語としては奇異であるが、サンスクリット文断片から推察されるように（F. Weller, *op. cit.*, S. 7; S. 9, A15)、原典は nirdagdhe cāgniśaraṇe という絶対於格になっていて、その於格語尾がチベット語で par と訳されたものである。

二八　ガウタマ——W校訂本および前掲断片研究においてWは第四句 gau ta ma rnam 'gyur med に一シラブル欠けていると言い、gau ta ma bźugs…（坐したるガウタマは変容もしなかった）と読むことを提案している。しかし、gau は二シラブルに数えられるべきで、一音節足りないわけではない。なお rnam はNPでは rnams であるが、CDでは rnam である。

二九　傷つき——W校訂本 gnon は四本 gnod の誤記である。

三〇　鹿の園——ふつうはブッダが五比丘に最初の説法をした、ベナレス郊外のリシパタナをいうが、この鹿の園は別のものである。鹿の園と呼ばれる園林はいくつかあったようである（*BHSD*, s. v. mṛgadāva）。

三〇　人々は——W校訂本の skye ba yi はT四本ともに skye bo yis である。中央アジア断片研究においてW自身訂正している。

三〇　うろたえ、打ちのめされた——W校訂本、NPは sdug pa であるが、CDは srugs pa（うろたえた）である。'o brgyal は śram の派生語で、「疲れた」「打ち克たれた」などの意。W訳は sdug pa'o, brgyal（ああ、悲しい。ああ、わざわいな）と読んでいたが、中央アジア断片研究でW自身 srugs pa, 'o brgyal (fassunglos und niedergeschlagen) と訂正している。

三三　見て——thos nas（聞いて）はここでは「見て、知って」(niśāmya) の訳語であることは中央アジア断片によって確かめられる。

三四　望まれた——第三三偈第四句末の thugs dgoṅs mdzad をJ、Wともに「ブッダは……〔カーシュヤパの〕心を浄められた」と訳しているが、誤りであろう。thugs dgoṅs は thugs la dgoṅs (manoratha)「意欲・望み」で、mdzad とともに「ブッダは望まれた」の意味。第三四偈冒頭の ji ltar (yathā)「……するように」で始まる最初の二句がそのブッダの意図の内容を示しているのである。

三五　棄ててしまっている——slar log gnas（退いている、棄ててしまっている）が āvṛtta に当たることは中央アジア断片によって確かめられる。

三五　弟子——NPの slob pa はCDの slob ma（弟子）である。

三六　皮衣を棄てた——ウルヴィルヴァー・カーシュヤパとその五百人の弟子たちがブッダに帰依したとき、彼らは皮衣・毛髪・事火具などを水に流した。ナディー・カーシュヤパついでガヤー・カーシュヤパは河に流れてくるそれらのものを見ていぶかり、長兄を見舞いに来て、ブッダに帰依する。ウルヴィルヴァーの神変は「成道から伝道へ」一五—二〇をはじめ一般の仏伝では、ここに記されたよりも詳しく、多くのエピソードをまじえて語られている。『ブッダチャリタ』では聖火堂における大蛇退治に焦点をしぼって、きわめて簡潔な物語となっている。

三七　ガヤーシールシャ——Gayāśīrṣa (*P*, Gayāsīsa). 玄奘の記録によると、ガヤー市の西南五、六里にある。象頭の形の岩があり、千人の修行者を容れることができたという。

四一　尽きた——CNPは yoṅs mdzad であるが、*D*, yoṅs 'dzad をとる。J、Wともに誤解しているが、この語は parikṣaya「滅尽」に当たる。

四二　なしとげられた——J、Wともに「梵行に立つ、とどまる」という方向で訳しているが、ここの gnas は anuprāpta「なしとげられた」の意である。

四三　お言葉——W校訂本の gzuṅ はT四本すべて gsuṅ（言葉）である。

四四　権化——CDは yoṅs su であるが、NPの dṅos su (sākṣāt) をとる。

四五　理法と実利と恋愛——古代インドにおいては人生における三つの善事、目的として理法（dharma）・利財（artha）・愛欲（kāma）が数えられ、三道（trivarga）と呼ばれた。一〇・二八—三〇参照。

四六　卑しい——CDは ṅan pa（卑しい）。NPは na ba（病める）である。後者をとっても意は通ずる。

四七　長老——T四本ともに bgres (pa) (vṛddha)「老人」である。Wはこれを bkris（=bkra śis; *S*, maṅgala）「宗教的儀式」と読みかえ、Jは注において bgros（論客、質問者）と読むことを提案している。しかしそのいずれよりもテキストのまま読む方が自然である。vṛddha は老人の意であるが、年齢だけでなく、長年にわたって宗教的修行をした者を意味する。

四六　昔の約束——ブッダが出家後、成道以前マガダ国王シュレーニャ・ビンビサーラと対話し、解脱の目的を遂げたのち、王に教えを説く約束をした経過については、第一〇、一一章にくわしい。とくに一一・七二—七三参照。

四七　ヴェーヌ・ヴァナ——「成道から伝道へ」二二をはじめ一般の仏伝では、ブッダはラージャグリハ到着後、郊外のヤシュティ・ヴァナ（Yaṣṭivana; *P*, *Laṭṭhivana*, 杖林）に住まれ、ビンビサーラ王はブッダに教化されたのちヴェーヌ・ヴァナ（Veṇuvana; *P*, *Veḷuvana*, 竹林）をブッダに寄進したことになっている。『ブッダチャリタ』ではこの二つの園林を同一視しているようである。

四八　騎乗で——W校訂本 gźon mas はCNPによって bźon pas（*D*, gźon pas）「騎馬・車乗で」と読むべきである。Jの指摘するように、Wは漢「士女」にひかれて gźon ma（若い女、アマゾーネ）と理解したために、全体が奇妙な訳文となっている。

五一　頭——CDは mgo bo「頭」である。NPの mgon po に従えば、「守護者（王）は王冠を揺らして敬礼し」となる。

五六　渇愛はございません——Jは漢「愛欲増して窮まるなし」にもとづいて、第三句末の med を ’phel（増大する）に読みかえている。しかしT四本ともに med であるので、それを訂正すべきではない。

五八　信じていました——W校訂本 yid ’gyur ba はCDPでは過去形をとって yid gyur ba である（Nは解読不能）。

六一　めでたいことである——svāgata. 直訳すれば「君はようこそ来れ」「歓迎！」「万歳」などの意。

六三　第六三偈——de phyir re źig ’khor（*W*, dkor）rnams ni, rnam rgyas yaṅ dag ’phel ba bźin, sna tshogs rdzu ’phrul（*CD*, sdug bsṅal）ston bźin du, yid ni yaṅ dag skyo bar gyis. 漢「今大衆の前に於て、汝の勝れた功徳を顕わし、巨富の長者の宝蔵を開現して貧苦の衆生をして其の厭離の心を増さしむる如

くせよ」。WはT四本一致している第一句の 'khor「聴衆 pariṣad, または輪廻 saṃsāra」を dkor「富 dravya, dhana」に訂正した上で全体を「それゆえに、巨大な富をもつ者が彼のさまざまな財宝を〔顕示する〕ように、お前はさまざまな神通を顕示して、彼の心をぞっとさせなさい（または、解脱へ向けさせなさい）」と訳している。もっともW自身、漢訳にしたがった推測である旨を注記している。Jは 'khor をテキスト通りにとり、「それでは、巨大な富をもつ者が彼のさまざまな財宝を顕示するように、お前のさまざまな神通を顕示することによって聴衆の心をかきたてよ（stir up）」と訳している。skyo bar gyis はW、漢のように「厭離させよ」であって、J訳は適当でない。チベット本第一句の 'khor は漢の「大衆」に相当するはずで、Wがこれを dkor に訂正するのはゆき過ぎと思われる。第二句はチベット訳を自然に読めば「広大に増加する〔聴衆たち〕のように」であって、漢訳の意にとるのには無理がある。yaṅ dag 'phel ba は「増大する（saṃvardhate）」であって「富 samṛddhi」に解することもできるが、rnam rgyas（vistīrṇa）を「巨大な富を有する者」と理解することはまず不可能であろう。要するに、J、Wともに第二句を、チベット本を離れて漢訳によって理解したのであろう。第三句の rdzu 'phrul（神通）はCD本では sdug bsṅal（苦）という似ても似つかぬ語になっている。おそらく、CD本は第一句の 'khor を「輪廻」と解し、第四句の「心を厭離させよ」との関連を考えて、「神通」を「苦」に改めたと思われる。その場合、全体は「それゆえに、まず、輪廻の諸様態が広く増大するように、種々の苦しみを示して〔人々の〕心を厭離させよ」と読めるが、第二句が落ち着かず、また第四三偈以下の文脈とも合わない。いずれにしてもこの詩偈のチベット訳そのものに問題があり、漢訳とも一致せず、的確な解読はむずかしい。

六三　よろしうございます——漢「善哉」。善哉（sādhn）に当たるチベット語は一般には legs so であるが、ここでは同義の chog が用いられている。

六三　風の道——NPの kluṅ gi lam はCDでは rluṅ gi lam である。

六四　樹幹——W校訂本の sdod du 'am はT四本ともに sdoṅ dum（stambha）である。

六六　雷光――N、W校訂本のglog gi sna ba'i はCDP三本では glog gi snaṅ ba'i である。

六六　水の倉――W校訂本の chu ster はT四本ともに chu gter である。chu gter（jalanidhi）「水の倉」はふつうは海の意であるが、ここでは雲の異名に使われている。

七〇　畑は耕された――źiṅ byas. 漢「受法の器たるに堪う」。教えを聞く心の用意ができていること。

七〇　その安寧のために――dge phyir（śivāya）. これは、シュレーニャの安寧のために法を説かれたのか、シュレーニャが自分の安寧のために教えを聞きたいと思ったのか、ブッダがシュレーニャの安寧のために法を説かれたのか、文章の上では決められない。J、Wともに後者の意にとっている。漢はこの句を省略している。

七三　「〔その身体〕がアートマンであるとか、……有するものであるとか」――bdag ldan bdag ces. Wはこの表現を ātmavān aham（私には自我がある）と解している。しかし、ここの主題は身体であるから、その主語を補って ātmā sātmako vā kāyaḥ と理解する方が文脈に適うと思われる。Jは漢「我なく我所なし」にひかれて「それ（身体）は私である、あるいは、私のものである」と訳す。しかし、bdag ldan が「我所」（ātmīya）になることはまず考えられない。

七四　この苦――NPの ñid はCDでは 'di（この）である。身体とは物質的存在、つまり感官をそなえた身体とその環境である物質的存在を含む概念である。第七一偈では同じことが心・感官・物質的存在であらわされていた。つまりこの三つで、心と物との全存在をあらわすと言ってよい。Jはこの詩偈の前半を「身体と感官は心理的概念を離れてはいかなる客観性をもたない」とする。しかしこれは解釈しすぎと思われる。

七六　わがものとの意識――bdag tu 'dzin は ahaṃkāra（われありとの意識）にも、mamakāra（わがものとの意識）にも当たる（cf. A. Hirakawa et al., *Index to the Abhidharmakośabhāṣya*, I, ahaṃkāra, mamakāra）。しかし ahaṃkāra（ṅar 'dzin）は第一句にさきに出ているうえに、漢にも我と我所の二術語があらわれるので、この bdag tu 'dzin は「わがものとの意識」の意にとる。Wは同意見であるが、Jは二つともを「われありとの意識」としている。

七九　第七九偈――もし自我が無常である、つまり、変化し断絶するならば、行為を行なった主体が後にその果報を受けることはできない。自我が断絶するならば、同一の主体が後に生まれかわることもない。業報輪廻が成り立たなければ、それからの解放である救済は努力なくして得られるはずである。

八〇　遍在――W校訂本およびPの khyab par は、Nで khyad par, CDで khyab bdag (vibhu) である。CDをとる。

八〇　滅すること――skye ba med (ajāti)「不生《ふしょう》」は「滅」「死」の意で使われていると思われる。漢「死、生、中間なし」。

八〇　滅すること――W校訂本の 'groṅ はT四本ともに 'god pa (vyaya)「滅」である。

八一　ここにいても、彼方に行ってしまっても――'di daṅ soṅ nas daṅ. チベット語としては理解しにくいが、iha copasaṃkramya ca というサンスクリットの形を考えれば理解できる。'di（これ）が 'dir（ここに）と同じ価値をもつことは、たとえば 'di daṅ pha rol が ihāmutra（この世と他の世で）となる例（cf. Lokesh Chandra, *Tibetan-Sanskrit Dic.*, s. v.）によっても分かる。

八五　作用をなさず、遍在であるこの〔アートマン〕には――*NP*, bya med khyab bdag 'di yi ni; *CD*, bya ba med khyab bdag 'di yin. CDに従えば「この〔アートマン〕は作用をなさず、遍在するものである。それゆえに……」となる。

八六　有りかつ無い、ことになります――yod min gyur las de ñid kyis, bdag ste 'di ni brjod min la. この第一、二句は難解で、Wは yod min と de ñid とを「非真実（asat)」と「真実（tattva)」の意味にとり、「自我があるとすれば、真実が非真実になる。だから私はそのことを言わない」「〔以上の前提から〕真実が非真実になるから、自我がある、ということを私は言わない」という二訳の可能性を提示している。Jは「真実においてはそれは存在性をもたないから（asattvabhāvāt tattvena)、自我が存在するということを言うべきではない」と訳す。両者とも、十分に理解できない、と留保している。J訳の方向がより正しいものであると思える。第七九、八一偈では「自我に解脱がある」という帰結が導かれ、第八五偈では「自我に解脱がない」と結論されていることを考慮に入れると、第八六偈冒頭の yod min は「〔解脱の〕有と無」であり、その矛盾があるから、「真実の立場からは、自我がある、とこういうことはできない」という意味であると思われる。

八六 いかなるものの作者でもない——cuṅ zad byed ma yin は na kiṃcitkaro bhavati に当たる。

八八 第八八偈——J注のように、この詩偈はアシュヴァゴーシャ（馬鳴）著『端正なるナンダ』一七・二〇—二一と類似点をもつ。

八九 第八九偈——ここに述べられているのは十八界といわれる範疇にもとづく認識の世界の説明である。眼という器官と、いろ・かたちという対象と、見る心（眼識）という三つの接触によって視覚がおこる。同じことは聴覚・嗅覚・味覚・触覚についても言える。思考器官（意根）と考えられるもの（法境）と考える心（意識）との接触によって思惟が生じる。こうして次第に高度の認識とそれにもとづく行為が展開する。

八九 接触——T四本ともに rig pa（知）であるが、文脈から、また漢「三事会って触を生ず」から考えて、reg pa「触」として読む。

九一 その芽が——CDPでは myu gu des na であるが、N、W校訂本では…ni である。

九一 それ（種子）から——W校訂本 de la はT四本ともに de las である。

九三 教説——W校訂本 gzuṅ はT四本の一致する gsuṅ に訂正する。

九三 測り知れない——gźal du med pa'i. 最後の -'i はT四本では -'o であるが、Wに従って -'i と読む。「汚れなく塵なき法眼」というのは定形句である。

第一七章

一　観察し——第三句末の *PN*, gñis pa はCDでは dmigs pa である。J、Wともに前者に従って「すっかり人が変わって」(dvitīya) の意にとっている。同じ第三句の khoṅ du chud phyir は三・三五 d では saṃvigna, 三・四五 a では viṣaṇṇa の訳に当てられているために、Wは「度を失って」(infolge der Bestürzung) と訳している。しかしこの語は「理解して」の意味でも頻出する。いまはJ、Wの見ていないCDによって dmigs pa（観察する、認識する）をとって訳したが、もしNPのテキストが正しいとすれば、「真理を理解してすっかり人が変わって」と訳しうる。

二　群生——第一句の 'grol をJ、Wともに「解脱、救済」の意にとっているが、韻律（一一シラブル）から見てもこれは明らかに 'gro la（群生を）と読むべきである。漢「衆生を度せんが為の故に」。

二　梵住、天住、また聖住——六欲天の住所を天住、色界・無色界の諸天の住処を梵住、三乗の聖者の住所を聖住、一切諸仏の住所を仏住といい、あわせて四住、また四住地という（宇井伯寿『仏教辞典』参照）。住とは住所であるとともに生存、生活の仕方の意。梵住 (brahma-vihāra) はふつう慈・悲・喜・捨（いつくしみ、あわれみ、他人の幸福や善行を喜ぶ、平等公正）の四無量心と一致し、最高の生き方の意。一五・五五の注「三界」参照。

三　アシュヴァジト——ブッダの最初の弟子である五比丘の一人。一五・六、一六など参照。Aśvajit (*P.* Assaji) は「馬を勝ち得た者」の意味である。アシュヴァジトが「感官の馬を制御した」といわれているのはこの名前と結びつけてのことである。

四　第四—二二偈——シャーリプトラとマウドガリヤーヤナはサンジャヤの弟子であった。シャーリプトラがアシュヴァジトから聞いたブッダの教えをマウドガリヤーヤナに伝えたとき、二人はサンジャヤ門下の弟子たちに、ブッダのもとへ行って弟子となろう、とすすめ、ついでサンジャヤにも同じことをすすめた。しかしサンジャヤはそれを肯《がえ》んじなかった。やむなく二人が二百五十人の弟子とともにブッダのところへ出かけてゆくと、サンジャヤは口から血を吐いて死んだ。以上は「成道から伝道へ」二三—二四の伝えるところである。しかし、『五分律』やサンスクリット本『四衆経』によると、そのときすでにサンジャヤは死んでいて、シャーリプトラとマウドガリヤーヤナは彼らの弟子となっていた二百五十人を率いてブッダのもとへ行ったことになっている。『ブッダチャリタ』にサンジャヤのことが記されていないのは、ただそれを省略したというのではなくて、パーリ系の仏伝と異なったサンスクリット系の伝承に拠っているからであろう。

四　カピラ仙の家系——カピラ（Kapila）はヒマーラヤ山麓に住んでいた古仙といわれる。シャーキャ族のシュッドーダナ王（浄飯王。ブッダの父）の遠い祖先とされるイクシュヴァーク王（日種族の王家の創始者）の四男五女がサーケータを逐われて来て、カピラ仙の住所に都市を築き、カピラ城と名づけたといわれるが、ブッダの父はこのイクシュヴァークの家系につながる。一方、シャーリプトラはカピラ仙の末裔とされている。

四　シャーラドヴァティープトラ——舎利弗（*S*, Śāriputra; *P*, Sāriputta）は『マハーヴァストゥ』『十万頌般若経』などにはシャーラドヴァティープトラの名であらわれる。舎利弗の母はアンギラスの家系に属する聖者Śāradvatの後裔とされるからŚāradvatīと呼ばれ、その子である舎利弗はŚāradvatīputraと呼ばれた。舎利弗はのちブッダの弟子のうち知恵第一とされる高弟となる。次に述べられるシャーリプトラのアシュヴァジトとの邂逅は「成道から伝道へ」をはじめ多くの仏伝に記されている。

六　お生まれになった——*N*, rab 'khruṅ であるが、PDCの rab 'khruṅs の方がよい。

七　教え（法）より生じた——chos las skyes pa… の las はW訳の注するように la と読むべきかもしれない。そのときは「法に生じた」と訳すことができる。しかし諸本一致して las であるうえに、「法より生じた」という言い方もかならずしも不自然とはいえない。

七　新参者——*P*, gsaṅ bu; *N*, gser bu であるが、*CD*, gsar bu をとる。

八　第八偈——「成道から伝道へ」二三—二四をはじめ諸処にあらわれる著名な詩である。「成道から伝道へ」のものは第四句が「大いなる修行者はかくのごとく説きたもう」となっていて、我々のテキストの第四句と少し異なっている。

九　ウパティシュヤ——*S*, Upatiṣya; *P*, Upatissa. 舎利弗の本名。つまりシャーリプトラ、シャーラドヴァティープトラと同一人。

九　……という——T四本ともに źes bya'i である。W本の źes pa'i は誤記であろう。

一〇　知田——kṣetrajña. 神我・自我のこと。漢「知因」はおそらく「知田」の誤り。自我（アートマン）は恒常・不変・自在であるが、自らは何の作用ももたない。次偈にサーンキャ学派の名があらわれるので、この「知田」は同学派の神我（puruṣa）に言及するものと思われる。

一一　身体を——T四本とも lus las（身体から）であるが、コンテキストから見て lus la（身体を）と読む。

一二　サーンキャ——*P*, grags can（高名なる者）; *CDN*, graṅs can（Sāṃkhya）. P本によって「高名なる者」をシャーラドヴァティープトラの師であったサンジャヤ（Sañjaya）に言及すると考えることもできるが、CDN三本にしたがう。サンジャヤは著名な六師外道の一人である懐疑論者であったが、サーンキャ学派であったという記録は見当たらない。ここにサーンキャ学派の名の出る理由は十分に分からないが、第一〇偈からみると、シャーラドヴァティープトラ自身がサーンキャ説を奉じていた、と著者は考えていたのであろう。「身体を多くの部分よりなるもの」というのは、サーンキャ学派に従えば、神我は部分なき単一者であり、身体は諸部分よりなるからである。

一三　第一三偈——W校訂本ならびに独訳ではこの第一三偈にテキストの脱落があると考え、これを二つの詩偈に分かって第一三、一四偈と数えている。翻訳も不完全である。Wの見た版本がほとんど読めなかったためである。しかし、J訳のいうように、この第一三偈はよく漢訳と符合し、一偈として理解すべきである。以後、本訳の詩偈番号はJ、W本のそれより一つずつ若くなる。

一三　細断しても——T四本ともに che bar gyur pa（大きくなった）であるが、漢「蓮華の茎を断つ如く」ならびにコンテキストから見て、この che は同音の phye（粉）の誤りと考えられる。phye bar gyur pa

は「粉々になった」の意である。J訳もそう理解している。

一三 究極的なもの――*NP*, thar thug であるが、CDによって mthar thug と読む。

一四 アシュヴァジト――四本ともに rta thul である、W本の rta dul は誤記。

一四 ……向かった――*NP*, …du ni であるが、*CD*, …du soṅ をとる。

一五 すぐれた心の澄浄さにみちた――四本ともに rab tu dad pas mchog daṅ ldan pa であるが、この中の pas は同音の pa'i と読むべきである。*Mvyut*, 504, 602 参照。

一五 合一する――*NP*, sñams であるが、*CD*, mñam をとる。

一五 マウドガリヤーヤナ――*S*, Maudgalyāyana; *P*, (Mahā-)Moggallāna. 大目犍連・目連などと音訳する。ラージャグリハに程遠くないコーリタ (Kolita) 村にバラモンの子として生まれ、コーリタと呼ばれた。シャーリプトラとは無二の親友であった。

一六 比丘よ――チベット語では呼格と主格の区別がない。冒頭の dge sloṅ は呼びかけとして訳したが、次の de ñid とともに「この同じ比丘が……」と読むこともできる。

一六 どっしりと落ち着いて――*NP*, *W*, brtan yin yaṅ dag dga' źiṅ はCDによって brtan pa yin yaṅ yaṅ dag dga' źiṅ と読む。

一七 こういうことがあったのだ、と――*CDP*, 'di ltar bgyi źes で、Nは読解不能。bgyi は未来形であるから、W本のように bgyis と正すべきであろう。

一七 そ〔の教義〕――四本ともに des ni であるが、同じ第二句の末にも des smras (この者は言った) があるのと重複する。そのためW訳は、des ni を ṅes ni (niścaya oder niścita) に読みかえて「実情」(Sachverhalt) と訳している。このW訳も適当な処理の仕方であると思えるが、私はむしろ des ni を de ni (それを) の意にとりたい。J訳はこのような細部は無視するのが常である。

一七 自らに――ñid kyi. Wは、おそらく漢「聞いて則ち心開解す」との関連を考えて、ñid は sñiṅ (心) の誤りであろうと推定した。しかし、ñid kyi は ātma-, sva- の意義をもちうる。Lokesh Chandra, *Tibetan-Sanskrit Dic.*, 858 b, ñid kyi sku = ātmabhāva, ñid kyi chos = svadharma 参照。

一八　まみえん——*CD*, lta baʼi…であるが、*PN*, blta baʼi…をとる。

一九　二人——*NP*, de ñid であるが、*CD*, de gñis をとる。W訳はCD本を見ていないので、「弟子の群とともなる彼（ブッダ）は〔彼らを〕遠くからごらんになって」と訳している。J訳は ñid が gñis の誤りであることを推定したため、本訳と合う。

一九　……とともに——*N*, sde bcas; *PCD*, sder bcas.

一九　上首——シャーリプトラはやがて仏弟子のうち知恵第一と、マウドガリヤーヤナは神通第一と称せられるようになる。

一九　私の——*P*, kho baʼi であるが、*NCD*, kho boʼi が正しい。

二〇　深く、落ち着いて、安らぎたる声をもって——zab daṅ brtan paʼi gsuṅ ni źi ba yis, thud pas…（*CD*）. NPは yis を yi とする。W訳は「安らいで、しっかりとして深い声をもった牟尼は……」と訳し、第一句全体を第二句初めの牟尼にかかる所有複合語に解釈している。J訳は źi ba yi だけを thud pas にかけて、「安らいだ牟尼は深く、厳かな声をもって……」とする。gsuṅ の語のあとに助辞は存在しないからJ訳のように訳すことはできない。W訳はNP本に従うかぎり正しいといえよう。しかし、CD本はともに第一句末を yis にしているから、この読み方をとれば本訳のようになる。

二一　三叉の杖——*NP*, smyu gu gsum; *CD*, dbyu gu gsum（tridaṇḍin）. CDをとる。

二一　この——T四本ともに te であるが、おそらく de で、gñis skyes de gñis（その二人の二生族）と読むWが正しいであろう。

二二　説いたので——*P*, gsuṅs śes であるが、*CDN*, gsuṅs śin をとる。

二三　そのとき——*P*, des ni; *CDN*, de nas. 後者をとる。

二三　容色、姿形、そして財産にも恵まれた者――「恵まれた者」に当たる個所は *CD*, ñer ldan las であるが、*NP*, ñer ldan pas をとる。これは大迦葉に言及している。大迦葉（*S*, Mahā-kāśyapa; *P*, Mahākassapa）はマガダ国のマハーティッタ（*P*, Mahātittha; *S*, Mahātīrtha）村のバラモンの子に生まれ、ピッパリという名であった。長じてバッダー・カーピラーニー（妙賢）と結婚したが、夫婦生活には入らず、夫妻は同時に出家した。一緒に歩いて行ったが、出家にふさわしくないと考えて、別々の道をとって別れた。大迦葉はブッダに会った後、八日にして阿羅漢果を得た。ブッダ入滅の直後ラージャグリハに五百人の阿羅漢を集め、第一回の仏教会議（第一結集《けつじゅう》）を主催した。

二三　富貴――rdzu 'phrul というチベット語は「神通」を意味するだけであるが、その原語であるサンスクリット rddhi には「神通」のほかに「幸運、富裕」の意がある。文脈からみてこの rdzu 'phrul は「富裕、富貴」の意味にとるほかはない。珍しい訳語例である。

二四　バフプトラカ――T四本ともに bu maṅs であるが、bu maṅ と読む。

二四　色輝ける――T四本ともに mdog bzaṅs であるが、mdog bzaṅ と読む。W訳はこの語を「銀」と訳しているが、本訳者はこの語に「銀」の意味があるのを知らない。

二四　柱――T四本とも mchod sdoṅ. Wは漢「祠天幢」によってこれを mchod rten（caitya, stūpa）「塔廟」と訳しているが、祠天幢は「神を祀る旗竿」の意であって、塔廟ではない。Jは mchod sdoṅ を dhvaja（幢。a sacred flag-pole）と訳しているが、それは漢訳の意味である。dhvaja は一般に rgyal mtshan と訳されていて、mchod sdoṅ（yūpa, stambha）は幢には限らない。

二四　すべての持ち物を投げ棄て――W、J訳ともにこの一句は大迦葉が出家をしたときにそのすべての所有を棄てた（第二三偈参照）ことに言及するものと解している。チベット語そのものはそのように読むこともできる。しかし、文脈からみるとそれは不自然であって、合掌するために手にもっていたものをすべて棄てた、と考える方が自然であると思える。

二五　賢者——*CD*, bstan であるが、*NP*, brtan（dhīra）をとる。

二六　透徹した知——yaṅ dag rig は yaṅ dag par rig pa（pratisaṃvid）と同じ。漢「四無礙弁を成ず」もこれを裏づける。

二八　年長さ——*NP*, na tshod che ñid. ñid は *CD*, gñis であるが、ＮＰをとる。na tshod（vayas）は「青年期、年齢」の意であるが、Ｊ訳は na tshod ched（great vayas）を理解できないとし、漢「大徳普く流聞す」にしたがってこの語を great fame と読み換えている。マハー・カーシュヤパが他の弟子たちより年長であったかどうかはあきらかでないので、あるいは漢訳の方が正しいのかもしれないが、Ｔ四本は na tshod che に一致している。

二九　アートマンの所有——Ｗ本 bdag grib に当たる箇所はＣＤＰは明らかに bdag gi ba（ātmīya）であり、Ｎも、はっきりとは読めないが、それに一致するようである。漢「もと身と我と異なると見、或いは我即ち身と見る。我および我所有りと、斯の見已に永く除かる」もチベット本に一致する。Ｗ本ならびにＪ訳のテキスト訂正（p. 45, n. 1）はともに誤りである。

二九　短からざる——ñi tshe ba min. ñi tshe ba（pradeśa）は「短い間、一日」の意。漢はこの「短からざる」を「斯の見已に永く除かる」の箇所で訳している。Ｊ訳 perpetual.

三〇　戒律と禁制——śīla-vrata. 正しくない戒律と禁制を最高の訓練と見なすことを戒禁取（śīlavrata-parāmarśa）という。

三〇　と——Ｗ本は ciṅ であるが、ＣＤＰによって ces（iti）に読む。Ｎは印刷悪く不明。

三〇　原因でない原因にもとづいて——rgyu med pa daṅ rgyu las. Ｗ本は最後の las を la と直しているが、ＣＤＰともに las（Ｎは不明）である。原語はおそらく ahetu-hetutaḥ というような複合語であったであろう。「原因でないものを原因とすることから」の意である。漢「非因にして因を見る」。

三〇　彼——*CDP*, te（Ｎ不明）であるが、これは第一句末の関係代名詞 gaṅ（yaḥ）を受ける代名詞であろうから、W本のように de（saḥ）と読む。de と te は文字が似ているためしばしば混同される。

三一 立場——*N*, goṅ 'phaṅ であるが、CDPの go 'phaṅ（pada）をとる。

三一 ……あったもの——T四本ともに te. 文脈によって de と読む。

三一 滅し尽きた——T四本ともに yaṅ dag mchod par gyur であるが、mchod は chod の誤りであろう。yaṅ dag chod pa は parikṣaya, paricchedaのような語の訳と思える。漢「決定して復た疑無し」の決定も paricchedaなどを推定させる。

三二 欺かれている——*CD*, rgyal であるが、NPは次行の二つの brgyal と同じように brgyal である。

三三 あわれみ——*P*, rjes su gtse ba（P不明）であるが、*CD*, rjes su brtse ba をとる。

三三 断ち切った——W本は yaṅ thar gyur pa 'o とするが、*NP*, yaṅ bar gyur pa 'o; *CD*, spaṅs par gyur pa 'o である。CDに従う。

三四 怒り（瞋 krodha）によって起こるもの——*CDP*, groṅ khyer brten pa rnams（N不明）。groṅ khyer（都城）では意味をなさない。W、J訳ともに漢「色と諸々の有対に依り、種々の雑想生ず」の「有対」によって pratigha という原語を想定し、「反応に依拠するもの」（Vorstellungen…, die ihre Stützen in der Reaktion der Sinne haben; the ideas…, that are based on matter and the reactions to it）と解している。しかし、pratigha は「反応、抵抗」の意のほかに「忿り」の意をもつ。とくに第二九偈以下ではアビダルマの十種の煩悩（十結）を列挙している（第三九偈参照）のであるから、ここの pratigha は十結の一つとしての瞋恚（*T*, khoṅ khro）と解さなくてはならない。チベット語テキストの groṅ khyer brtan pa は khoṅ khror brten pa の誤記であろう。groṅ khyer と khoṅ khror とはチベット字形がよく似ている。

三四 色界——一五・五五の注「三界」参照。

三四 克服した——W本はPと等しく（N不明）…rnams bcom ste. これでも意味は通ずる（rnams は複数助辞）が、おそらく *CD*, rnam bcom ste（＝rnam par bcom pa＝vijita, etc.）の方がよい。

三五　終末——T四本ともに mdzad pa であるが、漢「命また要之《かならず》尽く」からも分かるように、W本のごとく、'dzad pa に訂正する。無色界については一五・五五の注「三界」参照。

三五　四無色定——無色界において得る、物質の束縛を離れた四つの境地。空無辺処・識無辺処・無所有処・非想非々想処の四つ。

三五　会得して——*W*, bzuṅ nas; *NP*, gzuṅs nas; *CD*, bzuṅ nas をとるのが、妥当である。

三五　生存への——T四本ともに srid pa las（生存から）であるが、srid pa la（生存に対する）と読む。

三六　乱れる——*W*, *NP*, bskyod pa; *CD*, skyod pa. 現在形のCDの方がよい。

三六　拠り所——*CD*, brten; *NP*, *W*, rten. 名詞形の rten の方をとる。

三七　卓越性、平等性、最上性を認めて——khyad 'phags ñid daṅ mñam daṅ mchog ñid mthoṅ ba ste. 漢「軟・中・上を見ず、我慢の心おのずから忘る」。W訳はチベット・漢訳を一律に扱うことはできないとし、J訳はチベット訳は意味が通らないとして漢訳に従って「劣等、平等、優越するいかなるものをも見ないで、我慢を除いた」と訳している。たしかに、チベット・漢訳はくい違っている。しかし、チベット訳も、自らと平等ないし優越した性質を他の事物に認めて、我慢を除いた、と読めば理解できると思う。

三七　消滅する——W本は 'groṅ ba'i であるが、これでは第一句は一シラブル足りなくなる。CDP（N不明）にしたがって daṅ 'god pa'i と読むべきである。

三八　破り——*NCDP*, mun pa rnams bcom. W本は複数助辞 rnams を読みかえ rnam bcom（=rnam par bcom pa=vi-ji, 打ち破る）としている。ありうることであるが、四本に従った方がよい。

三九　十種〔の煩悩〕——bcu po 'di dag rnams. 漢「十種煩悩」。説一切有部では十随眠あるいは十結（anuśaya, saṃyojana）として貪・瞋・慢・疑・邪見・見取・戒禁取・辺執見・有身見・無明の十を挙げる。我々のテキストで第二九—三八偈にあらわれる煩悩は次のようである。(1)我見 ātma-dṛṣṭi, 我所見 ātmīya-dṛṣṭi. 二つ合わせて有身見 satkāya-dṛṣṭi. 二九、(2)戒禁取 śīlavratatparāmarśa. 三〇、(3)疑 vicikitsā,

惑 kāṅkṣā. 三一、(4)欲界の貪すなわち欲貪 kāma-rāga. 三二、(5)害心 vyāpāda, 色界の貪 rūpa-rāga. 三三、(6)瞋 pratigha. 三四、(7)無色界の貪 ārūpya-rāga. 三五、(8)掉挙 auddhatya. 三六、(9)慢 māna. 三七、(10)無明 avidyā. 三八。すべてを数えると十三になる。有部では我見と我所見を合わせて有身見とし、色界貪と無色界貪を合わせて有貪 bhava-rāga とし、さらに欲貪と有貪を合わせて一つの貪とする。また有部では掉挙は随煩悩であって十結の中には入れない。我々のテキストの十三種は、たとえば次の十随眠にまとめることができよう。有身見・戒禁取・疑（疑と惑）・欲界貪・色界貪・無色界貪・瞋（害と瞋）・掉挙・慢・無明。

四〇　ジュエーシュタ―星宿――二十八宿の第十六の星座。中国では心宿という。Cowell and Neil, ed., *The Divyāvadāna*, p. 640 : jyeṣṭhānakṣatram tritāram yavamadhyasaṃsthānam pañcadaśamuhūrtayogam śāliyavāgūbhojanam indradaivatam dīrghakātyāyanīgotram「ジュエーシュタ―星宿は三つの星より成り、中央が大麦の粒のように厚い形をしていて、十五ムフールタの間〔月と〕一緒になる。米の粥を（祭祀の供物として）食する。インドラ神を主とし、ディールグハカーティヤーヤニーという氏姓をもつ」。この記述は『摩登伽経』（大正二一巻、四〇五a）、『舎頭諫太子二十八宿経』（大正二一巻、四一五c）の記述ともよく合致する。我々のテキストの第一句の gnas skabs gsum（try-avasthā?）の意味が明らかでなく、J訳は「第三の parvan における〔月〕、つまり、満月」とし、W訳は gnas skabs を「軌道」の意味としているが、いずれもアテストできない。ムフールタ（muhūrta, 須臾）は一昼夜の三十分の一、すなわち四十八分。J、W両訳ともこれを「第十五のムフールタ」の意にとっているが、「十五ムフールタの間、月と一緒になる」の意でなくてはならない。ムフールタはチベット語テキストでは tshe kyi dus となっている。ジュエーシュタ―星宿は十五ムフールタの間、月と共にある。

四〇　三種〔の煩悩〕――貪・瞋・痴のいわゆる三毒のこと。

四〇　三種〔の宝〕――この「三種」は何を意味するか十分に明らかでない。W訳は「仏・法・僧」あるいは「理法・実利・恋愛（dharma, artha, kāma）」であろうとし、J訳は「戒・定・慧」の三学に同定している。文脈から見て三宝に言及すると思われる。

四〇　三明——trai-vidya, tevijja「三ヴェーダに通じた者」というのが原意で、真正のバラモンのこと。仏教ではこの「三つの知識」は(1)宿住智証明（自・他の過去世の様子を知る知）(2)死生智証明（未来の衆生の死生の様子を知る知）(3)漏尽智証明（四諦の理を知り、漏すなわち煩悩を断滅する知）を意味するようになった。第三の漏尽明は、その前段階では、「生尽」(jātikkhaya）の知であったが、やがて「漏尽」に発展したと思われる。

第一八章

章名　アナータピンダダ——Anāthapiṇḍada（*P*, Anāthapiṇḍika）「孤独な人たちに食を与える者」

一　スダッタ——Sudatta. シュラーヴァスティー（舎衛城。現在のサヘートマヘート）の資産家で、その布施の行為によって有名で、給孤独長者、つまり「孤児たちに食物を施与する者」(*S*, Anāthapiṇḍada; *P*, Anāthapiṇḍika）と呼ばれた。商用でラージャグリハに滞在中にブッダに帰依し、シュラーヴァスティーに祇園精舎（Jetavanārāma）を建ててブッダに寄進した。

二　浄信にみちた心をもって——*NP*, rnam dag sems dpa' であるが、*CD*, …sems pa をとる。

二　やって来る——*P*, rab mkhyen nas であるが、*NCD*, rab sleb rab mkhyen nas をとる。

三　道を修め——J は bsgoms を sgom と直し「教法を渇望して」(in your thirst for the law）と訳しているが、sgom に「渇き」の意味があるとは思われない。漢「汝已に正法を楽しみ、浄信にして心虚渇す」に引かれたものと思うが、bsgoms はこの「楽しむ」に当たるものであって、「虚渇」に当たるわけではない。

三　睡眠——*NPD*, ñid は C によって gñid に訂正。漢「能く睡眠を減じ」

三　来た——*C*, slob ste; *D*, sleb ste であるが、*NP*, slebs te がよい。

三　いま〔あなたが〕着かれた――*P*, de lta ñid du 'oṅs pa であるが、*NCD*, da lta… に従った。漢「今日汝のために初賓の儀を具設せん」の「今日」は da lta に当たると思われるからである。しかしPによって「このようにして着かれた……」と読むことも不自然ではない。

三　もてなし――*NP*, 'gron であるが、*CD*, mgron をとる。J訳は mgron を sgron (pradīpa) ととり違えて「灯火」と誤訳している。

四　堅固――T四本ともに bstan であるが、漢「堅固にしてその望を浄む」によって brtan と読む。J訳も漢に従う。

四　器――snod (bhājana). J訳は「これらの偉大な諸徳の発揮」としているが、漢「正法の器なるに堪ゆ」から見ても「器」である。

六　守り――*C*, bsruṅs pa; *NPD*, bsruṅ ba. 後者がよい。

七　執着――*CD*, źes pas であるが、*NP*, źen pas に従う。

七　知って――*NP*, …rnams śes nas; *CD*, rnam śes nas. 前者 rnams は複数助辞、後者 rnam は「知る」という動詞の前綴。いずれとも決しがたいが、語調からすれば後者がよいと思われる。

七　離脱――rnam dben (viveka). 寂離、離、閑寂などとも訳される。人間を離れて孤独と静寂を守ること。J訳の「分別」(discrimination) は誤訳である。

七　安らぎ――T四本とも śi ba であるが、漢「寂静の楽」および文脈から źi ba と読む。

八　さ迷うさま――*NP*, rab tu bskor ba; *CD*, …bskor bar. CD「〔世間の人々が〕動きまわっているのを……」をとる。

一〇　無常――*P*, mi rtags であるが、*NCD*, mi rtag に従う。

一〇　アートマンなきもの――*CD*, raṅ ñid med par であるが、*NP*, …med pa に従う。

一〇　アートマンといい……いずこにあろうか――第三、四句は漢訳では「無常、苦、非我なれば、何ぞ我、我所有らん」となっていて、J訳もそれに従っている。しかしチベット語テキストでは「我、我所有れば、何ぞ無常、苦、非我あらん」という順序にしか読めない。

一一　原因——テキストは mtshan ma（因相 nimitta）であるが、ここでは「集（原因）samudaya」に通じて用いられている。漢「集」

一一　静寂《やすらぎ》——rnam par ñe bar źi=vyupaśama.

一二　この世間は——*NP*, 'jig rten ni であるが、*CD*, …'di に従う。

一二　理解して——*NP*, rtog であるが、*CD*, rtogs に従う。

一三　第一三、一四偈——漢訳は第一三偈と第一四偈との順序が入れ替っている。

一五　預流果——仏教の修行者の四つの階位の第一。さとりの流れに入った者の位。他の三つは、一来果《いちらいか》、不《ふ》還果《げんか》、阿羅漢果《あらかんか》。

一六　執着を離れた者たちは——T四本 chags bral rnams kyi.「執着を離れた者たちの〔住む〕林野」とも読めるが、文脈により kyi を具格の kyis と読む。

一六　身体なき者たちは——*NP*, lus med rnams kyi; *CD*, …kyis. 前注と同じ理由でCDをとる。

一六　有頂天——srid rtser (bhavāgra). 無色界（一五・五五の注「三界」及び一七・三五の注「四無色定」参照）に属する天のうち最高の非想非々想処天をいう。ここの神々は欲望と物質的存在性を脱した精神的存在であるから、身体をもたない。

一九　この世間でも——*NP*, 'di yaṅ（これも）であるが、*CD*, 'dir yaṅ をとる。

一九　論理を知る者——*NP*, rigs pas śes pa（論理によって知る者）であるが、*CD*, rigs pa śes pa に従う。

一九　知見している——*NP*, mthoṅ bas te（見るのであるから）であるが、*CD*, mthoṅ ba ste に従う。

二〇　その所に——T四本 de（それ）であるが、文脈から der と読む。

二一　そ〔の身体ある者〕は——de ni の de は「身体ある者」をさすのか、「善悪」をさすのか明らかでない。

二二 非難——*NP*, smos pa「語る」であるが、*CD*, smod pa（非難）をとる。漢「人窮苦に遭う時、反って天を怨むべからず」

二三 生じていないときに——*NP*, mi skyed la; *CD*, mi bskyed la. 後者をとる。

二三 作用を伴って〔はじめて創造を行なうのである〕から——自在神が世界を創造するとき、その作用は自在神の本体と一つのものであるか、彼とは別個なものであるか。もし前者ならば神が存在するだけで世界は作られるから、世界は常に創造され続けるという不合理におちいる。もしまた、創造の作用は自在神とは他なるものであるとすれば、他なる作用に依存して創造する以上、神は全能自在であるとはいえない。この形の議論は仏教の有神論批判に常にあらわれる。J訳は全くの誤解である。

二四 能力——nus pa（śakti）. J訳は漢「若し無心にして作さば、嬰児の所為の如し」とあるのに従って、チベット訳は原典にあった sakti を幼児のようだ、という意味の śakti と読み誤ったのであろう、と推理している。能力がないからその行動は幼児のようだ、というより、一定の意図がないからその行動は幼児のようだ、という方が説得的であるから、J訳も捨てがたい。しかし、漢訳の後半「若し有心にして作さば、有心は自在に非ず」がチベット本と一致しないことからも分かるように、漢訳は決して原典に忠実な訳ではない。それを尊重しすぎるのも危険である。いまは多少の留保をもってチベット訳に従って訳す。

二五 第二五偈——難解であるが本訳のように解釈すべきであろう。漢訳は省略に過ぎ、J訳は憶測に過ぎる。

二五 幸福あるいは苦厄に——*NP*, bde sdug las であるが、*CD*, …la をとる。

二六 教え——*NP*, lus; *CD*, luṅ. NPによれば「身体は作られない」であるが、CDの luṅ（āgama）をとる。

二六 彼に依存する——*NP*, de yi brten yin na; *CD*, de yi rten yin na. de yi rten yin no と読む。

二七 第二七—二八偈——この二偈においては、自在神がそれ自身の行為より生じる場合、無因にして生じる場合、彼以外の他の自在神より生じる場合のいずれにおいても自在神が成立しないことを論証している。そのうち、第一の自身の行為から生じる、ということは、第二六偈に言うように、自在神の行為がすべての群生の行為を決定することから、必然的に、自他の共通業を導き出す。ここには自・他・自他の共・無因という四句が、やや不整合な形ではあるが、言及されていると見ることができる。

二九　原質——「元のもの」、あるいは「根源的なるもの」のこと。一二・一八の注及び本章第四五偈の注「顕現せる……」参照。

三〇　原因を知る者たち——rgyu śes rnams. この語はサーンキャ学派以外の論理学者たちを意味すると考えることもできる。漢「諸々の明因論者、未だ曾て是の如く説かず」も、一般の論理学者の原則はサーンキャ派と反対である、というように解釈しているようであるし、J訳もその方向に解する。しかし、これにすぐに続く第二句で、原因は規則的作用をもたない、というサーンキャ派へのかかり具合が無理になってくる。むしろここは、第一句、第二句の主語を同一のサーンキャ派と見る方が自然であろう。

三〇　誤っている——*NP*, rnams log pa'o であるが、*CD*, rnam log pa'o に従う。

三〇　規則的な作用をもつもの——bya ba'i cho ga (kriyāvidhi, kriyācāra?). 漢、Jともに適確に訳していない。難解な語であるが、原質や種子が変異（vikāra）や芽を規則的に生ずる作用をもつものである、という考え方に言及しているのであろう。所有複合語として理解する。J訳は第三〇、三二偈を通じて bya ba (kriyā, vyāpāra) を結果（effect）と誤解しているために、その英訳は牽強附会なものとなっている。

三三　絶え間なく——*NP*, rgyun mi chad par; *CD*, rgyun mi 'chad par. 後者の方がよい。

三四　第三四偈第二—三句——NPでは第二、三句が混同して一句となり、de ltar 'bras bu la ni yon tan can rnams 'jig rten na mthoṅ ste と、七シラブルを欠いている。CD本では次のように二句となっている。//de ltar 'bras bu la ni yon tan med ñid 'gyur//rnam 'gyur yon tan can rnams 'jig rten na mthoṅ ste//

三六　考えられ——*CD*, rtogs; *NP*, rtog. 何れでも可。

三七　有効な修行を行なうとしても——nus par gyur pa'i sbyor la. 漢訳はこの句を訳していない。J訳は

「〔転生を惹き起こす〕潜勢力あるものと結合しているから」と解している。「潜勢力あるもの」とは原質のことである。しかし、この意味であるならば nus par gyur pa *daṅ* sbyor la とあるべきであろう。本訳では nus par gyur pa（śakta）を sbyor（ba）=yoga（瞑想・宗教的修行）にかかる形容詞と考える。ただし、適確な意味は分からない。

三七　群生に〔内在する〕原質は活動（輪廻）するものであるから——漢「自性有るを以ての故に」。J訳「行動の継続は人の本性であるから」。ran bźin（prakṛti）は前後の一連の詩偈において「原質」の意味で用いられている。漢訳の「自性」も原質の訳語である。J訳のようにそれを群生の「本性」と訳してしまうことには抵抗を感じる。もっとも、原質が群生の本性であるには違いないし、rab tu 'jug pa（pravṛtti）は、サーンキャ哲学では、原質および変異の活動、輪廻を意味するから（『サーンキャ・カーリカー』第一〇、第一二）、J訳も決して誤りではない。

三七　どうして解脱のために突き進もうか——*CD*, gaṅ las thar ba'i ched daṅ pha rol gnon par gyur. thar は *NP*, mthar であるが、mthar はしばしば thar に通用される。ched daṅ は不明。ched du「……のために」の誤記と見る。pha rol gnon pa（parākramati）は「突進する、攻撃する」の意である。この個所のJ訳には同意しがたい。この一偈はきわめて難解であって、本訳も仮のものである。

三八　第三八偈——漢訳にはこの一偈が欠けている。

三八　変異せるもの——*NP*, rnams 'gyur であるが、*CD*, rnam 'gyur（vikāra）をとる。

三九　顕現しない——*NP*, mi bsal であるが、*CD*, mi gsal をとる。sems kyi spyod pa mi gsal は citta-caryā-vyakta というような複合詞の直訳、sems kyi spyod pa la mi gsal の意。

四〇　無知な原質——原質は本来、無知・無自覚であるが、霊我（puruṣa）と結合することによって有知なるかのごとくになる（『サーンキャ・カーリカー』第二〇参照）。サーンキャ哲学の体系については本章第四五偈の注「顕現せる……」及び第四七偈の注「神我」参照。

四一　事物――T四本 rjes であるが、漢「陀羅驃」(dravya) からみて rdzas と読む。

四二　その〔原因に関する説〕が種々に分かれることはないであろう――*NP*, de yaṅ tha dad khyad par gyur pa ñid であるが、これでは二シラブル不足する。*CD*, de yaṅ tha dad khyad par (bhinnaviśeṣa) gyur pa ma yin no をとる。本偈のチベット語は明確でないが、本訳のように理解すれば、漢「駝羅驃求那《ドラヴィヤ・グナ》、世間に一異の論あり。種々の説ありと雖も、当に一因に非ずと知るべし」と本質的に一致すると思う。

四三　新たな性格――T四本ともに cho gar sar である。意味をなさない語であるが、仮に cho ga gsar と読む。この第四三偈は漢訳に欠けているので、その助けは得られない。後半偈の意味もはっきりしない。本訳は一つの解釈にすぎない。

四四　第四四偈――本偈も漢訳に欠けている。

四五　第四五偈――この詩偈も漢訳に欠けている。

四五　顕現せる……生じる――一二・一八―一九に述べられるサーンキヤ学派の教説では、「根源的なるもの」(prakṛti, 原質) とは五元素 (pañca-bhūta)・自我意識 (ahaṃkāra)・理性 (buddhi)・非顕現 (avyakta) の計八項である。第二次的なものである「変異」(vikāra) とは五つの感官 (indriya) とその五つの対象 (viṣaya)、手・足・言葉・肛門・生殖器・心 (pāṇi, pāda, vāda, pāyu, upastha, manas) の計一六項である。この計二四項とは別に「神我」(ātman, puruṣa, kṣetrajña) が本来独存する真我として立てられる。この第四五偈でいう、第二次的なもの (gñis pa) とは、根源的な原質に対して、十六の変異をさしている。原質から変異が生じ、変異から種々様々の顕現せる現象が生じる、という順序がここで考えられている。もっとも、十六の変異も顕現せるものには違いないが、それは原質の最初の結果である。

四五　二つの誤り――二つが何をさすか明らかでない。第四四、四五両偈において指摘したことを意味するか、あるいは、原質と変異との二つであろう。

四六　変異――*N*, rnams gyur であるが、*PCD*, rnam 'gyur をとる。

四六　ふさわしくない――*P*, rig pa ma yin no であるが、*CND*, rigs pa…をとる。この第四六偈は漢訳では第四一偈の位置にある。漢訳の順序をチベット訳の詩偈番号であらわすと、三七、三九、四〇、四六、四一、四二、四七となっていて、三八、四三―四五を欠いている。J訳はこれらの漢訳に欠けた詩偈は後代になって挿入されたものと考え、また、チベット訳の第四六偈も漢訳のように第四〇偈の直後に位置すべきものとしている。本訳はチベット訳を底本とするのでJ訳に従わない。また漢訳がチベット訳より原典に忠実であるとも私には思えない。

四七　神我――puruṣa. 知田（kṣetrajña）、自我（ātman）などともいう。神我・真我・霊魂などと訳される。原質（プラクリティ）と変異（ヴィカーラ）は迷妄と輪廻の原因であるが、それらと切り離されて存在する霊魂が神我である。サーンキヤ学派はこの区別を識別することによって人は解脱すると説く。他方、原質、変異およびそれから顕現している生老病死という輪廻の苦が自分に属するものと考えること、それらと神我との「区別をしないこと」（aviśeṣa）が「混乱（錯乱）」（abhisamplava）であり、迷妄と輪廻の原因である。一二・一六―六七の間にアラーダ仙はこのサーンキヤ説をシッダルタ王子に説いている。しかし王子はこの学説に満足しなかった。この本章第四七偈では、もし人にそのような自在な神我があるならば、望んだものを得ず、欲しないものを得てしまう現実があるはずはないという疑問を提出している。

四八　牛――*NP*, gaṅ gis ba laṅ; *CD*, gaṅ źig ba glaṅ. いずれでも同意。

五一　敵対して――*NCP*, bslog nas のように見えるが、Dは明らかに bzlog nas と読める。

五一　人――*P*, min であるが、*CDN*, mi をとる。

五二　第五二―五四偈――第五一偈まででサーンキヤ学説の批判は終わり、第五二―五四偈の三偈は無因論への批判である。

五三　穀物――*NP*, lo tog; *CD*, lo thog. いずれも正しい。

五四　楽――*NP*, de であるが、*CD*, bde（sukha）をとる。

五四　それでは——第二句の初めに四本ともに gaṅ char の語をもつが理解できない。J訳はこれを gaṅ tshe (yadā)「……するとき」と読み換えている。しかし、第四句の初めの de phyir (tasmāt)「したがって」に対する関係代名詞であるとすれば、gaṅ phyir (yataḥ, yasmāt)「何となれば」と読む方がよい。phyir と char は発音も似ているからである。「それでは」という本訳は便宜上のものである。yataḥ, yasmāt という関係代名詞は和訳しにくい。

五七　さとり——*NP*, rnams śes nas; *CD*, rnam śes nas. 後者をとる。

五七　お願いした——*CD*, gsal ba'o であるが、*NP*, gsol ba'o をとる。

五八　ハリアシュヴァ族の後裔——rTa ljaṅ rta rid. 漢「師士元族冑」。rTa ljaṅ は Haryaśva の家系。rta rid は kṛśāśva で人名であるが、プラセーナジト王にその名があったという記録は見当たらない。rTa ljaṅ rta rid 全体で Haryaśva を意味する可能性もある。漢訳の「冑」(子孫) に相当する語はチベット本にはあらわれない。いずれにしても rta rid は同定できない語で、本訳の「後裔」も仮の訳である。著者アシュヴァゴーシャはシュラーヴァスティーをハリアシュヴァの家系と結びつけている。

五八　住み家のある場所——*CD*, …bdag gi gnas kyis ni… では一シラブル足りなくなる。*NP*, …gnas kyi gnas ni… に従う。

五九　森のなかであれ——*NP*, …nags su ni; *CD*, …nags su ste.

六一　施与に——*NP*, gtoṅ bar; *CD*, gtoṅ la. いずれも同意。

六一　喜ぶ——*N*(?)*P*, dgyel であるが、*CD*, dgyes をとる。

六四　受け手——T四本ともに smod (nindā, 非難) であるが、これでは意味が通じない。漢「器に応じて」に従って snod (bhājana) に直す。

六九　第六九偈第三—四句——ye śes sṅon du 'gro ba can gyi źi ba yis kyaṅ ni, rten daṅ bral ba gaṅ na graṅs su 'gro ba 'gro ma yin. 漢「知恵もて寂定を修し、依無く数あるなし」。本章の詩偈は一句が一一シ

ラブルとなっているのに、この第三、四句だけは一三シラブルある。Ｊは第三句の kyaṅ ni と第四句の gaṅ na を省いて読んでいる。もっともその場合にも意味内容は変わらない。本訳はチベット本をそのまま訳している。「根拠」rten（āśraya）は「迷妄の根拠」「身体」の意。graṅs su 'gro ba（saṃkhyāṃ gata, gacchati, etc.）は「数に入る」「仲間に入る」「……と呼ばれる」の意味。

七一　心統一されて——*CD*, mñam par gźag であるが、*NP*, …bźag をとる。

七一　抑止する——*CD*, bsrabs par 'gyur であるが、*NP*, bsrab par 'gyur をとる。

七三　〔布施を〕しないこと——med pa ñid（nāstitva）の具体的な意味はよく分からない。Ｊ訳はこれを「懐疑」（scepticism）ととる。漢「無施と痴と除かる」は「布施の無」の意に解していると思われる。

七四　第七四偈第二句——sred pa gaṅ las sbyin pa byed pas bcom pa ste をＪは「それによって布施の慣わしが断たれる渇愛」と訳すが、sbyin pa byed pas は布施でなく布施者の意味で用いられているとも考えられる。gaṅ las は第三句初めの des na（*CD*, de nas）と相関させて yasmāt…tasmāt（……であるから、だから……）と読むほうが自然と思われる。

七七　第七七偈——漢は「食を施せば唯だ力を得、衣を施せば好色を得、もし精舎を建立すれば衆果具足して成る」としている。また漢は第七八偈を欠いている。bgo ba sbyin byed la yaṅ lus ni ster ba'o（七七b）などの句は「衣を施す者には身体を与える」などと訳すことができるが、いまはＪ訳のように「衣を施す場合には」という独立於格と見なして訳した。また漢訳のように「衣を施す者は身体を与えられる」という文意にとると、七七d、七八cdとで行きづまる。いずれにしてもかなり無理なチベット語である。

八一　如来の道——*P*, de ni gśegs pas lam gyis; *CD*, de bźin gśegs pas lam gyi. おそらく de bźin gśegs pa'i lam gyis が正しい。

八一　種々に描き——rnam par byas nas はおそらく rnam par byed pa（vi √kṛ), to develop, embellish in various manners の過去。

八二　コーサラ――*P*, Kau śam; *CD*, Kau śa'am. 漢「憍薩羅」。Kosala（コーサラ国）、Kausala（コーサラ国人）の音訳。シュラーヴァスティーがコーサラの首都である。

八三　ジェータ――Jeta. ジェータヴァナ（ジェータの園）の所有者。彼はその園を初めスダッタに巨額の価格で売ったが、のちその金のすべてを祇園精舎の門の建設に費した、といわれる。北伝によれば彼はコーサラ王プラセーナジットの息子であった。

八三　請うた――*P*, źugs te「行った」。しかし *CD*, źus te をとる。

八四　代価――*P*, rim であるが、*CD*, rin（代価）に従う。

八五　その――*P*, des; *CD*, de. 後者に従う。

八六　総監督――ṅes par gzigs par bya ba'i don ldan pa. おそらく kāryāvekṣitṛ, kāryadraṣṭṛ などの訳語。

八七　宝蔵神――Nor gyi dbaṅ phyug (jambhala). *ChG*,『仏教語大辞典』参照。ヤクシャ（夜叉 yakṣa）の一種で財宝の神。クベーラ、ヴァイシュラヴァナ（毘沙門天）のたぐい。

第一九章

一　師――四本ともに ston pas であるが、文脈から ston pa と読む。

一　五山――一〇・二の注「五つの山」及び二八・五九の注参照。

一　大勢の王たち――四本ともに rgyal po bum pas…で、J訳はこれを his royal father すなわちシュッドーダナ王と解するが、漢訳の少しあとに出る「父王」にひかれたもので根拠はない。漢訳の相当箇所には「尼金山に往詣す」とあるが、尼金山は不明。チベット訳の bum pa（ghaṭa）は「壺」であるが、これはおそらく rāja-ghaṭā「一群の王、大勢の王」を rāja-ghaṭa と誤読したためと思われる。あるいは rgyal po 'bum pa「十万の王、大勢の王」の省略形とも考えられるが、いまは前者をとる。カピラヴァストゥのシャーキャ族は共和制を布いていて、後世にはブッダの血族の諸王が八万二千あったとさえ記されている。中村元『ゴータマ・ブッダ』二五ページ参照。

二　振舞い正しき——dam pa rgyu ba. rgyu ba (cāra, caraṇa) はJ訳のように「スパイ」の意にもとれるが、その場合は dam pa が理解できない。J訳は漢訳「先に伺候の人を遣わし」にひかれているのであるが、この箇所の漢・チベット訳はあまりにもはげしく相違するので、対照するのは危険である。チベット訳をすなおに読めば、「振舞い正しき」として、祭官・大臣にかかる形容詞ととれる。

三　宮廷祭官——*PN*, 'dun na 'don; *DC*, mdun na 'don. 後者がよい。

三　最高の利益を成就した——第三句は二シラブルを欠いていて、確実には読めない。*NP*, rab rñed (すぐれた利益) は *CD*, rab brñes. brñes は rñed pa の過去形であるとともに「甘露、不死」(amṛta) の意をもつ。J訳のように「不死を成就した〔ブッダが帰った〕」と読みたいが、「帰った」にあたる動詞は見当たらない。そのため、この句全体を「国守」にかかる形容句とみるより仕方はない。ただし、二語を欠いているので、どう訳してみても推定の域を出ない。

四　端正——*NP*, bstan は *CD*, brtan (dhairya) と読む。

五　坐せる——*CD*, bźugs pa はＮＰに欠けている。

六　彼に向かって——*NP*, de lta はＣＤによって de la と訂正。

七　ため息をつき——*NP*, dbugs riṅs rgyus → *CD*, dbugs riṅ brgyus.

七　暗然として——*NP*, min par gyur ciṅ → *CD*, mun par gyur ciṅ (tamobhūta).

八　渇いて——*CD*, 'gyur → *NP*, gyur.

八　望んだ——*NP*, des → *CD*, nas.

10　マーンダートリ——*NP*, Ṅa la nu=*CD*, Ṅa las nu (Māndhātṛ). マーンダートリは伝説上の王ユヴァナアシュヴァの子。ユヴァナアシュヴァ王は息子がなく、森に入って苦行していたが、一夜、バラモンたちが王妃にインドラにまがう勇士誕生を期して蓄えていた瓶の水を飲みほした。王には子が宿り、左脇から生まれ出た。インドラ神がこの子に乳を与えるために指をさし出し、「彼は私を吸うだろう」(mām ayam dhāsyati) といった。これがマーンダートリという名の由来とされる。長じて全世界を制覇した。

一一　その堅固さ——T四本とも gaṅs 'di sñiṅ po であるが、gaṅ gi sñiṅ po と読む。

一一　メール山を——*NP*, lhun po la であるが、*CD*, …las をとる。

一二　美しさは——*NP*, mdzes pa であるが、*CD*, …pas（美しさにおいて）をとる。

一四　他の世間の人々——*NP*, 'jig rten lhag ma lha はＣＤによって …lhag ma la と読む。漢訳「併に一切衆を哀れみ」参照。Ｊ訳はこの句を「君主」(monarch, lokādhideva) とするが、それは 'jig rten lhag pa'i lha と読み違えたものであろう。

一四　没入した——*NP*, rab tu bźugs はＣＤにより rab tu źugs と読む。

一六　生ぜしめた——*CD*, skyed nas; *NP*, bskyed nas. 後者がよい。

一七　実り——ＮＰは第四句に二シラブルを欠く。ＣＤによれば第四句は bdag las bu yi 'bras bu gsar ba snoms (*NP*, bsnoms) mdzod cig である。

二〇　ほかならぬ、人の朋友です——*CD*, mi yi bśes min gźan ma yin であるが、*NP*, …bśes yin… をとる。gźan ma yin はＪ訳のように「悪しき行為は友でない」の意にとれなくもないが、ananya, nānyaḥ（ほかならぬ）の意に解する。

二一　起ころうとする——*NP*, yaṅ dag 'jug par daṅ; *CD*, …yaṅ. 後者をとる。

二二　最勝の行為なるもの——*NP*, dam pa'i las gaṅ des であるが、ＣＤによって最後の des を de と読む。

二四　墜ちる——*CD*, lhuṅ ba であるが、*NP*, ltuṅ ba をとる。

二五　精神の喜びは——*NP*, bdag tu dga' bas; *CD*, …dga' ba. いずれも可。

二五　思慮ある人——bdag ldan=ātmavat.

二六　住む家に火が――*NP*, rten pa khyim na me; *CD*, brten pa khyim la mes.

二六　確固たる――*P*（N不明）, brten → *CD*, brtan.

三〇　賢明――四本ともに blo ldan daṅ bcas であるが、おそらく blo gros daṅ bcas の誤記と思われる。

三〇　ただ憂い……喜んだが――第三句 mya ṅan ched du don med sa sbyin bdag dga' la は十分に明らかでない。とくに sa sbyin の語は疑わしい。あるいは sa 'dzin (bhūmidhara)「国王」の誤記かもしれない。もしそうならばこの句は「憂い〔をいやす〕ためには役にもたたぬ国王の私も喜び」と訳せよう。

三一　正しかった――gnas su gyur はふつう、pratisaraṇabhūta, āspada に当たり、「依り所、帰依所」の意にもとれるが、それでは文脈にあわない。漢訳「宜……」、J訳 rightly を参照して sthāne（正しくも……）の意にとる。ただし、疑問は残る。

三三　たしかな――*CD*, bstan pa であるが、*NP*, brtan pa をとる。

三六　教え〔を受けるの〕にふさわしい――*P*, chos kyi brtan pa'i 'os; *NCD*, …bstan pa'i 'os. 四本とも第一句に二シラブルを欠くので、〔を受けるの〕を補った。

三六　このように――*CD*, de dag（これら）; *NP*, de skad（このように）。

三八　多くの――T四本ともに du ba であるが、du ma の誤りか。

三九　デーヴァダッタ――*NP*, lHas byin; *CD*, lHa byin. いずれも可。ブッダのいとこデーヴァダッタがブッダの弟子たちの一部を誘い、教団の分裂をはかり、造反したのはこの時期ではなく、ブッダの晩年である。

四五　輝き――*N*, bsal であるが、*PCD*, gsal.

四五　下方に――*P*, 'od tu であるが、*NCD*, 'og tu.

四五　示し――*C*, rnams par ston pa であるが、*NPD*, rnam par….

四六　第四六偈――第二、四句はいずれも二シラブルを欠いている。第四句はJ訳の指示するように「目を向けて」spyan mig rab tu bkod nas の箇所に「地に」sa la を補うのが適当であろう。

四六　古びた——*P*, rñiṅ po; *NCD*, rñiṅ pa.

四六　お体から——*CD*, sku la; *NP*, sku las. 後者をとる。

四七　来られ——*CD*, ’oṅs śiṅ; *NP*, ’oṅ źiṅ. いずれも可。

四八　タマーラの葉——tamāla. 黒色の皮をもつ木の名。Cf. Johnston, *The Saundarananda of Aśvaghoṣa*, Oxford University Press, 1928, IV, vv. 20, 21.

四八　飾った——*C*, rnams bkod であるが、他の三本は rnam bkod.

四九　六尺——*C*, mña’ śiṅ であるが、他の三本は gña’ śiṅ （=yuga）. 一ユガは一ハスタ（肘から中指の先までの長さ）の四倍。

五〇　賢い——*NP*, ’dzaṅs; *CD*, mdzaṅs. 後者をとる。

五〇　なしに——*CD*, …daṅ ni; *NP*, …daṅ min. NPをとる。

五三　見て——*NP*, mthoṅ nas kyaṅ; *CD*, mthoṅ nas ni. いずれも同意。

五三　あろうか——*NP*, …gyur ciṅ; *CD*, …gyur źiṅ. 後者が良い。

五四　光り輝く——*CD*, gzi mdoṅs であるが、*NP*, gzi mdaṅs をとる。

五六　依り所を——*NP*, brten pa; *CD*, brten par. いずれも可。

五六　快楽あり——*C*, skyed de bźes; *ND*, skyid de bźes; *P*, skyid de ba źes. 第三句のシーター（二五シラブル）を合わせるために、また文脈からしてこの一句は skyid bde ba źes と訂正すべきであろう。

五六　滅ぼそう——*NPD*, nub par mdzad; *C*, nub por mdzad. いずれも同意。

五六　つねに抱きつつ——*CD*, brtag par sñam la; *N*, rtag par bsñam pa; *P*, rtag par sñam pa. 諸本を校勘してここを rtag par sñam la と読む。

第二〇章

第二〇章　第二〇章の詩偈の順序――T四本では詩偈の順序が誤っているので、漢訳を参照しつつ正しい順序に置きかえると次のようになる。一―一八＝T一九cd―三七ab、一九―三六＝T一―一八、三七＝T一九ab十三七cd、三八―五六＝T三八―五六。

一　幾日か――*C*, ñid źag であるが、他の三本は ñin źag.

一　プラセーナジト――*CD*, bDe bar 'pham byed; *NP*, sDe rab 'pham byed. 後者をとる。四b（T二二b）にもプラセーナジトの名はあらわれるが、そこでは四本とも sDe rab 'pham byed となっている。

一　お出でになった――rab tu dpags は十分に分からない。dpags は dpog（mā, 量る）の過去形。しかし *Das*（p. 792, b）には dpog 'gro（to cross a river）の用例が見えるので、dpog が 'gro の価値をもつことは考えられる。

二　陶酔して――T四本とも yaṅ lag dmar por gyur（raktāṅga）「身体の赤い」であるが、黒色のインド・カッコウ（kokila）についてのことであるので、Jの指示にしたがって yaṅ dag dmar…（saṃrakta）「陶酔した」と読む。

二　カイラーサ――Kailāsa は Ti se あるいは Ti se'i gaṅs と訳される。ここの ti se'i gaṅs は「カイラーサ」とも「カイラーサの雪」ともとれる。カイラーサはヒマーラヤ山中マーナサ湖の北にある高峰で、シヴァ神の宮殿。

五　抑圧され――*N*(?)*P*, ñe bar 'che byas; *CD*, ñe bar 'tshe byas. 後者をとる。

七　そのものの本性〔の香り〕に近づいてゆきます――de yi bdag ñid las ni ñe ba las 'gro ste. 適確に訳せない。第五及び第九字の las は la と読む。漢「気合して薫颷を成す」および文脈からしても大意は明らかである。

八　なられた――*NP*, gyur ciṅ; *CD*, gyur źiṅ. 後者が可。

八　ガーディー――ヴィシュヴァーミトラの父。

八　トリシャンク王――アヨーディヤーの王。現身のまま昇天しようと欲し、ヴァシシュタ仙に犠牲祭を行なうように請うが拒絶される。ついで王はヴァシシュタの百人の息子に請うが、かえって彼らの呪いによってチャーンダーラ（賤民）の身分におとされる。ヴィシュヴァーミトラがトリシャンク王の請いを入れて犠牲祭を行なう。ヴィシュヴァーミトラは神々を招くが拒絶されたので、自分の力でトリシャンクを天に送る。トリシャンクは再び天から落とされ、落下の途中ヴィシュヴァーミトラに支えられ、南十字星となった。

九　尽きる――四本ともに mdzad pa であるが、文脈及び漢「世利皆尽くるあり」より考えて 'dzad pa と読む。

九　あなた――*NP*, khyed; *C*, khyod; *D*, khyo. いずれも同意。

九　……から――*NP*, la であるが、*CD*, las をとる。

一〇　あなた――*NP*, khyed; *CD*, khyod.

一〇　害を得て――*NP*, gnod pa rñed la; *CD*, …rñed bla. 前者をとる。

一〇　行なってきました――*CD*, spyod par 'gyur; *NP*, …gyur. 後者をとる。

一二　第一二偈――この一偈は適確に理解できない。おそらく韻律の制約のために、チベット訳は語順が乱れ、かつ舌足らずである。J訳は、漢訳が第一二、一三の二偈に対して一二句、つまり三偈分を当てていることにもとづいて、この第一二偈は原典の二偈が一偈に重なってしまったものと考えているが、そう断定するわけにもゆかない。漢訳が原典を省略したり引き伸ばしたりするのは常のことであるからである。またこの偈の漢訳は原典の意を確実に伝えているとも思われない。第四句末尾は *CD*, dam pa'i skyes bu rnams la sdaṅ（すぐれた人々を怨む）であるが、いまは *NP*, …la ni に従った。

一三　あなた——*N*(?)*P*, khyed; *CD*, khyod.

一三　……ので——*P*, de na であるが、他三本は de ni.

一四　ひとり——*NP*, cig; *CD*, gcig.

一六　遠ざかる——*NP*, riṅ であるが、*CD*, riṅ をとる。

一六　クリシャーシュヴァ——*T*, rTa rid; *S*, Kṛśāśva（やせ馬をもてる人）。王名。

一六　ニクムバ——*S*, Nikumbha. 王名。

一九　非難——*N*(?)*P*, rmod; *CD*, smod.

一九　苦行者たちを苦しめてはなりません——*P*, dka' thub rnams 'joms śiṅ; *N*, …śig. 二シラブルを欠く。*CD*, dka' thub rnams ni ma 'joms śig に従う。

二〇　不善の道に止まってはなりません——*P*, mi dge'i las la ma gnas śiṅ; *N*, …śig; *CD*, mi dge'i lam la ma gnas śig. CDに従う。

二〇　忍耐なき者——*NP*, ma bzod; *CD*, mi bzod.

二〇　……よりも——*NP*, la であるが、*CD*, las をとる。

二一　知識——*CD*, rigs pa であるが、*NP*, rig pa をとる。

二二　静寂《やすらぎ》——źi ba. この語はJ訳のように「友よ」(saumya) という意味にもとれる（本章第一七偈参照）が、ここは前偈末の źi ba にかかわるもので「静寂」の意である。

二三　なすに値します——*NP*, byed pa 'os pa; *CD*, byed par 'os pa. 後者の方がふつうの形である。

二三　植えた——*NP*, skrun; *CD*, bskrun. 後者は前者（avaropayati）の過去形。ここでは byed pa byas pa (kṛtakaraṇīya, なすべきことをなした）にあわせて過去形をとる。

二四　第二四—二六偈——*SN*, 3, 3, 1.『別訳雑阿含経』第四（大正二巻、三九八a—c）、『増一阿含経』第十

八（大正二巻、六三六a—六三七a）、『仏説四人出現世間経』（大正二巻、八三四c—八三五c）参照。ブッダのプラセーナジト王に対する教えで、闇より闇、闇より光、光より闇、光より光に赴く四種の人を説く。ここに光とは世間的な栄光と徳行を、闇とは世間的な下賤と罪業を意味する。闇より闇へ赴くとは世間的に身分の低い人が罪業をなして悪趣に赴くこと、闇より光とは身分低き人が善行をなして善趣に赴くこと、光より闇とは世間的に高貴な身分の人が悪業をなして悪趣に赴くこと、光より光とは高貴な身分で善行をなして昇天することをいう。

二四　おのずからの道であります——bdag gi lugs (ātmanaya?).

二六　安易に生きよう——*CD*, bde nas bde bar gal te 'gro…（快楽より快楽を追うならば）であるが、ここの bde bar が第二句の 'bad pa gyis śig（努力せよ）と対するものであることを考えると、むしろ *NP*, de nas bde bar gal te 'gro（安易に生きようとするならば）をとる方がよい。

二七　経験されます——*NP*, thob; *CD*, 'thob. いずれにてもよい。

二七　なさなかったことの——*C*, ma byas pa yid であるが、他の三本は ma byas pa yi.

二八　この生存に終息はありません——der ni 'gro ba la yaṅ nor ni yod min te.「その〔未来の〕生存においても〔因果応報に〕錯乱（nor, bhrānti）はない」とも読めるが、いまは漢「既往息む期無し」に従って、nor を vibhava と解する。

二八　努力しなさい——*NP*, 'bad pa gyis; *CD*, …bgyis. 後者の命令形の方がよい。

二九　生けるものの世界——*C*, bson pa'i 'jig rten であるが、他三本は gson pa'i….

三〇　四〔方から〕の大山——*SN*, 3, 3, 5.『別訳雑阿含経』（大正二巻、三九八c）、『雑阿含経』巻四二（大正二巻、三〇五bc）等参照。東西南北の四方に大山きたりて群生を圧しつぶすように、老死はつねに群生にせまっている喩え。

三一　衰——四大山は漢訳では生老病死を、パーリ文では老死を象徴する。チベット訳では生はなく、かわりに rgud pa（衰）が見える。

三一　保護——*N(?)P*, bsruṅ ba; *CD*, sruṅ ba.

三二　ありはしません——*NP*, yod min no; *CD*, …na. 前者に従う。

三三　無常なる——*CD*, mi rtag gyur na であるが、*NP*, …ba をとる。

三四　衰えた者——ṅes par zum pa. zum pa は 'dzum pa の過去形で、目、花などの「閉じた」状態 (saṃkucita, nimīlita) と「咲いた、笑った、誇れる」(smita, vismita) 状態という矛盾した二つを意味しうる。いまはこの語と対をなしている「栄えた者」(rab tu rgyas pa, prasphuṭita) と考えあわせて「衰えた」の意をとる。

三四　かの〔死の〕苦しみ——*NP*, de daṅ sdug bsṅal; *CD*, bde daṅ…. CD (sukhaduḥkha) によれば、第三—四句はおそらく「栄えた者たち、誇れる者たちも時の移り変わりにつれて楽と苦とを分かちもつ」と訳すべきである。しかし私としては、NPの de daṅ sdug bsṅal は「それ〔死〕と苦」と解釈したものと見たい。「死」は第三四偈に出ている語であり、文脈からしてもこう解した方がよい。

三五　焼きます——*P*, sred pa; *NCD*, sreg pa. 後者をとる。

三五　泡沫——*NP*, lbu da; *CD*, dbu ba. いずれも同意。

三七　打ち棄てられて——*NP*, rab tu mthoṅ źiṅ であるが、*CD*, …'thor źiṅ をとる。

三七　眠ります——*NP*, ñid log; *CD*, gñid log. 後者が可。

三八　第三八偈第三—四句——'khor ba'i phyogs ni g-yo bar 'dzegs nas ru, ṅes par ltuṅ na sa gźi bag med 'gyur ba'o. 異本はない。第三句には二音節が欠けている上に、第四句の sa gźi bag med 'gyur（大地が放逸となる）はこのままではノンセンスであって、この後半は解釈できない。漢「生死独揺機、不止会堕落」の意味も明らかでない。Jは漢訳の「機」をブランコ (swing) と解するが、これも疑わしい。

四〇　知恵があれば——*CD*, gal te ye śes min na; *NP*, …yin na. 後者に従う。

四二　無身への知恵――*NP*, lus med dus ni ye śes; *CD*, …du ni…. 後者に従う。

四三　生存――*P*, sred; *NCD*, srid. 後者が可。

四三　もろもろの苦に――*NP*, sdug bsṅal chags med ñam thag yod ma yin で二音節を欠くが、*CD*, sdug bsṅal rnams la chags med… となっている。

四四　欲望をもたない――テキストは 'dod pa rnams daṅ ldan pa'i「欲望をもっている〔色界の神々たち〕」であるが、これは正しくない。色界は欲望を離れ、微妙な物質からなる衆生の世界であるからである。第一句が無色界に言及しているから、この第二句が色界について語っていることも間違いはないであろう。そこでテキストを 'dod pa rnams daṅ ldan min と直して読む。

四四　流転――skor ba. 輪廻（'khor ba）の同義語と考えられる（cf. *Das*, p. 96a）。

四四　欲行の世界（六欲天）――*NP*, 'dod par spyod pa; *CD*, 'dod pa…. いずれかといえば前者の方がよい。kāmāvacara のチベット訳。欲界天は四大王衆天・三十三天・夜摩天・覩史多天・楽変化天・他化自在天の六界からなるから、六欲天という。

四五　無我――*N*(?)*P*, ṅa med; *CD*, de med. 漢「主有ること無し」からみても、また無常・苦・無我という常用からしても、これはP本が正しい。

四五　燃えている――三界が無常・苦・無我に燃えている、というのはブッダが好んで用いた表現である。

四六　第四六偈第四句――チベット本には四六 d が欠けている。漢訳には「此れ則ち近宗たり、此れを離るれば理と乖く」の一句がある。

四八　雲――*CD*, spyi であるが、*NP*, sprin をとる。

五〇　第五〇偈――似かよった表現として一・七〇参照。

五一　国の最高位者たる――yul la mchog tu soṅ ba. J訳のように「感官の対象に大いに溺れた」の意に解せなくもない。しかし、いまは yul を国の意味にとり、もっともすなおな読み方をとる。

五二　依頼されたときに——*CD*, gsol nas de nas; *NP*, gsol las…. いずれも同意。

五三　自己を克服せる——*CD*, bdag 'pham pa; *NP*, bdag pham pa (jitātman). ＮＰの方がよい。

五三　同意された——Ｔ四本とも sdug pas gnas pa byas であるが、Ｊ訳が注するように、漢「黙然として許す」を参考にして sdum pas…と読む。

五三　勇躍して——*P*, yaṅ dag dka' źiṅ であるが、他の三本は yaṅ dag dga' źiṅ (āttamanas?) である。

五四　母——*PCD*, yul la; *N*, yum la. 漢「母の為に法を説かんとする故に」から見て、Ｎ本の yum（母）をとる。

五四　彼女のために——*NP*, de phyir; *CD*, de'i phyir.

五四　説こう——*NP*, bsruṅ であるが、*CD*, gsuṅ をとる。

五五　母——*CD*, yul であるが、*NP*, yum である。

五五　教化し——*NP*, rnam par brtul nas; *CD*, …btul nas. 後者の方がよい。

五五　サンカーシュヤ——Saṃkāśya (*P*, Saṃkassa). ブッダたちは二重神変（yamaka-prātihārya）を行なったのちには三十三天（忉利天）に昇るのがならわしである。ブッダもシュラーヴァスティーで神通を示した（第五二、五三偈）あとで三十三天に昇り、母のためにアビダルマ（阿毘達磨）を説いたとされている。そして三ヵ月後ブッダはサンカーシュヤに降りた。

五六　天から地上の方へ——Ｔ四本とも gnam sa'i logs la であるが、第一句はこのままでは一シラブル足りない。これを gnam las sa'i logs la と読む。

第二一章

一　遊行された——*P*, rgyud であるが、他の三本は rgyus.

二　ジュヨーティシュカ――*S*, Jyotiṣka; *P*, Jotika, Jotiya, 樹提迦。ラージャグリハの資産家で、出家して仏弟子となり、阿羅漢に達した。

二　ジーヴァカ――*S*, *P*, Jīvaka, 耆婆。ビンビサーラ及びアジャータシャトル（阿闍世）の侍医として有名。アムバヴァナ精舎をブッダに寄進し、医師として僧団に奉仕した。預流果を得た。

二　シューラ――T 四本ともに dBaṅ po (Indra) であるが、漢「首羅」によって dpa' bo (Śūra) に訂正する。

二　シュローナ――*S*, Śroṇa; *P*, Soṇa, 輸盧那。ラージャグリハの長者の子で、竹林精舎においてブッダの法を聞いた。シュローナという名の仏弟子は数名いる。あるいは Śroṇa-koṭikarṇa (*P*, Soṇa-koṭikaṇṇa, 倶胝）のことかもしれない。こちらはアヴァンティーの長者の子であるが、その母がラージャグリハに来ていたときに生まれた。

二　アンガダ――Yaṅ lag sbyin; *S*, Aṅgada, Aṅgadatta? 漢「長者子央伽」不明。あるいは Aṅgaṇika-bhāradvāja のことか。この人ならばヒマーラヤに近い山地の町の長者の子で、のち仏弟子となり六神通を得た。

三　アバヤ王子――無畏王子。Abhaya-rājakumāra ともいわれるビンビサーラ王の息子。のち阿羅漢となる。

三　シュリーグプタ――Śrīgupta (*P*, Sirigutta). 漢訳「尸利掘多迦」によれば Śrīguptaka である。シュラーヴァスティーのジャイナ教の信者であったガラハディンナ (*P*, Garahadinna) の友人で、仏教信者であった。のちともに預流果を得た。

三　ウパーリ――Upāli. 同名の著名な仏弟子アトリの子ウパーリ（一九・四〇）とは別人。漢訳「尼揵憂波離」つまりニルグランタ（ジャイナ教徒）のウパーリが正しいとすれば、ラージャグリハに近いナーランダーのウパーリである。のち仏弟子となり預流果を得た。

三　ニヤグローダ――ラージャグリハに近いウドゥムバリーカ・アーラーマ（*S*, Udumbarikā-ārāma; *P*, Udumbarikārāma）に住んでいた遊行僧のニヤグローダのことと思われる。他にも同名の阿羅漢がいるが、こちらはシュラーヴァスティーの人である。

三　退かせた――*CD*, zlog; *NP*, bzlog.

四　棄てて――*CD*, yaṅs pa can であるが、*NP*, spaṅs pa can をとる。

四　ガンダーラ――十六大国の一つ。インドの西北端にあったが、ビンビサーラ王のマガダ国との間にさかんな交易があった。首都はタクシャシラー。

四　プシュカラ――*T*, Padma（=*S*, Puṣkara），漢「弗迦羅」。弗迦羅は弗迦羅娑黎すなわち *P*, Pukkasāti の音略でありうる（赤沼『印度仏教固有名詞辞典』五一四b参照）。もしプシュカラが Pukkasāti と同一人であれば、彼は、ガンダーラの首都タクシャシラーの王で、ビンビサーラの友人であった人。後者の贈った黄金板に刻されたブッダの教えを読んで剃髪出家し、ブッダに会うためにラージャグリハに来た。

五　ヴィプラ山――Vipula. ラージャグリハの五山のうち最北にある山。「ヴィプラ」という語はブッダの「広大な（vipula）」力と山の名との二つにかけて用いられている。

五　ハイマヴァタとサーターグラ――Haimavata（*P*, Hemavata）; *NP*, Gaṅ ldan であるが、*CD*, Gaṅs ldan の方がよい。Sātāgra（*P*, Sātāgira）; *NP*, rTse mo rgyas pa であるが、*CD*, rTse mo brgya ba の方がよい。二人は友人で、ともにヤクシャ（夜叉）の指導者。ラージャグリハで一緒にブッダの教えを聞いた。

六　第六偈――この一節は『沙門果経』の記述と一致する。アジャータシャトル王はビンビサーラとヴァイデーヒー（韋提希）夫人との子。デーヴァダッタにそそのかされて、両親を幽閉し、マガダ国王となった。漢訳はこの詩偈を欠く。

六　見守る――lta byed（draṣṭṛ）. J訳はこの語を lta brgya（五百人）のと読みかえている。*DN* 第二経『沙門果経』（本叢書第三巻『ブッダのことば』I、八〇ページ参照）ではジーヴァカのマンゴー林にブッダに会いに行ったアジャータシャトル王はジーヴァカと五百人の王妃にともなわれていたからである。しかし、T四本ともにlta byedであるときに、それをlṅa rgyadに読みかえるのは無理である。漢訳はこの一節を欠くので参考にならない。

六　信仰に導かれた——*NP*, dad par sbyar bar mdzad; *CD*, dad pas…. 後者の方が分かりやすいが、前者でもよい。

七　パーシャーナ——Pāṣāṇa(ka) (*P*, Pāṣāṇaka), 漢「波沙那」。チベット、漢ともに山の名としている。『スッタニパータ』第五章「彼岸に至る道の章」ではPāṣāṇakaはマガダ国にある塔廟の名である。

七　パーラーヤニカ——Pha rol 'gro ba can (*S*, Pārāyaṇika; *P*, Pārāyanaka), 漢「波羅延」。『スッタニパータ』「彼岸に至る道の章」にあらわれる十六人のバラモンたちのこと。南インドのバーヴァリー仙(Bāvarin) の弟子たちで、師のすすめによって遠くマガダに来たり、パーシャーナカ塔廟で「彼岸への道」の教えを聞き、仏弟子となった。

七　微妙な偈頌の意味——漢「半偈微細義」。「彼岸に至る道の章」は詩偈よりなる経典であるから、その教えを「偈頌の意味」と呼んだのであろう。

八　財宝の施与者を見た……ナンダの母——「ナンダの母」(Nandamātā) と呼ばれる女は二人いた。一人はラージャグリハのウッタラー (Uttarā) でブッダの教えを受けて預流果を得た。いま一人は「ヴェーヌカンタカのナンダの母」(Veṇukaṇṭakī Nandamātā; *P*, Veḷukaṇṭakī, Veḷukaṇḍakī Nandamātā) で、これもブッダの女弟子の中の高足として有名であるが、こちらはアヴァンティーの人である。チベット訳第一一七、九偈はいずれもラージャグリハないしその近郊での教化であるから、その順序に従えばこの第八偈の「ナンダの母」はウッタラーのことと思われる。しかし、漢訳はこの偈に相当する部分を第一〇偈の後に置いているから、その順序に従えば、これはアヴァンティーの「ヴェーヌカンタカのナンダの母」である。このヴェーヌカンタカのナンダの母は、「彼岸に至る道の章」を読誦しているのを聞いた毘沙門天 (*S*,

Vaiśravaṇa; *P*, Vessavaṇa）によって富財の恩恵を受けた。

九　スターヌマティー村――brTan ldan, 漢「他那摩帝」、*S*, Sthāṇumatī; *P*, Khāṇumata. マガダ国のバラモン村で、ビンビサーラ王はクータダンタをここに封じた。

九　クータダンタ――rTseg（*CD*, rTsegs）sbyin は Kūṭadatta に当たるが、パーリ名 Kūṭadanta が正しい。漢「鳩吒檀䭾」も後者の音写である。

一〇　ヴァイデーハカ山――Lus 'phags ri bo（*S*, Vaidehaka-parvata）. パーリにあるヴェーディヤ（Vediya）山（次注参照）と同一であろうか。漢「毘提訶山」。

一〇　パンチャシカ――*CD*, brTsud phyed rtse mo であるが、*NP*, brCud phyed…の方がよいと思われる。brCud phyed が brCu phyed から派生したとすればこの語は Pañcaśikhara, Pañcaśikha の訳語と考えられる。パンチャシカはガンダルヴァ（健闥婆）で、ブッダがヴェーディヤ山のインダサーラグハー（帝釈窟）におられたとき、インドラ（*S*, Indra; *P*, Inda, 帝釈天）が道を問いに来たが、そのときパンチャシカはインドラの使いとして先立ってブッダのところに来て、ブッダとインドラの会見を斡旋した。

一一　アンガ――マガダの東にあった国で、十六大国の一つ。首都はチャムパーという。

一一　プールナバドラ――Pūrṇabhadra（*P*, Puṇṇabhadda）, 漢「富那跋陀羅」。Malalasekera, *Dictionary of Pāli Proper Names*, The Pāli Text Society, London 1974（*DPPN*）, 赤沼智善『印度仏教固有名詞辞典』ともにヤクシャの名として出す。

一一　マホーラガ――人身蛇首の楽神。

一一　ダンダ――*CD*, dByug; *NP*, Byug, 漢訳「輸屢那檀陀」。チャムパーのバラモンに同名の人がいるが、マホーラガとしてのシュローナダンダは不明。第三、四句にあらわれるシュレーシュタ（mChog）、シュヴェータ（dKar）、チャンダ（gTum po）は同定できない。ピンガラ（Piṅgala, dmar）は『金光明経』にヤクシャ名として出ている（*BHSD*, q. v.）。

一二　アーパナ——Āpaṇa. アングッタラーパ（Anguttarāpa）国の町。またアンガの町ともいう。漢訳は「侏儒村」とするが、アーパナは商店、マーケットの意味で、漢訳名の由来は分からない。

一二　ケーニャとシェーラ——Ke-bya Śe-la. Ke-bya は Ke-nya の誤記。アーパナに住んでいたバラモンで、ブッダがこの地を訪れたときに教化された。

一二　〔生天の幸福を志求して〕——T四本とも第三句を欠いている。かりに漢訳「志求生天楽」の意を補った。

一三　スフマ——Phra mo（sūkṣma）であるが、漢訳「脩侔村」からみると、Suhma の誤訳と思われる。

一三　サウダーサ——Bran bzaṅs; *S*, Saudāsa.『マハーバーラタ』一・一六七—一七七にあらわれる人食い。このサウダーサに相当する人物は仏典では「マハー・スタソーマ・ジャータカ」にあらわれるブラフマダッタである。ブラフマダッタも人を殺して肉を食っていたが、スタソーマに救われる。

一三　残忍な——*CD*, 'tsho byed であるが、*NP*, 'tshe byed をとる。

一三　アングリマーラ——*S*, *P*, Aṅgulimāla, 央瞿利摩羅。百人の人の指を集めようと次々と人を殺していたが、百人目に自分の母を殺そうとしているとき、ブッダに救われた。その行為はサウダーサやブラフマダッタに似ている。『雑阿含経』（大正巻二、二八〇c）その他多数の経典にその話がある。

一四　善く——bzaṅ po（pos, por）; *S*, bhadra.「善く」「善い」などの語は bhadra- であって、それは村名としての「バドラ」、人名としての「プールナ・バドラ」などと並んで用いられている。この一偈のなかに bhadra という語は五回あらわれる。

一四　メンダカ——Lug（子羊）。*S*, Meṇḍhaka; *P*, Meṇḍaka. アンガのバドラ村（*P*, Bhaddiyanagara）のきわめて富裕な長者。家の裏に多くの金の子羊がいて、メンダカが糸まりを子羊の口に入れて引き出すと、食物、衣服、金銭など望みのものが出てきたので、彼はメンダカ（子羊）と呼ばれた。

一四　さとらせなさった——*NP*, rtogs par mdzod であるが、*CD*, …mdzad をとる。

一五　ヴィデーハ——ヴァッジ同盟のうちの強力な一国で、ガンジス河をへだててマガダ国の北方にあった。首都はミティラー。

一五　最高神ブラフマンのように長寿を保っていた——*NP*, rnam rgyal Tshaṅs pas tshe ldan pa であるが、*CD*, rnam rgyas Tshaṅs pa'i…をとる。

一五　ブラフマーユス——Brahmāyus（*P*, Brahmāyu). ミティラーのバラモンの第一人者で、ブッダに会ったときは百二十歳であった。ブッダと議論して負け、信者となった。不還果を得て死んだ。

一五　議論を——*NP*, raṅ gi smra bar であるが、*CD*, gaṅ gi smra ba をとる。

一六　ラークシャサ（羅刹）——srin bu (kṛmi, 虫また虫行龍王の名) であるが、この語は srin po (rākṣasa, 羅刹) と混同されやすい（例えば *Mvyut*, 3248 を見よ）。漢訳「化諸羅刹鬼」からみて、ここも srin po が正しいであろう。

一六　シンハ——*S*, Simha; *P*, Sīha. ヴァイシャーリーの将軍で、ニルグランタ（ジャイナ教）の信奉者であったが、大勢のリッチャヴィ族の部下とともにブッダに会い、仏教の信者となった。

一六　リッチャヴィ——二二・三の注参照。

一六　サティヤカ——*S*, Satyaka; *P*, Saccaka. ヴァイシャーリーのジャイナ教徒であったが、ブッダと論議して説得された。

一七　アラカーヴァティー——rGyan byed daṅ mtshuṅs; *S*, Alakā, Alakāvatī, Aṭakāvatī, Aḍakavatī; *P*, Alakā, Āḷakamandā. 天界のクベーラ（毘沙門天）の都で、クベーラの侍者であるヤクシャたちの居所。漢訳「阿摩勒迦波」。漢訳では、跋陀羅（バドラ）の他に、跋陀羅迦（バドラカ）と跋陀羅劫摩（バドラカルマ）という二人のヤクシャをも教化したことになっているが、これはおそらく「善き心をもてる」(bhadra-citta-ka) および「その行為善き（ブッダ）」(bhadra-karma) という語をヤクシャの名と誤ったものであろう。

一八　アタヴィー——*S*, Āṭavī, Āṭavikā; *P*, Āḷavī, 漢訳「阿臘婆」。マガダ国のガンジス河畔にある町の名であるが、「森」を意味する。

一八　アータヴァカ——*S*, Āṭavaka; *P*, Āḷavaka. アタヴィーの曠野にあるバンヤン樹の下にいて日々一人の人間を食べていたヤクシャ。ある日アタヴィーの王を捕らえたが、王が定期的に人身御供を与える約束をしたので、王を放した。

一八　ハスタカ——Tは三本ともLegs 'ons（N不明）であるが、漢訳「訶悉多迦」よりみても、またヤクシャのアータヴァカとの関係からしてもlag 'ons（*S*, Hastaka; *P*, Hatthaka）に直すべきである。アタヴィーの王は定期的に町の子供をヤクシャ・アータヴァカに送っていたが、ついに王自身の子供しか残っていない時が来て、彼は王子を送った。その前夜ブッダはアータヴァカの所へ赴いてこれを教化したので、翌朝アータヴァカはやって来た王子をブッダに手渡した。手から手へ「渡された」ので王子は「ハスタカ」と呼ばれるようになった。王子はのちにブッダの高足の弟子となった。

一八　道をお説きになった——*CD*, ston to; *P*, bstan to. Nは不明。過去形のbstanがよい。

一九　「安楽」の町——bde dga'i groṅ. 同定不能。

一九　ヴィマラ——sDig med. 同定不能。J訳はNāgāyanaを当てているが、説得的でない。このチベット語は*S*, vimala, nirmala（*P*, nimmala）, niravadya「無垢」「離垢」「不過」などにあたり、本章第五五偈においてはブッダの異名となっている。また*AN*, IV, p. 304でも如来の異名である。「ヤクシャ・ヴィマラ」は「無垢なるヤクシャ」つまりブッダを意味するかも知れない（ブッダが時としてヤクシャと呼ばれることについては*MN*, I, p. 386, *DPPN*, s. v. yakkha参照）。しかし、この前後の詩偈ではすべて、ブッダがどこそこで誰それに法を説いた、という形になっているので、ヤクシャのヴィマラは教化された者と見るのが妥当であろう。この第一九偈は漢訳に欠けている。

二〇　名声——*NP*, dregs paであるが、*CD*, grags paをとる。「名声広くゆきわたった聖者たち」は固有名詞であるかもしれないが、同定できない。J訳 Taṃkita sages は漢訳「組迦那」の誤読であろう。

二〇　カラ——Drag po'i las can; *S*, *P*, Khara. スーチローマの友人。その悪行のために皮膚が瓦ぶきの屋根のように粗であったので、カラといわれた。

二〇　スーチローマ——Kha spu ldan pa; *S*, Sūciloma; *P*, Suciloma. ガヤーのタンキタ石床にいたヤクシャで、ブッダがここを訪れたとき、友人カラと共にいて、ブッダの教えを受けた。漢訳名は「針毛夜叉」。その悪行のために体毛が針のように立っていたので「針のような毛をもつ者（Sūciloma）」と呼ばれた。

二一　目の前で——*NP*, mion; *CD*, sṅon. 前者によって「目の前で」の意にとる。後者に従えば、第四句の gñis skyes にかけて「先のバラモン」と読める。

二一　アシタ仙の甥——（マハー）カーティヤーヤナ（*S*, Mahā-Kātyāyana; *P*, Mahā-Kaccāyana）の個人名はナーラカ（*S*, Nālaka, Nārada; *P*, Nālaka, Nalaka）で、カーティヤーヤナは氏姓名である。アシタ仙の甥にあたり、アシタ仙の命によってブッダ成道後出家し、ブッダの最高足の一人となる。

二二　シュールパーラカ——*S*, Śūrpāraka; *P*, Suppāraka. スナーパランタカ国にあった港町。

二二　スタヴァカルニン——*S*, Stavakarṇin; *P*, Tavakaṇṇika.

二三　天——*CD*, kha; *NP*, mkh'a. いずれも同義。

二四　マヒーヴァティーにおいて——マヒーヴァティーは'Od zer ldan pa (Mahīvatī). 'Od zer は mahī を mahas（光）と理解した訳語。漢訳「摩醯波低」。しかしこの地名は明らかでない。「において」に当たる箇所は *CD*, …pa であるが、*NP*, …par をとる。

二四　見られる——*NP*, mthoṅ bar; *CD*, mthoṅ bas. おそらく前者が正しい。

二五　ヴァーラナヴァティー——Glaṅ po ldan pa（Vāraṇavatī）. J訳は Varaṇa を当てているが説得的でない。

二五　説いた——*NP*, bstan pa ni; *CD*, …ste. 後者が可。

二五　マトゥラー——*NP*, bCom rlag; *CD*, bCom brlag; *S*, Mathurā.

二五　ガルダバ——Boṅ bu; *S*, Gardabha; *P*, Gadrabha.「ろば」の意。

二六　ストゥーラコーシュタカ——*S*, Sthūlakoṣṭhaka; *P*, Thullakoṭṭhita, -koṭṭhika.「穀倉が満たされた国」の意味をもつ地名で、クルの都市。

二六　ラーシュトラパーラ——*S*, Rāṣṭrapāla; *P*, Raṭṭhapāla. クルのストゥーラコーシュタカの大富豪の息子で、出家してブッダの教団に入った。

二七　ヴァイラニャー——dGra can; *S*, Vairaṇyā (cf. *BHSD*, s. v.), *P*, Verañjā, 漢「鞞蘭若村」。

二七　ヴィリンチャ——Tshaṅs pa = *S*, Brahmā. ヴィリンチャ (Viriñca) は最高神ブラフマンの名。ヴァイランニャー（ヴェーリンジャー）と近似した音が用いられている。

二七　すぐれたる人——おそらくウダヤ (Udaya) を指す。彼はヴァイラニャー村のバラモンであったので、ヴァイラニャ (*S*, Vairaṇya; *P*, Verañja) と呼ばれた。

二七　カルマーシャダミャ——Ñon moṅs dur ba; *S*, Kalmāṣadamya; *P*, Kalmāsadamma. クル国の一村。

二七　バーラドヴァージャ——rGya chen skyes bu can. チベット訳は Bṛhadvājin と還元しうるが、おそらくサンスクリットの Bhāradvāja のことであろう。ブッダはカルマーシャダミャを訪れるたびにバーラドヴァージャ氏族のバラモンの小屋に住したといわれる。漢訳ではカルマーシャダミャ（「迦利摩沙村」）において「薩毘薩深」及び「阿耆尼毘舎」を教化したとされているが、チベット訳はそれに合わない。薩毘薩深は次偈のサビヤに当たり、阿耆尼毘舎は Bhāradvāja の Bhārad をアグニ神の名とり、毘舎は Vāja の音写としたものであろうか。

二八　サビヤ——'Jigs bcas（= Sabhika）; *S*, Sabhiya, Sabhika; *P*, Sabhiya.『スッタニパータ』三・六にあらわれる。

二八　ニルグランタ——mTshams bzaṅs は「連結に妨げられない者」を意味し、Nirgrantha つまり裸行のジャイナ教徒のことと推定される。

二八　ナプトリープトラ——bu'i bu mos 'jug bu は「息子の娘によって生まれた息子」すなわち「孫の子」を意味し、おそらく Naptrīputra であろう。しかし伝説中に同定できない。漢訳のこの詩偈には「闍帝輸盧那」（Jātiśroṇi? Jānussoṇi?）と「道迦阿低梨」という二人の名があらわれるが、チベット訳と一致せず、伝説中に同定することもできない。

二九　惜しまずに贈物を与えるバラモンたち——mchod sbyin can; *S*, Maghavan は「祭祀の報酬を与える者」「惜しまずに与える者」「帝釈天の異名」などを意味する語。

二九　善行をなす者——dge sogs は dge legs（kalyāṇa）の誤写と見る以外に理解できない。漢訳に「弗迦羅婆（娑？）梨」の名が見えるので、J訳は Puṣkalasādin（*P*, Pokkharasādi）をこれに当てるが、賛成できない。

二九　家系正しき者——rigs gtsaṅ（清き家系のもの）。J訳はこのチベット訳を Jātiśreṇi と解し、第二八偈の漢訳の中にあった闍帝輸盧那をこの語に当たるものと想定するが、賛成できない。前の注の「惜しまずに……与えるバラモンたち」「善行をなす者」と本注の三語は固有名詞であるかもしれないが、いま確実に同定できない。また漢訳に依りすぎるのは危険である。いまは普通名詞として訳したが、この詩偈の確実な意味は保留する。

三〇　シェータヴィカ——*S*, Śetavika; *P*, Setavya. シュラーヴァスティーとカピラヴァストゥの間にある町。

三〇　二度生まれし鳥——まず卵として生まれ、次いで卵から鳥として生まれた、の意。

三〇　シュカとシャーリカーとに——*NP*, su-ka sa' rī la; *CD*, …daṅ. 前者をとる。*S*, śuka, śārikā; *P*, suka, sālikā（sālī）.

三一　第三一偈——漢訳では「阿輸闍国に至って諸々の鬼龍衆を度し、金毘羅国に至ってこの悪龍王を化度す。一を金毘羅と名づけ、二は名迦羅迦（ナーガリカ？）なり」としている。

二六　アヨーディヤー――*P*, 'thob pa; *CD*, 'thab pa. N不明。漢訳「阿輸闍国」(*S*, Ayodhyā; *P*, Ayojjhā) からみると 'thab pa (yuddha) は mi 'thab あるいは 'thab bral（無闘争）の誤記と考えられる。「無闘争」であればアヨーディヤーの訳語となりうる。アヨーディヤーという市は『ラーマーヤナ』にあらわれるものと別にガンジス河の岸にもあった。いまそのいずれか分からない。

二七　ナーガリカ――Groṅ khyer gtso; *S*, Nāgarika. 阿含の中に同定できない。

二八　カーリカ――Dus byed; *S*, Kālika; *P*, Kāḷa, Kālika. マハーカーラとも呼ばれた龍で、ブッダ成道の時にナーイランジャナー河の下にある宮殿に住んでいて、ブッダの出現を知った。しかし第三一偈のカーリカがこのカーラと同じであるかどうかは分からない。

二九　クムビーラ――*S*, *P*, Kumbhīra, 漢訳「金毘羅」。有名なクムビーラはラージャグリハのヴィプラ山にいて、ブッダを守護したヤクシャであって、この第三一偈の龍とは異なるようである。クムビーラはガンジス河のワニの一種であるから、龍とされるのは自然であるが、阿含の中に同定できない。

三〇　バルガ――*NP*, Bhar-gas; *CD*, Bhar-ga; *S*, Bharga; *P*, Bhagga. この町のベーサカラー園（*P*, Bhesakalā-vana; *S*, Bhīṣaṇikā-vana）においてブッダはナクラの父母に教えを説かれた。

三一　ビーシャカ――'Jigs byed; *S*, Bhīṣaṇika? Bhīṣaka? Bheṣaka? 前注のベーサカラー園と関係のあるヤクシャと思われるが、同定できない。

三二　ナクラの年老いた両親――Rigs med kyi ni bla ma gñis, rgan po…. Rigs med は Nakula のチベット訳。bla ma *S*, uttara（上長）の意であるが、おそらく pha ma（両親）の誤記。漢訳は rgan po（老人、首長）をナクラの両親とは別人と見て「那鳩羅の父母ならびに大長者に、正法を信楽せしむ」と訳している。チベット訳もそのように読めなくはないが、ナクラの父母が老衰していたことは阿含にも記されているので、「老人である父母の二人」と考えた。ナクラはマングースのこと。

三三　カウシャムビー――*S*, Kauśambī; *P*, Kosambī. 十六大国の一つのヴァンサー（*S*, Vatsā; *P*, Vaṃsā）の

首都。

三三　ゴーシラ――mChog dbyaṅs ldan; *S*, Ghoṣila; *P*, Ghosita. カウシャムビーの長者で、ブッダに帰依し、ゴーシターラーマ（*P*, Ghositārāma）園を仏教教団に寄進した。

三三　クブジョッタラー――sGur mchog; *S*, Kubjottarā; *P*, Kbujjuttarā. 「曲脊女」。

三四　アパラーラ――*NP*, Sogs ma med pa; *CD*, Sog ma…. 後者の方がよい。*S*, *P*, Apalāla. 阿含にはアパラーラ教化の物語はないが、早くからスリランカに知られ、『ディヴヤーヴァダーナ』『西域記』巻三などにも知られている。

三四　出て行かれた――*NP*, son pa gśegs であるが、*CD*, son par gśegs の方がよい。

三五　燃え上がる、恐るべき行為をなす者――'bar źiṅ 'jigs pa'i las can（'bar źiṅ＝jvalana, jvalat? 'jigs pa'i las can＝bhīmakarman?）. 固有名詞の可能性が強いが、同定できない。この一偈は漢訳に欠けている。

三六　化度したまいて――*PN*(?), bdul nas; *CD*, btul nas. 後者の方がよい。

三七　慢心――*NP*, rlom sem であるが、*CD*, rlom sems がよい。漢訳「嫉妬」。

三八　不和――*P*, dbyan?; *D*, dben?; *NC*, dbyen. dbyen が正しい。

三八　分裂――*CD*, 'phye; *NP*, phye（bheda）.

四〇　象の王――*NP*, glaṅ po'i dbaṅ po'i; *CD*, …dbaṅ po. 後者をとる。

四一　打ち砕かれ――*NP*, bsnun（snun の過去形）; *CD*, snun.

四一　一団の内臓――*NP*, sgyu ma'i dra ba; *CD*, rgyu ma'i…. 後者をとる。

四二　穿ち――*NP*, dmugs であるが、*CD*, rmugs をとる。

四二　先端――*NP*, rtse mo; *CD*, rtse mos. いずれも可。

四三　ふりまかれた――*NP*, mthor ma'i dri ldan…; *CD*, 'thor ma'i dri ldan…. mthor ma'i dri ldan は「上も下も臭いに染み」の意か。'thor ma'i dri は 'thor ba'i dri「〔酒を〕ふりまかれた臭い」と読んで訳した

が、確かでない。

四四　オーオーという叫び――*NP*, ha ha źes pa; *CD*, ha' ha' byed pa.

四五　見付けられない――*P*, mthoṅ ba med pa; *N*, …min; *CD*, mtho ba min. ＮＰのいずれも可。

四六　耳に――*NCD*, rnam par であるが、*P*, rna bar がよい。

四七　彼を――ＮＰは第三句に de la を二度もつが、ＣＤは後の de la をもっていない。この詩偈の一句は一一シラブルであるから、ＣＤが正しい。

四八　風抜き――*P*, rluṅ 'gros; *NCD*, rluṅ 'gro.

四八　おおった――*P*, 'gens pa であるが（Ｎ不明）、*CD*, 'gebs pa をとる。

五〇　象王――*NP*, dbaṅ po ches であるが、*CD*, dbaṅ po'i glaṅ po ches に従う。

五一　つき従ってきた――*CD*, gaṅ phyir…であるが、*NP*, gaṅ źig…をとる。

五一　本性――*NP*, raṅ ñid; *CD*, raṅ bźin. いずれも同意。

五三　頽れ――*CD*, zegs; *NP*, zags. zegs は「原子」の意。zags は 'zag pa「滴る」の過去形。おそらく後者が「落ちる、崩れる」の意に用いられたものと思われる。

五三　網縵――ブッダの三十二相の一つに手足網縵相がある。手足の指の間にみずかき状の膜があること。

五四　シュロの葉のような耳――*CD*, rna ba'i ta-la, *P*, …ta'-la（Ｎ不明）、*S*, Karṇatāla.

五四　生きものにふさわしい――*CD*, sems can ma 'os; *NP*, sems can la 'os. 後者に従う。

五五　罪なき者――sdig med（daṅ bcas）. 第一九偈の注「ヴィマラ」参照。

五五　百度に一度も――brgyad la. Ｊ訳は bde 'gro brgyad la を「八つの善き生まれに」にしているが、「八善趣」という言い方は一般的でない。漢訳「終に善趣に生まれず」を見ても、brgyad la は rgyad la「万一にも、百度に一度も」の誤記と思われる。

五七　断とう――*CD*, spoṅs; *NP*, spoṅ.

五七　断って——*N*, spoṅ; *P*, spoṅs; *CD*, spaṅs.

五七　はまるなかれ——*NP*, ma ltuṅ źig; *CD*, …cig.

五九　牟尼——*P*, thug であるが、*NCD*, thub をとる。

五九　衣——*CD*, chos であるが、*NP*, gos による。

五九　振りかざし——*NP*, g-yug par gyur pa des であるが、*CD*, …ste をとる。

五九　声——*NP*, de であるが、*CD*, skad による。

六〇　頭を地につけて牟尼を礼拝し——*NP*, thub pa の個所二シラブル足りない。*CD*, mgo bos thub la phyag 'tshar źiṅ に従う。

六三　中位——dbus nas は dbus gnas と読む。漢訳「不善は転じて中と成る」。

六三　すぐれた中位——*NP*, dbus nas khyad par であるが、*CD*, dbus gnas…による。「中位の上」の意味であろう。

六三　堅固——*CD*, bstan par であるが、*NP*, brtan par による。漢訳「已に信ずる者は深固となる」。

六三　宮殿にいた——dad pa la gnas は「浄信に入っている」の意であるが、この時すでにアジャータシャトルがブッダに帰依していたとは思われない。J訳は dad pa prāsāda（宮殿、テラス）を prasāda（dad pa, 浄信）と読み違えたものと推定しているが、それは正しいと思われる。

六三　アジャータシャトル——Ma skyes dgra; *S*, Ajātaśatru; *P*, Ajātasattu. マガダ国のビンビサーラ王の子。ブッダを憎み、その教団を奪おうとしていたデーヴァダッタにそそのかされて、父王を幽閉して王位を奪い、またデーヴァダッタのブッダに対する陰謀を助けた。デーヴァダッタのブッダ殺害の企てが何度も失敗したので、彼を後援することをやめた。のち前非を悔い、ブッダを訪れて教えを聞き、ブッダに帰依した。

六三　驚嘆し——*NP*, ya mtshan gyur ciṅ; *CD*, …źiṅ.

六四　神通をそなえ難事を遂行した――この rdzu 'phrul daṅ ldan と rab tu gnas pa'i dka' (C, dga') ldan の二句は、J訳のように「すぐれた名声その他」にかかるとも理解できる。その場合は「最高の牟尼は、その神通と難事の遂行とすぐれた名声などが増大した」と訳すことができる。しかし、いまは、その二句が「牟尼」にかかる形容と解した。「難事」はC本では「喜び」(dga') であり、その場合「その喜びに根拠のある……」と訳しうる。しかし、漢訳「善業を修む」がこの句に相当するとすれば「難事」(dka') をとるべきであろう。

六五　人々――ste na rgu ba. 不明。J訳はこの語の代わりに skye dgu ba (人々) と読むことを提案しているが、ここは四シラブルあるべきところであるから、(mi skyoṅ) ste skye rgu ba と読むべきであろうか。ste は「(国王 mi skyoṅ) からはじめて」の意。skye rgu は skye dgu に等しい。

第二二章

章名――訳はチベット語訳 (A mra skyoṅ ma'i nags gzigs pa'i le'u) に従ったが、漢訳では「アームラパーリーが仏にまみえる章」(菴摩羅女見仏品)

アームラパーリー (Āmrapālī パーリ語ではアンバパーリー Ambapālī) は、初期仏典に最も頻繁に登場する女性の一人で、商業都市ヴァイシャーリーの高級遊女。かなり裕福で園林を所有し、当時、ヴァイシャーリーの繁栄はこの遊女に負うところが多かったとさえ言われる。彼女の名前の語義は、「マンゴー樹 (アームラ、パーリ語でアンバ) の番人 (パーラ) の娘」の意。ヴァイシャーリー郊外のマンゴー園林に捨てられていたのをその番人が拾って育てたといういわれよりこの名がある。

一　涅槃に入ろうと思われた――mya ṅan 'da' ba daṅ mtshuṅs dgoṅs は難解。漢「而生涅槃心」やJの His mind turned to Nirvāna を参照。

二　パータリ村――Pāṭaligrāma. 当時、ガンジス河の船着場にすぎなかったが、アジャータシャトル王（阿《あ》闍世《じゃせ》王）の子ウダーインによりマガダ国の新しい首都とされ、パータリプトラとして知られるようになり、のちナンダ王朝ないしマウリヤ王朝時代にはインド全体の首都となって繁栄する。現在のパトナ市に当たる。

二　パータリと名づけられた廟――ブッダがパータリ村に到着されて最初にとどまられた場所については、「ある木の下」「ある神格の木の下」「パータリ樹の下」「パータリ樹の周りに作られ、パータラカ神（樹名よりの派生語）が住すると考えられていた廟（caitya）」等々の諸伝がある（cf. Bareau, *Recherches sur la biographie du Buddha dans les Sūtrapiṭaka et les Vinayapiṭaka anciens*, I, Paris, 1970, p. 50）が、本訳は最後の説に最も近い。

三　リッチャヴィ族――当時のヴリジ（Vṛji, パーリ語ではヴァッジ Vajji）連邦国を形成する一氏族で、貴族による共和政治を行なっていた。ヴリジ連邦国は八つの氏族からなり、それぞれの氏族はそれぞれの都を持っていたが、リッチャヴィ族はそのうちの代表的な一氏族であり、ヴァイシャーリーを都とし、最も強力であった。

三　ヴァルシャーカーラ――当時のマガダ王はアジャータシャトルであるが、パータリ村に都城を築くために派遣された大臣としてヴァルシャーカーラ（Varṣākāra, パーリ語ではヴァッサカーラ Vassakāra, 漢訳では「雨行」）以外にもう一人スニータ（Sunītha, パーリ語ではスニダ Sunidha）の名を挙げる伝（パーリ文『大涅槃経』）もある。当時、マガダ国とヴリジ連邦国とは政治的に緊張関係にあり、マガダ国王は首都ラージャグリハからそれほど遠くなく、水陸交通の要地であるパータリ村に要塞を築かせて、ヴリジ連邦国平定の、さしあたってはその先兵であるリッチャヴィ族平定のための拠点としようとしたのである。

三　都城を築いていた――groṅ khyer gyi…byas so は「都城を築いていた」とは読みづらい。しかし、前注所引の伝承と漢「命起於牢城」により、このように訳す。Cf. *J*, …had made a citadel….

四　おっしゃった——rnam par gsuṅs. 漢「世尊記彼地」やJの prophesied を参照。

五　ヴァルシャーカーラ——ヴァルシャーカーラのチベット語訳が第三偈のd句では Char dbyibs であり、本偈のa句では Char pa'i rnam pa であり、わずか二偈ほどの距離で相違するのはチベット語訳者の技能の拙劣さを物語るのであろうか。あるいは、むしろ、第三偈では二シラブル、本偈では四シラブルというシラブルの要請によるものであろうか。

五　海の正妻——rgya mtsho'i chuṅ ma gtso mo. 漢「恒河浜」

六　第六偈——漢訳においては本偈の前に第一〇偈がおかれており、Jも漢訳の順序に従っている。しかし、文脈から考えても、第一〇偈と第一一偈は連続すべきものであるので、本訳ではチベット語訳の順序に従った。

六　得られるがままのそれぞれの舟——諸伝によれば、「舟」「筏」「小舟」「シャルマリ (śālmalī) の実」「ひょうたんの列 (alābuniḥśrayaṇikā)」「綿をつめたクッション (tūlabimbopana〔?〕)」「山羊皮袋 (chāgalaka)」などがある。Cf. Waldschmidt, *MPNS*, II, pp. 156-158; Bareau, *op. cit.*, I, p. 73.

七　私は——bdag gi は難解。bdag gis のほしいところであるが、諸版に異同はない。今は一応 bdag gis に訂正して訳す。

八　神々にも人々にも——*CD*, lha mi rnams la; *NP*, lha yi rnams la. 今はCDを採る。Jの spectators は lha を lta（チベット文字ではかなり類似）と読み誤ったものか。

九　苦しみの海の向こう岸に渡る——sdug bsṅal mtsho yi pha rol sñon の sñon の解釈難解。sñon 'gro の意で「彼岸に至る」と読むべきか、あるいはb句の「知恵の舟」にかけて、「苦しみの海を渡るには知恵の舟を先とする (-pūrvaka)」という原文を想定すべきであろうか。

九　舟によらず——gru 'di ma dmigs nas. 漢「不憑舟」

一〇　ガウタマ門——当時、パータリプトラはいまだ町としては存在していなかったため、この「ガウタマ門」(*S*, Gautamadvāra; *P*, Gotamadvāra, 漢「瞿曇門」)に関する一節は後世の付加である疑いが強く、実際の門についての記述も、サンスクリット文『大涅槃経』は西門、漢訳『般泥洹経』(大正蔵、第一巻、第六番、一七八ページ、上段二二行)は東城門とするなど、諸伝が食い違っている。Cf. Bareau, *op. cit.*, I, pp. 72-73.

二　その岸から——'gram gaṅ dag las はなぜ複数なのか不明。世尊が渡られた両岸の意味で複数となっているのか。むしろ、普通、複数(特に両数)を示すと説明されるチベット語の dag に集合的単数を示す用例のあることがボン大学のM・ハーン氏によって特に『ブッダチャリタ』中に指摘されているので、ここもその一例と考えるべきであろうか。Cf. M. Hahn, On the Function and Origin of the Particle dag, *Tibetan Studies*, Zurich, 1978, pp. 137-147.

二　向こう岸へ——*CD*, pha rol du; *NP*, pha rol tu. NPの tu は da drag(強めの da)が生きているため。

二　種姓名——ブッダの種姓(gotra)名はガウタマ(Gautama, パーリ語ではゴータマ Gotama)。「ガウタマ渡し」は Gau ta ma'i 'jug ṅogs; *S*, Gautamatīrtha; *P*, Gotamatittha. Cf. Waldschmidt, *op. cit.*, pp. 156-159. 漢「瞿曇津」

三　第一二偈——Jによれば本偈は漢に欠けているとのことであるが、漢の四一ページ中段の終わりから五行目「恒河側人民、同声唱奇哉」にその一部が保存されていると考えてよい。

三　クティ村——Ku ṭi'i groṅ; *S*, Kuṭigrāmaka; *P*, Koṭigāma, 漢「鳩梨村」

三　法話——*NP*, chos ldan gtam; *CD*, chos bstan gtam. NPを採る。Cf. Waldschmidt, *op. cit.*, p. 177 (=§10. 17):chos daṅ ldan pa'i gtam=dhārmī kathā.

三　ナーディカー村——Nā ḍa'i ka; *S*, *P*, Nādikā, 漢「那提村」。バロー氏の考証によれば、ナーディカー村はガンダク河(Gandak)の左岸、クティ村からヴァイシャーリーへ北北西に向かったところ、現在のラルガンジ(Lalganj)あたりに位置した村である。つまり、クティ村からもヴァイシャーリーからも約二〇キロ程の等距離のところに在ったようである。Cf. Bareau, *op. cit.*, p. 86.

一五　ヴァイシャーリーの都——当時商業都市として繁栄。リッチャヴィ族の都（第三偈の注参照）。現在ガンダク河畔のバサル（Basarh）村はその遺跡である。中村元『ゴータマ・ブッダ』四三七ページ、また同書四四一ページ、注2所掲の研究書参照。

一五　誉れのかたまりなる人——dpal stug; *S*, śrīghana. ブッダの異名。

一六　女性の第一人者——re（*CD*, res）ma'i gtso. re ma は辞書に同定できない。Jは遊女（courtesan）ととるが典拠不明。*Das*, *ChG* は re rma という形で「女（bud med）」を採録しているが、ここはそれに従う。仏伝中アームラパーリーは必ずつねに「遊女」という肩書きとともに描写されているわけではなく（cf. Bareau, *op. cit.*, p. 100）、この方向で考えて間違いなかろう。寺本訳「女王」も同方向と思われる。

一六　最高の馬をしつらえた馬車——rnam dul theg pa. *Das* によれば rnam dul は「最高の馬、馬の王」（rta mchog）。J訳「小ぶりな馬車に乗り」（mounted a modest equipage）は典拠不明。

一八　第一八偈——本偈は漢に欠けている。

一八　自らの容姿に自信満々の——raṅ gi gzugs kyis kheṅs pa yi. Jは「彼女の美しさの誇りにおいて」（In the pride of her beauty）と訳してアームラパーリーに掛かる形容句と考えているが、本訳においてはリッチャヴィ族に掛かると理解した。Jもその可能性は注に記している。リッチャヴィ族が自らの容姿を誇っていたことはよく知られている。Cf. G. P. Malalasekera, *Dictionary of Pāli Proper Names*, London, 1974, vol. II, p. 779.

一八　徳のすべて——*NP*, yon tan mtha' dag rnams kyi（*CD*, kyis）phrogs. Jは「彼女のあまねき魅力によって」（by her united charms）と訳し、実際にはCDを参照してはいなかったにもかかわらずCDに相当する読みを類推し、d句前半をアームラパーリーを形容するものと考えている。本訳においては、NPの読みを採用し、d句前半はリッチャヴィ族に掛かると考え、yon tan はc句の sems や nor との並列と解した。

一九　馬車から——Tは四本共 theg pa la であるが、theg pa las に訂正して読む。

二〇　良家の淑女——mo btsun. この語を収録する唯一の辞書 H. A. Jäschke, *A Tibetan-English Dictionary*, London, 1881 (repr. Delhi, 1975), p. 419 は「尼」(nun) の語意を記録しているが、ここは文脈から判断して必ずしもそう解釈する必要はなかろう。サンスクリットの原語は不明であるが、一応 btsun mo「妃、女」(devī, bhāryā, strī) と同意に解しておく。J (women of family)、寺本「善家の淑女」参照。なお、同語は第二四偈に再出。「良家の淑女を苦しめる女」とは、アームラパーリーはその美貌により良家の男子を魅惑してしまうから良家の淑女たちを苦しめる、の意であろう。

二〇　すばらしき目——*CD*, mig rab（すばらしき目）、*NP*, mig rabs（視線?）

二〇　善逝——bde bar gśegs pa; *S*, sugata.「善く逝ける人」の意。ブッダの異名。

二四　不幸——źen pa; *S*, vyasana. Cf. *Mvyut*, 6677.

二四　淑女——mo btsun. 第二〇偈に既出。

二四　言うまでもない——sṅon ñid. チベット語自体としては意味不明瞭な語。サンスクリット (prāg eva) の直訳。一五・三二に既出（一五・三二の注参照）。二六・五二に再出。

二五　うわべの——dbrog bya. J訳は āhārya（移さるべき、外部の）を当てているが典拠不明。*ChG*「所奪、将搶奪」参照。二三・一五に再出。

二六　女は永遠なものではない……浄らかではない——無常・苦・無我・不浄の四つは仏教の根本的真理。

二七　天界の住人（天女）たち——lha yi yul rnams. Jは単純に tatpuruṣa として解しているが、ここは漢「天女尚不楽、況復人間欲、而能留人心」に従い bahuvrīhi に解す。

二八　享楽の対象の想い——yul gyi 'du 'ses can du. can の解釈難解。「享楽の対象の想いを起こすもの（＝女）」と解することも可か。

六　克服せよ――*C*, mnon（克服する）、*DNP*, mnos（について考える）。Jの think well on はDNPの読みを採用。彼が参照していたのはNPであるから無理もない。本訳では漢「決戦於五欲」に従ってCの読みを採る。問題は、辞書に記録される命令形は non であるが、ここではあえて mnon のままで命令形と理解する。

三〇　それ以下の世界――'og ñid. J、寺本訳共に単に「地獄」とするが、字義通りには地獄をも含んだ畜生以下の世界、つまり餓鬼、地獄を指すと考えるのが正しい。漢「必堕三悪道」参照。

三〇　自由もなく……引きずり回されるであろう――J、寺本訳のごとく「自由もなく縛られて……へ導かれるであろう」と訳すことも可。前注所引の漢訳中の「必」はむしろその方向を示しているかもしれない。

三三　そのごとく一つとなるのである――Tは四本共 de ltar min（そのごとくではない）であるが、漢「根境界亦然」と文脈より de ltar yin に訂正する。J、寺本訳も然り。min と yin との誤写はチベット文献中頻出する。

三四　第三四偈――本偈及び第三五偈は漢に欠けている。

三六　聖者――draṅ sroṅ ma は奇妙に女性形（？）を保持するが、漢、文脈両方より判断して世尊を指すことに疑いはない。

三九　チャンパカの花――チャンパカは樹高約三〇メートル、樹幹直径約一メートルに達するモクレン科の常緑樹で、芳香をもつ黄白色の花が咲く。満久崇麿『仏典の植物』（八坂書房、昭和五十二年）九五―九六ページ、口絵26など参照。

四〇　その――de yis はサンスクリットの構文において、c句の gsuṅ gis またはd句の thub pas と同格の指示代名詞と考えられる。ここは後者をとる。

四一　示している――bstan. Jの steadfast はおそらく brtan と見ているのであろうが、四本共に bstan である。

五〇　第五〇偈——本章は本偈以後チベット訳においてこれまでの七シラブルから一一シラブルの荘重な韻律に変わる。最後の第五五偈は一三シラブルのさらに荘重な韻律から成っている。

五一　マンゴー——tsu ta; *S*, cūta.

五一　真理の教え（法）に対する……再び立ち上がった——yaṅ yaṅ chos ni rnam par dag pa'i lta bas gnas はやや難解。Jの and again stood with purified sight for the Law に従う。

五二　蓮の茂み——'dam skyes mdzod; *S*, paṅkajākara.

五三　明朝——naṅ par. 諸仏伝も明朝の招待を明記している。Cf. Waldschmidt, *op. cit.*, pp. 178-179（§10. 19）; Bareau, *op. cit.*, p. 108, etc.

五三　果報を受くるに値する私に——'bras bur gyur pa'i bdag la は難解。寺本訳は世尊に対する呼びかけ「果を成就せる主よ」とし、平等氏もそれに従うが、la のために不可。疑問符付きであるが phalabhūta というサンスクリットを考え、「結果に対して熟している私に」（for me who am ripe for the fruit）と解釈するJ訳の方向で考えるべきであろう。

五四　人々は食物に依っているのをお知りになり——sems can rnams ni bza' ba'i dbaṅ ñid mkhyen nas ni. 人間はいずれにしても食をとらねばならないから比丘たちとともにアームラパーリーの招待に応じよう、という意味か、あるいは、人間はパンのために何らかの職業につかねばならないからアームラパーリーの遊女の職業もやむをえない、という意味か。漢訳「兼利諸群生」は前者を指すであろうか。

五四　意向の変化……——ṅes pa rnam 'gyur brda yis mdzad pa'o. J訳は「意向を彼女にしぐさで示された」（and announced His intention to her with a gesture〔vikāra〕）とし、rnam 'gyur（vikāra）をしぐさととり、brda を訳していない。本訳は一応 ṅes pa rnam 'gyur を「意向の変化」、つまり、「最初は招待に応じるかどうか確かでなかったのがアームラパーリーの敬虔さを見た後、応ずることにされた意向の変化」ととり、brda を「しぐさ、振舞い」と解した。

五五　第五五偈——J訳は本偈全体をブッダを主語として通しており、注にアームラパーリーがあるいは主語かもしれない旨を付記している。寺本訳は全体を彼女を主語として通しているようである。しかし、a句は敬語法から見て彼女を主語にするのは不可能である。本訳はab句をブッダを主語とし、c句をアームラパーリーを主語として訳した。しかし漢訳「令即随歓喜」の方向はb句の主語がアームラパーリーであることを示しているであろうか。
　本偈はさらに荘重な一三シラブルの韻律である。本偈は一句を欠くが、漢訳においては、チベット語の二三・一のab句に当たるものが第二二章末尾に置かれていることから判断しても、原型においては欠落はむしろ二三・一のab句にあったものと思われる。J訳注3参照。

五六　瞬時にものごとをなされ——skad cig mdzad pa daṅ ldan. Jの an eye that discerned occasions (kṣaṇa-kṛtyavat?) は目に掛かる形容句として訳しているが、本訳のように解することも可能であろう。

第二三章

章名——sku tshe'i 'du byed byin gyis brlabs pa'i le'u. 漢「神力住寿品」。Jは śarīrâyuḥsaṃskārâdhiṣṭhāna というサンスクリットを考えているが、チベット語の sku tshe は単に tshe の尊敬語であるから、むしろ単に āyuḥsaṃskārâdhiṣṭhāna または jīvitasaṃskārâdhiṣṭhāna を考えるべきであろう。Cf. *BHSD*, p. 542; Waldschmidt, *op. cit.*, pp. 212-213（§16. 14). ブッダは自らの意志で三ヵ月後に入滅することを決意されるのである。

一　それから……帰って行った——この句は漢訳が示すように、本来第二二章末尾の偈中にあるべき句である。二二・五五の注参照。

二　黄色——ser. Jの gold は gser と誤読したためか。

三　孔雀の尾羽色――rma bya'i mjug ma. Ｊも色にとっているが、これが色の形容であるかどうかは不明。『増一阿含経』にはリッチャヴィ族の車が羽で飾られていたという記述がある。大正蔵、第二巻、第一二五番、五九六ページ、上段二一―二三行参照。

三　自分自分で気に入ったように着飾った……者たち――bdag gis (*NP*, gi) dga' byed rnams. 或は、dga' byed を dga' byed ma（*ChG*「美女」）の意に解することができれば、bdag gi dga' byed rnams daṅ soṅ とＮＰの読みを採り、「自らの愛妾たちと共にやって来た」と訳すことも可能か。リッチャヴィ族のこの集団中には女性も多く含まれていたことが知られている。Cf. Bareau, *op. cit.*, I, p. 111.

四　長身のシヴァ神――dpal ldan boṅ riṅ は難解。dpal ldan を単なる形容詞「誉れ高き」ととれば、boṅ riṅ を名詞ととるほかはないが、boṅ には「ろば」「土塊」といった意味しかなく理解不可能。Ｊは注に 'od riṅ「長い光」への訂正を示唆するが、いずれにせよ意味不明。したがって、当面最良の解決策として boṅ に Jäschke (p. 371) の収録する「サイズ」の意味をとる。boṅ riṅ そのものは収録されていないが、反対語に相当する boṅ thuṅ「背の低い」が記録されていることにより、その存在を類推することは可能であろう。とすれば dpal ldan を名詞と考えざるをえないが、『アマラコーシャ』(Amarakośa) の列挙するシヴァ神の異名のうち、Īśāna（支配者）の対応チベット語は dBaṅ ldan であるが、ＮＰなどの異読は dPal ldan（吉祥なる者、誉れ高き者）を伝えており、今はそれを採用する。拙稿「チベット語訳 AMARAKOŚA に見られるチベット語史の一端」『チベット語史の研究』（昭和五十五・五十六年度科学研究費補助金〔一般研究Ａ〕研究成果報告書）、昭和五十七年、一七ページ注二、二六ページ（№９）参照。

五　入道雲――mtshams sprin; *S*, saṁdhyâbhra.

七　インドラ神の弓――khyer 'jigs gźu は難解。Ｊは疑問符付きで「インドラの弓のごとく」(like the bow of Indra〔?〕) とするが、その方向でインドラ神の弓が虹であるという故事 (cf. J. Dowson, *A Classical Dictionary of Hindu Mythology and Religion, Geography, History, and Literature*, London, 1961, p.

127）に基づいていると見て間違いなかろう。その場合、問題はインドラの異名として khyer 'jigs は現在のところ確認できていない点である。現在確認できている類似の異名 'jer 'jigs（cf. *Das*, *ChG*, Naġ dbaṅ 'jig rten dbaṅ phyug grags pa'i rdo rje, *mÑon brjod kyi bstan bcos mKhas pa'i rna rgyan*, 5a6 in Lokesh Chandra, *The Amarakośa in Tibet*, New Delhi, 1965）への訂正を考えるべきであろうか。別の可能性は khyer 'jigs gźu を「恐るべき弓を持つ者」（Ugradhanvan, cf. Dowson, *ibid.*）＝インドラと考えることであるが、その場合には「弓」（gźu）の語をさらに補わねばならず依然困難は解消しない。

八　シンハ——Seṅ ge; *S*, Siṃha. リッチャヴィ族の大臣の名。二一・一六の注参照。

九　敬虔さはそれより……輝いている——gaṅ を de で受け、「……信仰により、〔それらの徳は〕さらに輝〔きを増す〕のである」と訳すことも可能であろう。漢「受法以増明」はその方向を示しているであろうか。しかし次の第一〇偈の文脈は本訳の方向を指示している。

一一　リッチャヴィ族——ヴリジ連邦国を形成する氏族の一つ。二二・三の注参照。

一二　このヴリジ連邦国は諸国の……後に堕することはなく——phyis 'byuṅ ma yin yul rnams kyi は難解。Jは「Āryāvarta（＝インド）の国境の外でない諸国（つまりインド国内の諸国）には、適時に守護者は得がたい」（protectors…are hard to find in due course for countries not outside the pale〔of Āryāvarta〕）とし、Āryāvarta の ārya をチベット語訳者が誤読して合成語の要素とは解さずに呼びかけの語としてa句の最初に置いた（Jはa句の 'phags skyes をリッチャヴィ族に対する呼びかけと考えている）と注しているが、それほど説得力があるようには思えない。本訳では、漢訳を手がかりとし、また次の第一三偈の内容とも考え合わせて、この第一二偈もヴリジ連邦国のことを描写していると考える。したがって、難解なc句は yul rnams kyi phyis 'byuṅ ma yin の意に解す。

一四　河を渡らんとする者たちにとっての——kluṅ rnams rgal 'dod pa la rnams は難解。二四・一二に本偈と類似例あり、そこではCDにより la rnams を rnams la に訂正しうる。ここもそれに従う。Jの just as cattle who want to cross a stream follow the herd-bull は何らの注記もしていないが、pa la を ba laṅ に訂正して読んでいるようである。

一五　自らの目的を求める人々にとって——bdag gi don ni 'dod rnams kyi. J は kyi を kyis に訂正して読んでいるようであり、「汝自らの財貨がもろもろの欲望によって取り去られないように……」(…so that your riches〔svārtha?〕…cannot be snatched away by the passions) と訳しているが従わない。

一五　破られてはならない——dbrog bya min. dbrog bya は二二・二五に既出。

一九　学識——thos. 漢「多聞」。J は「名声」(renown) と訳すが、「名声」には本章第一六偈に見られたように grags が当てられるのが普通である。

二一　染め衣を着たり……頭頂に弁髪を残したりしている苦行者——ṅur smrig śiṅ śun zur phud daṅ//gtsug phud spyi bo ral pa rnams. 漢「染服衣毛羽、螺髻剃鬚髪」。ṅur smrig, śiṅ śun は理解容易。zur phud と gtsug phud の phud は 'bud pa（取り除く）の過去形と考えるべきか、phud を「髪の束」の意の名詞と考えるべきか不明であるが、本訳では前者を採る。spyi bo ral pa は「頭頂に弁髪を持つ者」

二二　日に三度——dus gsum. 漢「日夜三沐浴」

二三　清浄ではない——T は四本共 bdag ma yin. 次の第二三偈の d 句にも同形であらわれるが、第二四偈の d 句では dag mi 'gyur となっている。この種の文学作品に特徴的な繰り返し句であると思われるので、第二二、二三偈共 bdag を dag に訂正する。

二四　食べ——*NP*, chuṅ za źiṅ; *CD*, chu za źiṅ. 漢「飲恒水」によりCDの読みを採用して「水を飲み」としたいところであるが、水に対しては za ba という動詞は用いないから、ここは一応NPの読みを採用する。

二四　鹿——ri dags. 辞書に登録される形は ri dwags であるが、四本共一致しているのであえて訂正しない。第二五偈 b 句におけるCDの読みは ri dwags となっている。

二七　それ自身で完全であり——raṅ dbaṅ dag ni. dag が気になるが、一応戒律にかかる形容詞と考える。

二八　努力せよ——*CD*, 'bad pa; *NP*, dad pa. CDを採る。Jは dad pa を dam pa に訂正するべき旨注記しているが、彼が参照した版本は、北京版とインディア・オフィスに保存されるもの（ナルタン版?）のみであって、CD版の異読を参照しえなかったためであり、従わない。

二九　荘厳されることを望む者——brgyan par 'dod pa. Cf. *J*, he who desires progress (bubhūṣu?).

二九　火——bsreg bya za ba; *S*, hutabhuk, hutāśana（焼かれるもの〔供物〕を食べるもの）＝火。

三一　確固たること——gtan. Jは漢「憂悲弱強志」により brtan に訂正しているが、gtan も gtan la phab pa（確定する）などに見られるように、その方向の言葉であるから必ずしも訂正する必要はない。

三一　老い——dga' bas. Jは漢「老病壊壮容」により rga bas に訂正しており、本訳もそれに従った。訂正しなければ「快楽によって身体が〔むしばまれる〕……」。本章第四六偈には *NP*, rga; *CD*, dga' の異読を確認できる。

三一　根本から——rtsa ba nas. Jは rtsa ba rnams と訂正し、「もろもろの功徳の諸根を砕く……」と訳すが、この訂正を導入せずとも読解は可能である。

三二　アスラ（阿修羅）——lha min; *S*, asura. アスラはゾロアスター教のアフラ（ahura）と同語源であり、『リグ・ヴェーダ』(Rg-Veda) の最古の部分に見られるように、本来善神を意味した。しかし、後に、神（sura）でないもの（asura）という解釈の方が優位を占めるに至り、『リグ・ヴェーダ』のより新しい部分や『アタルヴァ・ヴェーダ』(Atharva-Veda) においては神の敵である悪魔の意味で用いられている。またブラーフマナ文献などは、神とアスラとの争いの多くの神話を伝えている。

三二　地下の世界へと投げ落とされ、トリプラの町は破壊された——mi (*C*, me) skyoṅ (*C*, skyod) tā (*CD*, ta) la'i byin pa daṅ//doṅ gsum pa rnams zad par gyur// は難解。一応Jの…were cast down to Pātāla, and Tripura was destroyed に従って訳す。Jはここに、古代インド神話に著名な神とアスラとの戦い——結局大自在天（Maheśvara＝シヴァ神）が燃える矢でアスラの町トリプラを灰にする——を読み込んでいるが、方向としては従うべきであろう。しかし、問題が残っていないわけではない。mi skyoṅ tā la を Pātāla と読んでいるのは skyoṅ →守る（√pā または√pāl）の誤訳と考えているのであろうが、mi の処理は不明である。また、doṅ gsum pa を Tripura と読むが、Tripura の常套訳語は Groṅ khyer gsum rtsegs (cf. *Mvyut*, 3122) であり、doṅ（深い洞、深い穴）をそういう風に解釈できるかどうかは疑問である。あるいは、doṅ を tā la とともに読んで「地下の〔Pā〕tā la」と解し、C版の mi skyod を採り、mi skyod gnas（揺るがざる場所＝groṅ khyer, 都城 *ChG*）と解すれば、それと gsum pa とで Tripura と解しているのかもしれないが、いずれにせよ不明な点が多く、今後の研究にまつ他はない。

三一　地下の世界——*S*, Pātāla. 龍族（nāga）などの住む地下の世界。前注参照。

三二　トリプラの町——*S*, Tripura. アスラの住む三層からなる町。上層は天にあり金ででき、中層は天地の中間にあり銀ででき、下層は地上にあり鉄でできている。シヴァ神の三叉戟または三叉の矢により燃されて灰と化す。本偈前々注参照。

三五　貪欲——'dod pa'i 'dod chags; *S*, kāmarāga.

三七　消される——Tは四本共 śes te であるが、Jは źi ste に訂正しており、本訳もそれに従う。

四〇　感官の対象——Tは四本共 yul. Jは第三九偈d句と対にさせるため g-yul に訂正し、「……敵はない」(…no adversary…) と読もうとするが、g-yul はむしろ「戦い」などの意味であり、彼の訂正には従わない。

四一　第四一偈——本偈cd句はチベット語訳に欠けている。漢「邪覚不正思、能令貪欲増」参照。

四二　ありのままに——ji ltar 'gyur; *S*, yathābhūtam.

四三　真実を見る人——gyur pa mthoṅ ba; *S*, bhūtadarśin.

四五　火——dkar min 'gros.「暗黒を〔照らして〕行くもの」＝火。辞書中に同定できず、また、漢訳にも指示されないが、文脈より判断して、Jに従う。

四五　怒りから……くる——khro ba las ni źe sdaṅ 'dzag. 論理的には憎しみから怒りが漏れ出てくるとあるべきであるが、テキストでは本訳の通りである。

四六　教え（法）の意味を求める者たち——chos don 'dod pa rnams. Jは「法と富と楽しみの……」（…of Law, Wealth, Pleasure, …）と訳すが従わず。

四六　信仰——*CD*, mos pa'i; *NP*, thos pa'i. CDに依ったが、仮にNPに依れば「〔法の〕聴聞の……」と訳すことも可。

四八　噛む——Tは四本共dmug paであるが、正しい形rmug paに訂正する。

四九　第四九偈——本偈はDhammapada（『法句経』）222（cf. Gāndhārī Dharmapada, XVII 2〔275〕），Udānavarga（『ウダーナ・ヴァルガ』）XX 22に酷似。

五〇　後に、怒りが無くなったときに、火に触れたごとくに焼かれる——phyis de khro ba med pa na//me la reg pa bźin du bsreg. 全く同一の譬喩はUdānavarga, XX 4 cdに見られる。

五八　ブリハスパティ——Phur bu.『リグ・ヴェーダ』においてはブラフマナスパティ（Brahmanaspati）という名でも呼ばれる、神々に対する礼拝者の行為が人格化した神格で、人々のために神々を仲裁する司祭の役目を担い、人間を悪から守り、また神々の社会の家庭の祭官（Purohita）とされる。ここで、神々がブリハスパティを家へ招くと言われているのはそのためであろう。ブリハスパティは後代、知と雄弁の神として描かれ種々の作品が彼に帰されている。アンギラス仙（Aṅgiras）の息子であり、ターラー（Tārā）の夫であり、特に天文学の分野では、彼は木星の摂政であり、ために木星がブリハスパティと呼ばれるのはよく知られている。一・四一の注参照。

五九　請い——sñan mnan＝rna bar thos su 'jug pa'am rna bar źu ba. 呈請、報告、請求（*ChG*）。Jはsñan dmanに訂正し、「低いランクのものたち」（those of low degree）と読むが、訂正を導入しなくとも読解可能であるので従わない。

六〇　倍増して行なった——ñis (*NP*, ñid) 'gyur ñid du byas pa'o は難解。JはNPの読みを採り、「彼らの本来の気分（つまり、激怒）へと戻った」(returned to their natural frame of mind 〔i. e. wrathfulness〕) と訳しているが、このチベット語をそういう風に読めるかどうか不明。本訳はCDの読みを採る。ñis 'gyur は "double" の意 (*Das, ChG*)。

六一　第六二偈——この本偈はd句を欠くため、漢「於彼夏安居」により補って訳した。寺本訳は欠落が第六三偈にあるかの如く記しているが、実際の欠落は本偈d句にあるであろう。

六二　ヴェーヌ村（竹林村）——'od ma ldan pa'i groṅ. 漢「毘紐村」。Cf. Waldschmidt, *op. cit.*, pp. 190-191 : *S*, Veṇugrāmaka; *P*, Beluvagāmaka; *T*, 'od ma can gyi groṅ.

六三　猿沢の池の岸——spre'u rdziṅ gi 'gram. 漢「獼猴池側」。Cf. Waldschmidt, *op. cit.*, pp. 202-203 : *S*, Markaṭa-hrada-tīra; *T*, spre'u rdziṅ gi 'gram. この部分はパーリ語の『涅槃経』には欠けている。

六四　その森に現われて——T四本共の nags tshal de ni snaṅ byas śiṅ は難解。寺本訳は「かの林園を照らし給ひしに」とブッダを主語にとるが、それなら snaṅ byas śiṅ ではなく、snaṅ mdzad ciṅ のはずである。またJは悪魔を主語とし、「マーラが森の中に現われて」(Māra appeared in the grove) と訳すが、nags tshal der ni または nags tshal de la などと訂正する必要がある。本訳は一応Jの方向で、最小限の訂正を導入し、nags tshal de na と読む。

六六　弟子たちが目的を達する——ñan thos (*NP*, ñon moṅs) rnams ni don byas par. JはNPの異読を採用し、さらに彼の注によれば漢訳に従って don を dor に訂正して、「もろもろの煩悩を捨てさせないうちは……」(…caused them to abandon the sins) と訳しているが必ずしも必要な訂正ではない。また漢訳にもこの訂正を支持する表現はない。本訳はCDの異読 (ñan thos) を採用しているが、諸仏伝の記述とも一致するであろう。Cf. Waldschmidt, *op. cit.*, pp. 208-209 (§16. 8).

六八　阿羅漢たちの最高者——dgra bcom rnams kyi mchog. ブッダのこと。阿羅漢 (arhat) とは「応供《おうぐ》」

とも漢訳されるごとく「〔供養を受けるに〕ふさわしい〔聖者〕」の意で、仏教の修道者としてすべての煩悩を断って最高の境地に至った人。一五・二二の注参照。

七〇　第七〇偈以下——各章の終わりと同じくこの第二三章も、本偈以下一一シラブルの荘重な韻律の偈でしめくくられている。

七〇　次のような形の——rnam pa de ltar. Jは rnal 'byor stobs にかけているが、本訳では tiṅ ṅe 'dzin にかかるものと解す。

七一　メール山（須弥山）——lHun po; *S*, Meru. 仏教の宇宙観による世界の中心に高く聳える神話上の山。その頂上にインドラ（帝釈天）の住む宮殿がある。一・三六の注参照。

七二　金剛杵——rdo rje; *S*, vajra. インドラ神の武器であり、事実上は雷である。

七三　劫——bskal pa; *S*, kalpa. はかりしれないほど長い神話的な時間の単位。世界の終末の時には火災が起こり、すべてを焼き尽くすという。この大火を劫火という。

第二四章

章名——Li tstsha bī rnams la thugs brtse ba'ī le'u. 漢「離車辞別品」

五　親族であるため——gñen ñid phyir. アーナンダはブッダの従弟に当たる。

六　私には方角も……ものを言う元気もありません——bdag gi phyogs rnams spobs pa med//bdag gis (*NP*, gi) chos rnams thos pa rmoṅs// は難解。Jはc句を「私は方角を見失ってしまいました」(I have lost my bearings) と訳し、一方、tshigs rnams spobs pa med（節々は力を失ってしまいました）への訂正の可能性をも注記している。本訳は一応、漢「迷方失常音、所聞法悉忘」を参考にし、phyogs rnams と chos rnams のいずれをも rmoṅs で受けると解した。spobs pa med は niṣpratibhāna（無弁才、臆病な、心の平静を欠いた）。あるいは spobs pa med を niṣpratibha（光輝のない）と解すれば c 句は、「私にとって〔四〕方は色あせてしまいました」と訳することも可能であろうか。

八　人々——lus daṅ ldan rnams. 字義通りには「肉体を持つ者たち」

八　道を知る道案内人——lam mkhyen (*Myut*, 440, mārgajña; 441, mārgavid), lam mkhan (*Das*, 178, guide) 共にほぼ同意。Jは「道案内人は道を示して……」(The guide points out the path…) とするが採らない。

一〇　知恵——blo ni. Jは漢「紺」に従い sṅo nag（青黒い）に訂正するが採らない。

一〇　過去・現在・未来——'das daṅ ma 'oṅs da ltar. チベット語では普通ほとんど過去・現在・未来の順になっているが、ここはサンスクリットの語順 atīta-anāgata-vartamāna を移している。

一〇　知恵を捨てて——ye śes rnam spaṅs. 意味は今一つ不明。Jは「知恵をもって大きく開かれた目」(which is wide open with knowledge) と訳すが、rnam spaṅs にその意味は確認されない。漢訳「智慧照幽冥」も助けとならないため、一応本訳のごとく訳す。

一四　生きもの——'gro ba.

一五　生きもの——lus can.

一五　悲憐をあまねく捨てよ——brtse ba kun nas thoṅ źig. thoṅ はJの考えているごとく mthoṅ の命令形ではなく、gtoṅ ba の命令形である。したがって、J訳の「諍いを好む生きものたちを愛着離れた慈悲で見よ」(you should look on creatures who delight in the pairs〔dvandvārāma〕with compassion entirely devoid of affection) は流暢ではあるが従えない。漢「当捨悲恋心」参照。

一七　生きもの——'byuṅ po.

一七　解脱が何になろうか……だれが究極を望もうか——thar pas bya ba su yis 'gyur//de phyir mthar thug 'dod (*NP*, gdod) pa'o は難解。thar pas bya ba は "kṛtam+inst." の構文と見て間違いなかろう。問題は

以下の句である。一応 su yis 'gyur と 'dod pa'o を一緒にして訳したが、問題は残る。疑問文、または反語の場合は文末は 'dod pa'o ではなく、'dod となるはずだからである。Jはd句を「というのは、終わりは始め〔と同じ〕だからである」(For the end would be 〔the same as〕 the beginning) と訳す。NPの読み (gdod) を採り、gdod pa を gdod ma の意に解したものと思われるが、gdod pa がこの意味で用いられる典拠を同定した後でなければ従えない。

一九　諸仏には……与え惜しむようなことは決してない――saṅs rgyas rnams la (*CD*, daṅ) slob dpon gyi (*NP*, gyis) dpe mkhyud med. Cf. *Mvyut*, 6525, *S*, Ācāryamuṣṭiḥ; *T*, slob dpon gyi dpe mkhyud. 漢「師吝於法」、和「師が法を愛惜して弟子に伝えざること」

二一　自らの――bdag gi. Jは仏にとるが、おそらくこの部分の訳と思われる漢「善住於自洲」によりアーナンダを含めた人々の意と解す。第二二偈d句 (bdag gi sgron ma źes śes bya) の漢「当知自洲者」参照。

二四　四つの対象――Tは四本共 spyod yul źi であるが、漢「観察四境界」により、źi を bźi に訂正する。

二四　身体、感受、心、無我――仏教の最高目的たる涅槃を実現する知恵を得るための実践道の一つである四念処に相当する。つまり、身体・感受(受)・心・法の四つについて思いをこらし、身体は不浄である、感受は苦である、心は無常である、法は無我である、と観じて、浄・楽・常・我の四つの誤り(顚倒《てんどう》)を打ち破るのである。本章第二五偈以下、第二九偈まで参照。

二六　想念――śes rab は「叡智(般若)」を指し、普通は良い意味に用いられる語であるが、ここはJも指摘するごとく、漢訳「楽想」に従って 'du śes の方向で悪い意味に解すべきである。

二七　心という存在(法)――chos. チベット語には心にあたる語はないが、文脈から考えて四念処の心に相当する部分なので、法をあえて心の法と考えて訳した。心も法(存在の要素)の一部であるのは言うまでもない。

二七　滅――'god pa. 漢「生住滅」。第三〇偈c句 'god med と漢「無尽」参照。

二七　常住である——rtag par. Jは「永遠に」(forever) と副詞に解するが従わない。

二八　身心の諸要素（蘊）——二五・七一の注参照。

二九　四つの点に……——四念処のこと。第二四偈の注参照。

二九　思いをこらすであろう——dran pa ñe bar gźag（*C*, bźag）＝念処（*Mvyut*, 952, smṛtyupasthāna）に相当する語。第二四偈の注参照。gźag は 'jog pa の未来形（bźag は過去形）であるが、命令形として解釈できれば意味的に通りがよりよい。J、寺本共その方向。しかし、現在のところ命令形として知られている形は źog のみである。

三〇　尽きることのない——'god med. 漢は「無尽」がこれに当たるであろうか。第二七偈の注、二七・五二c句参照。

三〇　この上ない——ṅes par legs pa. Cf. *Mvyut*, 1729, niḥśreyasaḥ.

三三　行ないの究極を行なうことを……神通力を願った——spyod mtha'（*CD*, mthas）bkod pa'i don rnams kun//myur las rdzu 'phrul don rnams so// は難解。Jはd句を漢「悉捨俗威儀」に依り、don を dor に訂正して、「彼らの普段のきらびやかさ（ṛddhi）を捨てた」（…abandoned…their usual pomp）と訳すが確かではない。

三四　思惟ある者となった——spobs par gyur. Cf. *ChG*, spobs pa＝śes rab bam bsam pa nus pa can. 漢「弁才、有智慧者、能思惟者」。Jは viśārada をあて、「自信ある者」(self-confident) と訳す。第六偈、ならびに二六・七五参照。

三五　真理の教えに入ったということ——mṅon par źugs pa. c d句難解。

三六　もしも、……知恵を得たのならば——gal te ye śes bdag las kyaṅ//cuṅ źig thos śiṅ śes pa na// は難解。あるいは、「もしも、知恵を本性とすることによって、すこし聞いてもわかるならば……」と訳すことも可能か。

三七　入滅——Tは四本共 źiṅ pa であるが、漢「於我存亡際」と第三七偈d句の異読例（*CDN*, źig; *P*, źiṅ）にヒントを得て、źig pa に訂正する。

三八　ヴァシシュタ仙——gNas 'jog; *S*, Vasiṣṭha. ヴェーダ聖仙の一人で、古代七聖仙の一人。一・四二の注参照。

三八　アトリ仙——rGyun śes; *S*, Atri. 古代七聖仙の一人。このチベット語は諸辞書には見出せないが、一・四三、一九・四〇にもあらわれ、特に前者からはサンスクリットが確認できる。一・四三の注参照。

三八　苦行者——thig le gyen; *S*, ūrdhva-retas.「精液を上にとどめるもの、性交を慎むもの」→「苦行者」

三八　まさに滅びるものである——ma ruṅs ñid. Cf. Ratnāvalī, II, 20, …ma ruṅs bdag ñid can=°vinaṣṭâtmā.

三九　マーンダートリ王——*NP*, Ṅa la nu; *CD*, Ṅa las nu; *S*, Māndhātṛ. 一・一〇及び一九・一〇の注参照。

三九　インドラ神——brGya byin=Śata-kratu.「百の祭式で祀られるもの」、インドラの同義語。ヴァス神群の長。JはVāsava（同じくインドラの同義異語）を当てている。しかし、同じくインドラ神の同義異語ではあるが、brGya byin の対応語としては不適。次注参照。インドラについては一・二の注参照。

三九　ヴァス神群——*CD*, dByig nor; *NP*, dByigs nor. 主にインドラの従者として知られる複数の神。自然現象が神格化されたもので、アーパ（Āpa, 水）、ドルヴァ（Dhruva, 北極星）、ソーマ（Soma, 月）、ダラ（Dhara, 地）、アニラ（Anila, 風）、アナラ（Anala, 火）、プラバーサ（Prabhāsa, 暁）、プラティユーシャ（Pratyūṣa, 光）の八神からなる。

三九　ナーバーガ仙——skal med min; *S*, Nābhāga. 古代の聖仙の一人。マヌ（Manu）の息子。

四〇　ヤヤーティ王——'Gro mgyogs; *S*, Yayāti. 月種族の第五王、ナフシャ（Nahuṣa）の息子。二・一一の注参照。

四〇　バギーラタ王——sKal ldan śiṅ rta; *S*, Bhagīratha. 古王の名。ラーマ（Rāma）の祖先。

四〇　クル——sGra ñan; *S*, Kuru. インド北西部を支配する月種族の王子の一人。クル族の祖先。誇りと悪名をはせたという故事は典拠不詳。Jはクル族の意に解している。クル族については四・一〇〇の注参照。

四〇　読解不能——Ri mo rdul. Jは疑問符付きでGirirajasを想定しているが当然妥当ではない。ri moには山という意味はなく、想定するならむしろcitraなどのサンスクリットであるが、現在のところ神話上の人物に同定できない。

四〇　アジャ——Ma skyes; *S*, Aja. 日種族の王子の一人。ラーマの祖父。

四五　肉体的存在——lus miṅ. 現存諸辞書に熟語として登録されてはいないが、Jの考えるnāmarūpaの方向で間違いなかろう。

四六　弟子——gdul bya; *S*, vineya=「教化さるべき人」

四七　憂悩を捨てるがよい——skyo ba thob (*NP*, 'thob) par 'os pa'o.「憂悩を得るがよい」は意味不可解であるので漢「当止憂悲苦」に従って、thobを'gogに訂正して読む。Jは訂正せずに読んでおり、したがって、彼の訳 (obtain perturbation of mind〔saṃvega〕) はやはり不可解。

四八　秋の月——*CD*, ston gyi zla ba; *NP*, smron gyi zla ba. CDの読みを採ったが、NPの読みによれば「孟夏 (jyeṣṭha, 五—六月) の月」

四八　クベーラ——Lus ṅan; *S*, Kuvera=Kubera. Cf. *Mvyut*, 3159. 財宝の神で、ヒマーラヤ山のアラカーに都し、北方を守護する。仏教においてはその父系名により毘沙門天 (Vaiśravaṇa) として知られる。二六・一〇一の注参照。

五〇　三十二のすぐれた特相——sum cu rtsa gñis mtshan. ブッダのそなえる三十二のすぐれた身体的特徴で、本来、転輪聖王《てんりんじょうおう》にそなわっているとされた特相をブッダの身体に転用したものといわれる。

五一　生を受けて——T四本共srid. Jはsredに訂正し、「〔乳に〕渇して……」(thirsty for lack of milk) と訳すが、必ずしも必要な訂正かどうか確かではない。

五一　乳牛——'jo ba'i bas. Cf. *ChG*, bas＝ba laṅ gis.

五二　この世において目はもってはいても人々が——'gro na mig (*NP*, mi) ldan mi rmams kyis. Jは'gro na を sgron ma に訂正し、「灯火を持たない人々」(sgron ma mi ldan mi rmams; men without a lamp) と読むが、可能な訂正かもしれない。本訳は'gro を'gro ba の意味にとり、全体を「目はもっていても知恵の欠如のために闇の中にいるように迷っている人々」という方向で解した。a 句の最後は四本共 kyis であるが、kyi に訂正する。

五三　心は黄金で——sems kyis gser (*CDN*, gzer) bu'i yo byad. Jは「金剛の心」または「心の金剛」と読むが、gser bu にはもちろん、gzer bu にも「釘」といった意味しかない。おそらく、漢訳「金剛心……」に影響されたものであろう。

五五　舞台において……希求しているのに——ltad mo la ni skom rmams kyis は難解。インドラ神の幢の故事、ならびに、本偈の具体的な譬喩の内容が今一つ不明。

五六　死神——Dus; *S*, Kāla. 時＝死の神。

五七　断わられたものの——rmam zlog. Jは「嘆き悲しむ」(lamented) と訳すが、d 句の zlog と同意と考えるべきであろう。

五八　言いつけ——Tは四本共 bstan pa. Jは漢訳(多分「制心」?)により、brtan pa に訂正し、「落ち着き」(became calm) と訳すが、必ずしも必要な訂正とは思えない。

五九　カルニカーラ——kar ni ka ra; *S*, karṇikāra. 漢「迦尼」。学名 Pterospermum acerifolium. アオギリ科のモミジバウラジロあるいはこの属の木。樹高約二〇メートルに達する常緑喬木で、葉は楕円または裂状で大形、花は黄白色で芳香があり、香花としてよく用いられる。満久崇麿、前掲書、一〇二—一〇三ページ(含写真)参照。

六一　第六一偈以下——本偈及び第六二、六四偈は漢訳に欠けている。本章は最後の第六四偈のみが一三シラブルの荘重な韻律で書かれている。

六二　十力——stobs bcu; *S*, daśabala. ブッダに固有にそなわっている十種の特殊な力。

六三　それから苦しみのうちに……沐浴へと赴くかのごとくに——rkaṅ pas de nas mya ṅan 'das//log pa'i khrus（*CD*, 'khrus）bźin rjes su 'oṅs は難解。log pa'i khrus（apa-snāta）は親族が死んだときに行なう沐浴。Jは rjes su 'oṅs をリッチャヴィ族を主語とする動詞と考え、「後に従った」（followed）という本来の意味ではなく、「去っていった」（returned; went away）の意に解すべきである旨注しているが、本訳のごとく譬喩の内容と解すれば本来の意味で解釈することができるであろう。

六四　侍者をはべらし——Tは四本共 'gugs ldan. Jは gzugs ldan（美しい）への訂正を指示しているが、依るべきかもしれない。

第二五章

四　栄誉——*NP*, dpal; *CD*, dpa'. 漢「神通」。CDを採るなら「勇気」

四　信仰——daṅ po. この意味は辞書に収録されてはいないが、daṅ ba（清浄、信心）より類推してこの意を採る。

四　力なき富——rnam gnon phun sum tshogs pa bźin は難解。漢「高勝而無力」。他の喩えと同様、daṅ bral または kyis dman のような語が省略されているものと解す。

八　僧団——dga' 'dun. Cf. Tshe riṅ dbaṅ rgyal (ed., J. Bacot), fol. 28a4=saṃstava; *Mvyut*, 6860, Goṣṭhī; *T*, dge 'dun nam tshogs. dga' 'dun nam tshogs śiṅ 'du ba. 漢「或喜、或合聚」。和「集会、家族」。Jは dge 'dun への訂正を提案しているが、そうせずとも同意に解しうる。

三　神通力をもった——rdzu 'phrul daṅ ldan. 漢「如人失神力」は「神通力を失って」の方向を示す。

三　ナフシャ王——sGra ṅan はクル族の常套チベット訳語であるが、二・一一では sGra mi bsgrags, 一一・一四、一六では sGra med がナフシャ王の訳語として用いられているから同意の sGra ṅan を Nahuṣa の訳語と考えてよかろう。ナフシャ王については二・一一及び一一・一四の注参照。

一四　そこ（世間）において——Tは四本共 der であるが、gaṅ gis を受けると考えて de に訂正する方が読みやすい。このままなら本訳のように読むほかはない。

一八　留置された——*CD*, bskyaṅs（*NP*, bskyaṅ）. Jは漢訳「酔酒」により chaṅ に訂正し「酔わされて」（is made intoxicated）と訳すが、従わない。

一九　切り裂かれる——gśegs pa. gśog pa（切り裂く）の過去形と判断したが、gśog pa の過去形として辞書に収録されている形は bśags pa または bśags pa のみである。ここもそのように訂正すべきか、あるいはここの形を辞書に追加すべきか決定できない。また、gśegs pa には周知のごとく、'gro ba（行く）の尊敬語としての形が存在するが、ここには不適当である。

三　無知——四本共に ṅan pa であるが、漢「癡闇」に従って mun pa に訂正した。Cf. *J.*

三　愛欲——四本共に srid pa であるが、漢「愛欲」に従って sred pa に訂正した。Cf. *J.*

三　その方は——gaṅ gis. 第二一偈から第二四偈にかけて頻出するこの関係代名詞は第二五偈始めの des によって受けられているが、日本語としてあまりに冗長になるため、各偈独立したものとして訳出した。

三　渡られる——srid pa'i mtsho las rgal. Jは rgal を他動詞にとり、「人々を生死の海からお救いになる」（…rescues men from the ocean of existence）と訳す。おそらく las のためにこのように訳したものと考えられるが、rgal という動詞が、rgyal と同様（例えば dgra las rgyal「敵に勝つ」）、las をとると考えれば問題なかろう。第三一偈b句に同用例あり。

二五　あまねく寂静をごらんになった——kun tu źi ba gzigs pa ste. Jは「すべてを温和にごらんになった」と訳すが採らない。

二六 広い——rnam yaṅs (viśāla). Jは漢訳「清浄音」よりviśada（はっきりした）というサンスクリットを推定している。

二六 腕の長い——phyag riṅ. ブッダの三十二のすぐれた特相の一つ。Cf. *Mvyut*, 253, sthitânavanata-pralamba-bāhutā; *T*, bźeṅs bźin du ma btud par phyag pus mo slebs pa. 漢「正立不屈手過出（相）」、和「直立して屈せざるときは手長くして膝に垂るる相」

二六 だれにとって終わりがなかろうか——su'i mtha'//'byuṅ 'gyur ma yin 'byuṅ 'gyur min. cd句は強調のためか、文学の手法のためか、同意の言葉を二度繰り返している。

二七 隊商——don bcas.「財貨持つ」＝「商人、隊商」(?)。*J*, caravan-merchant.

二八 滅するという点で……罪のような無常性——ñams phyir khyad par med pa yi//sdig pa mi rtag ñid…. ab句は難解。

三一 第三二偈——Jは本偈の動詞の主体はブッダであるように訳しているが、その場合にはb句の動詞はsoṅではなくgśegsであるべきである。本訳は動詞の主体をシンハと考えて訳している。漢訳もその方向を指示しているものと思われる。

三三 象——gñis 'thuṅ (dvipa) ＝「〔鼻と口で〕二度飲むもの」＝「象」

三四 ヴァイシャーリーよ——Yaṅs pa can gyi bdag gi (*NP*, po) 'di. Jに従い訳出したがgyiの解釈が困難である。kye（おお）への訂正を考えるべきであろうか。またNPの読みを採れば「ヴァイシャーリーの主」と訳すことも可。

三四 余命のあるうちで——gyad gnad kyi tshe tshoṅ dus su. 読解不能。Jのin the period of life that still remains to Meは単語の意味を適当につないでいるだけで説得力のある訳ではないが、一応従う。漢「往力士生地」はブッダがヴァイシャーリーを去って最終的には涅槃の地クシナガラ（マッラ族の勢力範囲）に向かうことを示しているようであり、gyadがMalla（力士）の常套訳であることを思えば有力な方向を示している依然難解である。tshoṅ dus を tshoṅ 'dus（市場）と読みうるとすれば、「マッラ族の住する市場へ」（？）

三五　第三五偈——本偈はJも指摘するごとく明らかに後代の付加である。漢訳にも欠けている。

三六　ボーガ市——Loṅs spyod groṅ（Bhoganagara）. 漢「蒲加城」。ブッダがヴァイシャーリーからクシナガラに至るまでに通過された経路は、最後にパーパー（パーヴァー）市を通られたこと以外その名称、順序など諸伝承により大いに相違しているが、そのリストは Waldschmidt, *Die Überlieferung vom Lebensende des Buddha*, Göttingen, 1944, pp. 126-127; Bareau, *op. cit.*, I, pp. 239-240 に表の形でまとめられている。ボーガ市はヴリジ連邦国にあり、ヴァイシャーリーとクシナガラの中間にある。アーナンダ廟があり、ブッダがそこで四大教を説かれたことで有名である。

五〇　善多きお方——dge maṅ (*NP*, maṅs). ブッダの別名の一つ。*J*, "the Gracious One". 寺本訳は固有名詞と見ていない。

五〇　パーパー市——sDig pa'i groṅ（*S*, Pāpā または Pāpāgrāmaka, *P*, Pāvā）. 漢「波婆城」。マッラ族の首都。

五〇　賢者たちは——mkhyen（*NP*, khyed）rnams. Jは「マッラ族」ととる。おそらく漢訳「彼諸力士衆」に従って gyed rnams と訂正したものであろう。仏伝の歴史的経過ともよく一致し、従うべきであろうと思われるが、あえて訂正しなくとも読解可能であるので訂正しない。

五一　チュンダ——sKul byed（*S*, Cunda）. 漢「純陀」。職業は鍛冶工の子と言われる。ブッダと諸弟子を招待したことから考えればかなり裕福であったに違いないが、インドのカースト社会においては賤しい職業と見なされていた。ブッダはその招待を受け入れられたのである。このチュンダ家での食事がブッダにとっての「最後の食事」となる。この食事にあたったブッダは入滅されることになるのであるが、このとき何にあたったかについては豚肉という説とキノコであったという説とがある。

五一　ブッダ自身のためにではない——rgyas phyir min. 読解困難。rgyas を sans rgyas の省略形と考えてよいかどうか不明であるがその方向で解釈した。Cf. *J*, not for His own support.

五二　クシナガラ——Ku śa ldan pa'i groṅ (*S*, Kuśinagara). ブッダ入滅の地。現在のカシア（Kasia）の町のはずれにあたる。

五三　イラーヴァティー——Nor ldan. どの河を確定的に指すか同定することは困難。Jは可能性として Irāvatī, Acirāvatī, Ajirāvatī, Airāvatī を掲げるがいずれも Nor ldan（財宝をもつ）に合致しない。漢訳はカクッター河（Kakutthā）とヒラニヤヴァティー河（Hiranyavatī）の二河を渡ったとしている（「度於蕨河、及熙連二河」）。また第五四偈ではヒラニヤヴァティー河の訳語に「金河」を用いている。したがって、チベット訳の場合も、第五四偈では gSer ldan（金を持つ）と訳されている同じ河が第五三偈では Nor ldan と訳されていると考えることも不可能ではない。ブッダが最後に沐浴された河名には二つの伝承がある。カクッター河とするパーリ語を始めとする仏典とヒラニヤヴァティー河とするサンスクリットを始めとする仏典とである。Cf. Waldschmidt, *MPNS*, II, p. 282; Bareau, *op. cit.*, I, p. 300.

五四　ヒラニヤヴァティー河——前注参照。

五五　沙羅双樹園——gŚin rje'i ra ba（Yamakaśālavana）. 大きな沙羅双樹のゆえにこの名がある。

六五　第六五偈以下——本章は本偈より最後の第八一偈まで一一シラブルの荘重な韻律に変わる。

六九　第六九偈——Jは本偈b句が二シラブルを欠く旨注記しているが、この二シラブルはCDNより補うことができる。dbaṅ po'i dbaṅ doṅ（Pは dbaṅ po'i を欠く）。したがってJが参照していたのは北京版のみであったことがわかるであろう。彼は序論にパリの国会図書館の北京版とロンドンのインディア・オフィスに保存されるコピーとを参照した旨記しているが、おそらくこのインディア・オフィスのコピーも北京版と系統を同じくするものであろう。また本訳ではd句はブッダに関わるものと解し、J訳とは異なる。

七〇　ガヤーの人々の間で——Ga ya rnams su. なぜ複数であるのか不明。一応本訳のごとく、ガヤーの人々の意にとる。漢「伽闍山」、*J*, in Gaya, 寺本訳「伽耶に於て」

七〇　今日まで存続してきたのである——de riṅ ñe bar 'gro bar 'gyur. 漢「存世至於今」。*J*, …has survived till today, 寺本「今……〔涅槃に〕往かんとす」参照。

七一　五蘊——われわれの存在を構成する心身の五要素で、物質（色）・感受（受）・表象（想）・意志などの心理作用（行）・認識（識）の五つ。

七三　雷の音声——'brug gi dbyaṅs. Cf. *Mvyut,* 99, megha-svaraḥ; *T*, 'brug sgra. 漢「龍音」、和「雷霆の音を有する仏」

七四　遍主——khyab bdag（*S*, Vibhu). ブッダの別名の一つ。Cf. *Mvyut,* 31.

七四　お目にかかれることはない——Tは四本共 mthon min（高くない〔?〕)。漢訳「無所覩」に従って、mthoṅ min に訂正する。J、寺本訳共、同方向をとっている。あるいは、第七三偈の異読の例（*C*, 'thon; *DNP*, mthon）にならって 'thon min に訂正し、「再び世にお出になることはない」の意に解することも可能であろう。

七九　この教え（法）——Tは四本共 'di ni. Jは「この世において」(in this world) と解する。それなら 'di na と訂正する必要があるが、あえてその必要はないであろう。このままで読めば、'di は gaṅ źig の同格か、chos の同格かであるが、後者に解した。

第二六章

第二六章——本章はブッダの涅槃を描写するためか、全章一一シラブルの荘重な韻律で綴られている。また続いて第二七、二八章も終章を飾るため、同様の韻律が続いている（ただし、二七・八四は一三シラブル）。

一　身・口・意の三種の戒を保ち——dbyu gu gsum 'dzin (tri-daṇḍin). 本訳は漢訳「浄戒」に従って精神

的な意に解したが、もちろんこの語の原意は、「三条の杖をもつ〔バラモン行者〕」である。スバドラは仏弟子となる以前は外道であったから、そう訳すことも可能である。

一　犠牲祭を行なわない――mi mchod pa. 漢「護衆生」。すこし読み難い。Jは、mi 'tshod pa を mi 'tshe ba（〔生きものに〕害を与えない）に訂正する注記をしているが、mi 'tshod pa という読みはT四本のいずれにも存在しない。

一　スバドラ――Legs bzaṅ (*S*, Subhadra). 漢「須跋陀羅」。ブッダの最後の弟子。ブッダの臨終の直前ブッダの教えを請うが、アーナンダにブッダは疲れておられるからと断わられる。三度請うが三度とも断わられる。ブッダがこれを聞かれ、アーナンダを制して会見をお許しになり、教えを説かれた。

二　この世において――'jig rten dag na. チベット語の接尾辞 dag は必ずしも複数（または両数）を表わすわけではなく、集合的単数を示す用例があり、ここもその一例である。二二・一一の注「その岸から」参照。同種の用例は、例えば、本章第一九、六四、七七、一〇二偈、二七・五、五七などにも見られるが、サンスクリットとの対照が可能である本書の前半部分――（一・二五、二七）、三・三六、四六、五九、六一、一〇・三五、一一・二三、一三・九――を参照すれば一層明瞭である。また一・七五（十一・二七）によれば、rnams にも同様の用例のあることを知ることができる。

二　容易ではありません――*CD*, zla ba min; *NP*, bla ba min であるが、sla ba min に訂正する。

四　遊行者――yoṅs su 'gro ba po (*S*, parivrājaka).

五　広き花弁のごとき大きなお目をもたれる――'dab ma rgyas pa'i spyan yaṅs (*NP*, yaṅ). Jはこの語をスバドラの形容と考えている。スバドラに対して尊敬語が用いられるのは第二三偈に見られる通りであり不可能ではないが、本訳ではブッダの形容と解した。

五　バラモン――gñis skyes (*S*, dvija). 「二度生まれるもの」＝バラモン。人間として生まれ、次いで師について宗教者として再度の誕生をするため、この呼称がある。

六　誉れのかたまり……至福の蔵——dpal stug (*NP*, sdug), dge legs mdzod. 共にブッダの別名。前者は二二・一五に既出。Ｊは後者を「至福をなすもの」(Doer of the highest good) と訳すが、-mdzad と読み誤ったものと思われる。

六　静かなお言葉で挨拶した後——źi ba yi gsuṅ ni mṅon par gsuṅs nas. 漢、Ｊ、寺本訳共、スバドラを主語として考えており、文脈や次の「再び」(slar yaṅ) から考えてもその方が妥当であるように思われる。問題は敬語法 (gsuṅ, gsuṅs) であるが、上述（第五偈の注）したように第二三偈にはスバドラに対して敬語法が用いられているから困難はない。

七　あなたが——khyed kyis. Ｊは北京版しか参照していなかったため、第七偈ｂ句が二シラブル欠く旨注記するが、ＣＤ版によりこの二語を補えば問題はない。

八　第八偈——Ｊは北京版しか見ていなかったため、本偈のｄ句が四シラブル欠く旨注記する。ＣＤ版により二シラブルは補うことができるが、依然二シラブル欠如している。第七偈ｂ句はＣＤ版では二シラブル余分の一三シラブルとなっているので、その内の二シラブルをここへ（例えば lhag par を thos nas の前に）移すべきであるかもしれない。

八　八正道——yan lag brgyad kyi lam (*S*, aṣṭāṅgamārga). 一四・八四の注参照。

九　心の中の闇とともに——sñiṅ la mun pa daṅ bcas. 漢「捨離於邪径、兼背癡闇障」。「心暗くなった〔スバドラは〕……」、あるいは、Ｊのごとく「心の中に闇を伴う道……」と訳すことも不可能ではない。

一〇　善性、動性、闇性——sñiṅ stobs (sattva), rdul (rajas), mun pa (tamas). 外教徒の哲学において一切事物の創造における三つの基礎的性質、すなわち三徳 (guṇa)。主にサーンキャ派において重視される理論。以下第一四偈まで解脱は善性の増加と動性、闇性の根絶により生ずとするこの前古典サーンキャ派の理論と思われるものが紹介されている。

一一　妥当しない——*P*, 'thad pa min; *CD*, 'thad pa yin; *N*, 'bad pa min. 本訳はＰ版に依っているが、Ｊは

インディア・オフィスのコピー（今のNと同じ読み）により「努力なくしてある」(ayatnatas)＝「本性的なものである」(svabhāvatas) と訳している。またCDに依れば「人々のその業は〔このようにして〕成り立っているのである……」と訳しうる。

一二　本性的なもの――raṅ bźin par. Jは第一八章に展開されていたサーンキャ哲学に関説し、この語を原質（プラクリティ）と解している。従うべきかもしれないが本訳はもっと一般的な方向に解した。

一三　楽な状態となったとしても――*CD*, bde (*NP*, de) bar gyur na yaṅ. Jはmed par…（無くなったとしても）に訂正している。漢訳（「恚癡滅」）も同方向であるが、従うべきかどうか不明。

一三　熱くなる――*CD*, tshan mo; *NP*, mtshan mo. P版のみを参照していたJは「夜に氷になる」と訳すが、本訳はCDに依る。

一六　生死に――srid pa la. Jは漢訳「縁愛生世間」により、srid pa las を sred pa las に訂正すべき旨注記しているが、チベット訳四本は一致している上、訂正しなくても読めるので、従わない。なお、Jの…las という読みは四本のいずれにも存在しない。

一七　顕現しているのは――gsal ba 'di yin. 読み難いが、'di を bdag の同格と考え、本訳のごとく訳した。Jもほぼ同方向（「顕現しているものに関して……」with respect to that which is manifested〔vyakta〕）。あるいはこの句が本偈全体を受けると考えて、「以下のことは明らかである」と訳すことも不可能ではないかもしれない。

一八　第一八偈――本偈b句は二シラブル欠落している。また、寺本訳は本偈から第二三偈までを全く欠落しており、第二四偈に本偈の番号を付し、以下そのままの通し番号となってしまっている。

一八　ものは確かに滅するのであり……まさに苦である――ṅes par ldog ste sdug bsṅal ñid du…. Jは漢訳に従って…sdug bsṅal med du…と訂正する旨注記し、「その滅が苦からの離脱である」(the cessation thereof〔nivṛtti〕is freedom from suffering) と訳しているが、漢訳「因縁生故苦、因縁滅亦然」がそのような意味に解せるとは思われない。

一九　堅固なる――brtan po. Jは「確固として」(without shrinking〔dhīra〕)と訳し、スバドラと同格に読んでいるようであるが、人称代名詞がb句において具格(instrumental)で出ているため、同格なら brtan pos となるはずであるから、本訳においては単純に常見の形容詞として処理した。しかし何度も述べたように、本書のチベット訳は大変悪いためJ訳のように考えることも不可能ではないであろう。

二〇　予期していた――yoṅs su las ni byas pas (parikarma kṛ).

二二　ちりぢりにされる――phra mo'i phra mor. 最初の phra mo'i はNPに欠。そのためJはここに二シラブル欠けている旨注記しているが、CDにより補訂できるので問題はない。

二三　到られたのである――gśegs. 明らかなごとくスバドラに対して敬語法が用いられている。以前にも同例(第六偈)が見られたが、これはスバドラがブッダに先立って涅槃したことに対する尊敬からと考えてよいであろうか。

二四　第二四偈――Jは本偈b句とc句にそれぞれ二シラブルの欠落が見られる旨注している。b句の欠落はCD版に依れば補えるが、c句は四本共、一一シラブル完全にそろっているので、Jのこの注記は何かの思い違いであろう。

二四　究極(涅槃)へ到った……弟子となったのである――Jはこれを引用符でくくり、ブッダの言葉の内容と判断している。漢訳もまたその方向を示している。しかしこれを直接話法と考えれば、用いられている敬語法が奇異な感を与えざるをえない。つまりブッダが自分自身に敬語法を用いていることになるのである。本訳はアシュヴァゴーシャ(馬鳴《めみょう》)による地の文と判断して訳している。

二五　夜の初更が過ぎ――nam gyi thun ni 'das pa na. 漢「初夜過」。thun (yāma) は三時間をもって区切る時の単位で、上、中、下の三段階で一夜を分ける。Cf. *Mvyut*, 8231-8233.

二六　戒本(波羅提木叉)――so sor thar pa (prātimokṣa). 戒律の条文を集めたもの。

二六 それだけを言うであろう——de tsam ñid smra 'o. Jは「汝はそれを繰り返し唱えるべきである」(you should repeat it) の意に解するが、smra 'oは命令形ではないので本訳のごとく訳出した。

二八 適時食のやり方である——bza' ba'i cho ga dus yin no は難解。漢「節身随時食」に従い、チベット語の順序に混乱があると考え、dus が bza' ba の前にあるような構文を想定して訳出した。Jの「適切な生活手段」(the proper means of livelihood) 参照。

二九 第二九偈——Jは本偈全体を悪い意味に解するが、本訳はａｂ句を悪い意味に、ｃｄ句を良い意味に解した。漢訳も本訳の方向を指示していると思われる。

二九 使者の術——pho ña'i rig pa.

二九 貪欲に蓄えないこと——sog (*CD*, sogs; *P*, srog) pa ma yin. Jは北京版により、「命」(life) と訳すが、srog ならともかく srog pa をそう解するのは無理であろう。漢訳「受則不積聚」も本訳の方向を指示している。

三〇 第三〇偈——Jの注するｂ句の二シラブル欠落はＣＤにより補充できる。

三〇 ……もろもろの究極である——*NP*, …mthar thug rnams 'di 'o; *CD*, …mthar thug rnam 'da 'o. ＣＤの読みを採れば「すべての知恵ともろもろの究極が到達されるのである」

三三 それだけでなく——de tsam ñid ma yin. Jは re tsam ñid…に訂正し、「満足を得ない」(obtains no satisfaction) と訳すが従わない。

三三 暴れ馬——g-yo ba'i rta. 漢「不調馬」参照。

三六 蜂蜜も得ることなく真理も覚ることはない——sbraṅ rtsi daṅ ni yaṅ dag rtog pa med は難解。本訳は虚心に字面通り訳出したが、Jは漢訳「似彼楽小恬、不観深険故」に従い、「蜂蜜を見るが、危険を見逃している」(…sees the honey but overlooks the danger〔śaṅkā〕) と訳し、Gaṇḍīstotra k°20 (ed. A. von Staël-Holstein, Bibl. Bud. 15, pp. 39, 64) により yaṅ dag を yaṅ ba (śaṅkā) に訂正することを提案して

いる。

四一　第四一偈――draṅ pos rtag par khur bar byed ces khur bya daṅ//skye bo sbyin pa po yaṅ yod pa ma yin te//'di na sbyor ba min las khur ba ltuṅ ba ste//ji ltar khur bu de ltar sbyin pa po yin no// の特にａｂ句は大変読み難い。Ｊは「荷物はつねに正しく置かれるべしという規則は牛と布施者の両者に等しく適応される」(the rule that a load must always be put on correctly applies equally to an ox and to an alm-giver) と訳しているがこのチベット語がなぜそういう訳になるのか理解できない。なお、本訳は khur bya, khur ba, khur bu のいずれも「荷物」の意に解した。Ｊ訳は khur bya, khur bu を「牛」、khur ba を「荷物」と訳している。

四二　夜の初更と深更――mtshan mo'i daṅ po'i thun daṅ cig śos. 第二五偈の注参照。

四三　中更――śṅa ma'i cig śos. 第二五偈の注参照。

四四　呪文の詩頌――rkaṅ pa (*S*. pāda). 呪文の詩頌の一行という意味か？　漢「善呪」、Ｊ「聖典の読誦」(the repetition of sacred texts)

四五　鉄鉤――Ｔ四本共、lcags kyus と具格の形になっているが、文脈より判断して lcags kyu に訂正する。

四六　第四六偈――Ｊの注する第四六偈ｂ句中の二シラブル欠落はＣＤより mi yi を補うことで解消する。

五一　染め衣――rnam par 'gyur ba'i gos. 漢「染衣」

五一　他人とは隔った……修行――gźan las mthar gyur spyod pa. Ｊは「他人の行ないと職業」(the conduct and occupations〔karmānta〕of others) と訳すが採らない。漢「辺生裁自活」参照。

五三　第五三偈――Ｊの注する本偈ａｂ句それぞれにおける二シラブルの欠落はＣＤにより補うことにより解消。

五四　第五四偈――本偈ａｂ句 gaṅ źig rgya chen rnams las sdug bsṅal 'oṅ ba ste//ñuṅ ṅu 'dod la 'oṅ ba ma yin de daṅ bral// の意味は明瞭であるが、文法的に読み難い。ａ句の las を la に訂正し、「多く〔を求

める」者たちには苦しみが来、少しを求める〔者たち〕には来ない……」と訳すのが一番簡単であるかもしれない。

五五　……人には解脱がある——de yi thar pa min. 四本共 min であるが、yin に訂正する。漢「則得解脱道」参照。yin と min はチベット文字で書けば大変よく似ているので版刻の際に彫り誤られることがしばしばあることを筆者は以前に指摘した。Cf. K. Mimaki, Le chapitre du *Blo gsal grub mtha'* sur les Sautrāntika, Présentation et édition, *Zinbun* n°15, 1979, p. 182. 二二・三三のd句の同例参照。

五八　人込みを好んではならない——tshogs la dga' ba rnams su 'gyur mi bya. 漢「不多受眷属」参照。J訳の should not give themselves up to the pleasures in such degree には従わない。

五九　捨てよ——spaṅs. spoṅ ba の命令形として辞書に収録されている形は spoṅ または spoṅs のみであるが、この spaṅs も文脈より判断して命令形と考えてよかろう。漢「当捨離」参照。

六二　身体に対する正念——lus la soṅ ba'i dran pa. 四念処の一つ。二四・二四の注参照。

六五　第六五偈——本偈は漢訳では第六七偈の後にある（「癡愛駛水流、智慧為橋梁」）とJは注しているが、三昧と知恵、堀壕と橋梁などかなり相違しているため、この漢文はチベット相応文のない第六七偈の一部と見る方が妥当であろう。

六六　この人にとっては……誤りはない——'di yi ni//phyin ci log ni khyim pa ma yin dge sloṅ min//. 漢「在家及出家、斯応由此路」参照。Jは「家を持たない比丘が解脱するのは言うまでもない」(how much more then should the mendicant, who has no home, be saved?) と訳しているが従わない。

六七　すべての病を征服する薬——nad rnams thams cad 'joms pa dag gi (*NP*, gis) sman. 漢「諸纏結垢病、智慧為良薬」。助辞の用い方に厳密さを欠くのが本チベット訳の特徴であるので dag を無視してかくのごとく訳出したが、「すべての病を征服する人々（医者）にとっての薬」と訳すことも不可能ではない。

七〇　注意深くあることによって……滅びたのである——bag yod pa las brGya byin gyis ni（*CD*, gyi na） dpal thob cin//bag med pa las lha min khens rnams rnam par ñams//. 漢「若人不放逸、得生帝釈処、縦心放逸者、則堕阿修羅」の方向とはずれるが字義通り訳出した。c句はCD版のgyiの読みを採れば漢訳の方向で読めないこともないが、d句はいずれにせよ漢訳の方向で読むのは不可能である。

七五　私が説いた……言いたいことのある人は——sdug bsṅal la sogs bden pa bźi bo kho bo yis//bstan pa rnams la 'di ni gaṅ gis 'dod pa yod//de ni… b句の'diの解釈が問題を残す。可能性としては、㈠c句のdeと同格に解する、㈡a句のbźi boと同格とし、「私が説いた教えのうちで、苦などのこの四聖諦……」と訳す、の二つが考えられるが今は前者を採る。

七五　四つの真理（四聖諦）——一五・三八の注、及び第七八偈参照。

七六　賢明なる——byed ldan (kṛtin).

七六　アニルッダ——Ma 'gags pa (*S*, Aniruddha; *P*, Anuruddha). 彼の兄弟マハーナーマン (Mahānāman)、バドリカ (Bhadrika) とともにしばしば関説される主要な仏弟子の一人。

七七　次の詩の四行——rkaṅ pa bźi po. 四聖諦を説く次の第七八偈の詩の四行を指す。

七八　解脱——ṅes par thar pa (nirmokṣa). ṅes parを副詞に読み、「確かに解脱がある」と訳すことも可能。

八一　実に速く——*CD*, śin tu skyen par; *NP*, śin tu brgyan par. CDの読みを採る。Pのみを参照していたJは「完全な師」(the perfect〔svalaṃkṛta?〕Lord) と訳している。

八三　第八三偈——本偈冒頭のgaṅ phyirは第八五偈始めのde phyirにかかっている。つまり、本偈および、第八四偈は第八五偈の理由になっている。

八五　第八五偈——本偈c句のチベット訳には二シラブルが欠如している。

八五　思案をやめよ——bsam mno ma byed. byedという形は辞書には命令形として収録されていないが、文脈より判断して命令形と考える。漢「勿復生憂悲」参照。

八八　滅する——Tは四本共rnam par 'god pa. 漢「有者悉帰滅」。Jも「滅する」(passes away) と訳す。

本書において'god paが「滅する」の意味で用いられていることはすでに指摘した。二四・二七、三〇、さらに二七・五二及びそれぞれに対する注参照。或は'gog paに訂正すべきであるかもしれないが、'gog paの異読例は本章第六四偈（*NP*, 'gog; *CD*, 'god）に見られるのみで、一般に異読のないのが本書チベット訳の特徴の一つである。

八八　注意深くあれ——Tは四本共 bag yod kyis. 漢訳「勿生於放逸」により、kyisをgyisに訂正する。具格の助辞なら-dの後ではkyisとなるが、bgyid paの命令形gyisはこの変化を受けない。元来gyisであったのを版刻者が助辞と思い誤り訂正したのかもしれない。

八九　すべての禅——初禅から第四禅に至る色界《しきかい》の四段階の禅定。色界とは仏教における世界の神話的な分類（欲界・色界・無色界）の一つで、欲がなくなって浄妙な物質のみとなった世界。五・一〇の注「第一禅定」及び一五・五五の注「三界」参照。

九〇　九種類の精神集中（定《じょう》）のグループ——定とは心を一つの対象に専注して散乱させない精神作用で、前注の色界の四禅の上に無色界《むしきかい》（物質もなくなり、心のみの世界）の四定（空無辺処定《くうむへんしょじょう》・識無辺処定《しきむへんしょじょう》・無所有処定《むしょうしょじょう》・非想非々想処定《ひそうひひそうしょじょう》）と滅尽定《めつじんじょう》（心と心のはたらきを全く滅する定）とを加えて九次第定と言われる。

九一　雨に打たれた牛のごとく——char gyis bsnun pa'i ba laṅ bźin du. Jはvātâhatā naur ivaという譬喩をチベット訳者がvarṣâhatā gaur ivaと読み誤ったものと推理し、「暴風に襲われた船のごとく」と訳している。

九二　四方を守護する象——phyogs kyi glaṅ po. 古代インドの世界観によれば、四方または八方の果てには守護神の象がいて、世界を支えている。『ラーマーヤナ』一・三九・一六—一七、『マハーバーラタ』六・六〇・五一など参照。

九三　投げられたかのごとく——sbyaṅs pa bźin（清められたかのごとく）。正確な文意は不明。Jはspaṅ ba（捨てる）、あるいは'phyaṅ ba（吊り下げる）への訂正を提案し、「投げられたかのごとく」と訳している。本訳もその方向で考えた。

九三　チャイトララタ――sNa tshogs śiṅ rta (Caitraratha). 北方の守護神であり財宝の神であるクベーラの楽園。ガンダルヴァ（天の宮廷の音楽家）の王チトララタ（Citraratha）により作られたのでこの名がある。同楽園は一・六、四・七八、一四・四一にも関説されている。

九九　身体でブッダを讃えて――bstod (*CD*, stod) pa'i lus rnams kyis は難解。Jは、「身体を動かさず」(their bodies kept in restraint) と訳すが、sdod pa あるいは bsdad pa と読んでいるのであろうか？

一〇〇　第一〇〇偈――本偈a句は二シラブルを欠如しているが、第一〇三偈a句は二シラブル超過しているのでここへ移すべきか。

一〇一　ヴァイシュラヴァナ（毘沙門天）――rNam thos sras (*S*, Vaiśravaṇa). 四天王の一人。財神クベーラ（第九三偈の注参照）の父系名。多聞天とも言う。四天王とは四方を守る守護神であり、北の毘沙門天以外に東の持国天（Dhṛtarāṣṭra）、南の増長天（Virūḍhaka）、西の広目天（Virūpākṣa）がいる。ここのチベット文には毘沙門天のみしか出ていないが、漢訳は「四王及眷属」と記している。二四・四八の注参照。

一〇二　シュッダーディヴァーサ（浄居天）――gTsaṅ mar lhag par gnas pa (*S*, Śuddhādhivāsa, Śuddhâvāsa). 仏教神話上の天の名または、そこに住する神々。一・二〇の注参照。

一〇三　第一〇三偈――本偈のa句は二シラブル余分に持つが、例えば de nas を二シラブル欠如していた第一〇〇偈a句に移すべきかもしれない。

一〇四　ガンダルヴァ――dri sa (*S*, gandharva). インド神話上、本来は神々の神聖な飲み物であるソーマ酒を守護する役目を担う半神の群。また好色で、女性に対する神秘的支配力を持つなど、多くの属性を与えられているが、彼らの愛妾であるアプサラス（天女）たちとともにインドラ神の宮廷に仕える天界の楽人としての性格が特に有名。チトララタ（本章第九三偈の注参照）は彼らガンダルヴァたちの長。仏教に入って天龍八部衆（次注参照）の一として仏教の守護神となる。因みに「ガンダルヴァの城」（gandharvanagara）といえば「蜃気楼」の意。

一〇三　ヤクシャ（夜叉）――snod sbyin (yakṣa)．財神クベーラの従者で半神の一類。ここに列挙されるガンダルヴァや龍とともにいわゆる天龍八部衆という仏教の守護神群を形成する。すなわち、天（deva）・龍（nāga）・夜叉（yakṣa）・乾闥婆《けんだつば》（gandharva）・阿修羅（asura）・迦楼羅《かるら》（garuḍa）・緊那羅《きんなら》（kiṃnara）・摩睺羅迦《まごらが》（mahoraga）。ここのチベット文は三者の名のみしか掲げていないが、漢訳は「八部諸天神」としている。

一〇三　種姓大なるお方（ブッダ）を悼みつつ――rigs chen po yi ñam thag bźin. 本訳は rigs chen po をブッダの別名と解釈した。漢「歎世違天師」（?）参照。Jは「あたかも困惑しているかのごとく」（as if confounded〔mahākula〕）と訳しており、rigs chen po (mahā-kula) は mahā-ākula のチベット語訳と解しているようである。

一〇四　歌い――glu dbyaṅs. Jは「蛇のようにシューシューという音を出し」（hissing like snakes）と訳しているが、klu dbyaṅs と読み誤ったものと思われる。

一〇四　太鼓や小鼓や釜形太鼓――rṅa bo che (bherī) daṅ rdza rṅa (mṛdaṅga) pa ṭa ha (paṭaha) rnams.

一〇六　家系――rigs (gotra, kula). Jは「学問」(learning) と訳すが、rig pa と読んだのであろうか？

第二七章

一　千の白鳥を伴った――ṅaṅ pa stoṅ daṅ ldan pa'i…. Jは daṅ po…という読みを掲げ読解できずにいるが、そのような読みは四本のいずれにも存在しない。

五　第五偈――Jの注する本偈c句における二シラブルの欠落はCDにより補うことができる。

七　第七偈――c句は二シラブルを欠く。

七　人々と違わず……生を滅した——和訳上に再現することは不可能であるが、原文上では「違わず (aviruddha) 執着 (anurodha) を滅ぼし、生を滅した (niruddha) アニルッダ (Aniruddha) は……」というように言葉の遊戯が行なわれている。チベット語訳もそれを再現することに成功しているとは言えないが、漢訳は何とかその味をよく伝えようとしていると言えようか。「時阿那律陀、於世不律陀、已滅不律陀、生死尼律陀」

一〇　……であろうか——Jは丁寧語の be 動詞 lags（あります。……です）を「手」(lag pa) の意味に誤解している。

一〇　全く壊れてしまったのである——kun nas chag (*CNP*, chags) par gyur. 本訳はD版の読みを採る。漢「如来金剛幢、猶為非常壊」(?) 参照。他版の読みなら「金の柱のごとく執着していた」

一一　一つの葉——*CD*, lo ma gcig; *NP*, gtor ma gcig. 本訳はCDの読みを採る。Pのみを参照していたJは「一つの供物」と訳している。

一三　雨の流れ——rgyun. 正確な意味不明。インドラは天候を司る神でもあり雨を降らせる役目を担うため、ブッダが教説を雨降らされることの譬喩と解した。

一五　バターのなくなった火——mar gyis (*NP*, gyi) sman pa'i me. 四本共 sman であるが、dman に訂正する。同種の異読例は第四九偈d句に見られる (*NP*, dman; *CD*, sman)。

一七　星王——thub pa skar rgyal. skar rgyal は tisya で第二十八星座の中第六（旧）または第八（新）に当たる星座の名。Cf. *Mvyut*, 1046.

一八　生まれられた——skyes pa. 第一八偈から第二七偈までに頻出する関係代名詞はブッダを指していると思われるが、ここの「生まれる」という動詞が尊敬語 ('khruns pa) となっていない理由はよく分からない。おそらく、チベット語訳者がサンスクリット原文の文脈をよく理解していなかったためであろう。

二二　第二二偈——Jの注するa句における二シラブルの欠落はCDによって補充しうる。

二二　人々の心をお守らせになり――sems ni bsruṅ du bcug gyur la. 尊敬語でないsems（尊敬語ならthugs）と使役法（bcug）によりかくのごとく訳出したが、本書は元来この種の文法的配慮を欠くことが多い（例えば第一八偈の注参照）ので、ブッダ自身の描写と考えて「お心をお守りになり」と訳すことも可能であろう。Jはその方向。

二三　ものが生じることをすこしも望まれなかったのである――chos skyes pa ni cuṅ źig 'dod par ma mdzad do. chos が単なる「もの」の意に用いられていることは本書においては例がないから、あるいは「法が生じることをすこしも〔特別には〕意欲されなかったのである〔＝自然に生じたのである〕」と訳すべきかもしれない。

二四　聖ならざる――'phags min. 漢訳「一切病良薬」を見れば、min はあるいは sman の誤りかもしれないことがわかる。もしそうならば、「聖なる薬たるブッダは……」と訳しうる。

二五　第二五偈――Jの注するa句における二シラブルの欠落はCDにより補充しうる。

二六　第二六偈――本偈全体の一々の具体的な意味は不明である。おそらく世間の八法（'jig rten gyi chos brgyad; *S*, aṣṭau lokadharmāḥ）、すなわち、㈠得ること（rñed pa; *S*, lābha, 利）、㈡得ないこと（ma rñed pa; *S*, alābha, 喪）、㈢名誉（sñan grags; *S*, yaśas, 称）、㈣不名誉（ma grags; *S*, ayaśas, 譏）、㈤誹謗（smad pa; *S*, nindā, 毀）、㈥称讃（bstod pa; *S*, praśaṃsā, 誉）、㈦楽（bde ba; *S*, sukha）、㈧苦（sdug bsṅal; *S*, duḥkha）、が問題となっていると思われるが、それぞれの数字にどう対応するのかよくわからない。

二九　世間を超越されたブッダは……お説きにならず――'jig rten 'das pas 'phags pa min pa ma bstan ciṅ …. Jは「出世間道によって聖ならざる者たちを教えられず……」（He did not teach outsiders〔anārya〕by the supermundane〔lokottara〕way）と訳す。

三四　愚かな他の者も――pha rol rmoṅs pas rtogs par mdzad pa'o. rmoṅs pa に訂正した方が読みやすい

が、このままでも「愚かな他の者が覚るということをなさった」と読めば読めないこともないので、あえて訂正しない。

三七　雷を落とす自在天……火を感じたという——dBaṅ phyug dam pa gaṅ la ltuṅ bas me reg ciṅ. 本偈a句の的確な意味不明。

三八　時節到来して——*CD*, dus kyi sbyor las; *NP*, bdud kyis sbyor las. CDの読みを採る。JはPを参照しているので「『死』と結託して」(by alliance with Death〔māra〕) と訳す。CDに従っても、「死神(kāla) と結託して」と訳すことも可。

四〇　世間の生起を……ごらんになり（天眼通）——禅定を修めることなどによって得られる超人間的な能力である五神通（すなわち、神足通、天眼通、天耳通、他心通、宿命通）またはそれに漏尽通を加えた六神通の一つで、世間のすべてを見通す能力のこと。なお、宿命・天眼・漏尽の三を三明《さんみょう》という。一七・四〇の注「三明」参照。

四〇　神秘的聴力（天耳通）——lha yi rna ba. 五神通または六神通（前注参照）の一つで、世間のすべての声を聞く能力。

四一　妨げられることなく——theg pa ma yin źin. 直訳すれば、「地に支えられ〔て妨げられ〕ることなく」

四一　神足通——五または六神通の一つ。第四〇偈の注参照。思う所へ思い通りに行く能力、また思い通りに姿を変化する能力。

四二　宿命通——五または六神通の一つ。第四〇偈の注参照。自分や他人の過去世でのあり方を知る能力。

四二　心で——yid kyis. これも本書のチベット語訳の敬語法の一定していない例である。厳密には thugs kyis とあるべきであろう。

四三　漏尽通——六神通の一つ。第四〇偈の注参照。煩悩をすべて断じ尽くしてしまい、二度と迷いの世界に生まれない能力。

四四　論理によって教え（法）についての過ちを——rigs las chos kyi ñes pa. Jは chos kyi rigs las と読むべきことを注記し、「法の理解によって……」(by understanding〔vidyā〕of the Law) と訳している。何度も指摘したように本書のチベット訳は大変悪いので必ずしも文字の順序通り訳す必要はないが、ここは本訳のように訳せば意味が通じるのでJには従わない。また vidyā をあてるためには rigs よりも rig pa であるべきであろう。

四五　真理の教え（法）の清涼水——chos kyi ’thor ma. 漢「清涼水」。Jは ’thor ma に *S*, bali（供物）をあてているが、この同定が確認されているかどうか不明である。

四八　楽しみを欠いた歌——bde bas dbyaṅs. Jは bde bas dbyaṅs pa と読み、漢文に従って dben pas dpyad pa と訂正し「識別力を欠いた考察」(investigation without discrimination) と訳しているが、漢訳には彼が依ったと思われる文章は無い。

四九　規律を欠いた軍隊——tshul gyis sde. Jは「将軍に〔見捨てられた〕軍隊」(an army [abandoned] by the general) と訳す。おそらく漢訳「三軍失英将」に影響されたものと思われ、他の譬喩の例と比べてもほしい意味ではあるが、tshul に「将軍」の意味はない。本訳が最良の解決法とはいえないが、他に解決法も思いつかないので一応字面通り訳しておく。

五〇　第五〇偈——本偈のJ訳は原文にない「月」が出現したりしてかなり杜撰《ずさん》である。本偈に対応する漢訳は欠落しているが、その対応していない漢訳「衆星失明月」にでも部分的に影響されたものであろうか。

五一　報恩によって師に相対する——byed pa śes pa ñid kyis bla ma la źugs pa. 漢「知恩報恩故」参照。byed pa śes pa は *S*, kṛta-jña または kṛta-vedin を考えればよいであろう。Cf. *Mvyut*, 2356, kṛta-vedin, byas pa ’tshor ba; 2357, kṛta-jña, byas pa bzo ba.

五二　輪廻を尽くした者たち——bya ba’i ’khor lo rnams は難解。漢「其諸漏尽者」参照。

五三　世間は滅することを本性とする——’jig rten ’god pa’i bdag ñid can. 漢「生滅苦」参照。’god pa には元来「構成する」「作り上げる」といった意味しかなく、「滅する」という意味はない。しかし本書中には異読を持たずに「滅する」という文脈中に用いられることが特に多い。二四・二七、三〇、二六・八八、また二六・六四及びそれぞれに対する注参照。

五二　悲惨な衝撃を受けて——gud（*CD*, gus）pa'i dbaṅ gis. NPの読みを採る。CDの読みを採れば「尊敬の力によって」

五三　何とひどいことだ——*CD*, 'o brgyal; *NP*, 'o rgyal. CDの読みを採る。Pに依るJは「おお、主よ」（The Saviour）と訳す。

五四　闇が広がったために——mun pa rab tu rgyas phyir. Jは「彼らの心の闇ゆえに」（Because of the great darkness of their minds）と訳し、マッラ族の人々にかけている。

六〇　柩を……聖仙のために作った——…khyogs//…draṅ sroṅ la ni…btsugs pa'o. 漢「安置如来身、宝帳覆其上」参照。Jは「聖仙を柩の上に置いた」（…placed the Seer on the…bier…）と訳す。ほしい意味であるがこのチベット語は「柩を聖仙の上にかぶせた」とは読みえても、そう訳すのは無理であろう。

六三　払子——rṅa yab. 元来獣毛、麻、綿などを束ねて柄をつけ、蚊や蠅や塵を払うのに用いられた道具。インドにおいては牛の尾、チベットにおいてはヤクの尻尾などが用いられることが多かった。

六四　夏の季節の海——dbyar dus chu gter. Jは「雨中の雲」（clouds in the rains）と訳す。

六五　美しく、茂った木々から——mdzes pa daṅ ni rtsub 'gyur śiṅ rnams las. Jは「チトララタの庭園の木々から」（by the trees of the garden of Citraratha〔?〕）と訳しているが、チャイトララタの訳語（sNa tshogs śiṅ rta）は本書中既出であるから、そうは解せないように思われる。二六・九三の注参照。

六六　葉を伴って愛さるべき——'dab（*NP*, 'bab）bcas chags pa. 本訳はCDの読みを採る。Pのみを参照していたJは疑問符付きで「落ちるときに愛される」（adhered in falling）と訳している。

六八　マンダーラの花——man dā ra yi me tog（mandāra または mandārava）. 高潔で、見る人を喜ばせ

る、色・香り共によい天界の妙花。

六七　歓喜園——dGa' ba'i tshal (Nandanavana). インドラの園。Jは tshal をどういうわけか tshe と読んでいるようであり、これを固有名詞とは考えていない。またa句をガンダルヴァの娘の形容句と考えるなど、多くの点で本訳と異なっているが一々注記しない。

六八　第六八偈——Jの注するb句における二シラブルの欠落はCDより補充可。

六八　枢を導いて行った——khyogs te draṅs. 四本共、同じ読み。te を de に訂正すべきか（*CD*, de; *NP*, te の異読例は例えば第六九偈b句にあり）、あるいは khyogs を枢ととらずに khyog po の派生形と考えて「〔彼らは〕曲りくねって〔枢を〕導いて行った」と読むべきであるかもしれない。

七〇　第七〇偈——Jの注するd句における二シラブルの欠落はCDにより補充可。

七一　沈香——a ka ru. 筆者は以前にこの木についてよく理解できず、〔黒〕砂糖のようなものを推定したことがあるが、ここの記述からは香木の一種であるのが明瞭である。Cf. K. Mimaki, Le chapitre du *Blo gsal grub mtha'* sur les Sautrāntika, un essai de traduction, *Zinbun* n°16, 1980, p. 164 n. 6. Cf. *J*, "aloeswood".

七三　注意深さなき者——bag (*NP*, bab) med ldan pa gźu ni rnam par 'khrugs pa yis//mda' ni (*NP*, ma niṅ) raṅ bźin sa yi bdag po'i dpal bźin no//. 本訳はCDの読みに依っているが、Pの読みに従うJは、さらにc句の yis を yi に訂正して、「その的はずれることのない弓が混乱している臆病な性質の王の権威のごとく」(like the sovereignty of a king of cowardly 〔klība〕 nature, whose never-missing bow is in disorder 〔vyākula?〕）と訳している。

七六　金の壺——gser gyi bum pa rnams. Jも注するごとく、ここには単数がほしいところであり、この語が複数で出ているのはやや奇妙である。

七七　第七七偈——和訳上に再現することは不可能であるが本偈においては khams（dhātu）という同一の語が、鉱石、領界、遺骨の意味に使い分けられ、言葉の遊戯が行なわれている。

七九　ヴィシュヌ神のガルダ鳥——Khyab 'jug gi mkha' ldiṅ. ヴィシュヌ神はシヴァ神と並んで最高神と仰がれるヒンドゥー教の神格。『リグ・ヴェーダ』において太陽の光照作用を神格化した神として登場し、また、天、空、地の三界を三歩で闊歩したとされることで有名である。叙事詩・プラーナ文献には、野猪、人獅子などに変身して世界を救うヴィシュヌの化身物語が主題となっており、ブッダもその化身の一つに数えられている。ガルダ鳥はこのヴィシュヌ神の乗り物である。

八三　嘆き悲しんだのである——rnam par zlos. Jは漢訳が「帰る」(return) つまり zlog を指示している旨注しているが、読み誤りであろう。相当する漢訳は「悉懐憂悲泣」以外には考えられない。

八四　第八四偈——本章は最後の本偈のみ一三シラブル、他はすべて一一シラブルの韻律で書かれている。

八四　楼閣——gźal yas khaṅ pa. 漢「高楼閣」

第二八章

二　彼——de. Jは遺骨と考えているが、漢「敬重如来身」により本訳はブッダと解す。

三　七王——mi dbaṅ bdun po. 諸伝によっては八王、九王を掲げるものもある。七王は、一般に、㈠マガダのアジャータシャトル王、㈡ヴァイシャーリーのリッチャヴィ族、㈢カピラヴァストゥのシャーキャ族、㈣パーヴァーのマッラ族、㈤チャラカルパ (Calakalpa; *P*, Allakappa) のブリ (Buli) 族、㈥ラーマ村のコーリヤ族、㈦ヴィシュヌ島 (Viṣṇudvīpa; *P*, Veṭhadīpa〔?〕) のあるバラモン。

五　……者たちには食料を差し入れた——……rnams la gsos so. 正確な意味は不明。Jは la sogs rnam so の誤りではないかと注している。

六　欄干——mda' (*P*, mṅa'〔?〕) yab. Jは「ヤクの尻尾」(yaks' tails) と訳すが、おそらくPの読みをとり、それを rṅa yab ととり違えたものであろう。

六　女――yan lag ma.

六　柩――khyogs. 正確な意味は不明。Jは thog に訂正することを提案し、「屋根」（roofs）と訳している。

八　女や男の――mi mo’i skye bo yi. Jは mi mo’i skye bo を「女たち」（women folk）と解す。本訳は mi mo を「女」、skye bo を「男」と解し、二つの属格が並列されていると解す。

八　太鼓――rṅa. ラクダ（rṅa mo）の意に解することも可能か？

九　中に燃える液体のつまった投石車――Tは四本共、skyogs rnams naṅ du khu ba ’bab pa であるが、Jの指示に従って sgyogs rnams naṅ du khu ba ’bar ba に訂正する。漢訳はこの前後順序がかなり混乱しているが、「弓弩拋石車、飛炬独発来」がここに相当すると思われる。

九　前に集合して――mdun du bdar rnams. Jは mdun ṅu bdar と誤記し、mduṅ dar「旗つき投げ槍」（darts）の意に理解する旨注記するが、従わない。

九　封鎖しての……行なわれていた――字義通りには「封鎖しての戦いをもろもろの方角で行なっていた」

一〇　恥をかなぐり捨て――ṅo tsha btaṅ ba. Jは gtaṅ（btaṅ の読み誤り？）ba を gtad pa に訂正する旨注記しているが、btaṅ のままで読めるので従わない。

一二　青い刀――ral gri sṅon po. Jは何の注記もなく「鋭い刀」（sharp swords）と訳す。

一三　相撲取り――gyad（malla）. 当然マッラ族との掛詞となっている。

一三　名前――mtshan. miṅ の尊敬語。なぜここだけ尊敬語が用いられているかは不明。

一三　鎧を結んでやって――go cha bciṅs nas. Jのごとく「鎧にすがって」（bound on the armour）とも訳しうる。

一三　涙は流さなかった――mchi ma bton pa ma yin no. Jは「涙は止め処もなかった」（their tears unrestrained）と逆の意味に訳している。

一四　第一四偈――Jの注するd句における二シラブルの欠落はCDにより補充可。

一六　ドゥローナ——Bre bo (*S*, Droṇa; *P*, Doṇa). 漢「独楼那」

二一　カランダマ——Lag pa sgra byed (Karandhama). 漢「古昔有勝王、名迦蘭陀摩」参照。ただし、この王とここの故事の詳細は不明。Ｊはカランダマの息子アヴィークシット (Avikṣit) のことか、孫マルタ (Marutta) のことである可能性を注に記している。Ｊはこの王を目的格にとるが、漢訳によっても主語と解するのが妥当であると思われる。

二四　第二四偈——ＪはＰを見ていたためｂ句の欠いている一シラブルが否定辞であった可能性を推理してこの句（確かに……凌ぎうる）を逆の意味に訳しているが従わない。シラブルの問題はＣＤを参照すれば解決できる。*CD*, dgra yi; *NP*, dgra'i. ＮＰも dgra 'i と読めば一シラブル分補足できる。

二六　第二六偈——Ｊの注記するｂ句における二シラブルの欠落はＣＤにより補充可能である。

二八　シシュパーラ——Byis pa skyoṅ (Śiśupāla). チェディ (Chedi) 族の王ダマゴーシャ (Damaghoṣa) とヴァスデーヴァ (Vasudeva) の妹シュルタデーヴァー (Śrutadevā) の子。したがってクリシュナ (Kṛṣṇa) の従兄弟に当たるが、クリシュナが彼の婚約者ルクミニー (Rukmiṇī) をさらったためにクリシュナの宿敵となり、結局、ユディシュティラ (Yudhiṣṭhira) のための大祭祀において、侮辱的なののしりの罰としてクリシュナに殺される。

二八　チェディ族——Drag po. 前注参照。

二八　クリシュナ——Khyab 'jug. 前の注参照。一・四五の注「シャウリ」参照。

二九　ヴリシュニ・アンダカ——gTum po Loṅ byed (Vṛṣṇi-Andhaka). 種族の名。一族の内紛の結果全滅する。『マハーバーラタ』第十六巻など参照。一一・三一の注参照。

三〇　第三〇偈——Ｊも注するごとく漢訳においては本偈と第三一偈の間にクル族とパーンドゥ族との戦いに言及する同種の一偈が挿入されている。

三〇　ブリグの末裔（パラシュ・ラーマ）——Ṅan spoṅ bu. 漢「羅摩仙人子」参照。ブリグ (Ṅan spoṅ; *S*,

Bhṛgu）はヴェーダの聖仙。パラシュ・ラーマ（Paraśurāma）はその父系の末裔で、トレーターユガ（Tretāyuga, 世界の第二期）にクシャトリヤ（kṣatriya, 王族）の専制を抑圧するために世に出現する。

三一　王妃シーターと……抱擁して――lha mo Sī tar mṅon brjod 'chi ba yoṅs bzuṅ nas. 故事はラーマの妻シーターを誘拐したラーヴァナをラーマが猿王ハヌマットの力を借りてランカー島に滅ぼすという『ラーマーヤナ』もしくはその原型となった古代の英雄ラーマ王の伝説を踏んでいることは確実であるが、特にmṅon brjod 'chi ba の部分が十分読解できない。

三二　ラーヴァナ――Srin po（Rāvaṇa）. 前注参照。

三三　エティやパカ――E ṭi 'am ni Pa ka. 漢「阿利及婆倶」。正確な人物と故事は未確認。Jは、アラーユダ（Alāyudha）とバカ（Baka）――いずれもラークシャサ（rākṣasa, 羅刹）――である可能性を注記している。

三三　無数の――前後の文脈から考えてこの部分には貪《とん》・瞋《じん》・癡《ち》の癡（mun pa; *S*, moha）に当たる語があるべきであるが、四本共異読はない。漢「正為愚癡故、広害於衆生」参照。

三九　……表されるがよかろう――四本共 mdzad. この形は命令形として知られてはいないが文脈から考えて命令形ととる以外にない。第四二偈b句の命令形 mdzod にも mdzad というC版の異読が見られる。

四二　第四二偈――寺本訳は本偈cd句から第四八偈ab句までを全く欠落し、第四八偈以下に本偈以下の番号を付している。

四三　自ら理解し、喜びによって自ら――raṅ gis（*NP*, gi）rtogs nas su, dga' las bdag gis（*CD*, gi）. 本訳は raṅ gis, bdag gis 共にマッラ族の者たちを指すと考える。Jはドゥローナを指すと考えている。

四四　尊敬の火は――Tは四本共 gus pas me ni であるが、gus pa'i me ni に訂正する。

四六　第四六偈――Jの注するc句における二シラブルの欠落はCDにより補充可。

四九　だれでも……教え（法）の布施者は修練が要る――gaṅ źig la las nor la sbyor bar byed pa ste//chos kyi sbyin pa po ni rnam par bsags pa yin. c d句難解。Jは漢訳「人斯行財施、行法施者難」に従って、c句のsbyorをsbyinに、d句のrnam par bsags paをrñed par dka' baに訂正し、「誰でも財貨を施すが、法の布施者は見つけがたい」(anyone may give wealth, but the giver of the Law is hard to find) と訳している。訂正して訳すのは簡単であるが、今は何とか原文のまま訳出することを試みた。

五〇　ドゥローナ——Bre bo (S, Droṇa). クル族とパーンドゥ族の共通の軍師であったバラモン。

五〇　種姓——rigs. Jは知識 (knowledge) と訳し、rigを見ているようであるが、四本共、異読はない。

五三　それぞれ他の者たちに与えたのである——結局ブッダの遺骨はクシナガラのマッラ族と既出の七王とに八分されたことになる。第三偈の注参照。

五四　聖仙（ブッダ）の遺骨——draṅ sroṅ gis gduṅ de rnams cho ga bźin. draṅ sroṅ はブッダを指すと考えられるので gis を gi に訂正して訳出したが、もし、バラモンのドゥローナを指すことが可能とすれば、原本のままで「聖仙（ドゥローナ）がそれらの遺骨を祀ったごとく」と訳すことも可能である。

五五　ドゥローナは……瓶を受け取った——ドゥローナはこれにより瓶塔 (kumbhastūpa) を建立する。漢「持帰起支提、号名金瓶塔」参照。

五五　ピサラという、尊敬をもって従う者たち——Pi sa la źes pa'i gus pas rjes su rab ldan rnams. 漢訳では「クシナガラの人」（倶夷那竭人）となっている。遺灰によって灰塔 (aṅgārastūpa, 漢「灰炭塔」参照) を建立する人々は諸伝により少し異なっている。『大涅槃経』のサンスクリット本 (Waldschmidt, p. 448) では、ピッパラーヤナ (Pippalāyana) という青年行者 (māṇava) がピッパラヴァティー (Pippalavatī) に灰塔を建立するために分与を請うことになっており、パーリ本 (Waldschmidt, p. 448) ではピッパラ林に住むモーリヤ族 (Pipphalivaniyā Moriyā)、有部律（十誦律）本（大正蔵、二三巻、四四七ページ、上段八行目）では、「必波羅延那波羅門居士」、『遊行経』（大正蔵、一巻、三〇ページ、上段六行目）では「畢鉢村人」となっている。

五七　雪山カイラーサ——Ti se'i gaṅs ri. ヒマーラヤ山脈中の山名。財神クベーラの住居であり、シヴァ神の宮殿であると神話上考えられていた。マノサロワル湖の北面に存し、チベット人にとっては巡礼の聖地として有名である。

五七　人々——skye dgu. Jは「子供たち」(children) と訳す。

五八　花輪の連続——phreṅ ba mṅon sbyar. 花輪は直後に出るのでここは何か梵唄のようなものと考えるべきかもしれない。Jも疑問符付きで the chanting of hymns と訳している。

五九　牟尼のお言葉を……集めた——いわゆる仏滅の年に行なわれた第一結集を指すと思われる。したがって集合地の町はラージャグリハであってクシナガラではない。また山は当然、霊鷲山 (Gṛdhrakūṭa) である。ラージャグリハを囲む五つの山とは、㈠白善山 (*S*, Pāṇḍava; *P*, Paṇḍava)、㈡霊鷲山 (Gṛdhrakūṭa; Gijjhakūṭa)、㈢負重山 (Vaibhāra; Vebhāra)、㈣仙人崛山 (Ṛṣigiri; Isigiri)、㈤広普山 (Vipula; Vepulla)。

六〇　ヴィデーハ国の牟尼——Lus 'phags thub pa. 漢「鞞提醯牟尼」。ヴィデーハ (Videha) はもともと種族の名であり、ジャナカ (Janaka) 王で有名であるが、ブッダの時代にはミティラー (Mithilā) を首都とするヴィデーハ族とヴァイシャーリーを首都とするリッチャヴィ族などとが合してヴリジ連邦国を形成していたが、のちアジャータシャトル王により併合された。彼の母はこの国の人であるのでヴァイデーヒー (Vaidehī; *P*, Vedehī, 韋提希) と呼ばれ、アジャータシャトル王はその息子 (Vaidehīputra) と呼ばれている。「ヴィデーハ国の牟尼」とはそのラージャグリハで行なわれた結集で認められた牟尼つまりアーナンダを指す。

六五　実際の——mṅon du byas pa'i. mṅon を sṅon に訂正し、「以前に造られた」とすべきかもしれない。

六五　八万——stoṅ phrag brgyad cu. チベット文は八万であるが八万四千という数が普通である。漢「八万四千塔」参照。

六六　第六六偈——d句難解。der byas pa la ma dad (*NP*, daṅ) rgya chen gyur pa 'o. 漢「増其信敬心」

参照。

六六　ラーマ村――dGa' byed groṅ（Rāmagrāma）. 漢「羅摩村」（異読）参照。

六七　初果――声聞乗には下位から順に預流果・一来果・不還果・阿羅漢果の四果があるが、初果とは預流果のことをいう。アショーカ王は俗人であるが聖者の得るべき果を得た、というのである。一八・一五の注参照。

六八　彼以外の――de las gźan du. 本偈も第六七偈（前注参照）と同様、普通の人でもブッダを供養すれば聖者と同じ果を得ることをいっている。したがって、de は聖者を指すと考えられる。

七〇　最高の教え（法）を知った方であり――四本共 mchog gi chos ni mkhyen pa 'o であるが、例えば第六三偈 b 句の異読例などにより、mkhyen pa 'o を mkhyen pa po に訂正する。J も同訂正。

七〇　最高に不変と不死を獲得され――mchog tu ma 'gyur 'pho ba med pa brñes ldan pa. 本訳はブッダに掛かる関係句と解するが、J は法に掛け「最高で不変で不死であり、有益なる法……」と訳している。

七一　神通力――thugs mkhyen. mṅon śes（abhijñā）の尊敬語。

七一　このお方に対して――'di na. J は「この世で」（in this world）と訳す。

七四　第七四偈――本偈は著者アシュヴァゴーシャ（馬鳴）による著作の奥書である。

奥書　サーケータ国――チベット語表記は Śā ke ta ka であるが、実際の地名は Sāketa が正しい。Ayodhyā の一国名。

同　ラマタムパ（最上の師）法王――Bla ma dam pa chos kyi rgyal po.『王統の明示鏡』（rGyal rabs gsal ba'i me loṅ）の作者として名高い、サキャ派のラマタムパ・ソナムギャルツェン（Bla ma dam pa bSod nams rgyal mtshan, 1312-1375）を指す。したがって本書は、一二〇三年のイスラム教徒によるヴィクラマシーラ寺の破壊によってインドに仏教が滅んだ後、一世紀以上経ってからの訳であることがわかる。つまりインドのパンディットとチベット人翻訳者が密接に行き来していた時代よりはすこし隔った時代になされた訳であり、この点、本書チベット訳の稚拙さの一端を説明しうるであろう。『ブッダチャリタ』翻訳年代に関してジャクソン氏の論文がある (D. P. Jackson, On the Date of the Tibetan Translation of Aśvaghoṣa's *Buddhacarita*〔草稿〕)。筆者は同論文を参照して大いに益されたのでここに記して謝意を表したい。

同　クンガーブム——Kun dga' 'bum. サキャの教主 bZaṅ po dpal (1262-1324) と彼の第六夫人との間にできた娘であり、ラマタムパの姪に当たる。

同　キロン——sKyi roṅ は正しくは sKyid roṅ と表記するのでそう訂正する。グンタン、マンユル、キロンは共にネパール国境のチベットの地名。地域の大きさからいえば、マンユルの中にキロンがあり、その中にグンタンがある形となっている。

同　『牟尼の所行』——Thub pa'i mdzad pa. 各章末にあらわれる本書のチベット語タイトルは Saṅs rgyas kyi spyod pa であるが、奥書中にはこのタイトルが用いられている。

同　サワンサンポとロドゥゲルポ——Sa dbaṅ bzaṅ po, Blo gros rgyal po. 寺本氏は前者に Bhūmindrabhadra, 後者に Matirāja というサンスクリットをあてているが、果たしてこの二人の翻訳者がインド人なのかチベット人なのかは確かではない。『コルディエ目録』(II, p. 421) においても両者にサンスクリット名があてられているが、前者はインド人、後者はチベット人翻訳官とされている。しかし、この後に続く奥書の文の書き方からはむしろ両者共チベット人である可能性の方が大きいのではないかと疑われる。

同　四魔——bdud bźi. 人々を悩ますものを象徴的に魔と呼んだもので、四魔とは、㈠五陰魔《ごおんま》(生死の苦しみを生じる五蘊)、㈡煩悩魔(煩悩)、㈢死魔(死)、㈣天子魔または天魔(欲界の第六、他化自在天《たけじざいてん》に住み、正しい教えを破壊する魔王)の四つをいう。

同　……得ますように——冒頭の「地上の海の……」以下、ここまでの翻訳の奥書は四句四偈からなる韻文で書かれているが、意味が各偈毎に切れているわけではないので連続的に訳した。
同　その翻訳の善業……——この最後の一文はNP版にのみあり、CD版には欠落している。

＊学術文庫版補記
以下の論文は、単行本刊行後に発表された論文ではあるが、『ブッダチャリタ』チベット語部分を読解するために特に重要と思われるので、ここに補記として紹介しておきたい。（御牧）

Jackson, David P. "On the Date of the Tibetan Translation of Aśvaghoṣa's *Buddhacarita*," IN A. Bareja-Starzynska and M. Mejor, eds., *Aspects of Buddhism*, Proceedings of the International Seminar on Buddhist Studies, Liw (Poland), June 24-26, 1994. Oriental Institute, Warsaw University, 1997. *Studia Indologiczne*, vol. 4, pp. 41-62.

Okamoto, Kensuke. "Three Parallel Verses in the *Buddhacarita* and the *Aśokāvadāna*," IN *Journal of Indian and Buddhist Studies* 54-3, 2006, pp. 1187-1191.

Eimer, Helmut. "Überlegungen zur Überlieferungsgeschichte des tibetischen *Buddhacarita*," IN *Bauddhasāhityastabakāvalī, Essays and Studies on Buddhist Sanskrit Literature*, Dedicated to Claus Vogel by Colleagues, Students, and Friends, Edited by Dragomir Dimitrov, Michael Hahn, and Roland Steiner, Indica et Tibetica 36, Marburg, 2008, pp. 65-77.

解説

梶山雄一

南伝と北伝

西紀前三世紀にインドの仏教はスリランカに伝わり、やがてはビルマ、タイなどにも広まっていった。この系統の仏教は南伝仏教と呼ばれ、上座分別説部《じょうざふんべつせつぶ》といわれる一部派の所伝である。その経・律・論の三蔵はパーリ語で書かれている。本叢書（注・『原始仏典』一九八五年刊　講談社）一〇巻のうち、前九巻に収められている書物はいずれもこの南伝に属している。

他方、北インドに残った仏教は、西北インドに普及し、さらに中央アジアから中国に伝わった。この系統の仏教を北伝と呼んでいる。いわゆる大乗仏教は後一世紀ころからこの北伝の系統から発展してくる。北伝の仏典は、西北インド俗語（ガーンダーリー語）、中期インド俗語とサンスクリット語との混合体（仏教混淆梵語）及びサンスクリット語などで一部分が今日まで伝えられているほかに、漢訳・チベット訳・中央アジア諸語訳として現存する。本叢書第一〇巻に収める『ブッダチャリタ』は北伝に属し、サンスクリット語で書かれていた。

本書を収録する理由

北伝の『ブッダチャリタ』が例外的に本叢書に加えられたのは次の理由による。

ゴータマ・ブッダの生涯を記すパーリ語仏典の主要なものは本叢書第一巻に収める経典・律典である。『増支部経典』三―三八ではブッダがその青春の思いを回想し、『聖求経《しょうぐきょう》』はブッダの出家から最初の説法までを語り、『律蔵・大品《だいぼん》』一―二四は成道《じょうどう》から初期の伝道までを描き、『大般涅槃経《だいはつねはんぎょう》』はブッダの最後の旅を伝えている。

本叢書第二巻に収める『ニダーナカター』はジャータカの総序で、ゴータマ・ブッダの前身である菩薩が無数劫の過去に燃灯仏のもとで成仏の誓願を起こしたことから説き始め、この世に生まれてから正覚《しょうがく》を得るまで、さらに伝道を始めてから祇園精舎の建立にいたるまでを書いている。パーリ文献のなかではもっとも首尾一貫した仏伝を成しているが、なお、祇園精舎奉献ののちから般涅槃《はつねはん》にいたるまでの記述を欠いている。この総序は成立が遅く、五世紀にブッダゴーサの書いたものである。

北伝に目を転ずると、大衆部《だいしゅぶ》系の説出世部《せつしゅつせぶ》に所属する『マハーヴァストゥ』（『大事』）、大乗仏教の仏伝『ラリタヴィスタラ』（『普曜経』『方広大荘厳経』）などが混淆梵語で書かれている。中央アジア出土でサンスクリット語で書かれている『四衆経』『大般涅槃経』なども仏伝である。しかしこれらのいずれもブッダの一代を一貫するものではない。

漢訳だけに残る経典にも貴重な仏伝資料が多くある。『修行本起経』『中本起経』という一連の古い経典、大部の『仏本行集経《ぶつほんぎょうじっきょう》』などはブッダの誕生から初期の伝道までを描く。なかでも、法雲が五世紀に訳した『仏本行経《ぶつほんぎょうきょう》』（七巻）は韻文の仏伝であって、ブッダの誕生から死までを一貫してうたっていて、『ブッダチャリタ』との類似を思わせるが、漢訳だけの単独伝承である。

こうしてみると、ブッダの全生涯にわたる伝記で、成立年代も古く、半ばに及ぶ原サンスクリット本が残り、チベット訳や漢訳も現存するのは『ブッダチャリタ』だけである。その意味でこの書物がもっとも完全な仏伝であるといえる。『ブッダチャリタ』が本叢書に収録されたのはこうした事情による。

著者アシュヴァゴーシャについて

『ブッダチャリタ』の著者はアシュヴァゴーシャ（Aśvaghoṣa　馬鳴《めみょう》）である。鳩摩羅什《くまらじゅう》の『馬鳴菩薩伝』を始めとする中国の諸文献によれば、彼はサーケータ（現アウド）のバラモン階級に生まれ、のち仏教に帰依し、高い教養と学識をもって仏教詩人として大成し、クシャーナ王朝のカニシュカ王に尊敬されたという。カニシュカ王の年代には後七八年即位説から後一四四年即位説まで種々の学説があって一定しないが、アシュヴァゴーシャがカニシュカ王と同年代であったとすれば、彼の活動期を西紀一〇〇年前後、ないし二世紀前半と考えることができる。

アシュヴァゴーシャには多くの著作が帰せられているが、『ブッダチャリタ』『サウンダラナンダ』（『端正なるナンダ』）の二大詩、舎利弗《しゃりほつ》と目犍連《もくけんれん》のブッダへの帰依を描いたサンスクリット劇『シャーリプトラ・プラカラナ』などは確実な彼の著作であり、著名なものである。

アシュヴァゴーシャが仏教のどの学派に所属したかについても説は分かれている。伝記にあらわれる彼の系譜から考えて、彼が説一切有部《せついっさいうぶ》に属したとするもの、その思想から推して多聞部《たもんぶ》あるいはその親学派たる鶏胤部《けいいんぶ》とするもの（ジョンストン説）、瑜伽行派《ゆがぎょうは》とするもの（松濤誠廉氏説）、経量部《きょうりょうぶ》とするもの（金倉圓照氏説）などがある。いずれにしても、断片的な文章から推測するよりほかに方法がないうえに、彼のような詩人がある特定の部派にかならず所属していたかどうかも疑問なので、確実なことは言えそうもない。

『ブッダチャリタ』（ブッダの所行）は二十八章に分かれ、各章は四〇ないし一二〇あまりの詩節から成り、約十種の韻律が駆使されている（ジョンストン英訳序文六三―六四ページに各詩節の韻律が同定されている）。二十八章にわたってゴータマ・ブッダの誕生からその死と遺骨の分配にいたる全生涯がうたわれている。

サンスクリット本およびチベット訳の各章の終わりの奥書ではこの書物が「マハーカーヴィア」と呼ばれている（『サウンダラナンダ』でも事情は同じ。なお、本訳では各章末尾の奥書の訳出は省略し、第二八章のみの訳出をもって代表させた）。マハーカーヴィア（大詩、古典詩）とは叙事詩的な筋をもち八ないし三十章から成り、古説話あるいは事実にもとづき、人生の四目的（愛・利・法・解脱）を含み、恋愛・戦闘その他多種の興味ある主題を各種の韻律をもって描く詩をいう。インド文学史のうえではカーリダーサ（三五〇—四五〇年ころ）以後の詩人による五篇、あるいはさらに二、三を加えた特定の作品をマハーカーヴィアと呼び、『ブッダチャリタ』はその中に入れられていない。しかしアシュヴァゴーシャが『マハーバーラタ』『ラーマーヤナ』の二大叙事詩以後カーリダーサ以前の大詩人であり、『ブッダチャリタ』がマハーカーヴィアの要求を満たしていることは疑いを容れない。ちなみに、ブッダの伝記に愛欲や戦争の場面があるというのは奇異の感を与えるかもしれないが、王宮の婦女子の姿態・言動やブッダによる悪魔の降伏を描くアシュヴァゴーシャはそれらの要素を巧みに導入しているのである。

『ブッダチャリタ』はアシュヴァゴーシャという詩人の作品であり、讃仏文学であるから、経蔵や律蔵に含まれる仏伝とは性格を異にしている。けれどもそのことは本書が一詩人の想像の所産であり、仏伝資料としての価値をもたないことを意味するわけではない。古代インドの詩人は神話・伝説・宗教・哲学・芸術・科学などの各分野にわたる広範かつ正確な知識をもつことをまず要求されていた。その高度な学殖の上に適切な言辞と洗練された韻律とをもってきわめて技巧的な美文体を作りあげた。それは近代詩とは違って、想像力と創作性とだけを重んじたわけではない。

アシュヴァゴーシャはブッダの生涯にかかわる伝承や仏教の思想に深い造詣をもち、それらをよく整理して『ブッダチャリタ』に盛っている。彼の書くところは経典・律典その他の権威ある伝承を逸脱していない。例えば第一四章第五〇—八五偈において、アシュヴァゴーシャは、ブッダ成道時の内観として縁起説を記述するが、それは『城邑経』の縁起説をきわめて正確に反映している。

サンスクリット・テキストとチベット訳について

『ブッダチャリタ』のサンスクリット・テキストはカウエルによって出版され（一八九三年）かつ英訳された（一八九四年）が、この出版は十七章を含むにすぎず、しかも第一四章第三三偈以下第一七章にいたるテキストは、アシュヴァゴーシャの手になるものでなく、一八三〇年に写本を書写したアムリターナンダの補筆であることが判明した。

一九三五年にいたってジョンストンがネパール古写本にもとづいて批判的なテキストを出版し、またすぐれた長文の解説と注記を付けた英訳をも発表した（一九三六年）。このジョンストンの用いた写本は第一章の冒頭の七偈、第一八偈a句及び第二四偈d句から第四〇偈c句までを欠き、第一四章第三一偈（カウエル本の第三二偈）をもって終わっている。本訳ではサンスクリット文の欠落している部分及び第一四章第三二偈以下の後半はチベット訳テキストから訳出した。サンスクリットで現存する部分については原実氏によるすぐれた和訳（一九七四年）もある。

『ブッダチャリタ』は曇無《どんむ》讖《しん》（Dharmarakṣa）によって五巻の『仏所行讃』として四一四—四二六年の間に漢訳された。大正大蔵経の第一九二号で第四巻一—五四ページに収録されている。全篇二十八章より成る。

チベット訳はサワンサンポとロドゥゲルポの二人によって十四世紀前半、カタマンドゥ渓谷北方のチベット領マンユルの王族たちの支持によって訳出され（ジャクソン氏による）、北京、デルゲ、ナルタン、チョネの四版に収められている（『東北目録』第四一五六号、『影印北京版西蔵大蔵経』第五六五六号）。漢訳と等しく二十八章より成る。

ヴェラーはこのチベット訳テキストの第一章から第一七章第四一偈までを一九二六年に出版し、独訳した。彼の用いた版本は明記されていないが、おそらくナルタン版であったと思われる。ジョンストンはヴェラーの訳業が中断されたままになっているのを見て、ヴェラーのチベット語テキストに加えて北京版テキストをも参照し、また漢訳をも十分に参考にしながら、第一五―二八章を一九三六年に英訳した。第一四章第三二偈から第二八章までのチベット語テキストは梶山・御牧によって右の四版を校訂して用意されているが、諸種の事情でまだ出版にいたっていない。

『ブッダチャリタ』のサンスクリット・テキストは第一四章半ばまでしか得られないが、チベット訳・漢訳には全二十八章が備わっている。ヴェラーの部分的独訳もあり、ジョンストンの英訳は全篇を蔽うにいたっている。わが国では一九二四年に寺本婉雅氏、一九二九年および一九六九年に平等通照氏が和訳を試みたが、いずれも批判的な翻訳ではない。

一見すると『ブッダチャリタ』研究は一応終了したかのごとくであるが、実はそうではない。サンスクリット・テキストにも部分的に解釈に統一を見ない詩節が少なからず残っていることはさておくとしても、本書のチベット訳は原典の理解が十分でなく、またあまりにも直訳に過ぎるために、サンスクリット原文を離れて独立したチベット語として見るときには意味不明の個所がきわめて多い。ヴェラーがその訳業を中断したのは一つにはそのためでもあったであろう。また漢訳はかなり恣意的なもので、原典の文章をかってに削除したり、逆に原典にないことを増広していて、忠実な翻訳とはとても言えない。ジョンストンの『ブッダチャリタ』後半の英訳には、チベット語の理解できない個所で、これもあまり当てにならない漢訳に頼りすぎることが多々ある。

本訳後半の訳者は、従来の諸訳に較べればより確実なチベット本和訳を提供し得たと自負しているが、なお数多くの問題を残していることも表明しておく。後半部分にチベット語テキストおよび語学的な問題にかかわる注記が多いのはそのためである。

なお、本書の訳出にあたってはサンスクリット本の第一章—第七章（サンスクリット欠落部分のチベット訳からの訳出を含む）を立川武蔵氏、第八章—第一四章第三一偈を小林信彦氏、チベット訳の第一四章第三二偈—第二一章を梶山、第二二章—第二八章を御牧克己氏が担当した。

テキスト・参考文献

アシュヴァゴーシャおよび『ブッダチャリタ』研究の参考文献はおびただしい数にのぼるのでここに列挙することはできない。ただ比較的直接に和訳、とくにチベット訳からの和訳にあたって参考にしたものを次に掲げておく。最後に掲げた辻、金倉両氏の著書は、アシュヴァゴーシャの年代、著作とその評価、部派帰属の問題などについて有益な指示に富んでいる。

Cowell, E. B. The Buddhacarita of Aśvaghoṣa edited from three Mss. *Anecdota Oxoniensia, Aryan Series* VII, Oxford 1893; The Buddhacarita of Aśvaghoṣa, translated from the Sanskrit, *Sacred Books of the East* XLIX, Oxford 1894. Reprint in one volume, New Delhi 1977: Introduction ix-xiii; Eng. tr., Skt. ed., Chaps. I-XVII, v. 31.

Johnston, E. H. *The Buddhacarita or Acts of the Buddha,* Lahore 1936. Reprint: Delhi 1972, part I, Sanskrit Text: Preface v-xx, Skt. ed. Cantos I-XIV, v. 31; Part II, Introduction xiii-xcviii, Eng. tr. Cantos I-XIV.

Saṅs rgyas kyi spyod pa źes bya ba'i sñan ṅag chen po: Peking ed., sKyes rabs, Ṅe, 1-124 b8; sDe dge ed., Ge, 1 b1-103 b2; sNar thaṅ ed., Ṅe, 1-119 b7; Co ne ed., Ge, 1-112 b2.

Weller, F. *Zwei zentralasiatische Fragmente des Buddhacarita,* Akademie-Verlag, Berlin 1953. III, vv. 16-29, XVI, vv. 20-36 (Skt. fragments).

Weller, F. *Das Leben des Buddha von Aśvaghoṣa,* Tibetisch und Deutsch. Verlag von Eduard Pfeiffer, Leipzig. I, Text, 1926; II, Übersetzung, 1928, I-XVII, v. 41.

Johnston, E. H. The Buddha's Mission and Last Journey: Buddhacarita, XV to XXVIII, *Acta Orientalia* Vol. 15, 1936, pp. 26-111, pp. 231-292 (Eng. tr.).

寺本婉雅訳『仏所行讃』上中下、東京、世界文庫刊行会、一九二四。

平等通照『仏陀の生涯』、前編一―一四章、一九二九（一九六九、再版）、後編一五―二八章、一九六九、横浜、印度学研究所。

原実『ブッダチャリタ（仏陀の生涯）』（一―一四章）。東京、中央公論社「大乗仏典」第一三巻、一九七四。

Vogel, C. On the First Canto of Aśvaghoṣa's Buddhacarita, *Indo-Iranian Journal* IX, 1966, pp. 266-290.

Hahn, M. Buddhacarita I, 1-7 und 25-40, *Indo-Iranian Journal* XVII, 1975, pp. 77-96.

Hahn, M. On the Function and Origin of the Particle dag, *Tibetan Studies.* Zürich, 1978, pp. 134-147 (I, v. 32).

Weller, F. *Untersuchung über die textgeschichtliche Entwicklung des tibetischen Buddhacarita,* Berlin 1980.

Foucher, A. *La vie du Buddha,* d'après les textes et les monuments de l'Inde, Paris 1949.

Rockhill, W. W. *The Life of the Buddha,* and the Early History of His Order, 1972 (First Indian Reprint), Varanasi.

Thomas, E. J. *The Life of Buddha,* as Legend and History, London 1927.

Waldschmidt, E. *Die Überlieferung vom Lebensende des Buddha,* Eine vergleichende Analyse des Mahāparinirvāṇasūtra und seiner Textentsprechungen, Göttingen 1944.

Waldschmidt, E. *Das Mahāparinirvāṇasūtra,* Text in Sanskrit und Tibetisch, verglichen mit dem Pāli nebst einer Übersetzung der chinesischen Entsprechung im Vinaya der Mūlasarvāstivādins, auf Grund von Turfan-Handschriften herausgegeben und bearbeitet von E. W., Teil I: Der Sanskrit-Text

im Handschriftlichen Befund, 1950; Teil II: Textbearbeitung: Vorgang 1-32; Teil III: Textbearbeitung: Vorgang 33-51 (inbegriffen das Mahāsudarśanasūtra), Berlin 1951.
Bareau, A. *Recherches sur la biographie du Buddha dans les Sūtrapiṭaka et les Vinayapiṭaka anciens:* de la quête de l'éveil à la conversion de Śāriputra et de Maudgalyāyana, Paris 1963.
Bareau, A. *Recherches sur la biographie du Buddha dans les Sūtrapiṭaka et les Vinayapiṭaka anciens:* II, les derniers mois, le parinirvāṇa et les funérailles, 2 tomes, Paris 1970, 1971.
Jackson, David P. On the Date of the Tibetan Translation of Aśvaghoṣa's Buddhacarita.（近刊）
中村元『釈尊の生涯』原始仏教一、中村元選集第一一巻、東京、春秋社、一九六九。
辻直四郎『サンスクリット文学史』、岩波全書、一九七三。
金倉圓照『馬鳴の研究』、京都、平楽寺書店、一九六六。

学術文庫版解説

馬場紀寿

本書は、インド文学史上の傑作であるアシュヴァゴーシャ作『ブッダチャリタ』の全現代語訳、しかも、近代仏教学史上に燦然と輝く名訳である。その原典については、訳者の梶山雄一による「解説」が収録されているから、ここでは重複を極力避け、アシュヴァゴーシャと『ブッダチャリタ』について補説した上で、翻訳としての本書の特徴を解説したい。

北西インドを支配したクシャーナ朝で、二世紀頃に活躍したと考えられるアシュヴァゴーシャは、現存資料から知られる限り、仏教史上、個人の名において作品を著した最初の人物である。彼以前は、たとえば説一切有部《せついっさいうぶ》のアビダルマ論書が仏弟子に帰されている例があるが、それは論書を権威づけるための伝承であって、実際に仏弟子たちが著したものではおそらくなかった。ガンダーラ写本研究を牽引するリチャード・サロモンによれば、仏典の書写が始まったのは紀元前一世紀と想定されるから (Richard Salomon, *The Buddhist Literature of Ancient Gandhāra: An Introduction with Selected Translations*, Somerville, 2018)、アシュヴァゴーシャが世に作品を残した背景として、この時期までに彼が活動した北西インドで仏典の書写が定着していたことが挙げられよう。

アシュヴァゴーシャは、詩人としてのみならず偉大な仏教者として知られ、その名声はインド仏教世界で数世紀にわたって続いていた。七世紀前半にインドに渡った玄奘《げんじょう》は『大唐西域記《だいとうさいいきき》』巻八で「その知は万物にゆきわたり、仏道の実践は三乗にあまねく」（大正蔵五一巻、九一三ページ上段二六行目）と称えている。さらに七世紀後半にインドに滞在した義浄《ぎじょう》は『南海寄帰内法伝《なんかいききないほうでん》』巻四で、各世代に一人か二人しか現れない、日月《にちがつ》や龍象に喩えられる大人物としてナーガールジュナ（龍猛）やアーリヤデーヴァ（提婆《だいば》）と共にその名を挙げ（大正蔵五四巻、二二九ページ中段一五行目）、『ブッダチャリタ』について「五天竺（南アジア）や南海（東南アジア島嶼部）で唱えない者はいなかった」（大正蔵五四巻、二二八ページ上段一四行目）と証言している。

アシュヴァゴーシャは、『ブッダチャリタ』を作成するに当たって、独自の内容を創作したのではなく、ブッダの伝記にかんする古来の伝承を忠実に継承している。第一章から第二一章は『根本説一切有部律《こんぽんせついっさいうぶりつ》』の「破僧事《はそうじ》」に収録される仏伝的記述と、第二二章から第二八章は『涅槃経《ねはんぎょう》』と、物語の順序がほぼ対応する。彼に先行する伝承を参照し、それらの内容をまとめて、『ブッダチャリタ』を編纂したのである。

他方、アシュヴァゴーシャは、ゴータマ・ブッダの全生涯を洗練された美文によってうたいあげ、各場面の生き生きとした描写に成功している。若き王子を前にして恋に落ちた若い女性たちのいじらしい態度（第四章）、出家した王子を連れ戻すように父王の命を受けてやってきた大臣・宮廷祭官の二人とゴータマとの緊張感に満ちた議論の応酬（第九章）、マガダ国の都、ラージャグリハ（王舎城）に入城する際の出家者ゴータマの気品あふれる姿（第一〇章）、彼をおののかせ修行を断念させようとしてマーラが繰り出す迫力ある化物の軍勢（第一三章）など、本書のいたるところで、アシュヴァゴーシャの詩的表現力は精彩を放っている。

このように、仏教文献であると同時に文学作品でもある『ブッダチャリタ』を翻訳するには、仏典にかんする知識だけでなく、恋愛や戦闘などの主題を扱うインドの美文芸作品（カーヴィヤ）の知識や、アシュヴァゴーシャにより仏教との対決を演出するために盛り込まれた法典やサーンキャ思想の知識が必要となる。訳者にインド文学、インド思想、インド仏教研究の碩学四人を揃え、『ブッダチャリタ』を訳するのに最も望ましい条件を満たすことによって、正確無比な文献理解に基づく卓越した翻訳を実現したのが本書である。

多少でもサンスクリット語を学んだ経験のある者は、試みに本書の原文を一文でも自分で訳して、本書の訳文と比べてみるとよい。本書の、驚くほど的確な原文解釈と、見事な日本語表現に感銘を受けない者はいないであろう。

さらに特筆すべきは、サンスクリット原典が回収されていない箇所は、チベット語訳からの翻訳によって「完訳」しているということである。「解説」における梶山雄一の言葉を借りれば、『ブッダチャリタ』は、誕生してから涅槃に至るまでのブッダの全生涯を描くという点で、かつ、部分的とはいえサンスクリット原典と漢訳・チベット訳による全訳が現存するという点で、「もっとも完全な仏伝であるといえる」。逆に言えば、サンスクリット原典の欠けた部分をチベット訳から補ってはじめて、「もっとも完全な仏伝」の「完訳」たりえるのである。

本書は、第一四章第三二偈から第二八章までのサンスクリット本欠落部分を、チベット訳の北京、デルゲ、ナルタン、チョネという四版を校訂したものに基づいて本文を補っている。この校訂はインド・チベット仏教学で世界的に名高い梶山雄一と御牧克己《みまきかつみ》の両氏によってなされ、これら四版の異同や、それぞれの読みにかんする重要な情報が該当部分で注記されている。学界の至宝である。

ジョンストンの英訳と本書の訳文を比較するなら、本書が翻訳の質において前者を凌駕していることが分かる。それはたんに本書の訳者が前者を参照したからだけではなく、サンスクリット語と、そしてとくにチベット語の読解で前者を圧倒しているからである。その点で、本書は、一九世紀後半以降、西欧から学びながら研究を進めてきた日本のインド学・チベット学・仏教学が到達した一つの頂点を示す金字塔と言えよう。インド仏教学の一学徒として、四人の訳者に甚深の敬意を表したい。

アシュヴァゴーシャの研究は、その後も進んでいる。本書の刊行（一九八五年）後、『ブッダチャリタ』の漢訳、『仏所行讃』の訓注が発表された。

石上善應『仏所行讃』東京、大蔵出版、一九九三。

アシュヴァゴーシャの各作品の研究史については、九州大学教授の岡野潔がまとめたものをウェブサイトに公開している（http://gdgdgd.g.dgdg.jp/asvaghosa-index.html）。また、これに新たな情報を加えて、次の論文が先行研究をまとめている。

Vincent Eltschinger and Nobuyoshi Yamabe, "A Bibliography of Aśvaghoṣa," *Journal of Indian Philosophy* (https://link.springer.com/journal/10781/onlineFirst/page/1), 2018.

アシュヴァゴーシャが属した部派については、説一切有部所属という点で研究者の意見はほぼ一致しつつある。ただし、その思想は説一切有部の正統派（毘婆沙師《びばしゃし》）ではなかったようである。経量部《きょうりょうぶ》または喩伽行派《ゆがぎょうは》の先駆的な思想を抱いていたのではないかという議論が、研究者の間で続いている。最後に、今世紀に出版された、アシュヴァゴーシャの所属部派・所属学派にかんする、とくに重要な論文を挙げておく。

山部能宣、藤谷隆之、原田泰教「馬鳴の学派所属について——*Saundarananda*と『声聞地』の比較研究（1）—」『仏教文化』一二号、一—六五頁、二〇〇二年。

Nobuyoshi Yamabe, "On the School Affiliation of Aśvaghoṣa: "Sautrāntika" or "Yogācāra"?", *Journal of the International Association of Buddhist Studies*, vol. 26, no. 2, 2003.

Vincent Eltschinger, “Aśvaghoṣa and His Canonical Sources I: Preaching Selflessness to King Bimbisāra and the Magadhans (*Buddhacarita* 16.73-93),” *Journal of Indian Philosophy* vol.41, 2013.

Vincent Eltschinger, “Aśvaghoṣa and His Canonical Sources II: Yaśas, the Kāśyapa Brothers and the Buddha’s Arrival in Rājagṛha (*Buddhacarita* 16.3-71),” *Journal of the International Association of Buddhist Studies* vol.35, no.1-2, 2012.

（東京大学東洋文化研究所教授）

梶山雄一（かじやま　ゆういち）

1925年生まれ。仏教学者，文学博士。京都大学名誉教授。2004年没。『般若経』『「さとり」と「廻向」』『浄土仏教の思想』『梶山雄一著作集』（全8巻）など，著書多数。

小林信彦（こばやし　のぶひこ）

1935-2023年。京都大学大学院文学研究科（梵文学）修士課程修了。京都大学助教授，桃山学院大学文学部国際文化学科教授などを歴任。著書に『サンスクリット入門』など。

立川武蔵（たちかわ　むさし）

1942年生まれ。ハーバード大学大学院にてPh.D取得。名古屋大学教授を経て，国立民族学博物館名誉教授。著書に講談社学術文庫『空の思想史』『ヨーガの哲学』など。

御牧克己（みまき　かつみ）

1947年生まれ。パリ第三大学Ph.D取得。京都大学名誉教授。日本学士院会員。著書に『Blo gsal grub mtha'』『ツォンカパ』（共訳・解説）『トゥカン宗義ボン教章訳』など。

本書の原本は1985年12月，「原始仏典」第10巻『ブッダチャリタ』と題し，小社より刊行されました。

講談社学術文庫

定価はカバーに表示してあります。

完訳
ブッダチャリタ

梶山雄一《かじやまゆういち》／小林信彦《こばやしのぶひこ》／立川武蔵《たちかわむさし》／御牧克己《みまきかつみ》

2019年4月10日　第1刷発行
2025年2月12日　第3刷発行

発行者　篠木和久
発行所　株式会社講談社
東京都文京区音羽 2-12-21 〒112-8001
電話　編集（03）5395-3512
販売（03）5395-5817
業務（03）5395-3615
装　幀　蟹江征治
印　刷　株式会社広済堂ネクスト
製　本　株式会社国宝社
本文データ制作　講談社デジタル製作

ISBN978-4-06-515342-0

「講談社学術文庫」の刊行に当たって

これは、学術をポケットに入れることをモットーとして生まれた文庫である。学術は少年の心を養い、成年の心を満たす。その学術がポケットにはいる形で、万人のものになることは、生涯教育をうたう現代の理想である。

こうした考え方は、学術を巨大な城のように見る世間の常識に反するかもしれない。また、一部の人たちからは、学術の権威をおとすものと非難されるかもしれない。しかし、それはいずれも学術の新しい在り方を解しないものといわざるをえない。

学術は、まず魔術への挑戦から始まった。やがて、いわゆる常識をつぎつぎに改めていった。学術の権威は、幾百年、幾千年にわたる、苦しい戦いの成果である。こうしてきずきあげられた城が、一見して近づきがたいものにうつるのは、そのためである。しかし、学術の権威を、その形の上だけで判断してはならない。その生成のあとをかえりみれば、その根は常に人々の生活の中にあった。学術が大きな力たりうるのはそのためであって、生活をはなれた学術は、どこにもない。

開かれた社会といわれる現代にとって、これはまったく自明である。生活と学術との間に、もし距離があるとすれば、何をおいてもこれを埋めねばならない。もしこの距離が形の上の迷信からきているとすれば、その迷信をうち破らねばならぬ。

学術文庫は、内外の迷信を打破し、学術のために新しい天地をひらく意図をもって生まれた。文庫という小さい形と、学術という壮大な城とが、完全に両立するためには、なおいくらかの時を必要とするであろう。しかし、学術をポケットにした社会が、人間の生活にとってより豊かな社会であることは、たしかである。そうした社会の実現のために、文庫の世界に新しいジャンルを加えることができれば幸いである。

一九七六年六月　　野間省一

宗教

仏陀の観《み》たもの
鎌田茂雄著
仏教は一体どんな宗教であり、どういう教えを説いてきたのだろうか。本書は難解な仏教の世界をその基本構造から説き起こし、仏教の今日的な存在意義を明らかにする。只今を生きる人のための仏教入門書。
174

釈尊のさとり
増谷文雄《ますたにふみお》著
長年に亘って釈尊の本当の姿を求めつづけた著者は、ついに釈尊の菩提樹下の大覚成就、すなわち「さとり」こそ直観であったという結論を導き出した。釈尊の真実の姿を説き明かした仏教入門の白眉の書。
344

禅とはなにか
鎌田茂雄著
禅に関心をよせる人は多い。だが、禅を理解することは難しい。本書は、著者自らの禅修行の体験を踏まえ、禅の思想や禅者の生き方、また禅を現代にどう生かすか等々、禅の全てについて分りやすく説く。
409

空海の思想について
梅原　猛著（解説・宮坂宥勝）
「大師は空海にとられ」といわれるように、宗派を越え、一般庶民大衆に尊崇されてきた空海であったが、その思想は難解さの故に敬遠されてきた。本書はその空海の思想に真向から肉薄した意欲作である。
460

ギリシャ正教
高橋保行著
今なおキリスト教本来の伝統を保持しているギリシャ正教。その全貌が初めて明らかにされるとともに、キリスト教は西洋のものとする通念を排し、西洋のキリスト教とその文化の源泉をも問い直す注目の書。
500

キリスト教問答
内村鑑三著（解説・山本七平）
近代日本を代表するキリスト教思想家内村鑑三が、信仰と人生を語る名著。「来世は有るや無きや」などキリスト教の八つの基本問題に対して、はぎれよく簡明に答えるとともに、人生の指針を与えてくれる。
531

宗教学入門
脇本平也著（解説・山折哲雄）
人間生活に必要な宗教の機能と役割を説く。宗教学とは何か。信仰や伝道とは無縁の立場から世界の多宗教を客観的に比較考察。宗教を人間の生活現象の一つとして捉え、その基本知識を詳述した待望の入門書。
1294

玄奘三蔵《げんじょうさんぞう》 西域・インド紀行
慧立《えりゅう》・彦悰《げんそう》著／長澤和俊訳
天竺の仏法を求めた名僧玄奘の不屈の生涯。七世紀、大唐の時代に中央アジアの砂漠や天に至る山巓を越えて聖地インドを目ざした求法の旅。更に経典翻訳の大事業に生涯をかけた玄奘三蔵の最も信頼すべき伝記。
1334

仏陀のいいたかったこと
田上太秀《たがみたいしゅう》著（解説・湯田　豊）
釈尊の言動のうちに問い直す仏教思想の原点。霊魂の否定、宗教儀礼の排除、肉食肯定等々、釈尊の教えは日本仏教と異なるところが多い。釈尊は何を教えどこへ導こうとしたのか。仏教の始祖の本音を探る好著。
1422

夢中問答集
夢窓国師《むそうこくし》著／川瀬一馬校注・現代語訳
仏教の本質と禅の在り方を平易に説く法話集。悟達明眼の夢窓が在俗の武家政治家、足利直義の問いに懇切丁寧に答える。大乗の慈悲、坐禅と学問などについて、欲心を捨てることの大切さと仏道の要諦を指し示す。
1441

歎異抄
梅原　猛全訳注（解説・杉浦弘通）
大文字版
流麗な文章に秘められた生命への深い思想性。悪人正機、他力本願を説く親鸞の教えの本質とは何か。親鸞の苦悩と信仰の極みを弟子の唯円が書き綴った聖典を、詳細な語釈、現代語訳、丁寧な解説を付し読みとく。
1444

喫茶養生記
栄西
古田紹欽全訳注
大文字版
日本に茶をもたらした栄西が説く茶の効用。中国から茶の実を携えて帰朝し、建仁寺に栽培して日本の茶の始祖となった栄西が著わした飲茶の効能の書。座禅時に眠けをはらう効用から、茶による養生法を説く。
1445

宗教

誤解された仏教
秋月龍珉著（解説・竹村牧男）
霊魂や輪廻転生、神、死者儀礼等をめぐる問題につき、日本人の仏教に対するさまざまな誤解を龍珉師が喝破。「仏教＝無神論・無霊魂論」の主張を軸に、仏教への正しい理解のあり方を説いた刺激的論考。
1778

日蓮「立正安国論」
佐藤弘夫全訳注
社会の安穏実現をめざし、具体的な改善策を「勘文」として鎌倉幕府に提出された『立正安国論』。国家主義と結びついた問題の書を虚心坦懐に読み、「先ず国家を祈って須らく仏法を立つべし」の真意を探る。
1880

バウッダ［佛教］
中村　元・三枝充悳著（解説・丘山　新）
釈尊の思想を阿含経典に探究し、初期仏教の発生から大乗仏教や密教の展開に至るまでの過程を追い、仏教の壮大な全貌を一望する。思想としての仏教を解明し「仏教」の常識を根底から覆す、真の意味の仏教入門。
1973

ゾロアスター教　三五〇〇年の歴史
M・ボイス著／山本由美子訳
三五〇〇年前に啓示によって誕生したこの宗教は、キリスト教、イスラム教、仏教へと流れ込んだ。火と水の祭儀、善悪二元論、救世主信仰……。謎多き人類最古の世界宗教の信仰内容と歴史を描く本格的入門書。
1980

仏典のことば　さとりへの十二講
田上太秀著
諸行無常、衆縁和合、悉有仏性、南無帰依仏……。人はなぜ迷い、悩むのか。仏教の基本教理を表す十二のことばを通し、無限の広がりを持つ釈尊の教えを平易に解説。さとりへの道を示す現代人必読の仏教入門。
1995

慈悲
中村　元著
呻きや苦しみを知る者のみが持つあらゆる人々への共感、慈悲。仏教の根本、あるいは仏そのものとされる最重要概念を精緻に分析、釈迦の思惟を追う。仏教の真髄と現代的意義を鮮やかに描いた仏教学不朽の書。
2022

宗教

頼富本宏著
密教とマンダラ
真言・天台という日本の密教を世界の仏教史のなかに位置づけ、その歴史や教義の概要を紹介。胎蔵界・金剛界の両界マンダラを中心に、その種類や構造、思想、登場するほとけたちとその役割について平易に解説。

2229

大貫　隆訳・著
グノーシスの神話
「悪は何処からきたのか」という難問をキリスト教会に突き付け、あらゆる領域に「裏の文化」として影響を及ぼした史上最大の異端思想のエッセンス。ナグ・ハマディ文書、マンダ教、マニ教の主要な断章を解読。

2233

大谷哲夫全訳注
道元「永平広録　真賛・自賛・偈頌《げじゅ》」
禅者は詩作者でもあった。道元の主著として『正法眼蔵』と並ぶ『永平広録』の掉尾を飾る最終巻。道元が漢詩に詠んださとりの深奥を簡明に解説し、禅の思想と世界を追体験する。『永平広録』訳注シリーズ完結。

2241

河口慧海著／高山龍三校訂
チベット旅行記（上）（下）
仏典を求めて、厳重な鎖国下のチベットに、困難を乗り越えて、単身入国・帰国を果たした河口慧海。最高の旅行記にして、生活・風俗・習慣の記録として、チベット研究の第一級の資料。五巻本を二巻本に再編成。

2278・2279

竹村牧男著
日本仏教　思想のあゆみ
聖徳太子、南都六宗、最澄・空海、そして鎌倉新仏教。インド以来の仏教史の到達点である日本仏教の高度な思想はいかに生まれたか。各宗派祖師の思想の概略を平易に解説し、日本人のものの見方の特質を描き出す。

2285

荒牧典俊・本庄良文・榎本文雄訳
スッタニパータ［釈尊のことば］全現代語訳
かくしてひとり離れて修行し歩くがよい、あたかも一角の犀そっくりになって——。現代語で読む最古層の原始仏典。師の教えに導かれた弟子たちが簡素な生活の中で修行に励み、解脱への道を歩む姿がよみがえる。

2289